실무자 관점에서 다룬
마이크로서비스 아키텍처 2/e

실무자 관점에서 다룬
마이크로서비스 아키텍처 2/e

마이크로서비스 아키텍처 전략과 기술

에버하르트 볼프 지음 김용환 옮김

i!i
에이콘

에이콘출판의 기틀을 마련하신 故 정완재 선생님 (1935-2004)

| 지은이 소개 |

에르하르트 볼프 Eberhard Wolff

아키텍트와 컨설턴트로서 15년 이상의 경력을 쌓았다. 비즈니스와 기술의 교차점을 고민하는 독일 INNOQ의 연구원이다. 국제 콘퍼런스에서 발표했으며 강연자로서 저자로서 마이크로서비스와 지속적 배포와 관련된 100개 이상의 기사와 책을 저술했다. 최신 아키텍처 즉, 클라우드, 지속적 배포, 데브옵스, 마이크로서비스에 관심을 두고 있다.

| 옮긴이 소개 |

김용환(knight76@gmail.com)

알티캐스트, 네이버, 라인, SK Planet을 거쳐 현재 카카오에서 개발자로 일하고 있다. 이제 마흔네 살의 평범한 개발자로 다양한 도전에서 에너지를 얻으며, 개발과 실무 경험을 블로그(http://knight76.tistory.com)에 기록하고 있다.

정보통신산업진흥원^{NIPA} 산하의 소프트웨어공학포털에 개발 관련 내용을 공유했고, 각종 콘퍼런스와 세미나에서 그동안 쌓은 개발 지식을 발표하고 있다. 스스로에게는 물론 누군가에게 도움이 될 수 있다는 생각으로 번역을 시작했는데, 어느덧 15번째 책이다.

| 옮긴이의 말 |

저는 처음 근무했던 알티캐스트에서 셋톱박스 미들웨어 개발에 참여했습니다. 미들웨어는 운영체제 또는 하드웨어 벤더의 인터페이스를 연동하는 포팅 계층, JVM, 애플리케이션 관리 계층, 통신 계층, 서비스 정보 관리 계층 등 다양한 모듈을 하나의 바이너리로 생성한 다음, 하드웨어 플래시 롬에 저장해 셋톱박스에 자바 애플리케이션이 돌아가도록 했습니다. 모놀리스 구조였고 모듈별 강한 응집도, 낮은 결합도를 목표로 하고 모듈별 담당자를 둬서 생산성을 높였습니다. 단점이라면 하나의 문제만으로도 전체적인 품질을 떨어뜨릴 수 있다는 것이었습니다.

이후 근무하던 NHN 시절에는 네이버와 한게임 플랫폼을 각각 마이크로서비스 아키텍처와 비슷한 상태로 실험 및 개발, 운영했습니다. 또한 쓰리프트^{thrift}와 같은 자체 IDL을 서비스에 사용하기도 했습니다. 그리고 서비스마다 API 서버를 구축해 유기적인 결합 상태로 운영했습니다. 저도 여기에 동참해 동료들과 함께 공통 모듈을 개발하기도 했습니다.

하지만 너무 많은 서버 노드로 인해 패킷이 손실되기도 하고 어디서 문제가 생기는지 추적하는 것이 어려워졌습니다. 점차 인원이 줄어들면서 모듈 또는 서비스 운영이 힘들어졌고, 스프링을 적용한 모놀리스 아키텍처를 선호하기도 했습니다. 독립 시스템의 통신 비용, 비교적 낮은 성능, 복잡한 프로토콜, 이유를 알 수 없는 패킷 손실, 유지보수 인력 등의 부족으로 모놀리스 아키텍처를 더욱 추구하게 됐습니다.

모놀리스 아키텍처에서 사용하는 언어는 하나이고 코드 저장소를 함께 사용합니다. 그래서 문제 파악이 쉽고 통신 비용이 거의 없습니다. 내부 모듈 간의 통신은 호출로 사용하고 외부 통신에만 프로토콜을 사용하니 간결하고 효율성이 높습니다. 따라서 문제 해결은 더욱 쉽기에 개발 인력이 적어도 운영할 수 있는 구조가 됩니다. 그러나 개발자의 자유도는 떨어지고 점차 높아지는 코드의 복잡성(모듈의 결합도가 느슨해짐)으로 인해 코드 유지보수 시간과 배포 시간이 길어지는 단점이 있습니다.

요즘에는 SOA^{Service Oriented Architecture}, 애자일, DDD^{Domain Driven Design}, 함수형 언어, 클라우드, 아파치 카프카^{Apache Kafka}, 폴리글랏^{Polyglot}, 데브옵스^{Devops}, 도커^{Docker} 기술(쿠버네티스^{Kubernetes}, 이스티오^{Istio})이 트렌드에 맞게 마이크로서비스 아키텍처가 다시 부흥하고 있습니다.

마이크로서비스 아키텍처의 단점을 이겨낼 수 있는 도커, 비동기 통신 기술, 서킷 브레이커, 추적, 서비스 탐색, 서비스 메시 등 수많은 기능이 생기고 데브옵스 툴이 계속 오픈소스로 나오면서 개발과 운영이 수월해지고 있습니다. 이제는 넷플릭스와 아마존처럼 복잡한 비즈니스를 마이크로서비스 아키텍처로 개발하고 운영하는 것이 성공 사례가 되고 있습니다.

한편 세그먼트사의 사례와 같이 마이크로서비스 아키텍처의 단점이 너무 많아 모놀리스 아키텍처로 되돌아간 사례도 있습니다(http://www.ciokorea.com/news/39258). 서비스가 너무 많아 어느 코드 저장소에 어느 프로젝트가 있는지 모르는 경우, 마이크로서비스에서 사용된 언어가 달라 동일한 코드를 각각 구현하다 보니 비슷한 코드들이 산재된 경우, 비슷한 코드를 라이브러리 버전 업을 할 때 관련된 많은 서비스의 라이브러리를 완벽하게 처리하지 못하는 경우 등 다양한 단점이 발생할 수 있습니다.

이 책을 번역하면서 소프트웨어의 본질에 대해 다시 돌아보게 됐습니다. 또한 모놀리스 아키텍처든 마이크로서비스 아키텍처든 모듈, 사람, 정책과 관련된 전략이 중요하다는 것을 알게 됐습니다. 모놀리스 아키텍처에서 마이크로서비스 아키텍처로 변경하려는 작업은 시스템 아키텍처를 완전히 바꾸기 때문에 신중할 필요가 있고 반드시 전략이 필요합니다.

이 책은 마이크로서비스에 대한 전략과 기술을 분명하고 또렷하게 설명하고 있습니다.

잘 들여다보면 각 개발 팀은 지방 분권 체제를 가진 국가처럼 지방자치단체장의 리더십으로서의 적절한 권한, 책임을 가집니다. 따라서 리더십을 전혀 생각하지 않고 마이크로서비스를 단순히 개발 팀이 원하는 언어를 사용해 마음대로 개발하는 것은 이 원칙에 맞지 않습니다. 국가 수장의 리더십을 존중하듯이 마이크로서비스 아키텍처에 대한 정책을 개발 팀이 존중하고 따라야 합니다.

이 책은 마이크로서비스 아키텍처와 다양한 기술만 나열하지 않습니다. 소프트웨어의 모듈이 무엇인지, 마이크로서비스 아키텍처에서 중요한 부분이 무엇인지 강조합니다. 그리고 스프링 프레임워크와 도커, 도커 컴포즈 기반의 예시로 위에 소개한 툴을 설명합니다.

이 책은 개발자, 아키텍트, 데브옵스, 관리자 모두에게 도움이 되는 좋은 책입니다. 제가 최근 사용해본 좋은 기술과 고민해왔던 바를 이 책에서 잘 소개하고 있으니 많은 도움이 될 것입니다.

이 책이 출간될 때까지 응원해주신 에이콘출판사 관계자분들께 감사드립니다. 항상 저의 힘이 되는 아내 박지현, 딸 김조안에게 고마움을 전합니다.

| 차례 |

0

소개

마이크로서비스^{Microservice}는 최근 가장 중요한 소프트웨어 아키텍처 트렌드 중 하나다. 이미 지금까지 나온 마이크로서비스를 설명한 책이나 문서가 많이 있음에도 나는 마이크로서비스와 관련된 책(http://microservices-book.com)을 출간했다. 왜 마이크로서비스에 관한 책이 필요할까?

특정 아키텍처를 정의하는 것, 해당 아키텍처를 구현하는 것은 각기 다른 일이다. 이 책은 마이크로서비스 구현을 위한 기술을 제시하고 관련된 장점과 단점을 강조한다.

이 책은 전체 마이크로서비스 시스템 기술에 대해 특별히 집중한다. 각 마이크로서비스는 서로 다른 기술을 사용해 구현될 수 있다. 개별 마이크로서비스에서 프레임워크를 선택하는 기술적인 결정은 전체 시스템 레벨의 결정만큼 중요하지 않다. 개별 마이크로서비스의 경우 프레임워크에 대한 결정을 쉽게 수정할 수 있다. 그러나 전체 시스템에 적용한 기술은 변경하기가 어렵다.

이 책은 다른 마이크로서비스 책(http://microservices-book.com)과 비교했을 때 주로 기술에 대해 이야기하며, 마이크로서비스에 대한 아키텍처와 왜 마이크로서비스가 사용되는지를 간단히 설명한다.

기본 원리

마이크로서비스에 익숙해지려면 마이크로서비스 기반 아키텍처와 마이크로서비스 아키텍처의 장점, 단점, 변형에 대한 소개가 필수적이다. 허나 여기서는 실제 구현을 이해하는 데 필요한 정도만 기본 원칙을 설명한다. 마이크로서비스 책(http://microservices-book.com)에서 더 완벽히 다룬다.

개념

마이크로서비스에는 여러 문제에 대한 솔루션이 필요하다. 그중에는 통합(프론트엔드 통합, 동기 및 비동기 마이크로서비스), 운영(모니터링, 로그 분석, 추적) 개념이 있다. PaaS Platform as a Service 또는 쿠버네티스와 같은 마이크로서비스 플랫폼은 마이크로서비스를 운영하기 위한 완벽한 솔루션이다.

레시피

이 책에서는 레시피recipe를 여러 개념을 구현할 때 사용될 수 있는 기술에 대한 은유로 사용한다. 각 접근 방법은 여러 기능을 레시피로 공유한다.

- 각 레시피를 실용적인 관점에서 설명하며 좋은 사례의 기술 구현을 포함한다. 예시의 가장 중요한 측면은 단순성이다. 각 예시를 쉽게 따라 할 수 있고 확장할 수 있으며 수정할 수 있다.
- 이 책은 독자에게 많은 레시피를 제공한다. 독자는 이 책의 여러 레시피 모음에서 특정 레시피를 선택할 수 있다. 이 책에서는 다양한 방법을 설명한다. 실제로 거의 모든 프로젝트는 각각 다르게 처리해야 한다. 레시피는 이를 위한 기초를 마련한다.
- 각 레시피마다 변형이 있다. 하나의 레시피에서 여러 방법으로 요리할 수 있듯이 이 책에서 설명하는 기술도 여러 방법으로 구현될 수 있다. 때로는 변형이

매우 간단해 실행 가능한 예시로 즉시 구현될 수 있다.

각 레시피에는 구체적인 기술을 기반으로 하는 실행 가능한 예시가 있다. 예시는 개별적으로 실행할 수 있다. 예시는 다른 예시에 종속적이지 않아서, 업무와 관련 없는 예시는 건너뛰고 각자에게 유용한 레시피를 볼 수 있도록 구성했다.

이런 방법을 사용해서 관련 기술에 대한 개요를 얻을 수 있는 쉬운 접근 방법을 독자에게 제공하고, 각자에게 적합한 기술 스택을 선택할 수 있게 했다. 책에서 제공하는 링크를 통해 관련 기술에 대한 깊이 있는 지식을 얻을 수 있다.

소스 코드

이 책에 제시된 거의 모든 예시에 대해 샘플 코드를 제공한다. 독자가 기술을 실제로 이해하려면 코드를 찾아보는 것도 좋다. 또한 개념을 실제로 구현하는 방법을 이해하기 위해 코드를 살펴보는 것도 의미가 있다. 독자는 코드와 이 책을 모두 읽기 위해 책 옆에 소스를 두어도 좋을 것이다.

0.1 이 책의 구성

이 책은 세 개의 부로 구성했다.

1부-아키텍처 기본 내용

1부에서는 마이크로서비스 기반 아키텍처의 기본 원리를 소개한다.

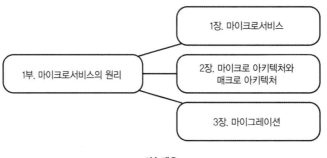

1부 개요

- 1장에서는 마이크로서비스라는 용어를 정의한다
- 마이크로서비스 아키텍처는 마이크로micro 아키텍처와 매크로macro 아키텍처라는 두 개의 레벨을 갖고 있다. 전역적인 결정과 지역적인 결정을 나타낸다. 2장에서는 이를 설명한다.
- 때로 레거시 시스템은 마이크로서비스로 마이그레이션migration돼야 한다. 3장에서 마이그레이션을 다룰 것이다.

2부-기술 스택

2부의 중점 내용은 기술 스택이다.

- 도커는 많은 마이크로서비스 아키텍처의 기반 기술이다. 또한 소프트웨어 롤아웃roll-out1과 서비스 운영을 용이하게 한다. 이는 4장에서 설명한다.
- 5장은 마이크로서비스를 구현할 때 사용할 수 있는 기술을 설명한다.
- 6장은 마이크로서비스를 위한 특히 유용한 접근법으로서 독립 시스템SCS, self-contained systems을 설명한다. SCS는 UI뿐만 아니라 로직을 포함하는 마이크로서비스에 중점을 둔다.

---

1   서비스 출시를 의미한다. - 옮긴이

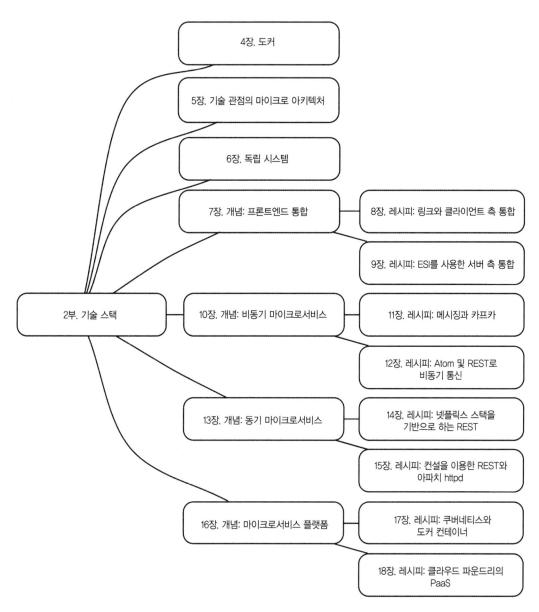

4장. 도커

5장. 기술 관점의 마이크로 아키텍처

6장. 독립 시스템

7장. 개념: 프론트엔드 통합

8장. 레시피: 링크와 클라이언트 측 통합

9장. 레시피: ESI를 사용한 서버 측 통합

2부. 기술 스택

10장. 개념: 비동기 마이크로서비스

11장. 레시피: 메시징과 카프카

12장. 레시피: Atom 및 REST로 비동기 통신

13장. 개념: 동기 마이크로서비스

14장. 레시피: 넷플릭스 스택을 기반으로 하는 REST

15장. 레시피: 컨설을 이용한 REST와 아파치 httpd

16장. 개념: 마이크로서비스 플랫폼

17장. 레시피: 쿠버네티스와 도커 컨테이너

18장. 레시피: 클라우드 파운드리의 PaaS

2부 개요

- SCS에서 통합을 통해 얻을 수 있는 가능성은 웹 프론트엔드의 통합이다. 프론트엔드 통합은 마이크로서비스 간의 결합도를 낮추고 고도의 유연성을 제공한다. 자세한 내용은 7장을 살펴보자.

- 8장에서 소개할 웹 프론트엔드 통합 레시피는 다이내믹 콘텐츠 로딩에 대한 링크와 자바스크립트를 이용한다. 해당 통합 방법은 구현하기 쉽고 잘 설계된 웹 기술을 사용한다.

- 서버는 ESI^{Edge Side Includes}를 사용해 통합할 수 있다. ESI는 시스템이 고성능과 신뢰성을 달성할 수 있도록 웹 캐시에서 구현된다. 이는 9장에서 설명한다.

- 비동기 통신 개념은 10장에서 다룬다. 비동기 통신은 안정성을 향상시키고 시스템의 결합도를 낮춘다.

- 11장에서는 아파치 카프카^{Apache Kafka}를 소개한다. 아파치 카프카는 메시지를 보내는 비동기 기술의 한 예다. 카프카는 메시지를 영구적으로 저장할 수 있고 비동기 처리에 대한 다양한 접근 방법을 제공한다.

- 12장에서는 비동기 통신의 대안으로 Atom을 설명한다. Atom은 REST 인프라를 사용하고 구현과 운영이 매우 쉽다.

- 13장에서는 동기 마이크로서비스의 개념을 구현하는 방법을 설명한다. 동기 통신 방법이 응답 시간과 신뢰성과 관련해 어려움을 제기할 수 있지만 마이크로서비스 간의 동기 통신이 실제로 사용되는 경우가 많다.

- 14장에서 소개할 넷플릭스 스택^{Netflix Stack}은 서비스 탐색이 가능한 유레카^{Eureka}를 제공할 뿐만 아니라 로드 밸런싱을 위한 립본^{Ribbon}, 복원력을 위한 히스트릭스^{Hystrix}, 라우팅을 위한 주울^{Zuul}을 제공한다. 넷플릭스 스택은 특히 자바 커뮤니티에서 널리 사용하고 있다.

- 15장에서 소개할 컨설^{Consul}은 서비스 탐색^{Service Discovery} 대안 가운데 하나다. 컨설은 다양한 기능을 포함하고 있고 다양한 기술과 함께 사용할 수 있다.

- 16장은 마이크로서비스의 운영과 통신을 지원하는 마이크로서비스 플랫폼 개념을 설명한다.

- 17장에서 소개할 쿠버네티스는 도커 컨테이너를 실행할 수 있는 마이크로서비스 플랫폼이면서 서비스 탐색과 로드 밸런싱을 위한 솔루션도 제공한다. 마이크로서비스는 쿠버네티스와 독립적이다.
- 18장의 PaaS^{Platform as a Service}는 또 다른 마이크로서비스 플랫폼이다. 클라우드 파운드리^{Cloud Foundry}를 예시로 들어 설명한다. 클라우드 파운드리는 매우 유연하며 퍼블릭 클라우드뿐만 아니라 회사 내부 컴퓨팅 센터에서도 실행할 수 있다.

3부-운영

굉장히 많은 마이크로서비스를 안전하게 운영하는 것은 큰 도전 과제다. 3부에서는 이 문제를 해결할 수 있는 방법을 논의한다.

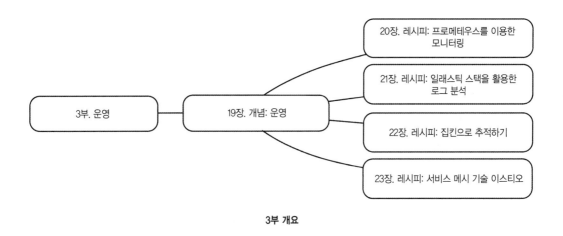

3부 개요

- 19장에서는 운영의 기본 원칙과 마이크로서비스 운영이 왜 어려운지 설명한다.
- 20장에서는 모니터링을 다루고 프로메테우스^{Prometheus} 툴을 소개한다. 프로메테우스는 다차원 데이터 구조를 지원하며 수많은 마이크로서비스 인스턴스의 메트릭도 분석할 수 있다.

- 21장은 로그 데이터 분석에 중점을 둔다. 데이터 분석 툴로 일래스틱 스택^{Elastic} Stack을 설명한다. 일래스틱 스택은 매우 인기가 있으며 많은 양의 로그 데이터를 분석하기 위한 좋은 토대가 된다.
- 22장에서는 추적 기술을 통해 마이크로서비스 간의 호출을 추적하는 집킨^{Zipkin}을 사용한다. 집킨은 다양한 플랫폼을 지원하고 추적 분야에서 사실상 표준이다.
- 23장에서는 서비스 메시 기술은 마이크로서비스 간의 네트워크 트래픽에 프록시를 추가한다. 프록시는 모니터링, 로그 분석, 추적, 기타 탄력성, 보안과 같은 기능을 지원한다. 서비스 메시의 예시로 이스티오^{Istio}를 설명한다.

결론과 부록

마지막 장인 24장에서 마이크로서비스의 전망을 말한다.

부록 A에서는 소프트웨어 설치, 부록 B에서는 빌드 툴인 메이븐^{Maven}, 부록 C에서는 도커와 도커 컴포즈^{Docker Compose}를 사용해 예시 환경을 실행하는 방법을 설명한다.

0.2 이 책의 대상 독자

이 책은 마이크로서비스의 기본 원칙과 기술적 측면을 설명한다. 다양한 독자에게 흥미를 제공할 것이다.

- 개발자의 경우, 2부는 적합한 기술 스택을 선택할 수 있는 가이드라인을 제공한다. 예시 프로젝트는 기술의 기초를 배우는 토대 역할을 한다. 예시 프로젝트에 포함된 마이크로서비스는 스프링 프레임워크^{Spring Framework}를 사용해 자바로 작성한다. 그러나 예시에 사용된 기술은 마이크로서비스를 통합한다. 따라서 추가적인 마이크로서비스는 다른 언어로 작성될 수 있다. 3부에서는 개발자가 앞으로 더욱 중요하게 생각하는 운영 주제를 포함해 책을 완성한다.

1부에서는 아키텍처 개념의 기본 원리를 설명한다.

- 아키텍트의 경우, 1부는 마이크로서비스에 대한 기본 지식을 제공한다. 2부와 3부는 마이크로서비스 아키텍처를 구현하기 위한 실제 레시피와 기술을 제시한다. 이 책은 마이크로서비스에 대한 주제를 통해 아키텍트에 깊이 중점을 두지만 기술을 자세히 다루지 않는다.

- 데브옵스와 운영 전문가의 경우에 3부의 레시피는 로그 분석, 모니터링, 마이크로서비스 추적과 같은 운영 측면의 기술적 평가가 가능한 견고한 토대를 제공한다. 2부에서는 도커, 쿠버네티스, 클라우드 파운드리와 같은 배포 기술을 소개하고 일부 운영상의 문제도 해결하는 방법을 소개한다. 1부에서는 마이크로서비스 아키텍처 접근 방법의 배경에 대해 설명한다.

- 관리자의 경우, 부분적으로 마이크로서비스 아키텍처 접근법의 장점과 구체적인 문제점에 대한 개요를 볼 수 있다. 기술적 세부 사항에 관심이 있다면 2부와 3부를 읽는 것이 좋다.

0.3 사전 지식

독자가 소프트웨어 아키텍처와 소프트웨어 개발에 대한 기본 지식을 가지고 있다고 가정한다. 이 책의 모든 예시는 대부분 사전 지식 없이 실행될 수 있는 방법으로 문서화돼 있다. 이 책은 다른 프로그래밍 언어를 사용하는 마이크로서비스에 사용할 수 있는 기술에 중점을 둔다. 그러나 예시는 스프링 부트^{Spring Boot}와 스프링 클라우드^{Spring Cloud} 프레임워크를 사용해 자바로 작성됐다. 자바 코드를 변경하고 싶다면 자바에 대한 지식이 있어야 한다.

0.4 빠른 시작

먼저 이 책은 기술 소개에 중점을 둔다. 각 장의 각 기술에는 예시가 있다. 또한 예시를 통해 독자들이 다양한 기술에 대해 실제 경험을 빠르게 습득하고 동작 방법을 이해할 수 있다.

- 먼저 필요한 소프트웨어가 컴퓨터에 설치돼 있어야 한다. 부록 A에서 설치 방법을 설명한다.
- 예시 빌드는 메이븐으로 실행된다. 부록 B에서 메이븐 사용법을 설명한다.
- 모든 예시는 도커와 도커 컴포즈를 사용한다. 부록 C에서는 도커와 도커 컴포즈에서 가장 중요한 커맨드를 살펴본다.

메이븐 기반 빌드와 도커 및 도커 컴포즈의 경우 여러 장에서 기본 설명과 문제 해결 가이드를 포함한다.

다음 절에서 다음 예시를 설명한다.

개념	레시피	절
프론트엔드 통합	링크와 클라이언트 쪽 통합	8.2
프론트엔드 통합	ESI(Edge Side Includes)	9.2
비동기 마이크로서비스	아파치 카프카	11.4
비동기 마이크로서비스	REST와 Atom	12.2
동기 마이크로서비스	넷플릭스 스택	14.1
동기 마이크로서비스	컨설(Consul)과 아파치 httpd	15.1
마이크로서비스 플랫폼	쿠버네티스(Kubernetes)	17.3
마이크로서비스 플랫폼	클라우드 파운드리(Cloud Foundry)	18.3
운영	프로메테우스로 모니터링하기	20.4
운영	일래스틱 스택으로 로그 분석	21.3

개념	레시피	절
운영	집킨으로 추적하기	22.2
운영	이스티오(Istio)를 사용한 서비스 메시	23.2

모든 프로젝트는 깃허브^{GitHub}에 존재한다. 프로젝트에는 데모를 설치하고 시작하는 방법을 단계별로 안내하는 HOWTO-RUN.md 파일이 존재한다.

예시는 서로 독립적이기 때문에 어느 장을 보더라도 바로 예시를 실행할 수 있다.

0.5 감사의 말

마이크로서비스를 주제로 이야기하고 내게 질문하거나 나와 협력한 모든 사람들에게 감사하다. 안타깝게도 관련된 분들의 이름을 전부 적기에는 너무 많다. 아이디어 교환은 매우 유용하며 재미있다!

INNOQ에 근무하는 동료가 없었다면 많은 아이디어와 구현이 가능하지 않았을 것이다. 특히 Alexander Heusingfeld, Christian Stettler, Christine Koppelt, Daniel Westheide, Gerald Preissler, Hanna Prinz, Jörg Müller, Lucas Dohmen, Marc Giersch, Michael Simons, Michael Vitz, Philipp Neugebauer, Simon Kölsch, Sophie Kuna, Stefan Lauer, Stefan Lauer, Tammo van Lessen에게 감사드린다.

또한 Merten Driemeyer와 Olcay Tümce는 중요한 피드백을 제공했다.

마지막으로 이 책을 쓰는 동안 종종 소홀히 했던 친구들과 가족, 특히 아내에게 감사를 전하고 싶다. 아내는 또한 영어로 번역을 진행했다.

이 책에서 소개한 기술을 개발해 마이크로서비스의 토대를 마련한 이들에게도 감사드린다.

또한 https://www.softcover.io/ 툴 개발자와 린펍^{Leanpub} 개발자에게도 감사드린다.

마지막으로 이 책의 독일어 버전을 만드는 과정에서 전문적으로 지원해준 출판사 dpunkt.verlag와 René Schönfeldt에 감사드린다.

0.6 웹사이트

이 책과 함께 제공되는 웹사이트는 http://practical-microservices.com이다. 해당 사이트에 예시와 정오표 링크가 포함돼 있다.

한국어판은 에이콘출판사의 도서 정보 페이지 http://www.acornpub.co.kr/book/microservices-guide-2e에서 정오표를 찾아볼 수 있다.

한국어판에 관한 질문은 옮긴이나 에이콘출판사 편집 팀(editor@acornpub.co.kr)으로 문의할 수 있다.

마이크로서비스의 원리

1부에서 마이크로서비스 기반 아키텍처의 기본 아이디어를 소개한다.

마이크로서비스

1장에서는 마이크로서비스에 대한 기본 사항을 설명한다. 마이크로서비스란 무엇인가? 마이크로서비스 아키텍처에는 어떤 장점과 단점이 있는가?

마이크로 아키텍처와 매크로 아키텍처

마이크로서비스는 많은 자유를 제공한다. 그러나 시스템의 모든 마이크로서비스에 영향을 미치는 결정을 내려야 한다. 2장은 마이크로 아키텍처와 매크로 아키텍처의 개념을 소개한다. 마이크로 아키텍처는 각 마이크로서비스에 대해 개별적으로 결정될 수 있는 모든 결정으로 구성된다. 반면 매크로 아키텍처는 모든 마이크로서비스에 관련된 결정으로 구성된다. 마이크로 아키텍처와 매크로 아키텍처의 컴포넌트 외에 누가 매크로 아키텍처를 설계하는지 설명한다.

마이그레이션

대부분의 마이크로서비스 프로젝트는 레거시 시스템을 마이크로서비스 아키텍처로 마이그레이션한다. 따라서 3장에서는 마이그레이션으로 수행 가능한 목표를 제시하고 마이그레이션을 수행할 수 있는 다양한 전략을 소개한다.

1

마이크로서비스

1장에서는 마이크로서비스를 소개하고 다음 내용을 설명한다.

- 마이크로서비스의 장점과 단점을 설명해 특정 프로젝트에 대해 마이크로서비스 아키텍처의 유용성과 그 유용성을 평가한다.
- 장점을 다뤄 마이크로서비스가 해결할 수 있는 문제와 마이크로서비스의 아키텍처가 다른 시나리오에 어떻게 적용될 수 있는지 설명한다.
- 단점을 다뤄 기술적 도전과 위험이 있는 환경에서 어떻게 처리할 수 있는지 설명한다.
- 마이크로서비스의 장점과 단점을 인식하는 것은 장점을 최대화하고 단점을 줄일 수 있으며 기술과 아키텍처 결정에 중요하다.

1.1 마이크로서비스: 정의

유감스럽게도 마이크로서비스를 보편적으로 인정하는 정의가 없다. 이 책에서는 마이크로서비스를 다음과 같이 정의한다.

> 마이크로서비스는 독립적으로 배포 가능한 모듈(module)이다.

예를 들어 전자상거래시스템은 주문, 등록, 상품 검색 모듈로 나눌 수 있다. 일반적으로 이 모든 모듈은 하나의 애플리케이션으로 같이 구현된다. 이 경우 모듈 중 변경 사항이 하나 생기면 전체 모듈이 포함된 전체 애플리케이션의 새 버전을 상용 환경에 적용한다. 그러나 모듈을 마이크로서비스로 구현하면 주문 프로세스를 다른 모듈과 독립적으로 변경할 수 있을 뿐만 아니라 독립적으로 상용 환경에 적용할 수도 있다.

단일 모듈만 배포하기 때문에 배포 속도는 빨라지고 필요한 테스트 개수가 줄어든다. 이처럼 큰 레벨의 디커플링decoupling을 통해 대규모 프로젝트는 여러 개의 소규모 프로젝트로 전환될 수 있다. 각 프로젝트는 개별 마이크로서비스를 담당한다.

기술 레벨에서 대규모 프로젝트를 소규모의 마이크로서비스로 전환하려면 모든 마이크로서비스가 독립적인 프로세스여야 한다. 마이크로서비스의 결합도를 낮출 수 있는 좋은 해결책은 각 마이크로서비스에 대해 독립적인 가상 머신 또는 도커 컨테이너를 제공하는 것이다. 이 경우 배포는 개별 마이크로서비스의 도커 컨테이너를 새로운 도커 컨테이너로 변경한 다음, 새로운 버전을 시작하고 새로운 버전의 도커 컨테이너로 요청을 보낸다. 해당 접근 방법을 사용하면 다른 마이크로서비스는 영향을 받지 않는다.

마이크로서비스의 정의를 기반하는 장점

마이크로서비스를 독립적으로 배포할 수 있는 모듈로 정의한 부분을 통해 생기는 장점은 다음과 같다.

- 마이크로서비스는 매우 작다.
- 마이크로서비스는 매우 일반적이며 마이크로서비스라고 하는 모든 종류의 시스템을 포괄한다.
- 마이크로서비스 정의는 모듈을 기반으로 한다. 따라서 오래되고 제대로 이해할 수 있는 개념이다. 이를 통해 모듈화와 관련된 많은 아이디어를 채택할 수 있다. 게다가 이 정의는 마이크로서비스가 더 큰 시스템의 일부이며 모든 기능을 자체적으로 수행할 수 없다는 점을 강조한다. 마이크로서비스는 필연적으로

다른 마이크로서비스와 통합돼야 한다.

- 독립 배포는 수많은 장점이 생기는 기능이기 때문에 매우 중요하다. 따라서 독립 배포는 간단하지만 마이크로서비스의 가장 본질적인 특징이 무엇인지 설명한다.

배포 모놀리스

마이크로서비스로 구성하지 않은 시스템은 한 번에 배포할 수 있다. 이를 배포 모놀리스Deployment Monolith라 한다. 물론 배포 모놀리스를 모듈로 나눌 수 있다. 배포 모놀리스는 시스템의 내부 구조에 대해서 설명하지 않는다.

마이크로서비스의 크기

주어진 마이크로서비스의 정의로는 마이크로서비스의 크기에 대해서는 어떤 것도 설명하지 않는다. 물론 마이크로서비스라는 용어는 특히 소규모 서비스를 의미한다. 그러나 실제로 마이크로서비스의 크기는 다양할 수 있다. 어떤 마이크로서비스는 전체 팀을 바쁘게 할 정도로 클 수도 있지만 다른 팀은 수백 라인의 코드만 작성할 정도로 작을 수도 있다. 따라서 마이크로서비스의 이름에서 추측할 수 있는 대로 마이크로서비스의 크기는 정의의 일부분으로 적합하지 않다.

1.2 마이크로서비스를 사용하는 이유

마이크로서비스를 사용하는 여러 이유가 있다.

확장 가능한 개발을 진행할 수 있는 마이크로서비스

마이크로서비스를 사용하는 한 가지 이유는 쉽고 확장 가능한 개발 때문이다. 대규모 팀은 종종 복잡한 프로젝트에서 함께 작업해야 한다. 마이크로서비스를 사용하면 프로젝트를 서로 독립적으로 많이 동작할 수 있는 작은 단위로 분리할 수 있다.

- 이를테면 개별 마이크로서비스를 담당하는 팀은 대부분 기술을 스스로 결정할 수 있다. 마이크로서비스를 도커 컨테이너로 전달하면 각 도커 컨테이너는 다른 컨테이너에 대한 인터페이스만 제공한다. 컨테이너의 내부 구조는 인터페이스가 존재하고 올바르게 동작하는 한 중요치 않다. 따라서 마이크로서비스를 작성할 때 어떤 프로그래밍 언어가 사용될지는 무의미하다. 결론적으로 서비스 담당 팀은 이 결정을 스스로 할 수 있다. 물론 복잡성을 피하기 위해 프로그래밍 언어의 선택을 제한할 수 있다. 그러나 프로젝트의 프로그래밍 언어 선택이 제한돼 있어도 팀은 마이크로서비스에 대한 버그 수정과 함께 업데이트된 라이브러리를 독립적으로 사용할 수 있다.
- 새로운 기능은 하나의 마이크로서비스에서만 변경이 필요할 때 독립적으로 개발할 수 있을 뿐만 아니라 해당 서비스만 상용에 배포할 수 있다. 이를 통해 팀은 완전히 독립적으로 기능을 수행할 수 있다.

따라서 마이크로서비스의 도움으로 팀은 도메인 로직과 기술과 관련해 독립적으로 수행할 수 있다. 이를 통해 대규모 프로젝트에 필요한 조정 작업을 최소화할 수 있다.

레거시 시스템 교체

레거시 시스템의 유지보수는 종종 코드가 안 좋은 형태로 구조화되고 변경 사항을 테스트로 검사할 수 없는 경우가 많아 어렵다. 또한 개발자는 오래된 기술을 처리해야 할 수도 있다.

마이크로서비스는 기존 코드를 반드시 변경할 필요가 없기 때문에 레거시 시스템으로 작업할 때 도움이 된다. 대신 새로운 마이크로서비스는 기존 시스템의 일부를 교체할 수 있다. 예를 들어 데이터 복제, REST, 메시징, UI 레벨에서 이전 시스템과 새로운 마이크로서비스 간의 통합이 필요하다. 게다가 기존 시스템과 새로운 마이크로서비스에 대해 동일한 싱글 사인 온[1]과 같은 문제를 해결해야 한다.

그러나 마이크로서비스는 그린필드greenfield 프로젝트[2]와 매우 흡사하다. 이전에 존재하던 코드를 사용하지 않는다. 게다가 완전히 다른 기술 스택을 사용할 수 있다. 이렇게 함으로써 레거시 코드를 수정하는 것과 비교해 개발이 훨씬 쉽다.

지속 가능한 개발

마이크로서비스 기반 아키텍처는 장기적으로 시스템을 유지 관리할 수 있다고 보장한다.

이 부분이 중요한 이유는 마이크로서비스의 교체 가능성이다. 마이크로서비스가 더 이상 유지보수될 수 없으면 재작성될 수 있다. 배포 모놀리스를 변경하는 것과 비교할 때, 마이크로서비스가 훨씬 작기 때문에 노력이 줄어든다.

그러나 변경 사항이 다른 마이크로서비스에 영향을 줄 수 있기 때문에 수많은 다른 마이크로서비스가 의존하는 마이크로서비스를 교체하기란 어렵다. 따라서 마이크로서비스의 교체 가능성replaceability을 달성하려면 마이크로서비스 간의 의존성을 적절하게 관리해야 한다.

교체 가능성은 마이크로서비스의 큰 장점이다. 많은 개발자는 레거시 시스템을 교체하는 데 노력하고 있다. 그러나 새로운 시스템을 설계할 때 레거시 시스템을 교체하는 방법에 대한 질문이 드문 경우가 많다. 교체 가능한 마이크로서비스는 답을 제공한다.

유지보수성maintainability을 달성하려면 장기간에 걸쳐 마이크로서비스 간의 의존성을 관리해야 한다. 기존 아키텍처는 의존성 레벨에서 종종 어려움을 겪는다. 즉 개발자가 새

---

1 한 번의 인증 과정으로 여러 컴퓨터상의 자원을 이용 가능하게 하는 인증 기능 – 옮긴이
2 레거시 시스템과의 통합을 고려하지 않고 완전히 새로운 환경에서 소프트웨어 시스템을 개발하는 프로젝트 – 옮긴이

로운 코드를 작성하다가 실수로 아키텍처에서 금지된 두 모듈 사이에 의도하지 않게 새로운 의존성을 추가할 수 있다. 일반적으로 개발자는 실수를 눈치채지 못한다. 개발자가 아키텍처 레벨이 아닌 시스템의 코드 레벨에만 주의를 기울이기 때문이다. 종종 클래스가 속한 모듈은 명확하지 않다. 따라서 개발자가 어떤 모듈에 의존성을 도입했는지에 대해서도 명확하지 않다. 이 방법으로 개발되다 보면 시간이 지남에 따라 점점 더 많은 의존성을 갖는다. 원래 설계된 아키텍처는 완전히 구조화되지 않은 시스템으로 변경될 것이다.

마이크로서비스는 인터페이스가 REST 인터페이스 또는 메시징을 통해 구현되는지 여부에 관계없이 인터페이스로 인한 명확한 경계를 유지한다. 개발자가 마이크로서비스 인터페이스에 새로운 의존성을 추가하면 인터페이스가 적절하게 호출돼야 하기 때문에 다른 개발자는 이를 알아챌 것이다. 이런 이유로 마이크로서비스 간의 의존성 레벨에서 아키텍처 위반이 발생하지는 않는다. 마이크로서비스 간의 인터페이스는 아키텍처 위반을 방지하기 위해 아키텍처 방화벽 안에 존재한다. 아키텍처 방화벽의 개념은 Sonargraph(https://www.hello2morrow.com/products/sonargraph), Structure101(http://structure101.com/), jQAssistant(https://jqassistant.org/)와 같은 아키텍처 관리 도구로도 구현된다. 또한 고급 모듈 개념은 방화벽과 같은 시스템을 생성할 수 있다. 자바 세계에서 OSGi(https://www.osgi.org/)는 모듈 간의 접근과 가시성을 제한한다. 접근은 개별 패키지 또는 클래스로 제한될 수도 있다.

따라서 개별 마이크로서비스를 쉽게 유지보수할 수 있다. 마이크로서비스의 코드가 유지보수가 불가능한 경우 교체될 수 있다. 특정 마이크로서비스의 코드는 다른 마이크로서비스에 영향을 미치지 않는다. 마이크로서비스 간의 의존성 레벨에서의 아키텍처 역시 유지보수가 가능하다. 개발자는 의도치 않게 마이크로서비스 간의 의존성을 더 이상 추가할 수 없다. 따라서 마이크로서비스는 각 마이크로서비스 내부와 마이크로서비스 사이에서 장기간 동안 높은 아키텍처 품질을 보장할 수 있다. 따라서 마이크로서비스는 변화 속도가 시간이 지남에 따라 감소하지 않는 지속 가능한 개발을 가능케 한다.

지속적 배포

지속적 배포^{Continuous Delivery}(http://continuous-delivery-book.com/)는 지속적인 배포 파이프라인을 통해 소프트웨어를 지속적으로 상용 환경에 배포하는 방법을 의미한다. 파이프라인은 소프트웨어를 다양한 단계를 거쳐 상용 환경에 배포한다(그림 1-1 참고).

그림 1-1 지속적 배포 파이프라인

일반적으로 소프트웨어 컴파일, 단위 테스트, 통계 코드 분석은 커밋^{Commit} 단계에서 수행된다. 인수 테스트^{Acceptance Test} 단계에서는 자동화된 테스트를 통해 도메인 로직과 관련된 소프트웨어 정확성을 보장한다. 용량 테스트^{Capacity Test}는 예상되는 부하를 주어 성능을 확인한다. 탐색적 테스트^{Explorative Test}는 아직 고려되지 않은 테스트를 수행하거나 새로운 기능을 검사하는 역할을 한다. 이런 방법으로 탐색 테스트는 아직 자동화 테스트에서 다루지 않은 측면을 분석할 수 있다. 결국 소프트웨어는 상용 환경에 배포된다.

마이크로서비스는 독립적으로 배포 가능한 모듈을 나타낸다. 따라서 각각의 마이크로서비스는 자체적인 지속적 배포 파이프라인을 갖고 있다.

다음은 지속적인 배포를 가능케 한다.

* 배포 단위가 더 작기 때문에 지속적 배포 파이프라인은 훨씬 빠르다. 결과적으로 배포가 빨라진다. 테스트는 상대적으로 적은 기능을 포함하기에 더 빠르다. 지속적 배포 파이프라인은 많은 테스트 단계를 포함한다. 소프트웨어는 각 단계에서 배포돼야 한다. 빠른 배포로 테스트 속도가 빨라지기에 파이프라인 속도가 빨라진다. 테스트는 상대적으로 적은 기능을 포함해서 더 빠르다. 개별 마이크로서비스의 기능만 테스트해야 하며 배포 모놀리스의 경우 가능한 회귀로 인해 전체 기능을 테스트해야 한다.

- 마이크로서비스의 경우 지속적인 배포 파이프라인 구축이 더 쉽다. 배포 모놀리스의 환경 설정은 복잡하다. 대부분의 경우 매우 좋은 서버가 필요하다. 또한 테스트를 진행할 때 외부 시스템이 종종 필요하다. 마이크로서비스는 매우 좋은 하드웨어가 꼭 필요하지는 않다. 게다가 테스트 환경에는 많은 외부 시스템이 필요하지 않다. 그러나 하나의 통합 테스트에서 모든 마이크로서비스를 함께 실행하면 이 장점을 없앨 수 있다. 모든 마이크로서비스를 실행하기에 적합한 환경은 모든 외부 시스템과의 통합은 물론 강력한 하드웨어가 필요하다.
- 마이크로서비스의 배포는 배포 모놀리스보다 위험이 적다. 배포 모놀리스의 경우 전체 시스템이 새로 배포되고, 마이크로서비스의 경우 하나의 모듈만 배포된다. 기능의 변경 사항이 거의 없기 때문에 문제가 덜 발생한다.

요약하면 마이크로서비스는 지속적인 배포를 가능케 한다. 지속적인 배포에 대한 지원만으로도 배포 모놀리스를 마이크로서비스로 마이그레이션할 수 있는 충분한 이유가 될 수 있다.

그러나 마이크로서비스 아키텍처는 배포가 자동화된 경우에만 동작할 수 있다. 마이크로서비스는 배포 모놀리스에 비해 배포 가능한 유닛의 개수를 크게 늘린다. 이는 배포 프로세스가 자동화된 경우에만 가능하다.

실제로 독립적인 배포란 연속적인 배포 파이프라인이 완전히 독립적이어야 한다는 것을 의미한다. 통합 테스트는 이러한 독립성과 상충된다. 개별 마이크로서비스의 연속적인 전달 파이프라인 간의 의존성을 도입한다. 따라서 통합 테스트를 최소한으로 줄여야 한다. 통신 유형에 따라 동기 및 비동기 통신을 달성하기 위한 다양한 접근 방법이 있다.

견고성

마이크로서비스 시스템은 배포 모놀리스보다 더 견고하다. 특정 마이크로서비스에서 메모리 누수가 발생하면 해당 마이크로서비스만 종료된다. 다른 마이크로서비스는 계속 실행된다. 물론 비정상 종료를 발생하던 마이크로서비스의 실패를 보완해야 한다. 이를 탄력성resilience이라고 한다. 복원력을 달성하도록 마이크로서비스는 값을 캐시하고 문제가 발생할 때 이를 사용한다. 또는 간단한 알고리즘으로 교체될 수 있다.

복원력이 없으면 마이크로서비스 시스템의 가용성availability이 문제가 돼 마이크로서비스가 실패할 가능성이 있다. 여러 프로세스로 분배되기 때문에 더 많은 서버가 시스템에 포함된다. 따라서 각 서버는 잠재적으로 실패할 수 있다. 마이크로서비스 간의 통신은 네트워크를 통해 발생한다. 네트워크도 실패할 수 있다. 따라서 마이크로서비스는 견고성을 달성하기 위해 복원력을 구현해야 한다.

히스트릭스를 설명하는 절에서는 동기 마이크로서비스 시스템에서 어떻게 탄력성을 구체적으로 구현할지 설명한다.

독립적인 확장성

대부분의 경우 시스템 전체를 확장할 필요가 없다. 이를테면 크리스마스 기간 동안 상점 시스템의 경우 카탈로그가 가장 중요하고 하드웨어가 많이 소비될 수 있다. 완벽한 시스템으로 확장한다면 많은 전력을 필요로 하지 않는 부분에 하드웨어가 필요하다.

각 마이크로서비스를 독립적으로 확장할 수 있다. 마이크로서비스의 인스턴스를 추가하고 마이크로서비스의 부하를 각 인스턴스에 분산할 수 있다. 따라서 이전 예시의 카탈로그은 확장돼야 한다. 이를 통해 시스템의 확장성scalability을 크게 향상시킬 수 있다. 이를 위해 마이크로서비스는 자연스럽게 특정 요구 사항을 충족해야 한다. 마이크로서비스는 무상태stateless여야 한다. 그렇지 않으면 특정 클라이언트의 요청이 다른 인스턴스로 전송될 수 없다. 그 이유는 해당 인스턴스가 해당 클라이언트에 특정한 상태를 갖지 않기 때문이다.

하드웨어 부족으로 인해 배포 모놀리스의 많은 인스턴스를 시작하기 어려울 수 있다. 또한 배포 모놀리스를 위한 환경을 구축하는 작업은 복잡할 수 있다. 이렇게 하려면 데이터베이스와 추가 소프트웨어 컴포넌트가 있는 복잡한 인프라와 추가 서비스가 필요할 수 있다.

마이크로서비스의 경우 확장은 더 세분화될 수 있어서 일반적으로 추가적인 서비스가 덜 필요할 뿐만 아니라 기본 요구 사항 역시 덜 복잡하다.

자유로운 기술 선택

각 마이크로서비스는 개별 기술로 구현될 수 있다. 자유로운 기술을 사용해 각 마이크로서비스를 개별적으로 마이그레이션할 수 있기 때문에 새로운 기술로 쉽게 마이그레이션할 수 있다. 게다가 여러 마이크로서비스에 새로운 기술을 채택하기 전에 하나의 마이크로서비스에서만 새로운 기술을 사용할 수 있기 때문에 새로운 기술을 통해 경험을 얻는 것이 더 간단하고 위험도가 적다.

보안

마이크로서비스는 서로 격리될 수 있다. 일례로 마이크로서비스 간의 통신에 방화벽을 도입할 수 있다. 게다가 마이크로서비스 간의 통신은 암호화가 이뤄져 통신이 실제로 다른 마이크로서비스에서 시작됐음을 보장할 수 있다. 따라서 해커가 하나의 마이크로서비스를 탈취하더라도 다른 마이크로서비스의 추가적인 변질을 방지할 수 있다.

격리

결국 마이크로서비스의 많은 장점은 강력한 격리를 통해 얻은 결과라 할 수 있다.

그림 1-2 마이크로서비스의 장점인 격리

마이크로서비스를 격리한 채 배포할 수 있기에 지속적인 배포가 용이하다. 마이크로서비스는 장애와 격리됨으로써 견고성을 향상시킨다. 확장성에 대해서도 마찬가지다. 각 마이크로서비스는 다른 마이크로서비스와 독립적으로 확장될 수 있다. 자유로운 기술 선택을 허용하는 격리된 각 마이크로서비스에서 서로 다른 기술을 채택할 수 있다. 마이크로서비스는 오직 네트워크를 통해 통신할 수 있는 방법으로 격리된다. 따라서 방화벽을 사용하면 보안을 높일 수 있다.

이런 강력한 격리로 인해 실수로 모듈 간의 경계 위반이 거의 일어날 수 없다. 아키텍처는 더 이상 자주 침해되지 않는다. 격리는 아키텍처를 보호한다. 마이크로서비스는 새로운 마이크로서비스로 교체될 수 있다. 격리는 위험도가 낮은 마이크로서비스의 교체를 가능케 하고 개별 마이크로서비스의 아키텍처를 깨끗하게 유지할 수 있다. 따라서 격리는 소프트웨어의 장기간의 유지보수를 용이하게 한다.

낮은 결합도는 모듈의 중요한 특징이다. 모듈이 격리되면 마이크로서비스도 격리된다. 모듈은 일반적으로 코드 변경과 아키텍처와 관련해 낮은 결합도를 갖는다. 따라서 마이크로서비스 간의 결합도는 낮다.

결국에는 많은 목적을 가진 마이크로서비스의 크기는 작아지고 작은 결합도로 인해 격리된 채 처리될 수 있다. 또한 마이크로서비스에 대해 쉽게 추론할 수 있다. 따라서 마이크로서비스의 보안을 쉽게 확인하고 성능을 측정하기가 쉬우며 제대로 작동하는지 파악하기 더 쉽다. 디자인과 개발을 쉽게 수행할 수 있다.

마이크로서비스의 장점

마이크로서비스로 전환하기 위해 설명한 이유 중 가장 중요한 점은 개별 시나리오에 따라 다르다는 점이다. 그린필드 시스템에서 마이크로서비스를 사용하는 것은 예외다. 배포 모놀리스는 더 자주 마이크로서비스 시스템으로 교체된다(4장 참고). 이 경우 여러 장점이 관련돼 있다.

- 해당 시나리오에서 마이크로서비스의 도입은 용이한 개발의 확장이 중요한 이유가 될 수 있다. 종종 큰 회사의 경우 많은 개발자가 배포 모놀리스를 빠르게 유지하는 부분에 어려움을 겪는다.
- 해당 시나리오에서 기존 배포 모놀리스에서 손쉽게 마이그레이션해 마이크로서비스를 쉽게 구현할 수 있다.
- 지속적인 배포는 종종 상용 환경에 반영할 수 있는 속도와 안정성을 높인다는 추가적인 목표를 갖는다.

개발 확장성이 마이그레이션의 유일한 시나리오는 아니다. 단일 스크럼^{Scrum} 팀이 마이크로서비스 시스템을 구현하려 할 때, 개발 조직이 해당 마이크로서비스를 구현하기에 충분히 큰 규모가 아니라면 개발의 확장성이 합리적인 이유가 될 수 없다. 그러나 다른 이유도 있을 수 있다. 특정 환경에서는 지속적인 배포와 견고성, 독립적인 확장, 자유로운 기술 선택, 지속 가능한 발전과 같은 기술적인 이유로 개발의 확장성이 중요한 역할을 할 수 있다.

결국 비즈니스 가치 향상에 중점을 두는 것이 중요하다. 시나리오에 따라 이전에 언급한 영역 중 장점으로 인해 회사의 수익성 또는 경쟁력이 향상될 수 있다. 한마디로 시장 진입 시간을 단축하거나 시스템의 신뢰성을 높일 수 있다.

절충안을 갖는 마이크로서비스

목표에 따라 팀은 마이크로서비스를 구현할 때 타협할 수 있다. 마이크로서비스를 도입하려는 목표가 견고성일 때, 마이크로서비스는 별도의 고정 컨테이너로 구현돼야 한다. 각 도커 컨테이너는 다른 컨테이너에 영향을 주지 않고 종료될 수 있다. 견고성이 중요하지 않은 경우 다른 대안을 고려할 수 있다. 예를 들어 여러 마이크로서비스가 특정 자바 애플리케이션 서버에서 다른 자바 웹 애플리케이션을 함께 실행할 수 있다. 이 경우 모두 하나의 프로세스에서 실행되기 때문에 견고성과 관점에서는 격리되지 않는다고 볼 수 있다. 마이크로서비스에서 메모리 누수^{memory leak}가 발생하면 모든 마이크로서비스는 장애가 발생할 것이다. 그러나 격리된 해결 방법은 운영하기가 쉽기 때문에 결국에는 더 좋은 절충안이 될 수 있다.

두 가지 레벨의 마이크로서비스: 도메인과 기술

시스템을 마이크로서비스로 나눌 수 있는 두 가지 레벨로 기술적 장점과 조직적 장점을 설명한다.

- 시스템을 도메인별로 크게 분리^{coarse-grained}한다는 것은 팀이 독립적으로 개발할 수 있도록 하며 단일 마이크로서비스만 배포함으로써 새로운 기능을 출시할 수 있음을 의미한다. 전자상거래시스템에서 고객 등록과 주문 프로세스는 크게 나누는 마이크로서비스^{coarse-grained microservice}의 예가 될 수 있다.

- 기술적인 이유로 인해 일부 마이크로서비스를 더 분리할 수 있다. 주문 프로세스의 마지막 단계에서 특히 과부하가 발생한다면 마지막 단계를 별도의 마이크로서비스로 구현할 수 있다. 마지막 단계의 마이크로서비스를 다른 마이크로서비스와 별도로 확장할 수 있다. 마이크로서비스는 주문 프로세스의 도메인에 속하지만 기술적인 이유로 별도의 마이크로서비스로 구현된다.

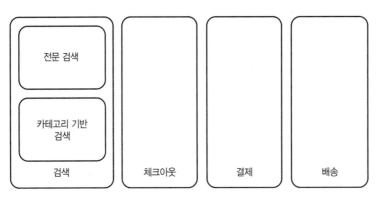

그림 1-3 두 가지 레벨의 마이크로서비스

그림 1-3은 두 가지 레벨의 예시를 보여준다. 도메인을 기반으로 한 전자상거래 애플리케이션은 마이크로서비스 검색, 체크아웃, 결제, 배송으로 나뉜다. 검색은 더 세분화된다. 전문full text 검색은 카테고리 기반 검색과 별도로 분리돼 있다.

독립적인 확장이 분리 이유 중 하나일 수 있다. 이 아키텍처는 카테고리 기반 검색과는 별도로 전체 텍스트 검색을 확장할 수 있다. 따라서 두 가지 레벨의 부하를 처리할 때 유용하다. 또 다른 이유는 다른 기술을 사용할 수 있기 때문이다. 전문 검색은 카테고리 기반 검색에 적합하지 않은 전문 검색엔진으로 구현될 수 있다.

시스템의 마이크로서비스의 일반적인 개수

시스템에서 일반적인 마이크로서비스 개수를 기술하기란 어렵다. 1장에서 다룬 부분을 기반으로 일반적으로 10~20개의 대단위 도메인이 정의되고 각 도메인에서 1~3개의 마이크로서비스로 분리할 수 있다. 그러나 훨씬 많은 마이크로서비스가 존재하는 시스템도 있다.

1.3 도전 과제

마이크로서비스에 장점이 있지만 도전 과제도 있다.

- 마이크로서비스 시스템을 운영하는 것은 배포 모놀리스를 실행하는 것보다 많은 노력이 필요하다. 이는 마이크로서비스 시스템에는 더 많은 배포 가능한 유닛이 존재하고 해당 유닛은 모니터링이 필요하다는 사실에 기인한다. 마이크로서비스의 운영이 대부분 자동화되고 적절한 모니터링을 통해 마이크로서비스의 올바른 기능이 보장될 때에만 가능하다. 3부에서는 이런 도전 과제를 해결할 수 있는 다양한 솔루션을 보여준다.

- 마이크로서비스는 독립적으로 배포될 수 있어야 한다. 예를 들어 도커 컨테이너로 분할하는 것은 필수 조건이지만 그것만으로는 충분하지 않다. 또한 테스트는 독립적이어야 한다. 모든 마이크로서비스를 함께 테스트해야 할 때 특정 마이크로서비스가 테스트 단계를 막는다면 다른 마이크로서비스의 배포가 금지될 수 있다. 즉, 테스트는 더욱 어려워진다. 마이크로서비스로 분리되면 테스트할 인터페이스가 많이 생긴다. 따라서 테스트는 인터페이스의 양면에 독립적이어야 한다. 인터페이스를 변경할 때 개별 마이크로서비스가 이전처럼 독립적으로 배포할 수 있도록 구현돼야 한다. 예를 들어 인터페이스를 구현하는 마이크로서비스는 새로운 인터페이스와 기존 인터페이스를 제공해야 한다. 그다음 호출하는 마이크로서비스를 동시에 배포할 필요 없이 해당 마이크로서비스를 배포할 수 있다.

- 여러 마이크로서비스에 영향을 주는 변경 사항은 배포 모놀리스의 여러 모듈과 관련된 변경 사항보다 구현하기가 어렵다. 마이크로서비스 시스템에서의 변경 사항은 배포를 여러 번 해야 한다. 따라서 배포는 조율돼야 한다. 배포 모놀리스의 경우는 배포를 한 번만 하면 된다.

- 마이크로서비스 시스템에서 마이크로서비스 개념이 손상될 수 있다. 그러나 경험상 실제 도메인 기반의 부서에서는 하나 또는 몇 개의 마이크로서비스에 대

한 변경 사항으로 제한할 수 있다. 따라서 마이크로서비스 간의 상호작용은 높은 수준의 독립성으로 인해 개발에 거의 영향을 미치지 않으므로 결국 마이크로서비스의 개념은 그다지 중요하지 않다.

- 마이크로서비스는 네트워크를 통해 통신한다. 로컬 통신과 비교해 대기 시간 ^{latency}이 훨씬 길어지고 통신이 실패할 확률이 더 높다. 따라서 마이크로서비스 시스템은 다른 마이크로서비스의 가용성에 의존할 수 없다. 이는 시스템을 더 복잡하게 만든다.

장점과 단점 따져 보기

가장 중요한 규칙은 마이크로서비스가 어느 특정 시나리오에서 가장 간단한 해결책을 나타내는 경우에만 사용해야 한다는 점이다. 이전에 언급한 장점은 배포와 운영에 대한 높은 레벨의 복잡성으로 인한 단점보다 더 크다. 따라서 굉장히 복잡한 해결책을 임의로 최종 결정하는 것은 의미가 없다.

1.4 변형

구체적인 시나리오를 기반으로 독립 시스템과 같은 마이크로서비스 변형을 사용할 수 있다.

기술적 변화

2부와 3부에서는 동기 통신과 비동기 통신, UI 통합과 같은 다양한 기술적 변화를 설명한다. 다양한 기술 중 하나 또는 여러 개의 레시피를 조합함으로써 사용자 정의 마이크로서비스 아키텍처를 설계할 수 있다.

실험

다음은 올바른 레시피를 찾는 데 도움이 될 것이다.

- 현재 시스템의 문제를 파악한다(예: 복원력, 개발 민첩성, 너무 느린 배포 등).
- 알고 있는 프로젝트 중 하나를 골라 마이크로서비스를 사용했을 때의 장점을 우선시한다.
- 해당 프로젝트에서 제기되는 위험 요소 중 어느 요소가 위험을 초래할 수 있는지 살펴본다.
- 다음 장에서 사용 가능한 기술과 아키텍처 솔루션이 어떤 요구 사항의 문맥에서 합리적인 해결책을 제공하는지를 비교할 수 있다.

마이크로서비스를 실질적으로 분할하고 기술 결정을 진행하려면 추가 개념이 필요하다. 그러므로 시스템을 마이크로서비스로 가장 잘 분할하는 방법에 대해 2.7절에서 다룰 것이다.

1.5 결론

마이크로서비스는 모듈화의 극단적인 유형을 나타낸다. 마이크로서비스를 따로 배포하는 것은 매우 강한 디커플링의 토대다.

모듈화를 통해 수많은 장점을 얻는다. 중요한 장점 중 하나는 서로 다른 레벨의 격리이다. 즉 배포를 용이하게 할 뿐만 아니라 개별 마이크로서비스에 대한 잠재적인 장애를 제한한다. 마이크로서비스는 개별적으로 확장될 수 있으며 기술 결정은 개별 마이크로서비스에만 영향을 미친다. 보안 문제는 개별 마이크로서비스로 제한될 수 있다.

격리를 통해 팀 간의 조정이 덜 필요하기 때문에 큰 팀에서는 마이크로서비스 시스템을 쉽게 개발할 수 있다. 또한 배포 단위가 작을수록 지속적인 전달이 쉬워진다. 게다가 새로운 마이크로서비스는 레거시 시스템에서 큰 코드 변경 없이도 시스템을 보완할 수 있기 때문에 레거시 시스템을 교체하는 것보다 훨씬 쉽다.

문제는 주로 운영과 관련이 있다. 적절한 기술적 결정은 의도된 이익을 강화해야 하며 동시에 운영의 복잡성과 같은 단점을 최소화해야 한다.

물론 마이크로서비스 간의 통합과 통신은 배포 모놀리스 내의 모듈 간 호출보다 복잡하다. 추가된 기술적 복잡성은 마이크로서비스 아키텍처에 대한 또 다른 중요한 과제를 나타낸다.

2

마이크로 아키텍처와
매크로 아키텍처

마이크로서비스는 더 나은 낮은 결합도를 제공한다. 따라서 마이크로서비스는 소프트웨어 모듈을 모듈화하고 격리할 수 있다(1.2절 참고). 그러나 마이크로서비스는 큰 시스템 관점에서 보면 모듈이다. 따라서 모듈은 통합될 수 있어야 한다. 통합은 마이크로서비스 아키텍처의 도전 과제다. 한편으로는 마이크로서비스가 전체 시스템을 구성할 때 함께 동작할 수 있도록 보장해야 한다. 반면 마이크로서비스의 자유가 마이크로서비스 아키텍처의 대부분의 장점에 필요한 격리와 독립성을 구성하기 때문에 제한이 심하지 않다.

이런 이유로 마이크로서비스 아키텍처를 마이크로^{micro} 아키텍처와 매크로^{macro} 아키텍처로 나누는 것이 좋다. 마이크로 아키텍처는 각 마이크로서비스에 대해 개별적으로 결정될 수 있는 모든 결정으로 구성된다. 매크로 아키텍처는 전역적으로 이뤄져야 하는 모든 결정으로 구성되고 모든 마이크로서비스에 적용된다.

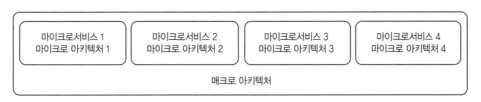

그림 2-1 마이크로 아키텍처와 매크로 아키텍처

그림 2-1에 모든 마이크로서비스에 적용되는 가장 중요한 매크로 아키텍처가 있다. 또한 개별 마이크로서비스를 처리하는 마이크로 아키텍처가 있다. 각 마이크로서비스에는 자체 마이크로 아키텍처를 포함한다.

2장에서는 다음처럼 아키텍처를 분할하는 방법을 설명한다.

- 먼저 도메인 로직을 마이크로서비스로 분리하고 도메인 주도 설계와 바운디드 컨텍스트bounded context가 해당 분리에 대한 훌륭한 접근 방법이라는 것을 설명한다.
- 그다음 마이크로 및 매크로 아키텍처의 일부인 의사 결정과 데브옵스 모델이 해당 결정에 미치는 영향에 대해 설명한다.
- 마지막으로 누가 마이크로 아키텍처와 매크로 아키텍처로 나누는지, 누가 매크로 아키텍처를 생성하는지에 대한 질문을 해결한다.

2.1 바운디드 컨텍스트와 전략적 설계

도메인 아키텍처와 관련해 마이크로 아키텍처와 매크로 아키텍처는 긴 시간 동안 일반적으로 사용된 개념이었다. 도메인을 아주 작은coarse-grained 모듈로 나누는 매크로 아키텍처가 있다. 해당 모듈은 마이크로 아키텍처의 일부로 더 많이 분리된다.

예를 들어보자. 전자상거래시스템은 고객 등록 및 주문 모듈로 분리할 수 있다. 주문은 데이터 검증 또는 화물 배송비 계산과 같은 더 작은 모듈로 분리할 수 있다. 주문 모듈의 내부 아키텍처는 외부에서 숨겨져 있어서 다른 모듈에 영향을 주지 않고 변경할 수 있다. 다른 모듈에 영향을 미치지 않고 하나의 모듈을 변경하는 유연성은 모듈 소프트웨어 개발의 주요 장점 가운데 하나다.

도메인 아키텍처의 예시

그림 2-2 바운디드 컨텍스트로 분할한 예시

그림 2-2는 시스템을 여러 도메인 모듈로 분리하는 예시를 보여준다. 분리된 각 모듈마다 자체 도메인 모델이 있다.

- 설명, 이미지, 가격과 같은 검색 데이터는 상품에 저장해야 한다. 그 예로 중요한 고객 데이터는 과거 주문을 기반으로 결정될 수 있는 권장 사항이다.
- 주문 처리는 장바구니 안에 있는 물건에 대해 추적해야 한다. 상품의 경우 이름과 가격과 같은 기본 정보만 필요하다. 마찬가지로 고객에 관한 너무 많은 데이터도 필요치 않다. 해당 모듈의 도메인 모델에서 가장 중요한 구성 요소는 장바구니다. 그런 다음 다른 바운디드 컨텍스트에서 처리돼야 할 주문으로 바뀐다.
- 결제의 경우 신용카드 번호와 같은 결제 관련 정보가 각 고객 정보에 보관돼야 한다.
- 발송의 경우 배송 주소는 고객에 대한 필수 정보이며 크기와 무게는 상품에 대한 필수 정보다.

각 목록은 모듈이 필요로 하는 도메인 모델이 필요함을 의미한다. 고객과 상품에 관한 데이터뿐만 아니라 전체 모델과 로직도 다르다.

도메인 주도 설계: 정의

도메인 주도 설계^{DDD, Domain-Driven Design}는 시스템의 도메인 모델에 대한 패턴을 제공한다.

마이크로서비스의 경우 전략적 설계 분야의 패턴이 가장 흥미롭다. 패턴은 도메인을 세분화할 수 있는 방법을 설명한다. 도메인 주도 설계는 훨씬 많은 패턴을 제공한다. 해당 패턴으로 개별 모듈의 모델을 쉽게 사용할 수 있다. 원래 DDD 책[1]에서 도메인 주도 설계라는 용어를 소개하고 DDD를 포괄적으로 설명한다. DDD 책보다 규모가 작은 도메인 주도 설계 핵심 책[2]에는 설계, 바운디드 컨텍스트, 도메인 이벤트에 중점을 두었다.

도메인 주도 설계 참고 자료 사이트(https://domainlanguage.com/ddd/reference/)의 주인은 원래 DDD 책의 저자인 에릭 에반스다. 여기에 모든 DDD 패턴을 포함하지만 추가적인 설명이나 예시는 없다.

바운디드 컨텍스트: 정의

도메인 주도 설계는 바운디드 컨텍스트^Bounded Context를 의미한다. 각 도메인 모델은 바운디드 컨텍스트에서만 유효하다. 결과적으로 검색, 주문 처리, 결제, 배송은 각자 고유한 도메인 모델을 갖고 있기 때문에 바운디드 컨텍스트 안에 있다.

예시에서 여러 바운디드 컨텍스트를 포함하는 도메인 모델을 구현할 수 있다. 그러나 도메인 모델이 가장 쉬운 해결책은 아니다. 가격 변경이 검색에 영향을 미치지만 이미 결제 과정에서 처리된 주문에 대해 가격이 변경되지 않아야 한다. 바운디드 컨텍스트 검색에서는 상품의 현재 가격만 저장하고 환불, 기타 복잡한 로직을 포함할 수 있는 각 주문의 상품의 가격을 저장하는 것이 더 쉽다. 따라서 가장 단순한 설계는 특정 컨텍스트에서만 유효한 여러 특수 도메인 모델로 구성된다. 각 도메인 모델에는 고객 또는 상품과 같은 비즈니스 객체에 대한 자체 모델을 갖고 있다.

---

1   에릭 에반스(Eric Evans)의 『도메인 주도 설계(Domain-Driven Design)』(위키북스, 2011) - 지은이
2   반 버논(Vaughn Vernon)의 『도메인 주도 설계 핵심(Domain Driven Design Distilled)』(에이콘, 2017) - 지은이

전략적 설계

다양한 바운디드 컨텍스트에서 시스템을 분할하는 것은 도메인 주도 설계의 관행에 속하는 전략적 설계의 일부다. 전략적 설계는 바운디드 컨텍스트의 통합을 설명한다.

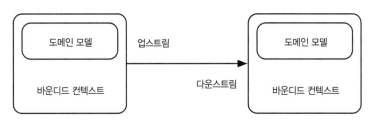

그림 2-3 전략적 설계의 기본 조건

그림 2-3은 전략적 설계의 기본 용어를 설명한다.

- 바운디드 컨텍스트는 특정 도메인 모델이 유효한 컨텍스트다.
- 바운디드 컨텍스트는 서로 의존한다.

일반적으로 각 바운디드 컨텍스트는 각 팀에 의해 구현된다. 업스트림^{upstream} 팀은 다운스트림^{downstream} 팀의 성공에 영향을 미칠 수 있다. 그러나 다운스트림 팀은 업스트림 팀의 성공에 영향을 줄 수 없다. 결제 담당 팀은 주문 프로세스 팀이 제공하는 정보에 따라 달라진다. 가격이나 신용카드 번호와 같은 데이터가 주문의 일부가 아니면 결제할 수 없다. 그러나 주문 프로세스는 결제에 의존하지 않는다. 따라서 주문 처리는 업스트림이다. 결제가 실패할 수 있다. 따라서 결제는 다운스트림이며 주문 프로세스가 실패할 수도 없다.

전략적 설계 패턴

DDD는 여러 패턴에서 의사소통이 어떻게 이뤄지는지 설명한다. 전략적 설계 패턴은 아키텍처를 설명할 뿐만 아니라 조직 내부의 협력을 설명한다.

- 생산자/소비자 패턴을 사용하면 생산자는 업스트림이며 소비자는 다운스트림이다. 그러나 소비자는 우선순위를 업스트림 프로젝트 계획에 반영할 수 있다. 그림 2-4에서 결제는 주문 프로세스 모델을 사용한다. 그러나 결제는 주문 프로세스에 대한 요구 사항을 정의한다. 주문 프로세스에서 필요한 데이터를 제공하는 경우에만 결제를 완료할 수 있다. 따라서 결제는 주문 프로세스의 소비자가 될 수 있다. 그렇게 해서 요구 사항을 주문 프로세스 계획에 포함시킬 수 있다.

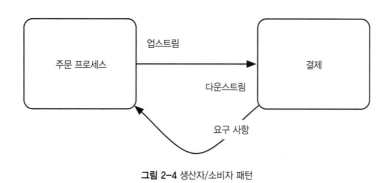

그림 2-4 생산자/소비자 패턴

- 컨포미스트Conformist는 바운디드 컨텍스트가 다른 바운디드 컨텍스트의 도메인 모델을 단순히 사용함을 의미한다. 그림 2-5에서 통계 바운디드 컨텍스트와 주문 프로세스는 모두 동일한 도메인 모델을 사용한다. 통계 바운디드 컨텍스트는 데이터 웨어하우스의 일부다. 통계에서는 주문 프로세스 바운디드 컨텍스트의 도메인 모델을 사용하고 데이터 웨어하우스에 저장하는 것과 관련된 일부 정보를 추출한다. 그러나 컨포미스트 패턴을 사용하면 데이터 웨어하우스 팀은 바운디드 컨텍스트에 변경이 발생하면 말을 하지 않는다. 따라서 데이터 웨어하우스 팀은 다른 바운디드 컨텍스트에서 추가 정보를 요구할 수 없을 것이다. 그러나 이타주의를 가진 사람들에게 여전히 추가 정보를 받을 가능성이 있다. 기본적으로 데이터 웨어하우스 팀이 더 강력한 역할을 수행할 정도로 중요하게 여겨지지 않는다.

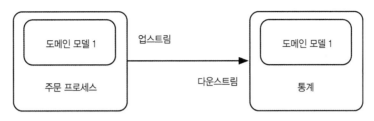

그림 2-5 컴포미스트: 다른 바운디드 컨텍스트에서 사용되는 도메인 모델

- 손상 방지 계층^ACL, Anti-Corruption Layer의 경우 바운디드 컨텍스트는 다른 바운디드 컨텍스트의 도메인 모델을 직접 사용하지 않지만, 자체 도메인 모델을 바운디드 컨텍스트의 모델에서 분리하기 위한 계층을 포함하고 있다. 이는 다른 모델과 낮은 결합도의 별도 모델을 생성하기 위해 컴포미스트와 함께 사용할 때 특히 유용하다. 그림 2-6은 배송 바운디드 컨텍스트가 레거시 바운디드 컨텍스트에 대한 인터페이스로 손상 방지 계층을 사용해 두 바운디드 컨텍스트는 자체 독립 도메인 모델을 갖출 수 있음을 보여준다. 레거시 시스템 모델이 바운디드 컨텍스트 배송에 영향을 미치지 않도록 한다. 배송은 자체 바운디드 컨텍스트에서 깨끗한 모델을 구현할 수 있다.

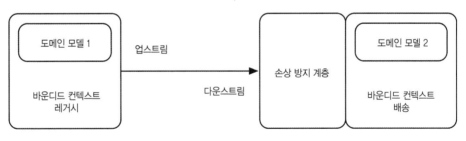

그림 2-6 컴포미스트가 포함된 손상 방지 계층

- 개별 방식의 경우 소프트웨어 레벨에서 보면 바운디드 컨텍스트 간에 관계가 있을 것 같지만 바운드 컨텍스트 간에는 관계를 갖고 있지 않다. 전자상거래 시나리오상 구매에서 구매 바운디드 컨텍스트를 추가한다고 가정하자. 구매 바운디드 컨텍스트는 상품을 나열하기 위해 데이터를 수집할 수 있다. 그러나 별도

로 구현된다. 개별 방식의 경우 구매는 기존 시스템과 별도이다. 상품이 배송되면 사용자는 필요한 데이터를 찾고 상품이 나열되는 다른 바운디드 컨텍스트를 사용할 것이다. 구매를 통해 차례로 배송이 이뤄지는 발송이 발생하고 사용자에게 다른 바운디드 컨텍스트의 상품을 나열하게 한다. 상품의 발송은 실제 세계에서 발생하는 이벤트다. 소프트웨어 관점에서 보면 시스템은 분리돼 있다. 따라서 시스템은 독립적임과 동시에 완전히 독립적으로 발전할 수 있다.

그림 2-7 개별 방식

- 공유 커널shared kernel은 여러 바운디드 컨텍스트가 공유하는 공통 핵심 내용을 설명한다. 그림 2-8을 보면 주문 처리와 결제는 공유 커널을 갖고 있다. 소비자 데이터가 해당 시나리오의 한 예일 수 있다. 그러나 공유 커널은 공유 비즈니스 로직과 공유 데이터베이스 스키마 정보를 포함하므로 마이크로서비스 환경에서 사용해서는 안 된다. 이는 마이크로서비스 시스템의 안티패턴이다. 그러나 DDD는 배포 모놀리스에도 적용될 수 있기 때문에 공유 커널이 이해되는 시나리오가 여전히 존재한다.

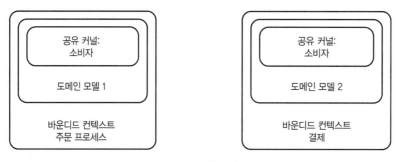

그림 2-8 공유 커널

일부 패턴은 주로 하나 이상의 바운디드 컨텍스트가 통합돼야 하는 경우에 유용하다.

- 개방형 호스트 서비스open host service는 바운디드 컨텍스트가 여러 서비스를 포함하는 일반적인 인터페이스를 제공한다는 것을 의미한다. 다른 바운디드 컨텍스트는 해당 서비스와의 자체 통합을 구현할 수 있다. 해당 패턴은 인터넷의 공개 API에서 자주 발견되지만 기업 환경에서도 가능한 대안이기도 한다.
- 게시된 언어published language는 모든 바운디드 컨텍스트에서 접근할 수 있는 도메인 모델이다. 예를 들어 회사 간 거래를 위한 EDIFACT와 같은 표준 포맷일 수 있다. 그러나 회사에서만 사용되고 게시하는 데이터 구조를 정의할 수도 있다. 위키를 예로 들 수 있다.

설명한 모델들을 함께 사용할 수 있다. 개방형 호스트 서비스는 게시된 언어를 사용해 통신할 수 있다.

예를 들어 주문 프로세스는 외부 고객의 주문을 받을 수 있다. 각 외부 클라이언트마다 특정 인터페이스를 제공하는 데는 많은 노력이 필요하다. 따라서 일반 오픈 호스트 서비스와 주문에 대한 게시된 언어가 있다. 각 외부 클라이언트는 해당 인터페이스를 사용해 바운디드 컨텍스트 주문 프로세스에 주문을 제출할 수 있다.

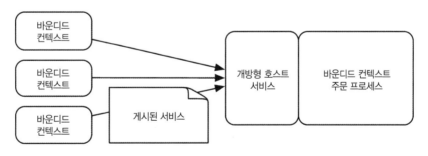

그림 2-9 개방형 호스트 서비스와 게시된 언어

패턴 선택

패턴을 선택할 때는 도메인, 팀 간의 권력 구조, 의사소통 관계가 긴밀히 연결돼야 한다. 결제 바운디드 컨텍스트는 상품을 주문했지만 결제하지 않았기에 주문 프로세스 바운디드 컨텍스트로부터 필요한 데이터를 얻지 못한다. 따라서 생산자/소비자 패턴이 확실한 선택이다. 그러나 사실 해당 선택은 도메인에서 찾은 결과가 아니라 권력 구조의 결과이고 회사의 사업 모델에 의존적이다.

물론 선택된 패턴은 조정에 필요한 노력에 영향을 미치므로 팀 간의 격리 정도에 영향을 미친다. 결국 선택된 패턴은 팀이 통합 작업을 해야 하는 규칙을 설정한다. 따라서 생산자/소비자와 같은 패턴이 많은 조정을 필요로 하기 때문에 바람직하지 않을 수 있다. 여전히 도메인 측면에 따라 생산자/소비자 패턴이 올바른 해결책이 될 수 있다. 단지 조율을 덜 하기 위해서 결제와 주문 프로세스 사이에 다른 패턴을 사용하는 것은 말이 안 된다. 해당 패턴은 비즈니스의 성공을 불가능하게 할 수 있다.

바운디드 컨텍스트 간 도메인 이벤트

바운디드 컨텍스트 간의 통신에서는 도메인 이벤트가 사용될 수 있다. 장바구니를 주문하는 것이 도메인 이벤트가 될 수 있다. 주문 바운디드 컨텍스트에서 도메인 이벤트가 생성되고 발송 바운디드 컨텍스트와 결제 바운디드 컨텍스트가 해당 이벤트를 수신해 주문의 발송과 송장 발행을 시작한다. 도메인 이벤트는 바운디드 컨텍스트를 통합하는 데 유용할 수 있다. 10.2절에서 기술적인 관점에서 도메인 이벤트를 설명한다.

도메인 이벤트는 도메인 모델의 일부분이다. 도메인 이벤트는 도메인에서 일어난 어떤 일을 의미한다. 또한 도메인 이벤트는 도메인 전문가들과 관련돼야 함을 의미한다.

바운디드 컨텍스트와 마이크로서비스

바운디드 컨텍스트는 특정 시스템을 도메인으로 나눈다. 바운디드 컨텍스트가 마이크로서비스일 필요가 없다. 또한 바운디드 컨텍스트는 배포 모놀리스에서 모듈로 구현될 수도 있다. 바운디드 컨텍스트가 마이크로서비스로 구현되면 도메인과 기술 레벨에서 매우 독립적인 모듈이 생성된다. 그러므로 마이크로서비스와 바운디드 컨텍스트의 개념을 결합하는 것이 현명하다.

전략적 설계의 일부로써 바운디드 컨텍스트의 의존성은 독립성을 제한한다. 그러나 마이크로서비스가 더 큰 시스템의 일부이기 때문에 모듈 간의 의존성을 완전히 피할 수는 없다.

진화

시간이 지남에 따라 새로운 기능이 새로운 바운디드 컨텍스트를 보여줄 수 있다. 또한 하나의 바운디드 컨텍스트가 실제로 두 개로 분리될 수 있다. 새로운 로직이 바운디드 컨텍스트에 추가되거나 팀이 바운디드 컨텍스트를 더욱 이해하기 때문에 그런 일이 발생할 수 있다. 이런 경우 새로운 바운디드 컨텍스트와 새로운 마이크로서비스가 생성될 수 있다.

1.2절에서 설명한 것처럼 두 레벨의 마이크로서비스가 있다. 즉, 도메인별로 크게 나누거나 기술적인 이유로 더 작게 세분화하는 마이크로서비스가 존재한다. 따라서 확장성을 단순화하기 위해 새로운 마이크로서비스가 생성될 수 있다. 마이크로서비스를 둘로 나눈다면 그 결과 발생하는 마이크로서비스는 더 작아져 확장하기가 훨씬 수월하다. 그래서 이런 이유들은 또한 더 많은 수의 마이크로서비스로 이어질 수 있다.

2.2 기술적 마이크로와 매크로 아키텍처

도메인 주도 설계는 도메인 매크로 아키텍처를 제공한다. 바운디드 컨텍스트와 전략적 설계는 이런 종류의 아키텍처에 대한 패턴이다. 마이크로서비스는 기술적 격리를 제공한다. 따라서 마이크로 아키텍처 및 매크로 아키텍처의 개념을 기술 결정으로 확장할 수 있다. 배치 모놀리스의 경우 기술 결정은 반드시 전역적으로 이뤄져야 했다. 따라서 매크로 아키텍처 또는 마이크로 아키텍처의 프레임워크 내에서 기술 결정을 내릴 수 있다. 그러나 일부 기술 결정은 매크로 아키텍처의 일부여야 한다. 그렇지 않으면 통합 시스템이 생성되지 않고 여러 개의 통합되지 않은 시스템이 생성되기 때문이다.

마이크로 아키텍처 또는 매크로 아키텍처 결정

마이크로 아키텍처 또는 매크로 아키텍처의 컨텍스트에서 내릴 수 있는 결정은 다음과 같다.

- 매크로 아키텍처의 모든 마이크로서비스에서 사용할 프로그래밍 언어를 동일한 언어로 정의할 수 있다. 그러나 결정이 마이크로 아키텍처의 일부가 될 수도 있다. 그리고 각 마이크로서비스는 서로 다른 언어로 구현될 수도 있다. 애플리케이션 서버와 같은 프레임워크와 인프라에도 동일하게 적용된다. 결정이 마이크로 아키텍처의 일부이면 가장 적합한 기술을 사용해 각 마이크로서비스의 특정 문제를 해결할 수 있다. 매크로 아키텍처 정의는 회사의 기술 전략이 특정 아키텍처만 허용하거나 특정 기술 지식이 있는 개발자만 고용해야 할 경우에만 유용하다.
- 데이터베이스는 매크로 아키텍처 또는 마이크로 아키텍처의 일부로 정의될 수도 있다. 언뜻 보기에 해당 결정은 프로그래밍 언어에 대한 결정과 비교될 수 있다. 그러나 데이터베이스는 다르다. 일반적으로 저장 데이터. 데이터 손실이 허용되지 않는다.
- 따라서 데이터베이스에 대한 백업 전략과 재해 복구 전략이 있어야 한다. 다양한 많은 데이터베이스에 대해 관련 전략을 설정하려면 상당한 노력이 필요할 수 있다. 너무 많은 다른 데이터베이스에 대한 설정을 피하려면 모든 마이크로서비스에 대한 매크로 아키텍처의 일부로 데이터베이스가 정의될 수 있다. 데

이터베이스가 매크로 아키텍처에 정의돼 있더라도 여러 마이크로서비스가 데이터베이스 스키마를 공유해서는 안 된다. 이는 바운디드 컨텍스트에 위배된다 (2.1절 참고).

- 데이터베이스 스키마의 도메인 모델이 여러 마이크로서비스에서 사용될 수 있다. 이는 마이크로서비스를 너무 강하게 결합한 것이다. 통합 데이터베이스를 사용하더라도 마이크로서비스는 해당 데이터베이스에서 별도의 스키마를 가져야 한다. 각 마이크로서비스는 자체 데이터베이스 인스턴스를 가질 수도 있다. 그렇게 하는 것이 장점을 갖는다. 하나의 데이터베이스가 손상되면 하나의 마이크로서비스만 실패한다. 그러나 특히 운영과 관련된 큰 노력은 개별 인스턴스에 대한 논쟁거리이다.

- 마이크로서비스에 고유한 UI가 있는 경우 마이크로서비스의 룩 앤 필^{Look and Feel}은 마이크로 아키텍처 또는 매크로 아키텍처 결정일 수 있다. 종종 시스템은 일관된 UI를 가져야 할 수 있다. 그리고 룩 앤 필은 매크로 아키텍처 결정이어야 한다. 그러나 때로는 시스템에 다른 유형의 사용자, 예를 들어 백오피스와 고객 등을 가질 수 있다. 사용자의 유형에 따라 서로 다른 UI 요구 사항을 가지며 종종 UI에서 일반적으로 일관성 있는 룩 앤 필을 갖지 않을 수 있다. 그래서 룩 앤 필은 마이크로서비스가 해당 마이크로서비스의 사용자 그룹을 최상으로 지원할 수 있는 마이크로 아키텍처의 결정이 돼야 한다.

- 매크로 아키텍처 레벨에서 룩 앤 필을 정의할 때 공유된 CSS와 자바스크립트는 모든 마이크로서비스의 공통된 UI 스타일을 적용하기에 충분치 않다.

- 많이 다른 사용자 유형마다 인터페이스를 구현하려면 일관성 있는 기술 산출물을 사용할 수 있다. 따라서 스타일 가이드는 매크로 아키텍처의 일부가 돼야한다. 종종 별도의 UI가 있는 마이크로서비스가 일관성 있는 룩 앤 필을 제공할 수 없을 것이라는 우려가 있다. 한편 모놀리스 시스템에서도 UI는 다를 수있다. 적절한 스타일 가이드와 산출물을 정의하는 것이 마이크로서비스의 사용과 상관없이 대형 시스템에서 일관성 있는 룩 앤 필을 얻는 유일한 방법이다.

- 문서화를 표준화해야 할 수도 있다. 같은 팀에서 마이크로서비스를 구축하고 유지보수할 때 문서화는 마이크로 아키텍처의 부분이 돼야 한다. 그다음 오랜 시간 동안 개발에 필요한 문서화를 스스로 결정할 수 있다. 물론 문서화에 대한 결정은 매크로 아키텍처의 일부가 될 수 있다. 문서화가 특정 수준으로 잘 돼 있다면 마이크로서비스를 다른 팀으로 넘기는 것이 더 쉬워진다. 또한 마이크로서비스의 특정 부분을 일관성 있게 문서화해야 할 수도 있다. 예를 들어 보안상의 이유로 일부 시스템에서는 마이크로서비스에서 라이브러리를 추적해야 한다. 특정 라이브러리에 보안 취약점이 발견된다면 어느 마이크로서비스를 수정해야 하는지 식별할 수 있다. 또한 표준화된 문서는 시스템의 개요와 마이크로서비스 간의 의존성을 제공할 수 있다.

일반적인 매크로 아키텍처 결정

매크로 아키텍처 레벨에서 항상 수행돼야 하는 일부 결정 사항이 있다. 궁극적으로 모든 마이크로서비스에서는 함께 일관성 있는 시스템을 구축해야 한다. 여기에 몇 가지 표준이 필요하다.

- 마이크로서비스의 통신 프로토콜은 일반적인 매크로 아키텍처 결정이다. 모든 마이크로서비스가 REST 인터페이스 또는 메시징 인터페이스를 일관성 있게 제공한다면 모든 마이크로서비스가 서로 통신하고 일관성 있는 시스템을 구성할 수 있다. 게다가 데이터 포맷을 표준화해야 한다. 예를 들어 시스템은 JSON 또는 XML과 통신 여부에 따라 달라진다. 통신 프로토콜은 이론적으로 두 개의 마이크로서비스의 각 통신 채널마다 다를 수 있다. 따라서 마이크로 아키텍처 결정이다. 그러나 결국에는 더 이상 일관성 있는 시스템이 존재하지 않는다. 실제로 마이크로서비스에서는 서로 다른 방법으로 서로 통신하는 형태다.
- 사용자는 인증^{authentication}을 통해 특정 식별 정보를 갖고 있음을 입증한다. 예를 들어 암호와 사용자 이름을 사용해 인증 작업을 수행할 수 있다. 모든 마이크로

서비스에서 사용자를 재인증하는 것은 받아들일 수 없어서 전체 마이크로서비스 시스템은 단일 인증 시스템을 사용해야 한다. 그리고 사용자는 사용자 이름과 암호를 한 번만 입력한 후에는 모든 마이크로서비스를 사용할 수 있다.

- 통합 테스팅 기술은 전형적인 매크로 아키텍처 결정이기도 하다. 모든 마이크로서비스를 함께 테스트해야 한다. 그래서 마이크로서비스를 통합 테스트에서 함께 실행해야 한다. 매크로 아키텍처는 통합 테스트에 대한 필수 전제 조건을 정의해야 한다.

일반적인 마이크로 아키텍처 결정

각 마이크로서비스마다 개별적으로 결정을 내려야 한다. 따라서 다음은 일반적인 마이크로 아키텍처의 일부다.

- 사용자의 권한에 따라 사용자가 수행할 수 있는 작업이 결정된다. 인증과 마찬가지로 권한은 보안 영역에 속한다. 권한은 각각의 마이크로서비스에서 이뤄져야 한다. 권한 부여는 도메인 로직과 밀접하게 연결된다. 어떤 사용자가 특정 작업을 실행할 수 있는지는 도메인 로직의 일부이므로 다른 도메인 로직과 같은 마이크로서비스에 속한다. 그렇지 않으면 도메인 로직은 마이크로서비스 자체에서 구현되지만 사용자가 도메인 로직의 어느 부분을 사용 가능한지에 대한 결정은 중앙에서 이뤄진다.
- 복잡한 권한 규칙이 필요한 곳에서 권한은 의미가 없다. 예를 들어 특정 사용자가 특정 상한까지 주문할 수 있다면 인증, 구체적 상한 값, 가능한 예외는 마이크로서비스 주문에 속한다. 인증은 권한에 사용할 수 있는 사용자 롤role을 할당한다. 마이크로서비스는 고객 롤을 가진 사용자가 어떤 작업을 실행할 수 있는지 정의하고 콜 센터 에이전트 롤을 가진 사용자는 어떤 작업을 실행할 수 있는지 정의할 수 있다.

- 각 마이크로서비스마다 테스트를 다르게 할 수 있다. 테스트조차도 궁극적으로 도메인 로직의 일부다. 또한 각 마이크로서비스에 대해 서로 다른 비기능 요구 사항이 있을 수 있다. 예를 들어 하나의 마이크로서비스는 특히 성능에 중대한 영향을 미칠 수 있으며, 다른 마이크로서비스는 더 안전성에 중점을 둘 수 있다. 각 테스트별로 중점을 두어 해당 위험을 다룰 수 있어야 한다.
- 테스트가 다를 수 있어서 지속적인 배포 파이프라인은 각 마이크로서비스마다 다르다. 지속적인 배포 파이프라인에는 관련 테스트를 포함해야 한다. 물론 지속적인 배포 파이프라인을 위한 기술을 표준화할 수 있다. 예를 들어 각 파이프라인은 젠킨스와 같은 툴을 사용할 수 있다. 그러나 각각의 파이프라인에서 일어나는 일은 각각의 마이크로서비스에 의존적이다.

다음 표는 일반적인 마이크로 아키텍처와 매크로 아키텍처 결정을 보여준다.

마이크로 또는 매크로 아키텍처	마이크로 아키텍처	매크로 아키텍처
프로그래밍 언어	지속적인 배포 파이프라인	통신 프로토콜
데이터베이스	권한	인증
룩 앤드 필	마이크로서비스의 격리 테스트	통합 테스트
문서화		

2.3 운영: 마이크로 아키텍처 또는 매크로 아키텍처

마이크로 아키텍처와 매크로 아키텍처 영역에서의 일부 결정이 주로 애플리케이션의 운영에 영향을 준다. 여기에 다음이 포함된다.

- 설정에서 마이크로서비스가 설정 매개변수를 얻을 수 있는 인터페이스를 정의해야 한다. 인터페이스에 스레드 풀 크기와 같은 기술적인 매개변수와 도메인

로직의 매개변수가 모두 포함된다. 예를 들어 마이크로서비스는 환경변수를 통해 해당 설정을 가져오거나 설정 파일에서 읽을 수 있다. 해당 결정은 마이크로서비스가 설정을 얻는 방법에만 영향을 준다. 설정 데이터를 저장하고 생성하는 방법에 대한 결정은 이전 결정과 상관없다. 일례로 데이터는 데이터베이스에 저장될 수 있다.

- 설정 파일 또는 환경변수는 데이터베이스의 데이터에서 생성될 수 있다. 마이크로서비스가 어느 컴퓨터와 어느 포트에 접근할 수 있는지에 대한 정보는 설정이 아니라 서비스 탐색(13.3절 참고)에 있다. 암호나 인증서를 설정하는 것도 다른 툴로 해결할 수 있는 과제다. 예를 들어 Vault(https://www.vaultproject.io/)를 선택할 수 있다. Vault 정보는 특히 안전한 방법으로 저장돼야 하며 상용 데이터에 대한 승인되지 않은 접근을 방지하기 위해 최대한 적은 인원만 볼 수 있게 해야 한다.

- 모니터링monitoring은 메트릭metric을 추적하는 기술이다(20장 참고). 메트릭은 시스템의 상태에 대한 정보를 제공한다. 한 예로 초당 처리된 요청 수 또는 매출과 같은 비즈니스 메트릭이 있다. 어느 기술을 사용해 메트릭을 추적할지에 대한 질문에 대한 답은 어느 메트릭을 수집하는지와는 상관없다. 모든 마이크로서비스에는 여러 가지 도전들이 있기 때문에 흥미로운 메트릭이 여럿 있다. 마이크로서비스는 매우 높은 부하를 견딜 수 있어서 성능 메트릭이 유용할 수 있다.

- 로그 분석은 로그를 관리할 수 있는 툴을 정의한다(21장 참고). 로그는 원래 로그 파일에 저장되고 그 이후에 특수한 서버에 저장된다. 따라서 많은 양의 데이터와 많은 마이크로서비스가 있어도 로그를 쉽게 분석할 수 있고 검색할 수 있다. 또한 마이크로서비스에서 로드가 증가하면 새로운 인스턴스가 시작될 수 있고 로드가 감소하면 이전에 만들어진 인스턴스가 다시 삭제될 수 있다.

- 이 경우 마이크로서비스가 로드가 감소하면서 오래전에 다시 삭제된 경우일지라도 마이크로서비스 인스턴스의 로그를 계속 사용할 수 있어야 한다.

- 이런 경우에 로드를 줄이기 위해 특정 마이크로서비스가 오래전에 삭제된 경우에도 해당 마이크로서비스 인스턴스의 로그를 계속 사용할 수 있어야 한다. 로컬 디바이스에 로그가 저장된다면 마이크로서비스가 삭제된 후에는 로그가 사라진다.
- 배포 기술은 마이크로서비스의 배포 방법을 결정한다. 예를 들어 도커 이미지(5장 참고), 쿠버네티스 포드^{Kubernetes Pods}(17장 참고), PaaS(18장 참고), 설치 스크립트를 사용해 배포가 수행될 수 있다.
- 배포 기술을 선택하는 것은 마이크로서비스가 운영의 관점에서 어떻게 동작하는지 정의한다는 것을 의미한다. 일반적으로 운영에 대한 결정은 모두 매크로 아키텍처의 일부이거나 마이크로 아키텍처의 모든 부분이라 할 수 있다.

별도 운영 팀이 운영하는 매크로 아키텍처

마이크로 아키텍처 또는 매크로 아키텍처에 속하는 운영 영역에 대한 결정은 조직에 따라 다르다. 이를테면 개발 팀은 마이크로서비스를 개발할 수는 있지만 운영을 책임지지 않을 수 있다. 운영 팀은 모든 마이크로서비스 운영을 담당한다. 이런 시나리오의 운영 결정은 매크로 아키텍처 레벨에서 이뤄져야 한다. 운영 팀이 각 마이크로서비스를 운영할 때 서로 다른 접근 방법을 배워야 하는 것은 일반적으로 허용되지 않는다. 특히 동일한 프로젝트의 경우 마이크로서비스의 개수가 배포 모놀리스의 개수보다 훨씬 많기 때문이라면 그렇다.

마이크로서비스 운영의 경우 매크로 아키텍처를 결정해야 하는 또 다른 이유는 마이크로서비스 분야에서 개별 해결책이 거의 장점을 갖지 못한다는 점이다. 프로그래밍 언어 또는 프레임워크가 특정 문제에 대해 다소 적합할 수 있지만, 운영 기술 관점에서 프로그래밍 언어 또는 프레임워크가 영향력이 매우 높지 않다.

기술만 표준화한다!

매크로 아키텍처 레벨의 결정이 이뤄지면 기술만 표준화하면 된다. 어느 설정 매개변수인지, 어느 메트릭을 모니터링할지, 어느 로그 메시지를 저장하고 어느 배포 산출물이 마이크로서비스에 있는지에 대한 기준은 확실히 개별 마이크로서비스 레벨에서 결정된다. 독립 배포는 마이크로서비스의 핵심 기능이다. 즉 새로운 배포가 수행될 때 설정을 조정할 수 있도록 각 마이크로서비스에 대한 설정 매개변수를 독립적으로 변경할 수 있어야 한다.

운영 매크로 아키텍처 테스트하기

매크로 아키텍처 규칙에 대한 준수 여부는 테스트를 통해 확인할 수 있다. 마이크로서비스는 특정 환경에 배포된다. 테스트에서는 일관성 있는 배포 규칙을 준수하는지 확인한다. 그리고 테스트는 마이크로서비스가 정의된 방법으로 메트릭과 로그 정보를 제공하는지 여부를 확인한다. 설정과 관련해 비슷한 점이 있을 것이다.

운영 매크로 아키텍처에 대한 테스트 환경은 매우 단순해야 하며 다른 마이크로서비스 또는 데이터베이스를 포함하지 않아야 한다. 따라서 데이터베이스나 다른 마이크로서비스를 동작할 수 없는 환경에서 테스트돼야 한다. 해당 상황이 상용 환경에서 발생할 때 마이크로서비스는 잠재적 문제를 분석하기 위한 로그와 메트릭을 제공하는 것이 특히 중요하다. 이런 테스트 방법으로 마이크로서비스의 복원력도 검사한다.

"구축하는 자가 운영하는 자다": 마이크로 아키텍처로서의 운영

운영 관점이 마이크로 아키텍처의 일부가 돼야 하는 조직 형태가 있다. 특정 팀이 마이크로서비스를 개발하고 운영하는 경우 기술을 선택할 수 있다. 해당 접근 방법에 대해 "구축하는 자가 운영하는 자다You Build It, You Run It"라고 기술할 수 있다. 각 팀은 마이크로서비스의 개발과 운영을 책임진다. 팀에서 기술을 선택할 수 있다면 팀의 책임 레벨을 기대할 수 있다.

전체적인 운영은 마이크로 아키텍처 또는 매크로 아키텍처다

따라서 운영에 대한 결정을 마이크로 아키텍처 또는 매크로 아키텍처 레벨에서 수행할 수 있다. 별도 운영 팀이 있는 경우 운영을 매크로 아키텍처의 일부로 결정하는 것은 유용하다. 반면 "구축하는 자가 운영하는 자다"라는 원칙을 추구하는 조직은 마이크로 아키텍처 레벨에서 다음과 같은 결정을 내려야 한다(그림 2-10 참고).

그림 2-10 조직에 따른 운영 방법은 마이크로 아키텍처 또는 매크로 아키텍처의 일부이다.

2.4 마이크로 아키텍처를 선호한다!

마이크로 아키텍처 레벨에서 가능한 한 많이 결정하는 데는 좋은 이유가 있다.

- 매크로 아키텍처에서는 일부분만 명세하는 것이 집중하는 데 도움이 된다. 복잡한 프로젝트 또는 IT 환경에서 광범위하게 일관성을 구현하는 중간에 많은 팀이 실패했다. 매크로 아키텍처 규칙이 거의 없다면 실제로 구현할 가능성이 크다.
- 규칙은 최소한이어야 한다. 예를 들어 매크로 아키텍처 규칙은 모니터링 기술을 정의할 수 있다. 그러나 애플리케이션에서 메트릭을 측정하는 방법을 표준화할 필요는 없다. 결국 메트릭이 생성되는 것이 중요하다. 어떻게 메트릭이 발생하는지는 중요치 않다. 따라서 매크로 아키텍처 규칙은 메트릭을 전송하기 위한 프로토콜만 정의해야 한다. 그래서 마이크로 아키텍처에서 메트릭을 생성

하고 전송하기 위한 라이브러리를 선택할 수 있도록 한다. 이런 방법으로 팀은 가장 적합한 기술을 선택할 수 있다.

- 결과적으로 매크로 아키텍처 규칙을 적용해야 한다. 예를 들어 메트릭이 생성되지 않으면 마이크로서비스는 단순히 운영 팀이 운영하는 상용 환경으로 전달될 수 없다. 따라서 실제로 필요하지 않은 모든 매크로 아키텍처 요소를 제거하는 것이 중요하다.

- 게다가 독립성은 마이크로서비스의 중요한 목표다. 너무 많은 매크로 아키텍처 규칙은 중앙 제어를 통해 팀의 독립성을 저해하기 때문에 이 목표에 상반된다.

- 매크로 아키텍처를 준수한다는 것은 마이크로서비스를 담당하는 팀이 장점이 있어야 가능함을 의미한다. 매크로 아키텍처를 위반하면 일반적으로 마이크로서비스가 상용 환경에 배포할 수 없다는 것을 의미한다.

매크로 아키텍처의 진화

프로젝트 초기에는 제한적인 규칙이 적용될 수 있다. 예를 들어 단일 프로그래밍 언어와 고정된 라이브러리 스택을 정의할 수 있다. 이로 통해 학습 노력과 운영 비용이 절감된다. 프로젝트 기간 동안에 더 많은 프로그래밍 언어와 라이브러리를 허용할 수 있다(예: 최신 기술 도입). 따라서 더 많은 이기종 시스템으로 연결된다. 하지만 업데이트는 높은 위험을 수반하기 때문에 이기종 시스템이 모든 마이크로서비스를 한 번에 업데이트하는 것이 좋다.

모범 사례와 조언

필수 매크로 아키텍처 규칙 외에 권장 사항과 모범 사례도 물론 고려할 수 있다. 그러나 권장 사항과 모범 사례를 강제할 필요가 없으며 모든 마이크로서비스에 선택적으로 적용될 수 있다.

마지막으로 매크로 아키텍처의 목표는 팀이 목표만 달성하는 것에 집중하기보다는 자유를 만드는 것이다. 그러므로 모범 사례에 대한 조언과 참고 사항을 전달하는 것은 확실히 좋다.

2.5 조직 측면

결정과 책임 사이에 연결이 있다. 결정을 내리는 사람은 누구나 책임을 진다. 따라서 메트릭 기술 결정이 매크로 아키텍처의 일부로 이뤄진다면 매크로 아키텍처 그룹은 책임을 져야 한다. 예를 들어 메트릭 기술이 데이터 양에 대처하지 못하기 때문에 결국에는 적합하지 않다는 것을 증명해야 한다. 마이크로서비스 모니터링에 대한 책임이 다른 팀으로 완전히 이전한다면 그 팀이 기술을 선택할 수 있도록 허용해야 한다.

통제되지 못한 성장?

마이크로 아키텍처와 관련된 자유로 인해 사용된 기술이 엄청나게 늘어날 수 있다. 그러나 기술이 반드시 늘어야 하는 것은 아니다. 모든 팀이 특정 모니터링 기술에 대해 좋은 경험을 갖고 있다면 동일한 툴로 새로운 마이크로서비스를 모니터링할 가능성이 크다. 다른 툴을 사용하면 많은 노력이 필요하다. 다른 기술은 지금까지 사용된 기술로는 충분치 않은 경우에만 평가된 후에 사용된다. 따라서 매크로 아키텍처 규칙이 없어도 일관성 있는 결정이 팀에 장점을 제공하면 표준화가 이뤄진다. 물론 이에 대한 전제 조건은 모범 사례에 대한 팀 간의 상호 교환과 어느 기술이 동작하는지, 어느 기술이 동작하지 않는가에 관한 것이다.

누가 매크로 아키텍처를 정의하는가

매크로 아키텍처는 마이크로서비스를 구현할 때 팀의 자유를 제한한다. 이는 각 팀의

한 구성원으로 구성된 매크로 아키텍처를 정의하는 아키텍처 위원회를 통해 해결할 수 있다. 그러나 아키텍처 위원회가 너무 커서 효과적으로 효과를 내지 못할 수도 있다. 10개 팀으로 구성된 위원회는 10명의 회원을 구성할 것이므로 효과적인 작업은 거의 불가능하다. 팀을 제외하거나 구성원을 여러 팀의 대표자로 보내면 구성원 수를 줄일 수 있다.

불행히도 팀 구성원들이 매크로 아키텍처의 전반적인 그림에 충분히 관심을 갖기보다는 종종 자신의 마이크로서비스에 너무 집중하는 경향이 많다. 어떤 면에서는 팀 구성원은 마이크로서비스에 집중해야 하고 그것이 그들이 하는 일이기 때문에 좋은 일이라고 할 수 있다.

대안으로 팀에 속하지 않는 아키텍트가 위원회 구성원으로 구성된 독립적인 아키텍처 위원회가 매크로 아키텍처를 결정하도록 하는 것이다. 아키텍처 위원회는 마이크로서비스 개발 팀에 작업을 강제하기보다는 개발 팀을 지원하고 결정을 잘 조정하는 것을 목표로 해야 한다. 가장 중요한 작업은 개발 팀에서 이뤄진다. 따라서 결정될 매크로 아키텍처 결정이 팀을 지원하고 방해하지 않도록 해야 한다. 또한 아키텍처 위원과 개발 팀들 간의 공동 작업은 개발 팀에서 부분적으로 협업하는 아키텍처 위원에 의해 개선될 수 있다.

독립적인 아키텍처 위원회를 통해 위원회 구성원들이 개발된 시스템에 통합되고 관심을 갖는 것이 중요하다. 또한 특정 도메인과 비즈니스 요구 사항을 절대로 잊어서는 안 된다. 아키텍처를 세울 때 중요한 부분은 이해관계자를 이해하고 아키텍처에서 목표를 지원하는지 확인하는 것이다.

어떻게 강제할 것인가

매크로 아키텍처의 필요성은 전체 시스템을 개발하고 운영해야 하기에 모든 이해 당사자가 이해할 수 있어야 한다. 매크로 아키텍처를 시행하려면 각 규칙에 대한 근거를 문서화해야 한다. 이렇게 하면 규칙을 추론하는 것을 이해할 수 있기 때문에 토론을 피할 수 있다. 하나의 사례로 운영 팀이 서비스를 상용 환경에 배포하거나 준수 규칙을 따를 수 있도록 특정 매크로 아키텍처 규칙이 필요할 수 있다.

따라서 매크로 아키텍처를 운영 팀에 장려하고 매크로 아키텍처에 대한 아이디어와 근거를 운영 팀에 전달하고 규칙을 강제로 적용하는 것은 중요치 않을 수 있다. 매크로 아키텍처를 변경해야 하는 좋은 이유가 있는 경우에는 강제로 적용하기보다는 개선되도록 독려하는 것이 좋다.

테스트 적합성

경우에 따라 매크로 아키텍처에 대한 적합성을 테스트하는 것이 가능하다. 예를 들어 마이크로서비스를 배포한 후 해당 마이크로서비스의 로그 출력, 메트릭을 배포할 수 있다. 이는 배포, 로그 저장, 모니터링이 정의된 매크로 아키텍처를 준수하는지 확인한다.

해당 테스트는 블랙 박스 테스트, 즉 마이크로서비스의 동작을 외부에서 테스트한다. 블랙 박스 테스트의 장점은 마이크로서비스를 구현하는 기술의 자유로운 선택을 제한하지 않으며 불필요한 표준, 이를테면 특정 프레임워크를 강제하지 않는다는 것이다. 따라서 코드 레벨에 대한 적합성 테스트는 많은 의미를 부여하지 않는다.

2.6 독립 시스템 아키텍처 원칙

마이크로 아키텍처와 매크로 아키텍처는 마이크로서비스의 기본 개념이다. 그러나 마이크로서비스에 왜 두 레벨의 아키텍처가 있어야 하는지 이해하기 어렵다.

독립 시스템 아키텍처 원칙ISA, Independent Systems Architecture[3]에 마이크로서비스의 기본 원칙을 설명한다. ISA는 여러 프로젝트에서 얻은 마이크로서비스 경험을 기반으로 한다.

---

3   http://isa-principles.org – 지은이

이름에서 알다시피 ISA는 독립 시스템에서 소프트웨어를 개발하는 것을 목표로 한다. 매크로 아키텍처와 마이크로 아키텍처에서 이 목표를 달성하는 것은 매우 중요하다. 작은 매크로 아키텍처는 마이크로 아키텍처의 레벨에서 많은 자유를 준다. 이는 시스템을 독립하게 한다. 다른 시스템에 영향을 주지 않고 기술 결정을 내릴 수 있다. ISA는 마이크로 아키텍처와 매크로 아키텍처라는 용어를 정의한다. 또한 ISA는 매크로 아키텍처와 마이크로 아키텍처의 최소 요구 사항을 설명한다.

조건

"반드시 해야 한다, 또는 돼야 한다(must)"는 절대적으로 준수해야 하는 원칙이다. "하는 것을 추천한다(should)"는 많은 장점을 가지고 있지만 엄격하게 따르지 않아도 된다는 원칙을 설명한다.

원칙

1. 시스템은 인터페이스^{interface}를 제공하는 모듈^{module}로 분할돼야 한다. 해당 인터페이스를 통해서만 모듈에 접근할 수 있어야 한다. 따라서 모듈은 데이터베이스의 데이터 모델과 같은 다른 모듈의 구현 세부 사항에 직접 의존하지 않을 수도 있다.

2. 시스템은 두 개의 명확하게 분리된 레벨의 아키텍처 결정을 가져야 한다.

   - 매크로^{macro} 아키텍처는 모든 모듈에 관련된 결정으로 구성된다. 추가될 모든 원칙은 매크로 아키텍처의 일부다.

   - 마이크로^{micro} 아키텍처는 개별 모듈마다 다르게 정해질 수 있는 결정을 포함한다.

3. 모듈은 독립성을 최대로 높일 수 있도록 별도의 프로세스, 컨테이너, 가상 시스템이 돼야 한다.

4. 통합과 통신 옵션에 대한 선택은 시스템에 의해 제한돼야 하고 표준화돼야 한다. 통합은 동기 통신 또는 비동기 통신, UI 레벨에서 수행될 수 있다. 통신은 RESTful HTTP 또는 메시징과 같은 제한된 프로토콜 집합을 사용해야 한다. 각 통합 옵션에 단 하나의 프로토콜만 사용하는 것이 좋다.

5. 메타데이터(예를 들어 인증)는 표준화돼야 한다. 그렇지 않으면 사용자는 각 마이크로서비스에 로그인해야 한다. 예를 들어 각 요청과 함께 전송되는 토큰이 사용될 수 있다. 다른 예로 요청을 추적하는 추적 ID와 마이크로서비스를 통한 의존 호출을 포함할 수 있다.

6. 각 모듈마다 지속적인 배포 파이프라인이 존재해야 한다. 테스트는 지속적인 배포 파이프라인의 일부이기에 모듈 테스트는 독립적이어야 한다.

7. 운영은 표준화돼야 한다. 운영에는 설정, 배포, 로그 분석, 추적, 모니터링, 경보를 포함한다. 모듈에 매우 상세한 요구 사항이 있을 때는 표준에서 예외로 처리할 수 있다.

8. 운영, 통합, 통신 표준은 인터페이스 레벨에서 강제돼야 한다. 예를 들어 통신 프로토콜과 데이터 구조는 HTTP를 사용해 교환할 수 있는 특정 JSON 페이로드 포맷으로 표준화될 수 있지만 모든 모듈은 다른 REST 라이브러리/구현을 자유롭게 사용해야 한다.

9. 모듈은 복원력이 있어야 한다. 모듈을 사용할 수 없거나 통신 문제가 발생하더라도 모듈은 실패가 발생하지 않을 수 있다. 모듈은 데이터나 상태를 잃지 않고 종료될 수 있어야 한다. 모듈은 실패 처리되지 않고 다른 환경(서버, 네트워크, 설정 등)으로 이동할 수 있어야 한다.

평가

ISA 원칙은 마이크로서비스를 개발하기 위한 훌륭한 가이드라인이 아니지만 매크로 아키텍처와 마이크로 아키텍처가 왜 중요한지 설명한다. 또한 ISA는 이 책의 구조를 설명한다.

- 첫 번째 ISA 원칙은 시스템이 모듈을 기반으로 개발돼야 한다고 말한다. 이는 일반적인 내용이다.

- 두 번째 원칙은 매크로 아키텍처와 마이크로 아키텍처의 두 개의 아키텍처 레벨을 정의한다. 두 아키텍처는 2장에서 정의한 용어.

- 배포 모놀리스에서 대부분의 결정은 매크로 아키텍처 레벨에서 이뤄진다. 예를 들어 배포 모놀리스에서는 하나의 프로그래밍 언어로 작성되기에 프로그래밍 언어는 매크로 아키텍처 레벨에 대한 결정이어야 한다. 프레임워크와 대부분의 다른 기술에서도 마찬가지다. 실제로 마이크로 아키텍처에서 더 많은 결정을 내리기 위해 의미 있는 기회를 결정하려면 각 모듈은 원칙적으로 세 번째 원칙 상태를 기반으로 별도의 컨테이너에 구현돼야 한다.

- 따라서 ISA에서는 마이크로서비스가 컨테이너에서 동작하는 이유는 배포 모놀리스에서 달성할 수 없는 기술적 자유다. 따라서 마이크로서비스는 아키텍처에 독립성과 낮은 결합도를 제공한다. 각 마이크로서비스가 WAR이고 특정 애플리케이션 서버에서 함께 실행되는 접근 방식은 이 원칙에 맞지 않는다. 사실 자유로운 기술 선택과 견고성에 관한 절충안을 찾기가 매우 높기 때문에 실제로 해당 접근 방식은 일반적으로 별로 의미가 없다. 낮은 결합도가 중요하기 때문에 ISA와 마이크로서비스는 실제로 모듈화에 근본적인 개선을 제공한다.

- ISA의 목표는 최소한의 매크로 아키텍처를 결정하는 것이지만 어떤 결정은 여전히 매크로 수준에서 이뤄져야 한다. 이는 나머지 원칙들을 설명하는 것이기 때문이다. 시작할 때 네 번째 원칙은 통합과 통신 방식을 표준화해야 한다고 명시한다. 2부에서 통합과 통신과 관련된 기술 분야에 대해 논의하는 이유다.

- 통합과 통신에 특정 기술을 사용하기로 결정한다면 모든 모듈에 영향을 미치기에 매크로 아키텍처 레벨에서 수행해야 한다. 따라서 마이크로서비스 시스템에서 매우 중요한 결정이다. 일반적인 통합 접근 방식과 통신 기술이 없는 시스템에 대해 시스템이라 말하기 어렵고 실제로 서로 통신할 수 없는 일부 서비스만 고려해야 한다.

- 다섯 번째 원칙은 추적과 인증을 위한 메타데이터가 표준화돼야 한다고 명시한다. 해당 메타데이터는 마이크로서비스 간에 전송돼야 하므로 매크로 아키텍처의 일부여야 한다. 그 이유 때문에 22장에서는 추적에 대해 자세히 설명한다. 그러나 이 책은 마이크로서비스의 보안 측면을 다루지 않는다. 따라서 이 책에서는 인증에 대한 메타데이터에 대해 설명하지 않는다.

- 여섯 번째 원칙(독립 배포 파이프라인)은 독립 배포 개념을 1.1절의 '마이크로서비스 정의'로 확장한다. 16장에서 마이크로서비스의 배포와 관련된 플랫폼을 설명한다. 17장에서 쿠버네티스를 구체적으로 설명하고 18장에서 PaaS 클라우드 파운드리에 대해 설명한다.

- 일곱 번째 원칙은 마이크로서비스의 운영이 표준화돼야 한다고 말한다. 모든 운영 작업을 표준화해야 한다는 의미가 아니다. 별도의 운영 부서에서 다수의 마이크로서비스를 처리하는 유일한 방법은 표준화다. 그러나 "우리가 따로 빌드하고 운영한다"는 신념을 가진 조직이라면 마이크로서비스 운영에 대한 표준은 필요치 않다.

- 실제로 표준화된 운영 방식은 모든 마이크로서비스에 적합하지 않을 수 있다. 이 경우 팀은 자체 운영 기술을 제안해야 한다. 표준은 거의 의미가 없다.

- 여덟 번째 원칙은 표준이 인터페이스 레벨에서만 정의돼야 한다고 명시한다. 2부에서 설명한 기술은 이런 방식으로 사용될 수 있다. 일반적으로 사용되는 모든 프로그래밍 언어에서는 인터페이스와 클라이언트 라이브러리를 제공한다.

- 아홉 번째 원칙은 탄력성을 설명한다. 이 책은 탄력성을 향상시키는 비동기 통신에 초점을 맞추고 있다.

마이크로서비스에 장애가 발생할 때 메시지가 전송되지만 실패하지는 않는다. 또한 동기식 통신 방법을 설명한 장에서 동기식 통신을 사용하는 경우에 시스템이 어떻게 복원될 수 있는지 설명할 것이다.

따라서 ISA 원칙은 2장에서 소개한 원칙 즉, 마이크로서비스의 주요 장점인 마이크로 아키텍처와 매크로 아키텍처를 구분하는 요약을 잘 설명한다. 또한 ISA는 이 책의 나머지 부분에서 통합, 통신 기술, 운영 기술에 중점을 두는 이유를 설명한다. 해당 기술은 매크로 아키텍처가 다뤄야 하는 내용이다. 따라서 기술 결정은 시스템의 모든 마이크로서비스에 영향을 미치기 때문에 매우 중요하고 어려운 일이다.

2.7 변형

도메인 매크로 아키텍처에서 전략적 설계와 도메인 주도 설계는 궁극적으로 훌륭한 접근 방식이다. 그러나 바운디드 컨텍스트는 특정 프로젝트에 따라 다르다. 마이크로서비스 시스템의 아키텍처를 설계할 때 올바른 바운디드 컨텍스트를 확인하는 것이 핵심 과제다.

기술적 마이크로 아키텍처와 매크로 아키텍처는 각 프로젝트마다 잘 고민해야 한다. 이는 다음과 같은 여러 요인에 의존적이다.

- 데브옵스 조직 또는 별도의 운영 팀을 갖는 조직적인 측면이 영향을 미친다.
- 게다가 전략적 기술 결정이 중요한 역할을 할 수 있다.
- 채용 정책조차도 요인이 될 수 있다. 결국 팀에서 일할 수 있는 기술 전문가가 있어야 한다.

더 복잡한 규칙

실제로 마이크로 아키텍처와 매크로 아키텍처의 규칙이 더 복잡한 경우가 많다. 예를 들어 프로그래밍 언어에 대해 허용 목록이 존재할 수 있다. 또한 더 많은 프로그래밍 언어를 허용 목록에 추가하는 절차가 있을 수 있다. 아키텍처 위원회에서 절차를 결정할 수 있다. 그리고 마지막으로 상용 환경에서 많은 경험으로 인해 JVM^Java Virtual Machine에서 실행되는 프로그래밍 언어를 사용하는 것에 일반적인 제한을 줄 수 있다.

이런 규칙에 매크로 아키텍처 결정 요소가 있다. 화이트리스트와 JVM 언어에 대한 제한이 있다. 동시에 마이크로 아키텍처 요소도 가지고 있다. 결국 팀은 허용 목록에서 프로그래밍 언어 중 하나를 선택하고 허용 목록을 확장할 수도 있다.

따라서 팀과 마이크로서비스가 어느 정도의 여유를 가질 수 있도록 모든 부분에 대한 규칙이 마침내 존재할 것이다. 해당 규칙은 순수한 마이크로 아키텍처 규칙이 아니고 순수한 매크로 아키텍처 규칙도 아니며 마이크로 아키텍처와 매크로 아키텍처 사이 그 중간에 위치한다.

실험

마이크로 아키텍처와 매크로 아키텍처를 정의하는 접근 방법은 다음과 같다.

- 익숙한 프로젝트를 고려한다. 해당 프로젝트의 도메인 모델을 살펴보자.
  - 다중 도메인 모델과 바운디드 컨텍스트로 분리하면 시스템이 쉽게 보이는가?
  - 얼마나 많은 바운디드 컨텍스트에서 시스템을 분할할 수 있는가? 일반적인 프로젝트는 약 10개의 바운디드 컨텍스트로 구성된다. 그러나 정확한 수는 개별 프로젝트마다 다르다.
  - 시스템이 구현한 사용 사례를 알아낸다. 사용 사례를 그룹핑하고 해당 사용 사례가 도메인 모델별로 처리될 수 있는지 분석한다. 이 경우 해당 사용 사례는 도메인 모델이 유효한 바운디드 컨텍스트를 형성한다.
  - 기술적인 이유로 더 분리할 수 있는가? 기술적인 이유는 독립적인 확장성 또는 보안을 포함할 수 있다(1.2절의 '두 가지 레벨의 마이크로서비스' 참고).
- 2장에서 마이크로 아키텍처 또는 매크로 아키텍처에 속할 수 있는 프로그래밍 언어와 데브옵스와 같은 영역을 설명했다. 개별 결정이 마이크로 아키텍처 또는 매크로 아키텍처의 일부이어야 하는지 여부를 프로젝트에서 정의한다.

- 결정 사항 중 최소 하나는 자세히 작성돼야 한다. 결정 내린 것 중에 프로그래밍 언어의 허용 목록이 있을 수도 있고 사실 모든 마이크로서비스가 사용할 수 있는 프로그래밍 언어가 단 하나만 허용될 수도 있다. 허용 목록을 확장하는 절차로도 생각할 수 있다.

2.7 결론

마이크로서비스와 독립 시스템을 사용하면 각 마이크로서비스마다 아키텍처 결정을 개별적으로 수행할 수 있다. 아키텍처 결정은 실제로 각 마이크로서비스마다 다를 수 있다면 마이크로 아키텍처의 일부다. 한편 매크로 아키텍처에는 모든 마이크로서비스에 일관성 있게 적용되는 일부 아키텍처를 포함한다. 두 레벨로 분리되면 개별 마이크로서비스에 자유가 주어지는 동시에 전체 시스템의 무결성이 보장된다.

마이크로 아키텍처 결정은 팀의 자율적인 분위기를 형성하는 데 더욱 적합하며 마이크로서비스가 제공하는 기술적 자유를 사용한다. 결정이 마이크로 아키텍처의 일부더라도 다른 팀이 이미 긍정적인 경험을 한 기술을 사용해 팀의 위험을 줄이고 시너지 효과를 사용할 수 있기 때문에 표준화를 통해 계속 좋은 결과를 얻을 수 있다.

어떠한 경우에도 결정은 명시적으로 이뤄져야 한다. 팀은 매크로 아키텍처와 마이크로 아키텍처의 자유를 의식하며 잘 다뤄야 한다. 마이크로 아키텍처와 매크로 아키텍처는 각 프로젝트마다 다를 수 있는 균형을 이룬다.

3

마이그레이션

배포 모놀리스에서 마이크로서비스 아키텍처로 마이그레이션하는 것은 마이크로서비스를 도입하는 일반적인 경우다. 배포 모놀리스는 너무 많은 단점을 가지고 있어서 대부분의 프로젝트에서는 마이크로서비스로 분리하려는 배포 모놀리스부터 시작한다.

물론 처음부터 마이크로서비스를 시작해 새로운 시스템을 직접 구현할 수도 있다.

3장에서 마이크로서비스 아키텍처로의 마이그레이션과 관련된 도전 과제를 소개한다.

- 3장에서 마이그레이션을 수행하는 이유를 설명한다. 독자가 자신의 문맥 안에서 마이그레이션이 의미가 있는지 판단할 수 있다. 마이그레이션에 대한 접근 방법은 마이그레이션 목표에 따라 다르다. 따라서 마이그레이션이 가능한 이유를 알고 있으면 마이그레이션 전략을 선택하는 데 도움이 된다.
- 3장에서 일반적인 마이그레이션 전략과 대안을 보여준다. 따라서 독자는 자신의 시나리오에 적합한 방법을 선택할 수 있다.

3.1 마이그레이션을 수행하는 이유

마이크로서비스로 마이그레이션할 때 이 단계를 수행하는 목적을 아는 것이 중요하다. 마이크로서비스를 사용하려는 몇 가지 이유가 있다. 마이크로서비스로 마이그레이션하기로 결정한 이유에 따라 구현 방법이 다를 수 있다.

마이크로서비스는 신선한 시작을 제공한다

특히 레거시 시스템을 교체할 때 마이크로서비스에는 일부 장점이 있다. 레거시 시스템의 코드는 더 이상 새로운 마이크로서비스에서 사용할 필요가 없다. 마이크로서비스가 레거시 시스템과 별도로 구현되기 때문이다. 따라서 마이크로서비스를 레거시 시스템에 구애받지 않고 시작할 수 있다. 레거시 시스템의 코드는 더 이상 유지보수할 수 없으며 사용된 기술은 이미 오래됐다. 따라서 이전 코드를 재사용하면 깨끗한 새로운 시스템의 개발을 방해하게 된다. 따라서 마이크로서비스는 레거시 시스템을 처리할 때 가장 중요한 문제를 해결한다. 그렇지 않으면 새로운 시스템의 코드를 이전 코드와 통합해야 하기 때문에 재시작이 어려워진다.

마이크로서비스 마이그레이션은 레거시 시스템 문제를 해결할 수 있다. 마이크로서비스로 마이그레이션을 진행한 후에 그 이상의 마이그레이션은 하나 또는 몇 개의 마이크로서비스로 제한될 수 있다. 아마도 전체 시스템의 마이그레이션이 다시 필요하지 않을 수 있다. 시스템을 마이그레이션하는 일반적인 이유는 사용된 기술이 오래됐다는 점이다. 마이크로서비스 마이그레이션은 단계별로 수행된다. 즉 마이크로서비스를 하나씩 마이그레이션한다. 마이그레이션을 수행하는 또 다른 이유는 시스템을 유지할 수 없다는 점이다. 이 경우에도 각 마이크로서비스는 개별적으로 교체할 수 있다.

이미 알려진 이유들

마이그레이션을 하는 이유는 마이크로서비스를 사용하는 이유와 동일하다. 마이크로서비스를 사용하는 이유는 1.2절에서 이미 상세히 다뤘고 개별 마이크로서비스의 보안성, 견고성, 독립적인 확장성을 포함할 수 있다.

일반적인 이유: 개발 속도

마이크로서비스를 도입하는 일반적인 이유는 배포 모놀리스로 개발할 때 속도가 느리기 때문이다. 많은 개발자가 배포 모놀리스에서 작업할 때 작업을 밀접하게 조율해야 한다. 따라서 시간이 오래 걸리고 개발 속도가 느려진다. 그러나 소규모 팀이라도 배포물이 매우 크기 때문에 배포 모놀리스가 문제가 될 수 있다. 배포 크기가 커지면 지속적인 배포를 구현하기 어렵게 하며 릴리스할 때마다 많은 테스트를 필요로 한다.

3.2 일반적인 마이그레이션 전략

마이그레이션에는 반드시 달성해야 할 최종 대상 아키텍처에 대한 개념이 있지만 수행해야 할 첫 번째 단계 또는 첫 번째 마이크로서비스를 구현하기 위한 구체적인 계획은 없는 상태다. 특히 개발을 작게 분할할 수 있는 작은 단계는 마이크로서비스의 주요 장점이다. 간단한 마이크로서비스라면 빨리 작성할 수 있다. 개발량이 작기 때문에 배포하기도 쉽다. 마이크로서비스는 스스로 증명되지 않는다면 마이크로서비스에 많은 노력을 기울이지 않고 쉽게 다시 제거될 수 있다. 프로젝트의 다음 과정에서 새로운 아키텍처는 마이크로서비스에 의해 단계별 및 마이크로서비스로 구현될 수 있다. 이런 방법으로 큰 위험을 피할 수 있다.

마이그레이션 프로세스는 목표와 레거시 시스템의 구조에 따라 다르기 때문에 보편적인 접근 방법이 없다. 따라서 여기 제시된 전략은 단순히 그대로 사용해서는 안 되며 각각의 상황에 맞게 조정해야 한다.

일반적인 시나리오

마이크로서비스로의 마이그레이션에 대한 일반적인 시나리오는 다음과 같이 설명할 수 있다.

- 마이그레이션의 목표는 개발 속도를 높이는 것이다. 마이크로서비스는 릴리스에 대한 테스트가 더 적고 크기가 더 작기 때문에 더 쉽게 지속적인 배포를 제공한다. 또한 개별 마이크로서비스의 개발은 매우 독립적이다. 따라서 조정 시간이 더 줄어든다. 이 모든 것은 개발을 더 빠르게 할 수 있다.
- 마이크로서비스로의 전환은 가능한 한 빠른 개발의 장점으로 이어져야 한다. 즉 많은 개선을 이끌어내지 못하는 아키텍처 개선에 투자하는 것은 의미가 없다.

여기서 제안된 마이그레이션 전략은 가능한 한 빨리 상황을 개선하기 위해 개별 마이크로서비스를 추출하는 것에 기반한다(그림 3.1 참고).

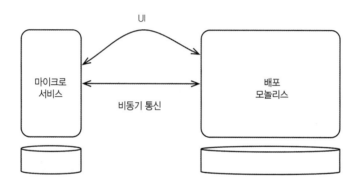

그림 3-1 마이그레이션 접근법: 레거시 시스템과 마이크로서비스 간의 비동기 통신과 UI 통합. 마이크로서비스에는 자체 데이터 저장소가 있다.

비동기 통신에 우선권 주기

레거시 시스템과의 통합은 비동기 통신을 통해 이뤄져야 한다. 비동기 통신은 마이크로서비스의 도메인 로직을 레거시 시스템과 분리한다. 레거시 시스템에서 이벤트를 보낼 수 있도록 레거시 시스템에서 이벤트를 생성하도록 변경해야 한다. 레거시 시스템은 일반적으로 유지 관리가 어려워서 변경 시 문제가 될 수 있다.

그리고 마이크로서비스는 해당 이벤트에 받는 방법을 결정할 수 있다. 또한 가용성이라는 장점을 가진다. 레거시 시스템에서 장애가 발생하더라도 마이크로서비스에서 장애가 발생하지 않을 것이고 마이크로서비스에서 장애가 발생하더라도 레거시 시스템에서 장애가 발생하지 않는다.

UI 통합 환경에 우선권 주기

UI 레벨에서 더 많은 통합이 가능하다. 레거시 시스템과 마이크로서비스가 링크를 통해 서로 통합되면 URL만 알 수 있다. URL 뒤에 숨겨진 내용은 링크로 연결된 시스템에 의해 결정될 수 있으며 다른 시스템에 큰 영향을 주지 않고 변경할 수 있다.

링크를 통해 추가 자원을 사용할 수 있다. 이는 HATEOAS Hypermedia as the Engine of Application State (https://en.wikipedia.org/wiki/HATEOAS)의 기초다. 클라이언트는 링크를 통해 시스템과 상호작용할 수 있다. 상호작용 가능성을 알 필요는 없지만 링크를 따라갈 수 있다. 예를 들어 주문 취소 링크가 주문과 함께 전송된다. 새로운 상호작용은 새로운 링크로 쉽게 보완될 수 있다.

또한 UI 통합은 마이크로서비스와 레거시 시스템을 병렬로 동작시킬 수 있는 쉬운 방법을 제공한다. 개별 요청은 마이크로서비스로 리디렉션될 수 있는 반면 나머지 요청은 여전히 레거시 시스템에서 처리된다. 예를 들어 TLS/SSL 통신으로 모든 요청을 처리하는 웹 서버가 있다. 마이크로서비스와 레거시 시스템의 병렬 작업은 매우 간단하다. 웹 서버는 각 요청을 마이크로서비스 또는 레거시 시스템으로 전달하면 된다.

레거시 시스템이 웹 애플리케이션이라면 UI 통합이 특히 쉽다. 그러나 모바일 애플리케이션 UI의 일부를 웹 페이지로 통합하는 것도 가능하다. 이런 경우의 UI 통합은 많은 장점이 있기 때문에 고려해야 할 사항이다.

동기 통신 피하기

동기 통신은 조심스럽게 사용해야 한다. 가용성과 밀접한 관련이 있다. 호출된 시스템이 실패하면 호출하는 시스템이 해당 실패를 처리할 수 있어야 한다. 도메인 로직에서의 결합도 수준이 매우 높다. 동기 호출은 대개 수행해야 할 작업을 정확하게 설명한다. 가능한 한 빨리 다른 시스템에서 마지막 변경 사항을 볼 수 있게 하려면 동기 통신이 필요할 수 있다. 동기 호출에서는 호출한 시점의 상태가 항상 사용되지만 비동기 통신과 복제는 현재 상태가 모든 곳에서 알 수 있을 때까지 지연이 일어날 수 있다.

이전 인터페이스를 재사용할까?

이미 이전 인터페이스가 있다면 새로운 인터페이스를 도입할 필요는 없다. 그러나 이전 인터페이스가 마이크로서비스의 요구에 잘 맞지 않을 수 있다. 또한 이전 인터페이스를 사용하는 데 변경 사항의 영향을 받는 다른 시스템이 이미 존재한다면 쉽게 변경할 수 없다.

인터페이스가 사용하는 기술은 마이크로서비스에서 적용될 기술 결정에 매우 의존적이지 않다. 마이크로서비스는 거의 모든 종류의 인터페이스를 사용할 수 있다. 마이그레이션의 경우 새로운 인터페이스를 생성하는 것보다 어색한 기술을 사용하더라도 기존 인터페이스를 사용하는 것이 훨씬 더 쉬울 수 있다.

더 중요한 것은 마이크로서비스가 확립하는 종속성이다. 2.1절에서 살펴본 것처럼 통합하기 위해 선택된 패턴은 조정 노력과 독립 정도에 영향을 미친다.

기존 인터페이스를 재사용하는 것은 독립 개발과 같은 목표를 달성하는 것일 수 있다.

인증 통합하기

레거시 시스템과 마이크로서비스로 구성된 시스템의 경우 사용자는 한 번만 로그인하면 된다. 레거시 시스템과 마이크로서비스는 반드시 동일한 인증 기술을 필요로 하지는 않지만 싱글 사인 온이 가능하고 사용자가 레거시 시스템과 마이크로서비스에 별도로 로그인할 필요가 없는 방법으로 시스템을 통합해야 한다. 또한 인증은 마이크로서비스에서 권한과 관련된 롤^{role}과 퍼미션^{permission}을 제공해야 할 수도 있다. 또한 인증 부분에 변경이 필요할 수 있다.

데이터 복제

마이그레이션 시나리오조차도 각 마이크로서비스는 자체 데이터베이스 또는 적어도 자체 데이터베이스 스키마를 가져야 한다. 마이그레이션의 목표는 독립적인 개발과 마이크로서비스의 단순한 지속적인 배포를 달성하는 것이다. 마이크로서비스와 레거시 시스템이 동일한 데이터베이스를 사용하는 경우라면 목표 달성이 불가능하다. 그러면 데이터베이스 스키마를 변경하면 예측하기 어려운 효과가 발생할 수 있다. 따라서 마이크로서비스는 변경이 불가능하고 상용 환경에 배포하기가 어렵다.

비동기 통신과 별도의 데이터베이스를 함께 사용한다는 것은 데이터 복제를 의미한다. 이는 마이크로서비스가 자체 데이터 모델을 구현할 수 있는 유일한 방법이다. 데이터 변경은 이벤트를 통해 전달할 수 있다.

데이터의 일부분에 대한 복제는 한 방향으로만 진행돼야 한다. 일반적으로 복제는 비즈니스 이벤트, 즉 비즈니스 전문가에게 의미 있는 이벤트를 사용해 이뤄질 수 있다. 하나의 시스템(하나의 마이크로서비스 및 하나의 레거시 시스템)은 이벤트를 전달해야 하고 다른 시스템은 해당 이벤트에 반응해야 한다. 예를 들어 하나의 시스템이 "고객이 등록됨"과 같은 이벤트를 생성할 수 있고 다른 시스템이 관련 고객 데이터를 저장할 수 있다.

그러나 이벤트의 각 타입에 대한 이벤트 소스는 하나만 존재해야 한다. 그렇지 않으면 여러 시스템의 변경 사항을 일관된 상태로 통합하는 것이 매우 복잡할 수 있다.

데이터 복제는 한 방향으로만 진행돼야 한다. 하나의 시스템(마이크로서비스 또는 레거시 시스템)은 이벤트를 발생해야 하고 다른 시스템은 이벤트에 반응해야 한다. 그렇지 않으면 여러 시스템의 변경 사항을 일관된 상태로 통합하는 것이 매우 복잡할 수 있다.

블랙 박스 마이그레이션

종종 배포 모놀리스 코드를 이해하고 수정하기란 어렵다. 심지어 이런 부분 때문에 마이크로서비스로의 마이그레이션에 대한 이유가 될 수도 있다. 따라서 기존 코드를 리버스 엔지니어링하거나 심지어 리팩토링하는 것이 많은 의미를 갖지 않는다. 기존 시스템에 대한 지식이 부족하면 최대한 마이그레이션에 대한 지식이 있어야 한다.

마이그레이션을 위한 첫 번째 마이크로서비스 선택

레거시 시스템은 수많은 도메인 기능을 포함한다. 마이그레이션 전략을 결정할 때 레거시 시스템의 도메인 로직을 분석하는 것이 유용할 수 있다. 결과적으로 레거시 시스템은 바운디드 컨텍스트로 완전하고 이상적으로 분리돼야 한다(2.1절 참고). 레거시 시스템에서는 구현된 것은 아니지만 마이크로서비스로의 마이그레이션이 목표가 될 수 있다. 레거시 코드를 이해하지 않은 채 분석이 진행될 수 있다. 이는 시스템이 하는 일에 관한 것으로서 즉, 블랙 박스로 취급하기에 충분하다.

바운디드 컨텍스트 중 하나를 마이크로서비스로 찾는다면 바운디드 컨텍스트가 자체 도메인 모델을 가지고 있기 때문에 도메인 관점에서 다른 바운디드 컨텍스트와 비교할 때 크게 독립적이라는 장점을 갖는다.

그러나 문제는 레거시 시스템에서 먼저 찾아야 할 바운드 컨텍스트다. 다양한 접근 방법이 있다.

- 위험성을 가능한 한 낮추려면 부하가 없고 중요하지 않은 바운디드 컨텍스트를 사용하는 것이 올바른 선택일 수 있다. 위험을 무릅쓰지 않고 운영과 관련된 마이크로서비스와 관련된 도전 과제를 경험할 수 있다.
- 마이크로서비스는 개발의 단순성을 위한 것이다. 가능한 한 빨리 마이크로서비

스 개발 방법의 장점을 활용하기 위해 컨텍스트를 가까운 미래에 바꿀 마이크로서비스에 바운디드 마이그레이션할 수 있다. 마이크로서비스로 마이그레이션하면 변경을 적용하기 쉽기 때문에 마이그레이션 비용은 적게 들어간다.

극단적인 마이그레이션 전략: 마이크로서비스로 모두 변경

극단적인 마이그레이션 전략으로 더 이상 레거시 시스템을 변경하지 않고 마이크로서비스로 마이그레이션을 수행하는 것이다. 레거시 시스템을 변경해야 한다면 새로운 마이크로서비스를 먼저 생성한다. 레거시 시스템 대신 마이크로서비스에서 변경 사항이 구현된다. 시간이 지남에 따라 점점 더 많은 로직이 마이크로서비스에 구현됨에 따라 마이크로서비스로의 마이그레이션을 자동으로 수행한다. 이 규칙을 따르는 것은 매우 쉽다.

해당 접근 방법의 한 가지 문제점은 마이크로서비스가 임의의 장소 즉, 시스템이 현재 변경되고 있는 곳에서 생성된다는 점이다. 이는 바운드 컨텍스트의 다른 부분이 레거시 시스템에서 여전히 구현되지만 바인드 컨텍스트의 일부만 구현하는 마이크로서비스를 초래할 수 있다. 그래서 마이크로서비스와 레거시 시스템에는 많은 의존성이 존재하기 때문에 독립적인 개발이 어려워진다.

추가 절차: 단계별 마이그레이션

레거시 시스템을 점차적으로 마이크로서비스로 교체할 수 있다. 마이그레이션을 진행할 때 주요 변경 사항이 생겨 레거시 시스템의 일부분을 마이크로서비스로 변환하는 것을 집중해야 한다. 따라서 마이크로서비스의 마이그레이션은 가치가 있다. 이를 스트랭글러^{strangler} 패턴(https://www.martinfowler.com/bliki/StranglerApplication.html)이라 한다. 마이크로서비스는 더 이상 레거시 시스템에 아무것도 남지 않을 때까지 레거시 시스템을 점점 교체한다(그림 3-2 참고).

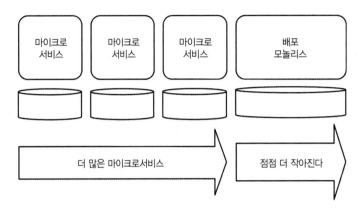

그림 3-2 점진적인 마이그레이션: 레거시 시스템의 기능을 교체하는 마이크로서비스 수의 증가

마이크로서비스로의 전체 마이그레이션이 매우 오래 걸릴 수 있다. 하지만 오래 걸린다고 해서 문제가 되지 않는다. 마이그레이션의 장점을 제공하는 시스템의 일부만 마이그레이션된다. 예를 들어 시스템의 일부분이 변경돼야 하면 마이크로서비스로 마이그레이션된다. 이는 변경 사항을 훨씬 쉽게 한다. 변경되지 않거나 거의 변경되지 않는 일부 시스템은 매우 늦게 또는 심지어 전혀 마이그레이션 되지 않을 것이다. 따라서 전체 마이그레이션을 수행하는 데 걸리는 시간은 실제로 필요한 항목만 마이그레이션할 수 있는 유연성의 결과다. 더 이상 마이그레이션할 레거시 시스템이 없다면 마이그레이션 작업은 중지된다. 결국 거의 변하지 않거나 전혀 변하지 않는 일부 시스템에 최적화하려는 작업은 의미가 없다.

레거시 시스템을 원칙적으로 완전히 마이그레이션할 수 있지만 여전히 유지할 수도 있다. 레거시 시스템에 대한 변경이 거의 일어나지 않고 변경해야 할 모든 부분이 이미 마이크로서비스로 마이그레이션됐기 때문에 레거시 시스템을 유지하는 것이 최상의 해결책이 될 수 있다.

3.3 대안 전략

마이크로서비스로 마이그레이션할 때 많은 전략이 있다. 마이크로서비스로 마이그레이션하는 다양한 접근 방법을 잘 보여주는 자료(https://speakerdeck.com/ewolff/monolith-to-microservices-a-comparison-of-strategies)를 참고하기를 바란다. 이 절에서는 더 일반적인 접근 방법을 설명할 것이다.

견고성을 목적으로

이미 언급한 것처럼 마이크로서비스로의 마이그레이션에 매우 다르게 접근할 수 있다. 이 전략은 주로 달성해야 할 목표에 달려 있다. 마이크로서비스로 전환하는 주 목적이 견고성을 높이는 경우라면 외부 시스템이나 데이터베이스에 대한 인터페이스에 히스트릭스(13.5절 참고)와 같은 라이브러리를 사용해 안정성을 높일 수 있다.

그리고 레거시 시스템을 개별적으로 분리함으로서 각각 독립적으로 실행되는 개별 마이크로서비스로 분할한다. 따라서 한 마이크로서비스의 장애가 다른 마이크로서비스에 더 이상 영향을 미치지 않게 한다. 해당 분리 방법에 대한 흥미로운 이야기(https://www.innoq.com/de/talks/2015/11/javaday-kyiv-modernization-legacy-systems-microservices-hystrix/)를 참고한다.

계층 기반의 마이그레이션

또 다른 대안은 계층 기반 마이그레이션이다. 일례로 UI를 먼저 마이그레이션할 수 있다. 이는 UI 변경이 임박할 때 마이그레이션이 필요한 변경 사항과 결합될 수 있다. 물론 계층 기반의 마이그레이션 전략은 UI, 로직, 데이터를 하나의 독립 시스템에 결합하는 개념과 대조적이다(3장 참고). 그러나 계층 기반 마이그레이션 전략은 마이크로서비스 목표를 향한 첫걸음일 수 있다. 이 경우 나머지 계층은 추후 동일한 마이크로서비스로 마이그레이션돼야 한다. 또는 최적화되지 않더라도 계층에 마이크로서비스를 나누는 방법으로 유지될 수 있다. 그러나 전혀 마이그레이션할 수 없는 아키텍처는 결국 실제 구현할 수 있고 최적화되지 않은 아키텍처보다 훨씬 도움이 되지 않는다.

복사/변경

또 다른 대안으로 복사/변경이 있다. 마이크로서비스에 레거시 시스템의 코드를 복사할 수 있다. 한 복사본에서 시스템의 특정 부분이 더 개발되지만 다른 부분은 제거된다. 두 번째 복사본에서는 다른 방향으로 진행되고 있다. 이런 식으로 레거시 시스템은 2개의 마이크로서비스로 변환된다. 해당 접근 방법은 이전 코드가 여전히 사용되고 있으며 마이크로서비스의 기능이 레거시 시스템의 기능과 정확하게 일치한다는 장점이 있다.

그러나 동시에 오래된 코드를 계속 사용하는 것이 큰 단점이다. 대부분의 경우 기존 시스템의 코드를 유지 관리하기가 어렵다. 따라서 이전 코드를 계속 사용하는 것은 문제가 된다. 또한 데이터베이스 스키마는 변경되지 않는다. 레거시 시스템과 마이크로서비스에서 데이터베이스 스키마를 함께 사용하면 둘 간의 강한 결합도를 초래한다. 따라서 마이크로서비스가 제공하는 장점을 얻으려면 데이터베이스 스키마에 대한 공동 사용을 피해야 한다. 이런 이유로 블랙 박스 마이그레이션이 더 낫다.

또한 레거시 시스템과 마이크로서비스의 기술 스택의 구조는 교체로 같다.

따라서 이 프로젝트는 처음부터 많은 기술 부채를 갖고 있으며 새로운 시작을 의미하지 않는다. 해당 접근법은 기술의 자유와 같은 마이크로서비스의 장점을 이용하지 않는다. 따라서 예외적인 경우에만 사용해야 한다.

3.4 빌드, 운영, 조직

레거시 시스템을 마이크로서비스 시스템으로 전환할 때 코드 마이그레이션만으로는 충분치 않을 수 있다.

- 마이크로서비스를 빌드할 수 있어야 한다. 빌드를 진행하려면 적절한 툴을 선택해야 한다. 또한 지속적인 통합^{Continuous Integration} 서버는 수많은 마이크로서비스를 지원해야 한다.
- 마찬가지로 마이크로서비스의 배포와 운영을 수행할 수 있는 기술과 접근 방법을 도입해야 한다.
- 마지막으로 적절한 테스트 전략을 수립해야 한다. 또한 테스트 환경의 자동 설정이 필요하다. 테스트가 독립적임을 보장해야 한다. 예를 들어 마이크로서비스 또는 레거시 시스템을 시뮬레이션하는 스텁^{stub}이 테스트 목적에 유용하다. 또한 소비자 주도 계약^{consumer-driven contract}(https://martinfowler.com/articles/consumerDrivenContracts.html) 테스트가 유용할 수 있다. 테스트를 통해 마이크로서비스 또는 레거시 시스템의 인터페이스 요구 사항을 보호한다. 그러나 레거시 시스템은 종종 매우 복잡하므로 소비자 주도 계약 기술을 구현하기가 어렵다.[1]

따라서 빌드 및 배포 인프라를 구축해야 하기 때문에 첫 번째 마이크로서비스를 처리하는 데 추가 작업이 필요할 수 있다. 나중에 인프라를 구축할 수는 있지만 마이그레이션 위험을 줄이려면 가능한 한 빨리 빌드 및 배포 인프라를 구축하는 것이 좋다. 하나 또는 여러 마이크로서비스는 부적절한 빌드 및 배포 인프라로 운영될 수 있다. 그러나 적절한 인프라를 갖추지 못한 채 마이크로서비스가 증가한다면 필요한 노력이 너무 많아지면서 프로젝트 실패로 이어질 수 있다.

---

1 소비자 주도 계약은 서비스에 대한 소비자의 기대 사항을 정의한다. 소비자의 기대 사항을 테스트할 수 있도록 코드로 표현한다. – 옮긴이

마이크로서비스와 레거시 시스템 간의 공존

마이그레이션하는 동안 마이크로서비스뿐만 아니라 레거시 시스템도 개발되고 배포돼야 한다. 레거시 시스템을 배포하기 위한 수고가 일반적으로 너무 높은 비용이 들기 때문에 마이크로서비스만큼 자주 레거시 시스템을 배포하는 것은 비현실적이다. 따라서 레거시 시스템과 마이크로서비스, 둘 다에 영향을 미치는 변경 사항을 구현하기가 어렵다. 그래서 최소한 하나의 마이크로서비스 배포와 하나의 레거시 시스템 배포가 필요하다. 해결 방법은 아키텍처 레벨에서 찾을 수 있다. 새로운 기능이 마이크로서비스에만 구현된다면 마이크로서비스의 배포만 필요하다. 이것은 바운디드 컨텍스트에 따라 마이크로서비스의 분리를 의미한다. 또 다른 옵션은 오픈 호스트 서비스 또는 게시된 언어(2.1절 참고)와 같은 패턴으로 모놀리스를 통합해 거의 변경할 필요가 없는 일반 인터페이스를 제공하는 것이다.

마이크로서비스와 레거시 시스템 통합 테스트

현재 상용 환경에서 동작 중인 레거시 시스템 버전과 현재 개발 중인 마이크로서비스 버전으로 마이크로서비스를 테스트하는 통합 테스트가 있어야 한다. 레거시 시스템이 배포될 때 마이크로서비스는 계속 동작한다. 레거시 시스템에서 두 가지 버전의 인터페이스를 제공해 마이크로서비스가 새로운 버전의 인터페이스를 사용할 수 있도록 한다. 그러나 마이크로서비스에서는 아직 해당 마이크로서비스와 함께 테스트하지 않은 새로운 인터페이스를 사용해야 한다. 해당 방법으로 레거시 시스템의 새로운 인터페이스를 사용하는 마이크로서비스의 버전을 언제든지 배포할 수 있다.

레거시 시스템과 마이크로서비스 간의 공동 배포

레거시 시스템과 함께 마이크로서비스를 공동 배포하는 것이 대안일 수 있다. 변경이 일어나면 새로운 버전의 마이크로서비스와 레거시 시스템이 동시에 배포되도록 한다.

동시에 많은 변경 사항이 발생하면 배포 롤백이 어렵기 때문에 위험이 증가한다. 다운 타임없이 해당 방법을 구현하는 것도 어렵다. 복잡한 마이크로서비스 환경에서는 너무 많은 마이크로서비스를 한꺼번에 배포해야 하기 때문에 해당 방법을 사용할 수 없다. 따라서 마이크로서비스와 레거시 시스템의 배포는 처음부터 분리돼야 한다.

조직적인 측면

마이크로서비스의 중요한 장점은 개발 프로세스를 확장할 수 있다는 점이다(1.2절 참고).

마이크로서비스로의 마이그레이션 목표를 독립적인 팀이 세운다면 아키텍처의 마이그레이션을 진행할 때 조직 개편이 함께 이뤄져야 한다. 이미 2.5절에서는 마이그레이션 조직의 필수 요소를 다뤘다.

기술 마이그레이션과 함께 조직이 변경돼야 한다. 마이크로서비스는 레거시 시스템에서 분리될 수 있고 팀에서 자율적으로 개발할 수 있다. 동시에 다른 조직을 구성할 수 있다. 예를 들어 매크로 아키텍처 정의에 필요한 조직을 구성할 수 있다.

권장 사항: 한 번에 모든 측면을 구현하지 않는다

마이크로서비스는 새로운 기술을 도입해야 할뿐만 아니라 아키텍처와 조직의 변경이 필요하다. 이러한 모든 변경 사항을 한 번에 구현하는 것은 위험하고 복잡하다. 안타깝게도 많은 변경 사항은 서로 연결돼 있다. 따라서 새로운 기술이 없으면 아키텍처를 구현하기가 어렵다.

아키텍처가 없으면 조직의 변화를 주기 어렵다. 그러나 이러한 모든 변경을 한 번에 수행하는 것은 피하는 것이 좋다. 따라서 각 변경 사항에 대해 가능하면 어느 시점에 변경 사항을 구현할지를 토론하는 것이 좋다.

3.5 변형

마이그레이션에 대한 아이디어는 다른 많은 접근 방법과 쉽게 결합될 수 있다.

- 3.2절의 전형적인 마이그레이션 전략에 관한 아이디어는 독립 시스템의 개념과 매우 잘 맞는다(3장 참고). 따라서 마이그레이션을 통해 레거시 시스템의 일부를 독립 시스템으로 간단히 분리할 수 있다.
- 마이크로서비스 간 또는 마이크로서비스와 레거시 시스템 간의 인증이나 통신에 대한 규칙은 매크로 아키텍처의 시작점이 될 수 있다(2장 참고). 도메인 매크로 아키텍처는 매우 유용하며 마이크로서비스 외에도 레거시 시스템을 포함할 수 있다.
- 프론트엔드 통합(7장 참고)은 레거시 시스템과 마이크로서비스 간의 통합에 적합하다.
- 비동기 마이크로서비스(10장 참고)는 느슨한 결합을 허용하므로 마이그레이션에 매우 적합한다. 특히 마이그레이션을 위해 비동기 통신에 기존 메시징 기술을 계속 사용해 노력을 최소화하는 것이 현명할 수 있다.
- 동기 마이크로서비스(13장 참고)는 강한 결합도와 탄력성을 생성하기 때문에 동기 마이크로서비스를 조심스럽게 사용해야 한다.
- 쿠버네티스(17장 참고), PaaS(18장 참고), 도커(5장 참고)는 확실히 마이그레이션 시나리오에서 흥미로운 주제다. 그러나 해당 소프트웨어는 새로운 운영 환경을 의미한다. 따라서 초기 마이그레이션 작업을 줄일 수 있도록 적어도 기존 배포 방식과 운영 환경을 사용하는 것이 좋다. 그러나 장기적으로 해당 환경은 많은 장점이 있다. 또한 레거시 시스템은 해당 환경에서 잘 동작될 수 있다.

실험

마이그레이션 전략은 각 시나리오와 일치해야 한다. 다음은 마이그레이션 전략을 수립하는 데 필요한 중요한 질문이다.

- 마이크로서비스로의 마이그레이션 목표는 무엇인가?
    - 특히 중요한 사항은 무엇인가?
    - 이것이 마이그레이션 전략에 어떤 영향을 미치는가?

원칙적으로 마이그레이션은 점진적으로 이뤄져야 한다. 마이크로서비스로 마이그레이션할 부분을 선택하는 것은 기술 또는 도메인 기준에 따라 결정할 수 있다. 그러나 최소한 장기적으로는 도메인 기준이 더 적합하다.

다음과 같은 접근 방법은 도메인 기준에 따른 마이그레이션에 적합하다.

- 시스템을 바운디드 컨텍스트로 분할한다.
- 먼저 어느 바운디드 컨텍스트를 마이그레이션할 것인가? 왜? 그 이유는 바운디드 컨텍스트 또는 바운디드 컨텍스트에서 많은 계획된 변경 사항을 간단히 마이그레이션하기 위함이다. 다른 시나리오도 있는지 고려한다.

3.6 결론

마이크로서비스로의 마이그레이션은 마이크로서비스 도입을 위한 일반적인 접근 방법이다. 새로운 시스템을 완전히 마이크로서비스로 구현하는 것은 특수한 경우이지만 당연히 가능하다. 마이크로서비스의 가장 중요한 장점 중 하나는 그린필드 프로젝트에서는 잘 동작한다는 점이다.

마이그레이션 전략을 제대로 선택하는 것은 복잡한 작업이다. 레거시 시스템과 마이그레이션 목표에 따라 다르다. 3장에서는 각 프로젝트에서 자체 전략을 수립해야 하는 출발점을 설명한다.

마이크로서비스의 마이그레이션이 장점이 있기에 레거시 시스템을 마이크로서비스로 마이그레이션할 수 있는 모든 프로젝트에서 고려해야 한다. 마이크로서비스는 완전히 다른 기술을 사용할 수 있는 단계별 최신 기술 적용을 가능케 한다. 마이크로서비스는 프로젝트에 매우 도움이 된다.

마이그레이션 전략은 아키텍처와 기술 선택에 중요한 영향을 미칠 수 있다. 레거시 시스템에서 모듈 분할과 유사하게 레거시 시스템을 마이크로서비스로 분할하면 마이그레이션을 크게 단순화할 수 있다. 이런 타협은 광범위한 결과를 불러일으키고 더 안 좋아지는 아키텍처로 이어질 수 있지만 여전히 의미가 있다. 마지막으로 실제로 이전 아키텍처를 구현할 수 있어야 하고 해당 아키텍처로의 마이그레이션으로 간단하게 접근할 수 있어야 한다.

기술 스택

2부에서는 마이크로서비스를 구현하는 데 사용할 수 있는 기술 레시피를 다룬다.

도커

4장에서는 도커를 소개한다. 도커는 마이크로서비스의 구현을 위한 좋은 토대를 제공하며 이 책의 예시에 대한 기초다. 따라서 5장은 이후 장의 예시를 이해하는 데 중요하다.

기술 관점의 마이크로 아키텍처

마이크로 아키텍처는 각 마이크로서비스에 대해 다르게 이뤄질 수 있는 결정으로 구성된다.

2장에서는 마이크로 아키텍처와 매크로 아키텍처 개념을 소개했다. 마이크로 아키텍처는 각 마이크로서비스에서 이뤄지는 결정을 포함한다. 매크로 아키텍처는 모든 마이크로서비스는 일관성 있게 이뤄져야 하는 결정이다. 6장에서는 마이크로서비스의 마이크로 아키텍처 구현에 대한 기술 관점의 가능성에 대해 다룬다.

독립 시스템

6장에서는 독립 시스템^{SCS, self-contained systems}에 대해 설명한다. SCS는 독립성과 웹 애플리케이션에 중점을 둔 마이크로서비스 아키텍처에 대한 모범 사례 시스템이다. 그리고 독립 시스템의 장점과 단점을 설명하고 변형을 다룬다.

SCS는 항상 웹 UI를 포함하고 프론트엔드 통합에 의존한다. 따라서 통합 접근 방식에 대한 동기부여를 위해 프론트 통합을 더 상세히 설명하기 전에 SCS를 살펴보는 것이 이해가 될 것이다.

프론트엔드 통합

마이크로서비스 통합의 한 가지 가능성은 7장에서 설명하는 프론트엔드 통합이다. 8장에서는 링크를 포함하는 구체적인 기술 구현과 자바스크립트를 사용한 클라이언트 측 통합을 설명한다. 9장에서는 서버에 UI 통합을 제공하는 ESI^{Edge Side Includes}를 설명한다.

비동기 마이크로서비스

10장에서 비동기 마이크로서비스를 설명한다. 11장에서는 비동기 마이크로서비스를 구현할 때 사용할 수 있는 미들웨어의 예시로 아파치 카프카^{Apache Kafka}를 소개한다. 12장에서는 REST를 통한 비동기 통신에 유용할 수 있는 데이터 포맷인 Atom을 설명한다.

동기 마이크로서비스

동기 마이크로서비스는 13장에서 설명한다. 14장에서 논의되는 넷플릭스 스택은 동기 마이크로서비스를 구현하는 방법이다. 스택에는 로드 밸런싱, 서비스 탐색, 복원력을 위한 솔루션이 포함된다. 15장에서는 서비스 발견을 위한 대안으로 컨설^{Consul}을 보여주고 부하 분산을 위한 아파치 httpd를 소개한다.

마이크로서비스 플랫폼

16장에서는 동기 통신을 지원하고 배포와 운영을 위한 런타임 환경을 지원하는 마이크로서비스 플랫폼에 대해 설명한다. 17장에서는 쿠버네티스로 동기 마이크로서비스를 구현하는 방법을 설명한다. 쿠버네티스는 도커 컨테이너의 런타임 환경으로 사용되며 로드 밸런싱과 서비스 탐색 기능을 제공한다.

18장에서는 PaaS에 대해 설명한다. PaaS를 사용하면 대부분 인프라에 마이크로서비스의 배포와 운영을 맡길 수 있다. PaaS의 예시로 클라우드 파운드리를 설명한다.

4

도커

4장에서는 도커^{docker}에 대해 소개하고 다음 내용을 다룬다.

- 4장을 살펴본 뒤 5장에서 도커 환경에서 제공하는 예시를 실행할 수 있다.
- 도커와 마이크로서비스는 거의 동의어다. 도커가 마이크로서비스와 잘 어울리는 이유를 설명한다.
- 도커는 소프트웨어 설치를 용이하게 한다. 도커파일이 중요한 역할을 한다. 도커파일은 소프트웨어 설치 내용을 간단히 기술한다.
- 도커 머신^{Docker Machine}과 도커 컴포즈^{Docker Compose}는 서버 시스템과 복잡한 소프트웨어 환경에서 도커를 지원한다.
- 4장은 도커를 기반으로 하는 쿠버네티스(17장 참고)와 클라우드 파운드리(18장 참고)와 같은 기술을 이해하기 위한 기반을 마련한다.

라이선스와 프로젝트

도커는 아파치^{Apache} 2.0 라이선스하에 있으며 도커사^{Docker Inc}(https://www.docker.com/)에 의해 개발됐다. 예를 들어 모비^{Moby}(https://github.com/moby/moby)와 같은 일부 핵심 컴포넌트는 오픈소스 라이선스하에 있으므로 다른 개발자도 도커와 유사한 시스템을 구현할 수 있다. 도커는 리눅스 시스템의 프로세스를 서로 격리하는 리눅스 컨테이너를 기반으로 한다. Open Container Initiative(https://www.opencontainers.org/)는 표준화를 통해 여러 컨테이너 시스템의 호환성을 보장한다.

4.1 마이크로서비스에서 도커를 사용하는 이유

1장에서는 마이크로서비스를 개별로 배포할 수 있는 단위로 정의했다. 개별 배포는 아키텍처 레벨에서 디커플링이 발생하지 않을 뿐만 아니라 기술 선택, 견고성, 보안, 확장성에 대한 장점을 갖는다.

마이크로서비스용 운영체제 프로세스

마이크로서비스가 이런 모든 특징을 가지고 있다고 가정하면 어떻게 구현할 수 있는지에 대한 의문이 생긴다. 마이크로서비스는 서로 독립적으로 확장할 수 있어야 한다. 어떤 장애가 발생해 특정 마이크로서비스가 다른 마이크로서비스를 사용할 수 없게 돼 전체 시스템의 견고성에 위협이 되지 않도록 해야 한다. 따라서 마이크로서비스는 최소한 개별 프로세스여야 한다.

확장성은 프로세스의 여러 인스턴스로 보장할 수 있다. 애플리케이션이 시작되면 운영체제는 프로세스를 생성하고 CPU 및 메모리와 같은 자원을 프로세스에 할당한다. 따라서 프로세스가 많을 수록 더 많은 자원을 사용할 수 있다. 하지만 프로세스는 확장성과 관련돼 제한받는다. 여러 프로세스가 하나의 서버에서 실행되는 경우 제한된 하드웨어 자원만 사용할 수 있다. 따라서 마이크로서비스는 클러스터에서 실행돼야 한다. 쿠버네티스(17장 참고)와 클라우드 파운드리(18장 참고)는 클러스터에서 실행 중인 마이크로서비스를 지원한다.

프로세스의 경우 한 프로세스의 충돌이 다른 프로세스에 영향을 미치지 않기 때문에 어느 정도 견고성이 보장된다. 그러나 서버에서 장애가 발생하면 서버에서 동작 중인 많은 프로세스가 장애가 발생하고 마이크로서비스도 실패한다. 그러나 다른 문제도 있다. 모든 프로세스는 하나의 운영체제를 공유한다. 운영체제에서는 모든 마이크로서비스를 위한 라이브러리와 툴을 제공해야 한다. 각 마이크로서비스는 운영체제 버전과 호환돼야 한다. 그러나 모든 마이크로서비스를 지원하는 운영체제를 설정하는 것은 어렵다. 게다가 각 프로세스가 자체 네트워크 포트를 갖도록 해야 한다. 프로세스 수가 많으면 사용하지 않는 포트를 찾는 것이 점점 어려워진다. 또한 어느 프로세스가 어느 포트를 사용하는지 알기 어렵다.

가상 머신: 마이크로서비스를 사용하기에는 너무 무거울 경우

프로세스 대신 각 마이크로서비스가 자체 가상 머신에서 실행될 수 있다. 가상 머신은 모두 동일한 실제 하드웨어에서 실행되는 시뮬레이션된 컴퓨터다. 운영체제와 애플리케이션 입장에서 보면 가상 머신은 실제 서버와 같이 똑같이 보인다. 가상화를 통해 마이크로서비스에 자체 운영체제를 설치할 수 있다. 따라서 운영체제에 특정 마이크로서비스를 적용할 수 있으며 네트워크 포트를 선택할 때도 완전한 자유를 갖는다.

그러나 가상 머신에는 상당한 과부하가 있다.

- 가상 머신은 하드웨어 위에서 운영체제가 직접 실행되는 것처럼 느낄 수 있는 기능을 제공해야 하기에 과부하가 발생한다. 그리고 실제 하드웨어보다 성능이 떨어진다.
- 각 마이크로서비스에는 고유한 운영체제 인스턴스가 있다. 이는 RAM에서 많은 메모리를 차지한다는 것을 의미한다.
- 마지막으로 가상 머신에는 완전한 운영체제가 설치된 가상 디스크가 있다. 이는 마이크로서비스가 많은 하드 디스크 공간을 차지한다는 것을 의미한다.

따라서 가상 머신에는 과부하가 있어서 운영 비용이 있다. 게다가 운영 조직에서는 수많은 가상 서버를 관리해야 한다. 운영은 복잡해지고 많은 시간이 소요된다.

이상적인 해결책은 가상 머신을 격리할 수 있지만 프로세스처럼 자원을 적게 사용하고 이와 유사하게 운영할 수 있는 가상화에 대한 가벼운 대안이 될 수 있을 것이다.

4.2 도커 기본 내용

도커는 가상화보다는 경량에 대한 대안이다. 도커는 가상화만큼의 격리 기능을 제공하지는 않지만 실제로 프로세스만큼 가볍다.

- 도커 컨테이너는 도커 호스트에서 운영체제의 커널을 공유한다. 도커 호스트는 도커 컨테이너가 실행되는 시스템이다. 컨테이너의 프로세스는 도커 컨테이너가 실행되고 있는 운영체제의 프로세스 테이블에 나타난다.

- 도커 컨테이너에는 자체 네트워크 인터페이스가 있다. 이 방법으로 동일한 포트가 각 도커 컨테이너에서 사용될 수 있으며 각 컨테이너는 원하는 수의 포트를 사용할 수 있다. 네트워크 인터페이스는 모든 도커 컨테이너에 접근할 수 있는 서브넷에 있다. 외부에서 서브넷에 접근할 수 없다. 적어도 도커의 표준 구성이다. 도커 네트워크 구성은 다른 많은 대안을 제공한다. 외부에서 도커 컨테이너에 대한 외부 접근을 허용하려면 도커 컨테이너의 포트를 도커 호스트의 포트에 매핑할 수 있다. 도커 컨테이너의 포트를 도커 호스트의 포트에 매핑할 때 도커 호스트의 각 포트는 도커 컨테이너의 한 포트에만 매핑될 수 있으므로 주의한다.

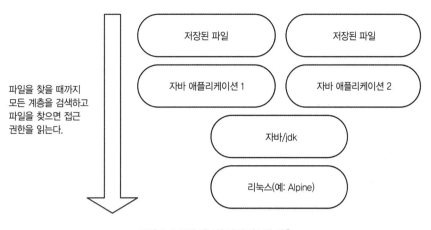

저장된 파일

저장된 파일

자바 애플리케이션 1

자바 애플리케이션 2

자바/jdk

리눅스(예: Alpine)

그림 4-1 도커 내부의 파일 시스템 계층

- 마지막으로 파일 시스템이 최적화돼 있다. 파일 시스템에 계층이 있어서 마이크로서비스는 파일을 읽을 때 데이터를 찾을 때까지 상위 계층부터 하위 계층까지 검색한다. 컨테이너는 계층을 공유할 수 있다. 그림 4-1은 도커 내부의 파일 시스템을 정확하게 보여준다. 하단의 파일 시스템 계층은 알파인Alpine 리눅스 배포판을 사용한 간단한 리눅스 설치를 나타낸다. 그 위의 계층은 설치된 자바이다. 두 애플리케이션은 하드 디스크에 저장될 때만 해당 두 계층을 공유하고 두 마이크로서비스는 두 계층을 사용한다. 단일 컨테이너에서만 독점적으로 사용할 수 있는 파일 시스템 계층에 애플리케이션만 저장된다. 하위 계층은 변경할 수 없다. 마이크로서비스는 최상위 계층에만 저장할 수 있다. 계층을 재사용하면 도커 컨테이너의 저장 요구 사항이 줄어든다.

컴퓨터에서 수백 개의 컨테이너를 쉽게 시작할 수 있다. 이는 놀라운 일은 아니다. 그 결과 컴퓨터에서 수백 개의 프로세스를 시작할 수 있다. 도커는 프로세스에 비해 오버헤드가 많지 않다. 그러나 가상 머신에 비해 성능이 뛰어나다.

컨테이너당 하나의 프로세스

궁극적으로 도커 컨테이너는 자체 네트워크 인터페이스와 파일 시스템이 있다는 점에서 매우 격리된 프로세스다. 따라서 하나의 도커 컨테이너에 하나의 프로세스만 실행해야 한다. 도커 컨테이너에서 둘 이상의 프로세스를 실행하면 도커 컨테이너를 사용해 서로 프로세스를 분리한다는 아이디어와 모순된다. 하나의 프로세스만 도커 컨테이너에서 실행되기 때문에 도커 컨테이너에는 백그라운드 서비스나 데몬이 없어야 한다.

도커 이미지와 도커 레지스트리

도커 컨테이너의 파일 시스템은 도커 이미지로 추출할 수 있다. 도커 이미지는 파일로 전달되거나 도커 레지스트리에 저장될 수 있다. 넥서스Nexus(https://www.sonatype.com/nexus-repository-sonatype)와 아티팩토리Artifactory(https://www.jfrog.com/open-source/#artifactory)와 같은 많은 저장소는 컴파일된 소프트웨어와 라이브러리처럼 도커 이미지를 저장하고 제공할 수 있다. 따라서 도커 이미지를 도커 레지스트리와 쉽게 교환할 수 있다. 도커 레지스트리와의 이미지 전송이 최적화된다. 변경된 계층만 전송된다.

도커 지원 운영체제

도커는 원래 리눅스 기술이다. 맥 OS와 윈도우와 같은 운영체제의 경우 도커를 설치해 리눅스 도커 컨테이너를 시작할 수 있다. 도커 컨테이너를 실행시키려면 백그라운드에서 도커와 관련된 가상 머신이 실행 중이다. 이는 사용자에게 투명한다. 즉 도커 컨테이너를 컴퓨터에서 직접 실행 중인 것처럼 보이게 한다.

윈도우의 경우 Windows Server 2016부터 윈도우 도커Window Docker 컨테이너가 추가됐다. 리눅스 애플리케이션의 경우 리눅스 도커Linux Docker 컨테이너에서, 윈도우 애플리케이션은 윈도우 도커Window Docker 컨테이너에서 실행된다.

운영체제로서의 도커

도커는 운영체제에 대한 요구 사항을 변경한다.

- 하나의 도커 컨테이너에서 하나의 프로세스만 실행된다. 즉 하나의 프로세스를 실행하는 데 필요한 운영체제만 필요로 한다. 자바 애플리케이션의 경우 운영체제는 JVM^{Java Virtual Machine}이며 런타임 시 로드되는 일부 리눅스 라이브러리가 필요하다. 셸은 필요 없다. 따라서 알파인^{Alpine} 리눅스(https://alpinelinux.org/)와 같은 배포판만 있으면 된다. 알파인 리눅스 배포판은 크기가 몇 메가바이트 정도이며 가장 중요한 툴만 포함하고 있어서 도커 컨테이너에서 이상적인 기반이다. Go 프로그래밍 언어는 정적 링크 프로그램을 생성할 수 있다. 이 경우 프로그램 자체 외에 도커 컨테이너에서도 사용할 수 있어야 한다. 그렇다면 리눅스 배포판이 전혀 필요 없다.

- 도커 컨테이너가 실행되는 도커 호스트는 도커 컨테이너를 실행해야 한다. 따라서 많은 리눅스 툴이 필요 없다. CoreOS(https://coreos.com/)는 적은 개수의 도커 컨테이너를 실행할 수 있는 리눅스 배포판이다. 예를 들어 전체 클러스터의 운영체제 업데이트를 상당히 단순화할 수 있다. CoreOS가 쿠버네티스의 기반이 될 수도 있다(17장 참고). 또 다른 예로 서버에 도커 컨테이너를 실행하기 위해 도커 머신으로 해당 서버에 설치하는 boot2docker(http://boot2docker.io/)가 있다(4.4절 참고). CoreOS와 같은 리눅스 배포판은 기본적으로 도커 컨테이너만 실행할 수 있다.

도커 소개

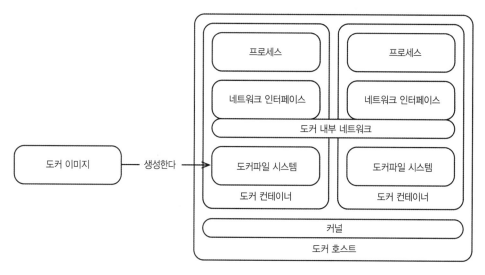

그림 4-2 도커 소개

그림 4-2는 도커를 소개하는 그림이다.

- 도커 호스트는 도커 컨테이너가 실행되는 머신이다. 가상 머신 또는 물리 머신이 될 수 있다.
- 도커 컨테이너는 도커 호스트에서 실행된다.
- 컨테이너는 일반적으로 하나의 프로세스를 포함한다.
- 각 컨테이너는 자체 IP 주소가 있는 자체 네트워크 인터페이스가 있다. 이 네트워크 인터페이스는 도커 내부 네트워크에서만 접근할 수 있다. 그러나 도커 내부 네트워크 외부에서 접근을 허용하는 방법도 있다.
- 각 컨테이너는 자체 파일 시스템을 갖는다(그림 4-1 참고).
- 컨테이너가 시작될 때 도커 이미지는 도커파일 시스템의 첫 번째 버전을 생성한다. 컨테이너가 시작되면 도커 이미지는 컨테이너가 자체 데이터를 저장할 수 있는 다른 계층으로 확장된다.

- 모든 도커 컨테이너는 도커 호스트의 커널을 공유한다.

항상 도커로 배포해야 하는가?

도커는 마이크로서비스를 배포할 수 있는 매우 인기 있는 옵션이다. 그러나 두 가지 대안이 있다(4.1절 참고).

자바 애플리케이션 서버에서 WAR를 사용한 마이크로서비스

그러나 자바 애플리케이션 서버 또는 자바 웹 서버에서 WAR 파일로 마이크로서비스를 배포하는 것도 고려할 수 있다. WAR에는 자바 웹 애플리케이션이 포함돼 있다. 그리고 개별로 배포할 수 있다. 그러나 WAR를 배포할 때 서버를 재시작해야 할 수 있다. 마이크로서비스는 개별로 배포할 수 있어야 하므로(1장 참고) 마이크로서비스는 WAR로 구현될 수 있다. 그러나 견고성과 관련해 타협할 수 있다. 마이크로서비스의 메모리 릭 memory leak으로 인해 모든 마이크로서비스의 장애로 이어질 수 있다. 해당 마이크로서비스는 OutOfMemoryError가 발생할 때까지 더 많은 메모리를 할당할 것이고 전체 자바 애플리케이션 서버는 종료된다.

각 서버는 모든 마이크로서비스를 포함하기 때문에 개별 확장성을 구현하기 어렵기에 모든 마이크로서비스는 함께 확장된다. 이렇게 하면 불필요한 마이크로서비스도 확장되기 때문에 각 서버에 하나의 마이크로서비스만 있는 경우보다 확장이 더 복잡해진다. 물론 개별 자바 웹 서버에서 각 WAR를 실행할 수 있고 여러 자바 웹 서버의 인스턴스를 가질 수 있다. 그러나 WAR는 하나의 자바 웹 서버에서 더 이상 함께 실행되지 않는다.

마지막으로 모든 마이크로서비스는 하나의 운영체제 프로세스에서 실행된다. 이는 보안 관점에서 타협이다. 해커가 프로세스를 점유할 수 있을 때 해커는 모든 마이크로서비스의 전체 기능과 데이터에 접근할 수 있다.

대신 해당 접근 방식은 자원을 덜 사용한다. 여러 웹 애플리케이션이 있는 애플리케이션 서버에는 하나의 JVM$^{Java\ Virtual\ Machine}$, 하나의 프로세스, 하나의 운영체제 인스턴스만 있으면 된다. 또한 애플리케이션 서버가 이미 사용 중인 경우 새로운 인프라를 도입할 필요가 없기 때문에 운영에 대한 부담을 줄일 수 있다.

4.3 도커 설치와 도커 커맨드

이 책의 예시에는 모두 도커가 필요하기 때문에 실제로 도커 데모를 시작하고 작업하기 위해 필수적으로 도커를 설치해야 한다. 부록 A에서 예시에 필요한 소프트웨어 설치에 대해 설명한다. 또한 도커와 도커 컴포즈 설치를 설명한다.

도커는 커맨드 라인 툴인 docker로 제어된다. 이미지와 컨테이너 작업을 수행할 수 있는 많은 커맨드를 제공한다. https://docs.docker.com/engine/reference/command line/cli/ URL에 모든 옵션을 포함하는 도커 커맨드의 전체 목록이 있다. 부록 C에서 도커 커맨드를 설명한다.

4.4 도커 머신으로 도커 호스트 설치

도커 머신은 도커 호스트를 설치할 수 있는 툴이다. 기술적인 관점에서 볼 때 도커 머신 설치가 매우 쉽다. 도커 머신은 boot2docker를 사용해 인터넷으로부터 ISO CD 이미지를 로드한다. boot2docker는 리눅스 배포판이며 도커 컨테이너를 쉽게 실행할 수 있는 방법을 제공한다. 그다음 도커 머신은 boot2docker 이미지로 가상 머신을 시작한다.

도커 머신에서 특히 편리한 것은 외부 도커 호스트에서 도커 컨테이너를 사용하는 것이 로컬 도커 컨테이너를 사용하는 것처럼 쉽다. 도커 커맨드 라인 툴은 외부 도커 호스트를 사용하도록 설정해야 한다. 따라서 도커 호스트를 사용하는 것이 투명하다.

도커 머신 소개

그림 4-3은 도커 머신의 개요를 보여준다. 도커 머신은 도커가 설치된 가상 머신을 설치한다. 도커와 도커 컴포즈와 같은 툴은 로컬 컴퓨터에서 작업하는 것처럼 가상 머신을 사용할 수 있게 한다.

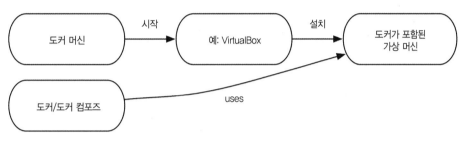

그림 4-3 도커 머신

다음 커맨드는 가상화 소프트웨어 Virtualbox에 dev라는 이름의 도커 호스트를 생성한다.

```
docker-machine create --driver virtualbox dev
```

먼저 Virtualbox는 컴퓨터에 설치돼 있어야 한다. 이후에 리눅스와 맥 OS에서 다음 커맨드를 실행하면 도커 커맨드 라인 툴이 Virtualbox 가상 머신의 도커 호스트를 사용하는 방식으로 도커를 설정한다.

```
eval "$(docker-machine env dev)"
```

필요하다면 사용된 셸을 지정해야 한다.

예를 들면 다음과 같이 사용할 수 있다.

```
eval "$ (docker-machine env --shell bash dev)"
```

윈도우의 파워셸Powershell의 커맨드는 다음과 같다.

```
docker-machine.exe env -shell powershell dev
```

윈도우의 cmd.exe에서는 다음 커맨드를 실행할 수 있다.

```
docker-machine.exe env -shell cmd dev
```

docker-machine rm dev는 도커 호스트를 삭제한다.

도커 머신 드라이버

Virtualbox는 옵션 중 하나다. 아마존 웹 서비스AWS, Amazon Web Services, 마이크로소프트 애저Microsoft Azure, Digital Ocean과 같은 클라우드 공급자용 도커 머신 드라이버가 많이 존재한다. 또한 VMware vSphere 또는 마이크로소프트 Hyper-V와 같은 가상화 기술에 대한 드라이버도 있다. 해당 방식으로 도커 머신은 다양한 환경에 도커 호스트를 쉽게 설치할 수 있다.

장점: 서버의 분리된 환경과 도커

도커 머신을 사용하면 도커 시스템을 서로 완벽하게 분리할 수 있다. 예를 들어 테스트 이후 시스템에 남아 있는 것이 없고 모든 자원은 실제로 다시 해제된다. 게다가 도커 컨테이너는 클라우드 또는 가상 인프라에서 매우 쉽게 시작할 수 있다.

이 책의 예시를 도커로 직접 실행하는 것이 가장 쉬운 방법이며 권장한다. 도커 머신이 서버에서 실행되거나 다른 도커 설치와 완전히 분리돼야 하는 경우에만 도커 머신을 예시로 사용하기를 바란다.

4.5 도커파일

도커 이미지 생성은 도커파일Dockerfiles이라는 파일을 통해 수행된다. 도커파일의 강점 중 하나는 도커파일을 작성하기 쉽고 따라서 소프트웨어를 배포할 때 문제없이 자동화할 수 있다는 점이다.

도커파일의 일반적인 컴포넌트는 다음과 같다.

- FROM 항목은 설치를 기반으로 하는 기본 이미지를 정의한다. 마이크로서비스의 기본 이미지에는 일반적으로 리눅스 배포와 JVM과 같은 기본 소프트웨어가 포함돼 있다.

- RUN 항목은 도커 이미지를 생성하기 위해 실행되는 커맨드를 정의한다. 본질적으로 도커파일은 소프트웨어를 설치하는 셸 스크립트다.

- CMD 항목은 도커 컨테이너가 시작될 때 무엇이 실행돼야 할 작업을 정의한다. 일반적으로 하나의 도커 컨테이너에서 하나의 프로세스만 실행해야 한다. 해당 작업을 CMD로 명세한다.

- COPY 항목은 도커 이미지의 파일을 복사한다. ADD 항목은 COPY 항목과 동일하지만 인터넷의 특정 URL에서 아카이브 압축 파일을 풀고 파일을 다운로드할 수도 있다. 그러나 COPY 항목은 아카이브 압축 파일을 추출하지 않는다. 또한 보안 관점에서 볼 때 인터넷에서 도커 컨테이너로 소프트웨어를 다운로드하는 것은 문제가 될 수 있다. 따라서 COPY 항목은 ADD 항목보다 우선시돼야 한다.

- EXPOSE 항목은 도커 컨테이너의 포트를 노출한다. 그리고 다른 도커 컨테이너에 연결하거나 도커 호스트의 포트에 연결할 수 있다.

도커 문서(https://docs.docker.com/engine/reference/builder/)를 보면 도커파일에서 사용할 수 있는 커맨드에 대한 추가 세부 정보를 설명한다.

도커파일 예시

자바 마이크로서비스에 대한 도커파일의 간단한 예시는 다음과 같다.

```
FROM ewolff/docker-java
COPY target/customer.jar .
CMD /usr/bin/java -Xmx400m -Xms400m -jar customer.jar
EXPOSE 8080
```

- 첫 번째 라인은 FROM 항목과 사용될 기본 이미지를 정의한다. 이미지는 공용 도커 허브에서 다운로드된다. 해당 이미지에 대한 추가 정보는 도커 허브 문서(https://hub.docker.com/r/ewolff/docker-java/)에서 확인할 수 있다. 해당 이미지에는 알파인 눅스 배포판과 JVM^{Java Virtual Machine}이 포함돼 있다.
- 두 번째 라인은 JAR 파일을 COPY 항목을 사용해 이미지에 추가한다. JAR^{Java Archive} 파일은 자바 애플리케이션의 모든 컴포넌트를 포함한다. 도커파일이 저장된 디렉터리 아래의 하위 디렉터리 대상에서 사용할 수 있어야 한다. JAR 파일은 컨테이너의 루트 디렉터리에 복사된다.
- CMD 항목은 컨테이너가 시작될 때 시작할 프로세스를 명세한다. 이 예시에서는 JAR 파일을 시작하는 자바 프로세스이다.
- 마지막으로 EXPOSE 항목은 포트를 외부에서 사용할 수 있게 한다. 애플리케이션이 사용 가능하면 사용할 수 있는 포트를 의미한다. EXPOSE는 컨테이너가 포트를 제공한다는 것을 의미한다. 그리고 도커 내부 네트워크에서 사용할 수 있다. 외부에서 접근하려면 컨테이너 시작할 때 외부 포트를 활성화했을 때에만 가능한다.

`docker build --tag=microservice-customer microservice-customer` 커맨드를 사용해 도커 이미지를 빌드할 수 있다. `docker`는 도커의 대부분 기능을 제어할 수 있는 커맨드 라인 툴이다. 생성된 도커 이미지에는 `--tag` 매개변수로 정의된 `microservices-customer` 태그를 포함한다. 도커파일은 하위 디렉터리 `microservice-customer`에 있어야 한다. 해당 하위 디렉터리의 이름을 두 번째 매개변수로 전달한다.

예시의 파일 시스템 계층

그림 4-1은 도커 이미지가 여러 계층으로 구성돼 있음을 보여준다. 도커파일에 계층이 정의돼 있지 않지만 `microservices-customer` 이미지도 여러 계층을 포함한다. 도커파일의 각 라인은 새로운 계층을 정의한다. 해당 계층은 재사용된다. 따라서 도커를 다시 빌드하면 도커는 도커파일을 다시 읽을 것이다.

그러나 도커파일의 모든 동작은 이미 한 번 실행된 것이다. 결과적으로 아무 일도 일어나지 않는다. 도커파일의 COPY 항목 뒤에 다른 파일을 복사하는 COPY 항목을 포함하는 라인이 추가되는 방식으로 도커파일이 수정되면 도커는 기존 계층을 첫 번째 COPY와 재사용하지만 두 번째 COPY와 모든 추가 라인은 새로운 계층을 생성할 것이다. 따라서 도커는 다시 빌드돼야 하는 계층만 다시 생성한다. 이것은 저장 공간을 절약할뿐만 아니라 속도가 훨씬 더 빠르다.

캐싱과 계층 문제

우분투가 설치된 리눅스 배포판 기반의 도커파일은 다음과 같다.

```
FROM ubuntu:15.04
RUN apt-get update ; apt-get dist-upgrade -y -qq
```

먼저 우분투 기본 이미지를 인터넷의 공용 도커 허브에서 다운로드한다. `apt-get update`
와 `apt-get dist-upgrade -y -qq` 커맨드는 패키지 인덱스를 업데이트한 후, 업데이트
를 포함하는 모든 패키지를 설치함을 의미한다. 이전 `apt-get` 옵션은 `apt-get`이 사용자
에게 권한을 요청하지 않으며 콘솔에 일부 메시지만 출력하도록 한다.

해당 라인에서 두 개의 커맨드는 ;로 구분돼 있다. 따라서 하나씩 커맨드가 실행된다.
새로운 파일 시스템 계층은 두 커맨드가 모두 실행된 후에 생성된다. 더 작은 개수의 계
층을 갖는 작은 이미지를 생성하고 싶을 때 해당 방식이 유용하다.

그러나 해당 도커파일에는 문제가 있다. 도커 이미지가 다시 빌드되면 최근 업데이트
내용으로 다운로드되지 않는다. 이미지가 이미 존재하기 때문에 아무 일도 일어나지 않
는다. 계층 캐싱^{layer caching}은 커맨드를 기반으로 한다. 도커는 외부 패키지 인덱스가 변
경됐음을 인식하지 못한다. 기존 이미지를 무시하고 이미지를 강제로 다시 빌드하고
싶다면 docker를 빌드할 때 `--no-cache=true` 매개변수를 전달한다.

도커 다중 단계 빌드

도커 이미지를 빌드하는 데 필요한 모든 것을 도커 이미지에서 찾을 수 있고 도커 컨테
이너의 런타임에서 사용할 수 있다. 도커파일에서 코드가 컴파일되면 런타임에도 컴파
일러가 사용될 수 있다. 이는 불필요할 뿐만 아니라 보안 문제일 수 있다. 도커 컨테이
너가 손상된다면 공격자가 더 많은 공격을 허용할 수 있는 컴파일러를 사용해 컨테이너
내부의 코드를 컴파일할 수 있다. 요즘에는 일반적으로 소프트웨어를 빌드할 수 있는
복잡한 툴 체인이 있기 때문에 모든 빌드 환경을 삭제하는 것은 쉽지 않다.

도커 외부에 소프트웨어를 빌드하는 것도 옵션이 될 수 없다. 도커는 리눅스를 기반으
로 한다. 따라서 맥OS에서는 리눅스 바이너리를 생성하기 위해 크로스 컴파일러를 실
행해야 한다.

이 문제를 해결하기 위해 도커에 다중 단계 빌드^{Multi Stage Build}가 있다. 다중 단계 빌드는

도커 이미지 빌드의 한 단계에서 프로그램을 컴파일하고 컴파일된 프로그램만 다음 단계로 전송할 수 있다. 그리고 런타임에 빌드 툴을 더 이상 사용할 수 없다. 빌드 툴은 삭제될 필요가 없고 호스트 메인에 설치될 필요가 없다.

5.4절에서는 Go 언어 프로그램을 예시로 사용하는 도커 다중 단계 빌드를 설명한다.

도커를 활용한 불변 서버

불변 서버는 도커보다 선행되는 아이디어다. 불변immutable 서버의 개념은 서버가 절대로 변경되지 않는다는 점이다. 따라서 서버의 소프트웨어는 변경될 수 없다. 서버는 항상 처음부터 재구성될 수 있다. 이런 방식으로 서버의 상태를 깨끗이 재구성할 수 있다. 그래서 각 서버에서는 기본 운영체제 이미지에 필요한 모든 소프트웨어를 설치하는 설치 스크립트가 존재한다.

그러나 불변 서버는 구현하기 힘들다. 서버를 완전히 재설치하는 것은 매우 번거롭다. 재설치 작업이 몇 분 또는 몇 시간이 걸릴 수 있다. 설정 파일 변경에도 너무 시간이 걸린다. 이럴 때 도커가 도움이 된다. 최적화 때문에 가장 필요한 단계만 수행해 불변 서버는 재설치 관점에서 하나의 옵션이 될 수 있다.

도커파일은 기본 이미지에서 시작하는 도커 이미지 생성 방법을 설명한다. 각 빌드에서 완전한 도커 이미지를 생성하는 것처럼 보일 것이다. 그러나 도커파일의 내부 동작을 살펴보면 최적화를 실행해 실제로 필요한 부분만 빌드되도록 하는 것이다. 예를 들면 가장 마지막 단계에서 새로운 설정 파일이 추가 및 변경되면 도커는 다른 모든 설치 단계의 결과를 재사용하고 새로운 설정 파일을 추가 및 변경만 하면 되기에 굉장히 똑똑하다. 그냥 몇 초밖에 걸리지 않는다.

따라서 도커는 개념적으로 불변 서버만큼 명확하지만 실제 구현에 있어서는 훨씬 효율적이다.

도커와 Puppet, Chef, Ansible과 같은 툴

불변 서버 외에 소프트웨어 설치를 처리하는 다른 방법이 있다. 멱등성^{Idempotent} 설치는 설치 스크립트가 실행 빈도에 관계없이 동일한 결과를 제공한다는 것을 의미한다. 멱등성 설치의 경우 '자바 패키지 설치'와 같은 단계는 없지만 원하는 상태의 정의는 '자바 패키지 설치 확인'이다. 따라서 새로운 OS에 자바를 설치하려면 자바가 설치된다. 이미 자바가 설치된 시스템에서 자바 설치를 실행하면 아무 일도 일어나지 않는다.

멱등성 설치는 업데이트를 활성화할 때 특히 유용하다. 매번 업데이트할 때마다 설치 스크립트는 모든 소프트웨어가 올바른 버전으로 설치돼 있는지 확인한다. 만약 소프트웨어가 문제가 발생하면 올바른 버전이 설치된다. 퍼펫^{Puppet}, 셰프^{Chef}, 앤서블^{Ansible}과 같은 툴은 멱등성 설치 개념을 지원한다.

도커파일은 소프트웨어를 설치하는 아주 쉬운 방법이다. 도커 이미지에 소프트웨어를 설치하는 데 퍼펫, 셰프, 앤서블과 같은 툴을 사용할 수 있지만 굳이 사용할 필요는 없다. 특히 도커 이미지는 일반적으로 불변 서버 방법으로 작성되기 때문에 해당 툴의 변경 기능을 사용할 필요가 없다. 불변 서버 방식은 원하는 상태를 정의하는 것이 종종 매우 복잡하기 때문에 퍼펫, 셰프, 앤서블 스크립트를 작성하는 것보다 쉽다. 도커파일은 이미지의 빌드 방법만 설명하는 반면 다른 툴은 서버의 변경 방법을 설명하기 때문에 사용하기 더 어렵다.

4.6 도커 컴포즈

일반적인 마이크로서비스 시스템은 하나 이상의 도커 컨테이너를 포함한다. 1장에서 설명한 것처럼 마이크로서비스는 시스템의 모듈이다. 따라서 시스템을 구성되는 모든 모듈이 한 번에 시작될 수 있도록 여러 컨테이너를 함께 시작하고 실행할 수 있는 방법이 있으면 좋을 것이다. 도커 컴포즈$^{Docker\ Compose}$(https://docs.docker.com/compose/)를 사용해 해당 작업을 수행할 수 있다.

도커 컴포즈 링크로 서비스 탐색

실제로 여러 도커 컨테이너로 구성된 시스템을 조정하는 것은 여러 도커 컨테이너를 시작하는 것 이상이다. 또한 도커 컨테이너가 서로 통신하는 가상 네트워크^{virtual network}에 대한 구성이 필요하다. 특히 컨테이너끼리 서로를 찾을 수 있도록 통신할 수 있어야 한다.

도커 컴포즈 환경에서 서비스는 도커 컴포즈 링크를 통해 서비스 이름을 호스트 이름으로 사용해 다른 서비스와 접속한다. 따라서 http://order/와 같은 URL을 사용해 주문 마이크로서비스에 연결할 수 있다.

도커 컴포즈 링크는 일종의 서비스 탐색 즉, 마이크로서비스가 다른 마이크로서비스를 찾을 수 있는 방법을 제공한다. 동기 마이크로서비스는 특정 서비스 탐색을 필요로 한다(13.3절 참고).

도커 컴포즈 링크는 도커 링크를 확장한다. 도커 링크는 통신만 허용한다. 또한 도커 컴포즈 링크는 로드 밸런스 조정을 구현하고 시작 순서를 설정해 의존 도커 컨테이너가 먼저 시작되도록 한다.

포트

또한 도커 컴포즈는 컨테이너의 포트를 도커 컨테이너가 실행되는 도커 호스트의 포트에 바인딩할 수 있다.

볼륨

도커 컴포즈는 볼륨을 제공할 수도 있다. 해당 파일 시스템은 여러 컨테이너에서 공유할 수 있다. 따라서 컨테이너는 파일을 교환하기 위해 통신할 수 있다.

YAML 설정

도커 컴포즈는 도커 컨테이너와 YAML 설정 파일 docker-compose.yml의 상호작용을 설정한다.

다음 파일은 여러 웹사이트를 구성하는 방법으로 Edge Side Includes를 구현하는 9장 프로젝트의 예다. 웹사이트를 구성하려면 3개의 컨테이너를 조정해야 한다.

- common은 일반적인 아티팩트를 제공하는 웹 애플리케이션이다.
- order는 주문 처리를 위한 웹 애플리케이션이다.
- varnish는 두 웹 애플리케이션을 조정하는 웹 캐시다.

```
 1  version: '3'
 2  services:
 3    common:
 4      build: ../scs-demo-esi-common/
 5    order:
 6      build: ../scs-demo-esi-order
 7    varnish:
 8      build: varnish
 9      links:
10        - common
11        - order
12      ports:
13        - "8080:8080"
```

- 1번째 라인은 도커 컴포즈의 사용 버전을 명세한다. 이 예시에서 도커 컴포즈의 버전은 3이다.
- 2번째 라인은 서비스 명세를 시작한다.
- 3번째 라인은 common 서비스를 정의한다. 4번째 라인에서 명세한 디렉터리는 서비스를 빌드할 수 있는 도커파일이 포함돼 있다. 빌드에 대한 대안으로는 도

커 레지스트리의 도커 이미지를 사용할 수 있다.

- 5번째, 6번째 라인은 order 서비스의 정의할 때 도커파일을 포함하는 디렉터리를 명세한다. order 서비스에는 다른 설정이 필요하지 않다.

- 7번째, 8번째 라인은 varnish 서비스를 정의할 때 도커파일이 있는 디렉터리를 명세한다.

- 9번째 라인부터 11번째 라인에는 varnish 서비스에 common 서비스와 order 서비스에 대한 도커 컴포즈 링크가 존재해야 함을 명세한다. 따라서 항목에 common 서비스와 order 서비스 링크를 포함한다. 따라서 varnish 서비스는 common 서비스의 호스트 이름과 order 서비스의 호스트 이름을 사용해 다른 서비스에 연결할 수 있다.

- 마지막(12번째 라인부터 13번째 라인)으로 varnish 서비스의 포트 8080은 도커 컨테이너가 실행되는 도커 호스트의 포트 8080에 바인딩된다(12-13 라인).

추가 옵션

YAML 구성의 다른 요소는 참고 문서(https://docs.docker.com/compose/compose-file/)에서 잘 설명돼 있다. 예를 들어 도커 컴포즈는 여러 도커 컨테이너가 공유하는 볼륨을 지원한다. 도커 컴포즈는 환경변수를 사용해 도커 컨테이너를 설정할 수도 있다.

도커 컴포즈 커맨드

커맨드 라인 툴인 docker-compose를 통해 도커 컴포즈를 제어할 수 있다. 해당 툴은 docker-compose.yml 파일이 저장된 디렉터리에서 실행될 수 있다. 참고 문서(https://docs.docker.com/compose/reference/overview/)에는 이 툴의 모든 커맨드 라인 옵션이 나열돼 있다. 부록 C는 도커 컴포즈 커맨드를 소개한다. 가장 중요한 부분은 다음과 같다.

- `docker-compose up` 커맨드를 사용하면 모든 서비스가 시작된다. `docker-compose up` 커맨드는 모든 서비스를 결합한 표준 출력을 리턴한다. 모든 로그의 표준 출력을 본다 해도 `docker-compose up -d`를 사용하는 것이 더 나은 선택이다. 해당 커맨드를 사용하면 표준 출력을 리턴하지 않는다. `docker log`를 사용하면 개별 컨테이너의 출력을 볼 수 있다.
- `docker-compose build`는 서비스에서 사용할 이미지를 만든다.
- `docker-compose down`은 모든 서비스를 종료하고 컨테이너를 삭제한다.
- `docker-compose up --scale <서비스>=<개수>`를 사용해 많은 개수의 컨테이너를 시작할 수 있다. 예를 들어 `docker-compose up --scale common=2`는 common 서비스의 두 개의 컨테이너가 시작되도록 한다.

예시에서는 여러 도커 컨테이너의 상호작용이 필요한 경우가 많기 때문에 대부분의 예시에는 컨테이너를 함께 실행하는 docker-compose.yml 파일이 포함된다.

4.7 변형

실제로 도커에 대한 근본적인 대안은 없다.

- 가상화에 대한 오버헤드가 크다.
- 프로세스는 충분히 격리돼 있지 않다. 모든 마이크로서비스에 필요한 라이브러리와 런타임 환경이 운영체제에 설치돼야 한다. 각 프로세스가 하나의 포트를 사용해야 하는데 포트 할당이 조정돼야 하기 때문에 도커 컴포즈가 어려울 수 있다.
- rkt(https://coreos.com/rkt)와 같은 컨테이너 솔루션은 훨씬 일반적이지 않다.

클러스터

상용 환경의 경우 애플리케이션은 클러스터에서 실행해야 한다. 이 방법만으로 시스템을 여러 서버로 확장하고 개별 서버의 장애로부터 시스템을 보호할 수 있다.

도커 컴포즈는 클러스터 관리를 위해 도커 스웜 모드^{Docker Swarm Mode}(https://docs.docker.com/engine/swarm/)를 사용할 수 있다. 도커 스웜 모드는 도커에 내장돼 있다.

쿠버네티스는 클러스터에서 도커 컨테이너를 조작할 때 많이 사용된다(17절 참고). 메소스^{Mesos}(http://mesos.apache.org/)와 같은 시스템도 있다. 메소스는 실제로 클러스터에서 데이터 분석을 위해 일괄 처리를 관리하는 시스템이다. 그러나 도커 컨테이너도 지원한다. AWS^{Amazon Web Services}와 ECS^{EC2 Container Service}(https://aws.amazon.com/documentation/ecs/)와 같은 클라우드에서 도커 컨테이너를 지원한다.

해당 접근 방법에는 공통점이 한 가지 있다. 클러스터의 로드가 분산되는 방식은 스케줄러, 즉 쿠버네티스 또는 도커 스웜 모드에서 결정된다. 즉 스케줄러는 장애 안정성과 로드 밸런싱에 매우 중요하다. 컨테이너에 장애가 발생하면 새로운 컨테이너가 시작돼야 한다. 마찬가지로 부하가 많은 시간대에는 컨테이너가 추가돼야 한다. 컨테이너는 이상적으로 여유 있는 장비로 배포돼야 한다.

쿠버네티스와 같은 스케줄러는 특히 동기 마이크로서비스와 관련된 많은 문제를 해결한다. 마이크로서비스를 운영할 때 쿠버네티스와 같은 플랫폼을 사용하는 것이 좋다. 그러나 마이크로서비스를 도입할 때는 많은 변화가 필요하다. 아키텍처를 수정해야 하며 개발자는 새로운 접근 방식과 기술을 배우고 배포 파이프라인과 테스트를 조정해야 한다. 도커 스케줄러와 같은 추가 기술을 구현하려면 많은 변경이 필요하기에 신중히 고려해야 한다.

스케줄러가 없는 도커

도커 컨테이너를 서버에 직접 설치하는 대안이 있다. 해당 시나리오에서 서버는 고전적인 메커니즘(예: 가상화)으로 제공된다. 리눅스 또는 윈도우가 서버에 설치돼 있다. 마이크로서비스는 도커 컨테이너에서 실행된다.

도커가 없는 환경과 유일한 차이점은 도커 컨테이너가 배포에 사용된다는 점이다. 하지만 이미 상용 환경과 마찬가지로 테스트 환경을 동일하게 유지하는 것이 훨씬 쉽다. 불변 서버와 같은 개념은 구현하기도 더 쉽다. 또한 마이크로서비스에 대한 기술 자유는 구현하기가 더 쉽다. 전통적인 가상화는 서버에 대한 고가용성, 확장, 배포를 담당한다.

따라서 해당 접근법은 도커의 장점 중 일부를 제공하고 운영에 대한 수고를 줄일 수 있다.

PaaS

또 다른 대안은 PaaS다(18장 참고). PaaS는 애플리케이션만 제공하면 되므로 도커 스케줄러보다 추상화 수준이 높다. PaaS는 도커 이미지를 생성한다. 따라서 PaaS는 더 간단하고 더 나은 솔루션이 될 수 있다. 18장에서는 PaaS의 구체적인 예로서 클라우드 파운드리를 설명한다.

실험

- 도커 머신은 아마존 클라우드^{Amazon Cloud} 또는 마이크로소프트 애저^{Microsoft Azure}와 같은 클라우드를 적절한 드라이버(https://docs.docker.com/machine/drivers/)와 함께 사용할 수 있다. 클라우드 공급자 중 하나를 사용해 계정을 생성한다. 대부분의 클라우드 공급자는 새로운 사용자에게 사용할 수 있는 용량을 제공한다. 도커와 도커 머신을 설치하고 해당 드라이버를 클라우드의 가상 머신에 설치한다. 그리고 5장의 예시 중 하나를 선택해 실행할 수 있도록 설정해보자(4.4절 참고).
- 도커 허브(https://hub.docker.com/)에 계정을 생성한다. 예를 들어 6장의 마이

크로서비스 예시 중 하나로 도커 이미지를 빌드한 다음 도커 푸시^{Docker Push}를 사용해 도커 허브에 배포한다.

- 도커 참고 문서(https://docs.docker.com/engine/swarm/swarm−tutorial)를 사용해 클러스터에서 도커를 실행하는 데 사용할 수 있는 도커 스웜 모드에 익숙해지도록 한다.

4.8 결론

도커는 마이크로서비스를 배포하고 운영하기 위한 가벼운 대안 중 하나다. 도커를 사용하면 모든 의존성을 포함한 마이크로서비스를 도커 이미지로 압축할 수 있고 도커 컨테이너로 다른 마이크로서비스와 잘 분리할 수 있다. 단순한 프로세스는 필요한 격리를 제공하는 반면 가상 머신은 너무 무거워 보인다.

도커를 사용하면 소프트웨어를 쉽게 배포할 수 있다. 도커 이미지만 배포하면 된다. 도커파일은 배포 목적으로 사용되며 작성하기가 매우 쉽다. 불변 서버와 같은 개념은 구현하기가 훨씬 쉽다. 도커 컴포즈를 사용하면 여러 컨테이너를 조정해 도커 컨테이너에서 전체 마이크로서비스 시스템을 빌드할 수 있고 실행할 수 있다. 도커 머신은 서버에 도커 환경을 매우 쉽게 설치할 수 있다.

그러나 도커는 운영과 관련해 다시 생각해야 한다. 따라서 어떤 경우에는 다른 대안이 도움이 될 수 있다. 단일 자바 웹 서버에 여러 자바 웹 애플리케이션을 배포하는 경우가 바로 그런 예다.

5

기술 관점의 마이크로 아키텍처

마이크로서비스의 장점 중 하나는 각각의 마이크로서비스에 서로 다른 기술을 사용할 수 있다는 것이다. 마이크로서비스의 기술은 마이크로 아키텍처의 일부로 정의될 수 있다(2장 참고).

그러나 마이크로서비스의 기술을 선택할 때 고려해야 할 기술적 과제가 있다.

5장에서 기술 관점에서 마이크로 아키텍처를 다루는 방법을 설명한다.

- 독자는 마이크로 아키텍처에서 수행해야 하는, 일례로 운영 또는 복원력과 관련된 요구 사항을 알게 된다.
- 종종 마이크로서비스는 리액티브^{reactive} 기술로 구현된다. 따라서 5장에서는 리액티브에 대해 자세히 설명하고 리액티브 접근 방법이 언제 적용되는지 설명한다.
- 기술적인 마이크로 아키텍처의 구체적인 예시로서, 5장 대부분의 예시에서 7장에서 사용되는 스프링 부트^{Spring Boot}와 스프링 클라우드^{Spring Cloud}를 설명한다.
- 스프링 부트와 스프링 클라우드를 기반으로 마이크로 아키텍처가 해결해야 하는 기술적 요구 사항을 어떻게 충족시킬 수 있는지 설명한다.
- 또한 Go 프로그래밍 언어가 적절한 프레임워크와 함께 마이크로서비스를 구현하기 위한 요구 사항을 어떻게 충족하는지 설명한다.

5.1 요구 사항

마이크로서비스를 구현하는 기술은 다양한 요구 사항을 충족해야 한다.

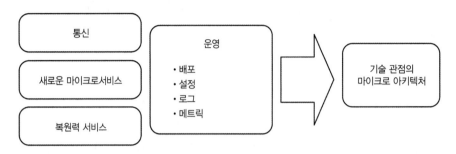

그림 5-1 기술 관점의 마이크로 아키텍처에 영향을 미치는 요소

통신

특정 마이크로서비스는 다른 마이크로서비스와 통신해야 한다. 따라서 웹 UI의 통합 또는 REST/메시징과 같은 프로토콜이 필요하다. 이는 어느 통신 프로토콜이 사용될지에 대한 아키텍처 결정이다(2.2절 참고). 그래서 마이크로서비스들은 결정된 통신 메커니즘을 지원해야 한다.

따라서 매크로 아키텍처의 결정은 마이크로 아키텍처에 영향을 준다. 마이크로 아키텍처 레벨의 기술을 선택한다는 것은 매크로 아키텍처가 정의한 통신 프로토콜이 각 마이크로서비스에서 실제로 구현될 수 있도록 보장해야 함을 의미한다.

원칙적으로 모든 최신 프로그래밍 기술은 일반적인 통신 프로토콜을 지원할 수 있다. 따라서 이 요구 사항은 실제 제한 사항을 의미하지 않는다.

운영

마이크로서비스 운영은 쉽다. 운영의 주제는 다음과 같다.

- **배포**: 마이크로서비스는 환경에 설치해야 하며 배포 환경에서 실행해야 한다.
- **애플리케이션 설정**: 마이크로서비스는 여러 시나리오에서 동작할 수 있도록 조정돼야 한다. 설정을 읽을 때 사용자 지정 코드를 사용할 수 있다. 그러나 기존 라이브러리는 설정 작업을 용이하게 하고 일관성을 제공한다.
- **로그**: 로그 파일 저장이 쉽다. 그러나 로그 포맷은 모든 마이크로서비스에서 동일해야 한다. 또한 21장에서 모든 마이크로서비스의 로그 수집 부분에서 분석용 로그를 제공해야 할 때 간단한 로그 파일만으로는 분석이 충분치 않다는 점을 설명할 것이다. 따라서 로그 출력을 정형화하고 모든 로그를 저장하고 분석할 수 있는 서버 전송 기술이 필요하다.
- **메트릭**: 메트릭metric은 중앙 모니터링 인프라로 전달돼야 한다. 이를 위해서는 적절한 프레임워크 및 라이브러리가 필요하다.

원칙적으로 로그 포맷과 로그 서버를 미리 정의하는 매크로 아키텍처 규칙을 구현하기 위해 여러 라이브러리를 사용할 수 있다. 이 경우 마이크로 아키텍처는 마이크로서비스용 라이브러리를 선택해야 한다. 매크로 아키텍처 규칙은 라이브러리를 결정할 수도 있다. 그러나 이것은 결정할 수 있는 라이브러리를 사용할 수 있는 프로그래밍 언어에 대한 마이크로서비스의 기술적 자유를 제한한다.

새로운 마이크로서비스

새로운 마이크로서비스를 생성하는 것은 쉽다. 시간이 지남에 따라 프로젝트에 더 많은 코드가 추가되면서 해당 마이크로서비스가 커지거나 일정 크기의 마이크로서비스로 증가한다. 마이크로서비스의 크기가 커지면 어느 시점부터는 더 이상 마이크로서비스라고 부르지 않는다. 이를 피하려면 시간이 지남에 따라 개별 마이크로서비스의 크기를 일정하게 유지할 수 있도록 새로운 마이크로서비스를 생성하는 것이 중요하다.

복원력

각 마이크로서비스는 다른 마이크로서비스에서 발생한 장애를 처리할 수 있어야 한다. 마이크로서비스를 구현할 때 장애 처리를 염두에 두어야 한다.

5.2 리액티브

마이크로서비스를 구현하는 한 가지 방법은 리액티브[Reactive] 프로그래밍이다. 종종 마이크로서비스를 리액티브 기술로 구현해야 한다고 언급되기도 한다. 실제로 리액티브가 무엇인지 살펴보고 리액티브 기술이 마이크로서비스에 정말 필요한지 알아보자.

마이크로서비스와 마찬가지로 리액티브는 애매한 정의를 갖고 있다. 리액티브 선언문[Reactive Manifesto](http://www.reactivemanifesto.org/)은 다음 특징을 기반으로 리액티브라는 용어를 정의한다.

- **반응성**[Responsive]: 시스템이 최대한 빨리 응답함을 의미한다.
- **복원력**[Resilience]: 일부분이 문제가 발생하더라도 시스템을 사용할 수 있다.
- **탄력성**[Elastic]: 예를 들어 시스템은 추가 자원을 사용해 다양한 레벨의 부하를 처리할 수 있다. 로드가 피크가 된 후 자원이 다시 해제된다.
- **메시지 기반**[Message Driven]: 시스템에서 비동기 통신(메시지 기반)을 사용한다.

리액티브 특징은 마이크로서비스에서 유용하다. 그리고 리액티브 특징은 마이크로서비스의 필수적인 특징이며 1장에서 다뤘던 기능들과 거의 일치한다.

그래서 처음 마이크로서비스를 봤을 때 마이크로서비스가 리액티브 기술로 작성돼야 하는 것처럼 보인다.

리액티브 프로그래밍

그러나 리액티브 프로그래밍(https://en.wikipedia.org/wiki/Reactive_programming)은 완전히 다른 것을 의미한다. 리액티브 프로그래밍 개념은 데이터 흐름과 유사하다. 새로운 데이터가 시스템에 들어오면 처리된다. 예를 들면 스프레드시트에서 사용자가 특정 셀의 값을 변경하면 스프레드시트는 특정 셀에 의존하는 모든 셀을 다시 계산한다.

기존 서버 애플리케이션

서버 애플리케이션에서도 비슷한 접근 방법을 사용할 수 있다. 리액티브 프로그래밍을 하지 않는다면 서버 애플리케이션은 일반적으로 들어오는 요청을 특정 스레드에서 처리한다. 해당 요청이 데이터베이스에 요청해야 한다면 요청 결과가 도착할 때까지 스레드는 블로킹된다. 해당 모델에서는 각 네트워크 연결에 대해 병렬로 처리되는 각 요청에 대해 스레드가 제공돼야 한다.

리액티브 서버 애플리케이션

리액티브 서버 애플리케이션은 매우 다르게 동작한다. 애플리케이션은 이벤트에만 반응한다. I/O 인스턴스를 기다리고 있기 때문에 블로킹되면 안 된다. 따라서 애플리케이션은 인입된 HTTP 요청과 같은 이벤트를 기다린다. 요청이 도착하면 애플리케이션은 로직을 실행한 다음 어느 시점에 데이터베이스로 호출을 전송한다. 그러나 이후에 애플리케이션은 데이터베이스 호출 결과를 기다리지 않고 HTTP 요청 처리를 일시 중단한다. 마지막에는 다음 이벤트가 도착한다. 즉 데이터베이스 호출 결과이다. 그리고 HTTP 요청 처리가 다시 시작된다. 해당 모델에서는 오직 하나의 스레드만 필요하다. 스레드는 현재 이벤트를 처리한다.

그림 5-2는 리액티브 처리 방법에 대한 개요를 보여준다. 이벤트 루프event loop는 스레드이며 한 번에 하나의 이벤트를 처리한다. I/O를 기다리는 대신 이벤트 처리가 일시 중

단된다. I/O 오퍼레이션의 결과를 얻을 수 있으면, 이벤트 루프에 의해 처리되는 새로운 이벤트의 일부분이 된다. 이런 방식으로 단일 이벤트 루프는 과다한 네트워크 연결을 처리할 수 있다. 그러나 이벤트를 처리할 때 필요한 처리보다 오랫동안 이벤트 루프에서 블로킹되면 안 된다. 그렇지 않으면 모든 이벤트의 처리가 중지될 것이다.

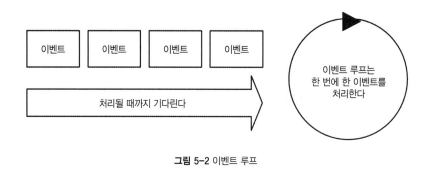

그림 5-2 이벤트 루프

리액티브 프로그래밍과 리액티브 선언문 선언

리액티브 프로그래밍은 리액티브 선언문의 목적을 지지한다.

- **반응성**Responsive: 차단된 스레드 수가 줄어들면 애플리케이션의 응답 속도가 빨라진다. 그러나 이 방법이 기존 애플리케이션에 비해 실제로 얼마나 장점을 얻을 수 있는지 여부는 스레드가 시스템을 얼마나 효율적으로 구현하는지 여부와 애플리케이션이 차단된 스레드를 얼마나 효과적으로 처리하는지에 달려 있다.

- **복원력**Resilience: 서비스가 더 이상 응답하지 않으면 리액티브 프로그래밍에서는 어느 것도 차단되지 않는다. 이는 복원력에 도움이 된다. 그러나 기존 애플리케이션의 타임아웃timeout은 요청의 처리를 중단시킴으로써 블로킹을 피할 수 있다.

- **탄력성**Elastic: 부하가 많아질수록 점점 더 많은 인스턴스를 생성할 수 있다. 탄력성은 기존 애플리케이션에서도 사용될 수 있다.

- **메시지 기반**^{Message Driven} : 리액티브 프로그래밍은 서비스 간의 통신에 영향을 미치지 않는다. 따라서 리액티브 애플리케이션에서뿐만 아니라 기존 애플리케이션에서도 메시지 기반 통신이 될 수도 있고 되지 않을 수도 있다.

리액티브 프로그래밍이 마이크로서비스에서 반드시 필요한 것은 아니다

리액티브 선언문은 마이크로서비스와 확실히 관련이 있다. 그러나 마이크로서비스는 리액티브 선언문의 목표를 달성하기 위해 리액티브 프로그래밍으로 구현될 필요가 없다.

마이크로서비스를 리액티브 프로그래밍으로 구현할지에 대해서는 각 마이크로서비스마다 다를 수 있다. 이는 마이크로 아키텍처 결정이기에 개별 마이크로서비스에만 영향을 미친다. 그러나 시스템 전체에 영향을 미치지 않는다.

리액티브 프로그래밍 기술을 선택한다는 것은 리액티브 프로그래밍 프레임워크를 필요로 하지 않더라도 리액티브 프로그래밍 프레임워크로 제한될 수 있기에 이 차이를 이해하는 것이 중요하다. 기존의 인정받은 기술을 그대로 유지하는 것은 아주 좋다. 실제로 익숙해진 기술 스택을 사용하는 것이 더 쉽고 빠른 결과를 가져올 수 있다. 동시에 하나의 마이크로서비스에서 리액티브 프로그래밍과 같은 새로운 기술을 시도한 다음 유용성이 입증된다면 다른 마이크로서비스에서 사용할 수 있다.

5.3 스프링 부트

스프링 프레임워크^{Spring Framework}는 오랫동안 자바 커뮤니티의 일부였다. 일반적인 자바 애플리케이션의 대부분의 기술적 요구 사항을 다루는 광범위한 기능들을 제공한다. 스프링 부트^{Spring Boot}(https://projects.spring.io/spring-boot/)는 스프링을 쉽게 사용할 수 있도록 지원한다.

매우 작은 스프링 부트 애플리케이션 예시는 https://github.com/ewolff/spring-boot-demos 프로젝트의 simplest-spring-boot 디렉터리에 존재한다.

자바 코드

해당 깃허브 프로젝트의 자바 코드는 스프링 부트를 사용하는 방법을 보여준다.

```
@RestController
@SpringBootApplication
public class ControllerAndMain {

  @RequestMapping("/")
  public String hello() {
   return "hello\n";
}

  public static void main(String[] args) {
    SpringApplication.run(ControllerAndMain.class, args);
  }

}
```

@RestController 어노테이션은 ControllerAndMain 클래스가 HTTP 요청을 처리해야 함을 의미한다. @SpringBootApplication은 환경의 자동 설정을 실행한다. 따라서 애플리케이션은 웹 서버와 웹 애플리케이션에 적합한 스프링 프레임워크의 일부로 환경을 시작한다.

hello() 메소드는 @RequestMapping으로 주석 처리된다. 따라서 "/" URL에 대한 HTTP를 요청할 때 해당 hello() 메소드가 호출된다. hello() 메소드의 리턴 값이 HTTP 응답으로 리턴된다.

마지막으로 주요 프로그램 main( )은 SpringApplication 클래스를 사용해 애플리케이션을 시작한다. 해당 애플리케이션은 HTTP 요청을 처리할 자바 애플리케이션으로 시작된다. 자바 세계에서는 HTTP를 처리하려면 웹 서버가 필요한데, 웹 서버가 해당 애플리케이션에 포함된다.

빌드

스프링 부트 예시 프로젝트는 빌드 툴 중 메이븐^{Maven}(https://maven.apache.org/)을 지원한다.

```
<project>
  <modelVersion>4.0.0</modelVersion>
  <groupId>com.ewolff</groupId>
  <artifactId>simplest-spring-boot</artifactId>
  <version>0.0.1-SNAPSHOT</version>
  <parent>
    <groupId>org.springframework.boot</groupId>
    <artifactId>spring-boot-starter-parent</artifactId>
    <version>2.1.2.RELEASE</version>
  </parent>

  <properties>
    <java.version>10</java.version>
  </properties>

  <dependencies>
    <dependency>
      <groupId>org.springframework.boot</groupId>
      <artifactId>spring-boot-starter-web</artifactId>
    </dependency>
   <dependency>
      <groupId>org.springframework.boot</groupId>
      <artifactId>spring-boot-starter-test</artifactId>
```

```
      <scope>test</scope>
    </dependency>
  </dependencies>

  <build>
    <plugins>
      <plugin>
        <groupId>org.springframework.boot</groupId>
          <artifactId>spring-boot-maven-plugin</artifactId>
        </plugin>
      </plugins>
    </build>

</project>
```

빌드 설정은 상위 구성 spring-boot-starter-parent의 설정을 상속한다. 메이븐의 parent 설정을 사용하면 여러 프로젝트를 빌드할 때 설정을 쉽게 재사용할 수 있다. parent 버전에 따라 스프링 부트의 버전이 결정된다. 스프링 부트의 버전은 스프링 프레임워크의 버전과 다른 모든 라이브러리 버전을 정의한다. 따라서 개발자는 모든 프레임워크의 호환 버전을 많은 덩어리로 정의할 필요가 없다. 많은 덩어리로 호환 버전을 정리하다 보면 의존 라이브러리 간의 이슈로 종종 어려움을 겪을 수 있다.

spring-boot-starter-web을 단일 의존 라이브러리로 사용한다

애플리케이션은 spring-boot-starter-web 라이브러리를 의존한다. 해당 의존 라이브러리는 스프링 프레임워크, 스프링 웹 프레임워크, HTTP 요청 처리 환경을 통합한다. 애플리케이션에서 기본적으로 내장된 서버로 동작하는 톰캣Tomcat 서버는 HTTP 요청을 처리한다.

따라서 애플리케이션에서 spring-boot-starter-web을 단일 의존 라이브러리로 설정하는 것으로 충분하다. spring-boot-starter-test 의존 라이브러리는 테스트에 필요하다. 5장에서 테스트 코드에 대해 설명하지 않는다.

스프링 클라우드

스프링 클라우드(http://projects.spring.io/spring-cloud/)는 클라우드 애플리케이션과 마이크로서비스에 유용한 스프링 부트 확장판이다. 스프링 클라우드에는 추가 스타터 starter가 포함돼 있다. 스프링 클라우드 스타터를 사용하려면 pom.xml의 의존 라이브러리 관리dependency-management 절에 항목을 추가해 스프링 클라우드 스타터에 대한 정보를 가져와야 한다. 이 책의 pom.xml 예시에서 스프링 클라우드를 사용하고 있다.

메이븐 플러그인

`spring-boot-maven-plugin`의 메이븐 플러그인은 톰캣 서버 기반의 애플리케이션 환경을 시작하는 자바 코드를 빌드할 때 필요하다. `mvn clean` 패키지는 이전 빌드 결과를 삭제하고 새로운 JAR를 빌드한다. JAR는 애플리케이션의 모든 코드를 포함하는 자바 파일 포맷이다. 메이븐은 JAR 파일에 프로젝트 이름에서 파생된 이름을 제공한다. java -jar simpleest-spring-boot-0.0.1-SNAPSHOT.jar로 시작할 수 있다. 또한 스프링 부트는 톰캣 또는 자바 애플리케이션 서버와 같은 자바 웹 서버에 배포할 수 있는 WAR(웹 아카이브)을 생성할 수 있다.

마이크로서비스용 스프링 부트?

마이크로서비스를 구현하는 데 스프링 부트의 적합성은 5.1절의 기준에 따라 결정될 수 있다.

통신

통신의 경우 스프링 부트는 이전에서 살펴본 대로 REST를 지원한다. 그리고 스프링

MVC API를 사용한다. 또한 스프링 부트는 JAX RS API를 지원한다. JAX RS는 Jersey 라이브러리를 사용한다. JAX RS는 JCP^{Java Community Process}의 일부로 표준화됐다.

메시징의 경우, 스프링 부트는 JMS^{Java Messaging Service}를 지원한다. JMS는 자바와 다른 메시징 솔루션을 처리하는 데 사용할 수 있는 표준화된 API이다. 스프링 부트는 HornetQ(http://hornetq.jboss.org/), ActiveMQ(http://activemq.apache.org/), ActiveMQ Artemis(https://activemq.apache.org/artemis/)와 같은 JMS 구현을 위한 시작점이 있다. 또한 AMQP(https://www.amqp.org/)용 스프링 부트 스타터가 있다. 해당 프로토콜도 표준이지만 네트워크 프로토콜 레벨이다. AMQP 스타터는 RabbitMQ (https://www.rabbitmq.com/)를 프로토콜 구현으로 사용한다.

JMS뿐만 아니라 AMQP의 경우 스프링은 메시지를 보다 쉽게 보낼 수 있는 API를 제공한다. 또한 API에 의존하지 않는 간단한 자바 객체^{POJO, Plain Old Java Objects}는 스프링을 사용해 AMQP과 JMS 메시지를 처리하고 메시지에 대한 응답을 리턴할 수 있다.

스프링 클라우드는 데이터 스트림을 처리할 수 있는 애플리케이션을 구현하기 위한 스프링 클라우드 스트림(https://cloud.spring.io/spring-cloud-stream/)을 제공한다. 스프링 클라우드 스트림 라이브러리는 카프카^{Kafka}(11장 참고), RabbitMQ, Redis(https://redis.io/)와 같은 메시징 시스템을 지원한다. 스프링 클라우드 스트림은 해당 기술을 기반으로 하며 스트림과 같은 개념으로 확장하기 때문에 기술 API 사용을 단순화하는 것 이상으로 의미를 갖는다.

스프링 부트의 기술과 스프링 부트 스타터^{Spring Boot Starter}의 통합은 스프링 부트가 환경 구성을 제공한다는 장점이 있다. 5장의 스프링 부트 애플리케이션 예시는 HTTP 요청을 처리하기 위해 톰캣 서버와 같은 인프라를 사용한다. 별도의 구성 및 추가 종속성이 필요하지 않다. 스프링 부트 스타터는 메시징 및 기타 REST 기술을 단순화한다.

스프링 부트 애플리케이션은 스프링 부트 스타터 없이 사용될 수 있다. 스프링 부트 애플리케이션은 자바를 지원하는 모든 기술을 사용할 수 있다. 결국 스프링 부트 애플리케이션은 자바 프로젝트이며 자바 라이브러리로 확장될 수 있다. 그러나 스프링 부트 스타터를 사용할 때 설정이 더 복잡해질 수 있다.

운영

또한 스프링 부트는 흥미로운 접근 방법을 여럿 갖고 있다.

- 스프링 부트 애플리케이션을 배포하려면 JAR 파일을 서버에 복사하고 서버를 시작하는 것으로 충분하다. 자바 애플리케이션 배포를 더 이상 단순화할 수 없다.

- 스프링 부트는 설정(https://docs.spring.io/spring-boot/docs/2.1.2.RELEASE/reference/html/boot-features-external-config.html)에 대한 다양한 옵션을 제공한다. 예를 들어 스프링 부트 애플리케이션은 설정 파일이나 환경변수에서 설정을 읽을 수 있다. 스프링 클라우드는 컨설Consul(15장 참고) 서버를 설정용으로 사용한다. application.properties 설정 파일은 상대적으로 처리하기 쉽기 때문에 이 책의 예시에서는 application.properties를 사용한다.

- 스프링 부팅 애플리케이션은 여러 가지 방법으로 로그를 생성할 수 있다(https://docs.spring.io/spring-boot/docs/2.1.2.RELEASE/reference/html/boot-features-logging.html). 일반적으로 스프링 부트 애플리케이션은 콘솔에 로그를 표시한다. 또한 파일로 출력할 수 있다. 21장에서는 사람이 읽을 수 있는 간단한 텍스트 형식을 사용하지 않고 로그를 JSON 데이터로 중앙 서버로 보내는 스프링 부팅 애플리케이션을 보여준다. JSON을 사용하면 서버에서 로그 데이터를 쉽게 처리할 수 있다.

- 메트릭의 경우 스프링 부트는 액추에이터Actuator와 같은 특수 스타터를 제공한다(https://docs.spring.io/spring-boot/docs/2.1.2.RELEASE/reference/html/production-ready.html). spring-boot-starter-actuator를 의존 라이브러리로 추가한 후에 애플리케이션은 HTTP 요청과 같은 메트릭을 수집한다. 또한 스프

링 부트 액추에이터는 메트릭을 JSON 문서로 사용할 수 있는 REST 엔드포인트를 제공한다. 20장에서는 애플리케이션 예시로 액추에이터 기반의 모니터링 툴인 프로메테우스^{Prometheus}로 데이터를 전달하는 스프링 부트 애플리케이션을 설명한다. 그러나 스프링 부트 액추에이터는 프로메테우스를 지원하지 않는다. 그러나 사용자 정의 코드로 액추에이터를 확장해 다른 모니터링 시스템과 통합할 수 있다.

새로운 마이크로서비스

스프링 부트를 사용해 새로운 마이크로서비스로 생성하는 것은 매우 쉽다. simplest-spring-boot(https://github.com/ewolff/spring-boot-demos/tree/master/simplest-spring-boot) 예시에서 살펴볼 수 있는 것처럼 빌드 스크립트와 기본 클래스만으로 마이크로서비스를 생성할 수 있다. 새로운 마이크로서비스를 단순하고 쉽게 생성하기 위해 템플릿을 사용할 수 있다. 템플릿은 새로운 마이크로서비스에만 적용돼야 한다. 템플릿에서 마이크로서비스를 설정하거나 로그 포맷을 정의할 수 있다. 따라서 템플릿은 새로운 마이크로서비스를 생성하는 작업을 단순화하고 매크로 아키텍처 규칙을 준수하는 데 용이하게 해준다.

새로운 스프링 부트 애플리케이션을 생성하는 쉬운 방법은 http://start.spring.io/를 사용하는 것이다. 개발자는 빌드 툴, 프로그래밍 언어, 스프링 부트 버전을 선택해야 한다. 또한 다른 스타터를 선택할 수 있다. 이를 기반으로 마이크로서비스 구현의 기초가 될 수 있는 프로젝트를 생성할 수 있다.

복원력

복원력을 얻으려면 히스트릭스(14.5절 참고)와 같은 라이브러리가 유용할 수 있다. 히스트릭스는 자바의 타임아웃과 같은 일반적인 복원력 패턴을 구현한다. 스프링 클라우드는 히스트릭스와 통합돼 있고 단순화된 기능을 제공한다.

5.4 Go

Go(https://golang.org/)는 마이크로서비스에 점점 더 많이 사용되고 있는 프로그래밍 언어다. 자바와 마찬가지로 Go는 C 프로그래밍 언어를 기반으로 한다. 그러나 Go는 많은 영역에서 C와 근본적으로 다르다.

코드

Go로 HTTP 요청을 HTML 코드로 응답하는 예시를 설명한다.

```go
package main

import (
  "fmt"
  "time"
  "log"
  "net/http"
)

func main() {
  http.Handle("/common/css/",
    http.StripPrefix("/common/css/",
      http.FileServer(http.Dir("/css"))))
  http.HandleFunc("/common/header", Header)
  http.HandleFunc("/common/footer", Footer)
  http.HandleFunc("/common/navbar", Navbar)
  fmt.Println("Starting up on 8180")
  log.Fatal(http.ListenAndServe(":8180", nil))
}

// Header와 Navbar는 제외됨

func Footer(w http.ResponseWriter, req *http.Request) {
```

```
fmt.Fprintln(w,
    `<script src="/common/css/bootstrap-3.3.7-dist/js/bootstrap.min.js" />`)
}
```

import 키워드는 라이브러리를 임포트한다. 예시에서는 HTTP 라이브러리를 임포트한다. 주요 프로그램 main은 어떤 메소드가 어떤 URL에 응답해야 하는지를 정의한다. 예를 들어 Footer 메소드는 HTML 코드를 리턴한다. 반면 애플리케이션에 /common/css URL을 요청하면 애플리케이션은 파일에서 관련 내용을 전달한다.

보다시피 Go를 사용하면 REST 서비스를 구현하는 것이 매우 쉽다. 또한 Go Kit(https://github.com/go-kit/kit)와 같은 라이브러리는 마이크로서비스를 구현하는 데 필요한 많은 기능을 제공한다.

빌드

Go 컴파일러는 정적 바이너리를 생성할 수 있기 때문에 도커 환경에 특히 적합한다. 정적 바이너리는 더 이상 의존성이나 특정 리눅스 배포가 필요치 않다. 그러나 애플리케이션을 리눅스 바이너리로 컴파일해야 한다. 이를 위해서는 리눅스 바이너리를 생성할 수 있는 Go 환경이 필요하다.

도커 다중 단계 빌드

예시에서는 도커 다중 단계 빌드^{docker multi stage build}를 사용한다. 도커 다중 단계 빌드는 도커 이미지의 빌드 프로세스를 여러 단계로 나눈다. 첫 번째 단계에서는 Go 빌드 환경을 사용해 도커 컨테이너에서 프로그램을 컴파일할 수 있다.

두 번째 단계에서는 컴파일된 프로그램만 포함하는 런타임 환경으로 도커 컨테이너에서 Go 프로그램을 실행할 수 있다. 따라서 런타임 환경에는 빌드 툴이 없기 때문에 도커 크기가 훨씬 작다.

도커파일을 살펴보면 도커 다중 단계 빌드가 그리 복잡하지 않다.

```
1   FROM golang:1.8.3-jessie
2   COPY /src/github.com/ewolff/common /go/src/github.com/ewolff/common
3   WORKDIR /go/src/github.com/ewolff/common
4   RUN CGO_ENABLED=0 GOOS=linux go build -a -installsuffix cgo -o common .
5
6   FROM scratch
7   COPY bootstrap-3.3.7-dist /css/bootstrap-3.3.7-dist
8   COPY --from=0 /go/src/github.com/ewolff/common/common /
9   ENTRYPOINT ["/common"]
10  CMD []
11  EXPOSE 8180
```

기본 이미지 golang에는 Go가 설치돼 있다(1번째 라인). 해당 이미지에 Go 소스 코드가
복사되고(2번째 라인) 컴파일된다(3~4번째 라인). 빌드의 단계 1이 완료된다.

도커 빌드의 단계 2에서 새로운 도커 이미지를 생성한다. scratch 이미지(6번째 라인)는
빈 도커 이미지이다. 도커파일은 부트스트랩 라이브러리(7번째 라인)와 단계 0(8번째 라
인)에서 컴파일된 Go 바이너리를 scratch 이미지로 복사한다. --from=0 옵션은 common
파일이 도커 빌드의 단계 0에서 시작됨을 나타낸다.

마지막으로, ENTRYPOINT는 시작할 예정인 바이너리를 정의한다(9번째 라인). CMD(10번
째 라인)는 시작 시 바이너리 파일에 전달할 매개변수가 없음을 나타낸다. 일반적으로
ENTRYPOINT는 CMD로 구성된 프로세스를 시작하는 셸이다. 그러나 scratch 이미지에는
셸이 없다. 따라서 ENTRYPOINT는 셸을 Go 바이너리 common으로 교체하고 CMD는 해당
바이너리를 옵션 없이 시작하도록 정의함을 의미한다. EXPOSE는 프로세스가 리스닝 중
인 포트 8180을 외부에서 사용할 수 있도록 한다.

도커 다중 단계 빌드: 장점

도커 다중 단계 빌드에 다음과 같은 장점이 있다.

- 빌드와 런타임이 명확히 구분된다. 런타임 환경에는 빌드 툴이 제공되지 않는다.
- Go 환경이 로컬 컴퓨터에 설치되지 말아야 한다. 만약 로컬 컴퓨터에 Go 환경을 구축한다면 대상 시스템이 리눅스 도커 컨테이너이기 때문에 Go를 리눅스로 크로스 컴파일할 수 있는 환경이 로컬 컴퓨터에 설치돼야 한다.
- 이미지가 매우 작다. 단지 5.91MB이다. 이 가운데 4.926MB는 Go 바이너리이고 984KB는 부트스트랩^{bootstrap} 라이브러리다.
- 이미지에 리눅스 배포판이 포함되지 않아서 보안 관점에서 볼 때 공격당할 수 있는 부분이 최소화된다.

그러나 도커 다중 단계 빌드는 각 빌드가 수행될 때마다 새로운 도커 이미지를 생성한다. 해당 이미지는 빌드 프로세스에만 필요하며 나중에 삭제될 수 있다. 어떤 시점에는 해당 이미지가 삭제돼야 한다. 그러나 해당 이미지는 빌드 시스템이나 개발자 컴퓨터에만 저장되므로 정의된 시점(예: 고정 이미지 삭제)에 오래된 모든 도커 이미지를 간단히 삭제할 수 있다.

Go 언어로 개발된 마이크로서비스

마이크로서비스 구현을 위한 5.1절의 기준이 마이크로서비스 프로그래밍 언어로서 Go의 적합성을 평가하는 기반이 될 수 있다.

통신

Go는 표준 라이브러리에서 REST를 지원한다. AMQP와 같은 메시징 시스템(https://github.com/streadway/amqp)에서도 라이브러리를 사용할 수 있다. 레디스^{Redis}로 통신할 수 있는 라이브러리(https://github.com/go-redis/redis)도 있다. Go는 광범위하게 사용되고 있어서 Go를 지원하지 않는 통신 인프라는 거의 없다.

운영

Go는 다양한 운영 방법을 제공한다.

- 이미 설명한 것처럼 도커 다중 단계 빌드를 사용하면 도커 컨테이너 배포가 매우 쉽다.
- Viper(https://github.com/spf13/viper)와 같은 라이브러리는 Go 애플리케이션의 설정을 지원한다. Viper 라이브러리는 YAML 또는 JSON과 같은 형식을 지원한다.
- Go 자체에 이미 로그 기능을 지원한다. Go 마이크로서비스 프레임워크인 Go Kit에 더 복잡한 시나리오의 로그(https://godoc.org/github.com/go-kit/kit/log)에 대한 추가 기능을 포함한다.
- 메트릭의 경우 Go Kit(https://godoc.org/github.com/go-kit/kit)는 프로메테우스 (20장 참고)와 같은 많은 툴을 지원하지만 그라파이트^{Graphite} 또는 인플럭스DB ^{InfluxDB}도 지원한다.

새로운 마이크로서비스

새로운 마이크로서비스를 Go로 생성하려면 도커 빌드 파일을 생성하고 소스 코드를 작성하면 된다. 큰 수고 없이 진행할 수 있다.

복원력

Go Kit에는 서킷 브레이커$^{circuit\ breaker}$(https://godoc.org/github.com/go-kit/kit/circuit breaker)와 같은 복원력을 갖는 구현체가 포함돼 있다. 게다가 히스트릭스 라이브러리

(https://github.com/afex/hystrix-go)에 포트가 있다.

5.5 변형

마이크로 아키텍처의 기술 결정은 각 마이크로서비스마다 다르게 수행될 수 있다. 그러나 매크로 아키텍처와의 연결이 있다. 운영 측면의 일관성은 매크로 아키텍처에 의해 강화될 수 있다. 스프링 부트 마이크로서비스 아키텍처를 다른 기술을 사용해 마이크로서비스를 구현하려면 많은 노력이 필요할 수 있다.

매크로 아키텍처 결정은 application.properties 파일에서 설정을 읽는 것일 수 있다. 이 결정은 구현 기술의 선택을 제한하지 않는다. 그러나 스프링 부트 애플리케이션의 경우 구현은 매우 간단하다.

스프링 부트로 구축돼 있다면 application.properties 파일에서 설정을 읽는 메커니즘은 스프링 부트 애플리케이션의 기본값이기 때문이다. 반면 Go 애플리케이션은 이 요구 사항에 맞게 변경돼야 한다.

스프링 부트 기반의 마이크로서비스에서 설정 파일을 읽도록 구현하기 쉽기에 마이크로서비스 기술을 일관성 있게 적용할 수 있다. 따라서 개발자는 스프링 부트를 선호한다. 기술을 일관성 있게 선택하는 것은 추가적인 장점을 갖고 있다. 개발자들은 여러 마이크로서비스에서 기술을 선택할 가능성이 더 높고, 또 다른 마이크로서비스의 개발자는 기술 문제로 다른 개발자에게 도움을 줄 수 있다.

동등한 기반 위에 여러 기술을 실제로 다루기 위해서 다른 매크로 아키텍처 결정을 내려야 한다. 스프링 부트는 더 많은 옵션을 제공한다. 일례로 설정을 환경변수에 저장하거나 커맨드 라인을 통해 전송하거나 설정 서버에서 읽을 수 있다.

스프링 부트의 대안

자바 영역에는 스프링 부트에 대한 몇 가지 대안이 있다.

- 애플리케이션 서버 또는 웹 서버로 사용된 기존 자바 엔터프라이즈 에디션 Enterprise Edition 애플리케이션을 마이크로서비스의 구현으로 생각할 수도 있다. 그러나 이 경우 애플리케이션 서버를 추가로 설치해야 할 때 배포가 더 복잡해진다. 또한 애플리케이션 서버와 애플리케이션을 설정해야 하는 경우에는 서로 다른 두 기술을 사용해야 한다. 애플리케이션 서버의 유용성(https://jaxenter.com/java-application-servers-dead-112186.html)에 대해서는 의심의 여지가 있다.

- Wildfly Swarm(http://wildfly-swarm.io/)은 간단한 JAR 배포를 제공한다. 그러나 스프링 API 대신 표준화된 자바 EE API를 구현하고 히스트릭스와 같은 마이크로서비스 영역의 기술을 보완한다.

- Dropwizard(http://www.dropwizard.io/)는 오랫동안 자바 REST 서비스 개발과 해당 개발물을 JAR로 배포할 수 있는 기술이다.

물론 Go 또는 자바가 아닌 다른 프로그래밍 언어를 선택할 수 있다. 이 책에서 다른 언어로 설명하지 않을 것이다. 사실 각 마이크로서비스의 구현에 기술은 그리 중요하지 않음을 말하고 싶었다. 쉽게 Go 또는 자바 언어가 아닌 다른 프로그래밍 언어와 프레임워크를 사용해 각 마이크로서비스를 구현하는 것이 가능하다. 그래서 결정을 쉽게 변경할 수 있다. 하지만 여기서 중점적으로 다루는 통신, 통합, 운영 대한 기술은 바꾸기가 더 어렵다.

5.1절에서 마이크로서비스에 대한 기술 적합성을 확인할 수 있는 기준을 살펴봤다. 그리고 5.3절에서는 스프링 부트, 5.4절에서는 Go에 대해 해당 기준의 적합성을 확인했다. 사용된 각 기술에 대해 해당 기준을 확인할 것을 권장한다. 8장의 예시에서 대부분 Node.js와 자바스크립트를 사용해 마이크로서비스를 구현했다. 이는 마이크로서비스가 완전히 다른 기술로 구현될 수 있음을 보여준다.

5.6 결론

개별 마이크로서비스는 기술 관점의 마이크로 아키텍처에서 보면 크게 다를 수 있다. 정확히 기술 선택의 자유는 마이크로서비스 아키텍처의 주요 장점이다.

- 매크로 아키텍처와 마이크로 아키텍처 구현과 관련된 도전 과제는 마이크로 아키텍처와 마이크로서비스 기술에 대한 요구 사항을 도출하는 데 사용될 수 있다.
- 리액티브 프로그래밍은 마이크로서비스를 구현하는 데 사용할 수 있지만 요구 사항을 충족시키는 데 필수 사항은 아니다.
- 스프링 부트와 자바는 요구 사항을 충족하며 Go는 적절한 라이브러리를 사용해 구현할 수 있다.
- 그 외 많은 대안들이 있다.

각 마이크로서비스는 다양한 마이크로 아키텍처와 기타 기술을 사용할 수 있기 때문에 마이크로서비스 레벨의 기술적 결정은 그다지 중요하지 않다. 또한 마이크로서비스는 특정 마이크로서비스에서 변경될 수 있다. 이 책의 나머지에서 주로 매크로 아키텍처와 전체 시스템에 영향을 미치는 기술에 대해 설명한다. 이 기술은 훨씬 더 광범위한 영향을 미치기 때문이다.

6

독립 시스템

독립 시스템^{SCS, self-contained system}은 매크로 아키텍처의 컴포넌트를 명세하는 마이크로서비스의 타입 중 하나다. 또한 SCS는 완전한 매크로 아키텍처를 의미하지 않는다. 예를 들어 SCS에는 운영 영역이 완벽히 빠져 있다.

SCS 이면의 주요 개념은 일부 도메인 로직의 구현에 필요한 모든 정보를 정확히 제공하는 여러 마이크로서비스를 제공한다는 것이다. 따라서 독립 시스템을 제공하는 것이다. 이는 SCS는 로직, 데이터, UI를 포함한다. 즉 어떤 변경이 모든 기술 계층에 영향을 미친다면 여전히 하나의 SCS에 포함될 수 있다. 따라서 변경을 더 쉽게 수행할 수 있고 상용 환경에 배포할 수 있다. 그래서 결제 SCS는 결제와 관련된 모든 정보를 저장한다. 즉 결제 SCS는 바운디드 컨텍스트를 구현할 것이다. 그러나 결제 내역을 표시하거나 결제하기 위한 웹 페이지와 같은 UI도 구현할 수 있다. 고객 또는 주문 카탈로그에 대한 데이터는 다른 SCS로부터 복제돼야 한다.

6장에서 다음 내용을 살펴본다.

- 먼저 SCS를 사용하는 이유를 설명한다.
- SCS는 다른 매크로 아키텍처 결정을 살펴본다. 6장에서는 해당 매크로 아키텍처 결정에 대한 이유를 설명하고 다른 결정에 따른 장점에 대해 설명한다.
- SCS는 마이크로서비스의 변형일 뿐이다. 6장에서는 SCS와 마이크로서비스를 비교한다.

- 그리고 SCS 접근 방식으로 인한 장점을 다룬다.
- 마지막으로 SCS 시스템의 개발과 관련된 과제를 기술하고 잠재적인 해결책을 다룬다.

SCS에는 UI를 포함하고 UI 통합에 초점을 둔다. 따라서 SCS는 다음 여러 장에서 설명할 UI 통합 기술에 대한 좋은 기반이다.

6.1 독립 시스템에 대한 근거

어디에도 마이크로서비스에 대한 명확한 정의가 없다. 그러나 독립 시스템은 매우 정확하게 정의돼 있다. SCS의 정의는 http://scs-architecture.org 웹사이트에서 확인할 수 있다. 해당 웹사이트의 콘텐츠는 크리에이티브 커먼즈 라이선스^{Creative Commons License}하에 제공되므로 소스의 이름이 지정되고 자료가 동일한 라이선스 조항에 따라 배포되는 경우 사이트의 자료는 누구나 재사용할 수 있다.

해당 웹사이트의 내용은 https://github.com/innoq/SCS에서 소스 코드로 제공되므로 누구나 변경할 수 있다. 또한 해당 웹사이트에는 다양한 프로젝트와 회사의 SCS 경험에 대한 많은 기사 링크를 포함하고 있다.

SCS는 다양한 프로젝트에서 유용함이 입증된 모범 사례다. 마이크로서비스는 시스템 구축 방법에 대한 많은 규칙을 제공하지 않지만 SCS는 검증된 패턴을 기반으로 정확한 규칙을 갖고 있다. 따라서 SCS는 마이크로서비스 아키텍처가 어떻게 보일 수 있는지에 대한 참고 내용을 제공한다.

SCS에 많은 모범 사례를 갖고 있더라도 SCS 방법이 모든 상황에서 가장 적합한 아키텍처는 아니다. 따라서 SCS 규칙에 대한 근거를 이해하는 것이 중요하다. 이런 방법으로 팀은 해당 접근 방법의 변형 또는 각 프로젝트에 잘 적용될 수 있는 완전히 다른 접근 방법을 선택할 수 있다.

6.2 정의

SCS는 각각 다른 매크로 아키텍처 결정을 내린다.

- 각 SCS는 독립적인 웹 애플리케이션이라서 웹 UI를 포함한다.
- 공통 UI가 없다. SCS는 다른 SCS에 대한 HTML 링크를 포함하거나 다른 SCS의 UI에 다른 방법으로 통합할 수 있다. 그러나 UI의 모든 부분은 SCS에 속한다. 7장에서는 프론트엔드를 통합하기 위한 다양한 선택 방법을 설명한다. 그러나 별도의 마이크로서비스에는 UI만 제공하지는 않는다. 이는 각 SCS는 UI의 일부를 생성한다. UI의 모두 부분을 생성한 다음 다른 마이크로서비스에서 로직을 호출하는 별도의 마이크로서비스는 없다.
- SCS는 선택적인 API가 있을 수 있다. 예를 들어 API는 모바일 클라이언트 또는 다른 시스템이 SCS의 로직를 사용해야 하는 경우 유용할 수 있다.
- 도메인의 전체 로직과 모든 데이터는 SCS에 포함된다. SCS라 부르는 이유가 이 때문이다. SCS는 UI, 로직, 데이터를 포함하고 있기 때문에 독립 시스템이다.

이전 규칙은 SCS가 도메인을 완벽하게 구현하는지 보장한다. 즉 로직, 데이터, UI를 변경해야 하는 경우에도 새 기능을 구현한다면 하나의 SCS만 변경돼야 함을 의미한다. 해당 변경 사항은 단일 배포 방법으로 배포될 수 있다.

여러 SCS가 UI를 공유한다면 많은 변경 사항이 SCS뿐만 아니라 UI에도 영향을 미친다. 그래서 잘 조직화된 배포와 개발이 필요하다.

통신 규칙

SCS 간의 통신은 다음과 같은 규칙을 따라야 한다.

- UI 레벨에서의 통합은 이상적이다. 결합도는 매우 느슨하다. 다른 SCS는 필요에 따라 UI를 표시할 수 있다. UI가 변경되더라도 다른 SCS는 영향을 받지 않

는다. 예를 들어 HTML 링크를 사용하는 경우 통합 SCS를 사용할 필요조차 없다. 시스템을 사용할 수 없다 해도 링크는 표시된다. 사용자가 링크를 클릭할 때만 링크로 연결된 시스템이 계속 실패하면 에러가 발생한다. 통합 SCS의 실패가 다른 SCS에 영향을 미치지 않기 때문에 복원력이 향상된다.

- 다음은 비동기 통신이다. 비동기 통신의 장점은 통합 SCS에서 장애가 발생하면 실패한 SCS가 다시 사용할 수 있을 때까지 요청 처리가 오래 걸린다는 점 외에는 없다. 그러나 호출하는 SCS에서는 처리 시간이 지연되더라도 결국은 처리할 수 있기 때문에 실패가 발생하지 않는다.

- 마지막으로 동기 통신과의 통합도 가능하다. 그리고 통합 SCS의 잠재적인 실패와 느린 응답을 처리하기 위한 예방 조치가 취해져야 한다. 게다가 모든 동기 서비스의 응답을 기다려야 한다면 응답 시간은 더 길어진다.

해당 규칙은 하나의 시스템이 장애가 발생할 때 의존하는 시스템도 장애가 발생하는 연쇄적인 장애로 이어지지 않도록 방지하기 위해 SCS 간의 매우 느슨한 결합도에 중점을 두었다.

해당 규칙에 따라 SCS는 데이터를 복제한다. SCS에는 자체 데이터베이스가 있다. 주로 다른 SCS와 비동기적으로 통신하는 것을 주로 의도하기 때문에 SCS가 다른 SCS의 데이터를 사용해 요청을 처리해야 한다면 문제가 된다. 요청을 처리하는 중에 데이터를 요청받으면 동기 통신이다. 비동기 통신의 경우 요청을 처리할 때 SCS에서 사용할 수 있도록 데이터를 미리 복제해야 한다.

결과적으로 보면 SCS는 항상 일관적이지 않다. 데이터 집합에 대한 변경 사항이 모든 SCS로 전달되지 않으면 SCS는 다른 데이터 집합을 갖는다. 이는 어떤 상황에서는 받아들여지지 않을 수도 있다. 특히 일관성이 높은 요구 사항의 경우 SCS는 동기 통신을 사용해야 한다. 이 시나리오에서 한 SCS는 다른 SCS에서 현재 데이터 상태를 수신한다.

조직에 대한 규칙

또한 SCS는 매크로 아키텍처 규칙을 제공한다. SCS는 한 팀에 속한다. 팀은 반드시 코드를 모두 변경할 필요는 없지만 최소한 변경 사항을 검토, 수락 또는 거부해야 한다. 이를 통해 팀은 SCS의 개발을 지시하고 제어할 수 있다.

한 팀이 여러 SCS를 처리할 수 있다. 그러나 둘 이상의 팀이 서로 대등하게 하나의 SCS를 변경하는 일이 없도록 해야 한다.

따라서 SCS는 조직의 장점을 달성하기 위해 강력하고 낮은 아키텍처 결합도를 사용한다. 팀은 많은 것을 조율할 필요가 없고 태스크task를 병렬로 수행할 수 있다. 요구 사항은 일반적으로 SCS가 도메인 로직을 구현하기 때문에 한 팀에서 하나의 SCS로 구현될 수 있다. 따라서 이런 관점에서 조정은 거의 필요치 않다. 기술 결정은 주로 SCS에만 관한 것이므로 어떤 준비도 거의 필요치 않다.

SCS의 경우 마이크로서비스와 다른 타입의 모듈뿐만 아니라 모듈로 분리하는 것은 독립적인 개발을 가능케 하는 것이다. 여러 팀이 동일한 모듈을 변경하게 하는 것은 분명히 좋은 생각이 아니다. 모듈을 통해 독립적으로 개발할 수 있다. 그러나 여러 팀이 하나의 모듈로 작업할 때는 긴밀한 협력이 필요하다. 이때는 모듈화의 장점이 나타나지 않는다. 이는 여러 팀에서 SCS를 공평한 공동 개발이 허용되지 않기 때문이다.

규칙: 최소한의 공통 기반

SCS는 높은 레벨의 독립성을 목표로 하기 때문에 공통 기반을 최소한으로 해야 한다.

- 동일한 비즈니스 로직을 둘 이상의 SCS에서 구현해서는 안 된다. 공유된 비즈니스 로직은 SCS들의 높은 결합도로 이어지게 된다. 따라서 높은 결합도는 반드시 피해야 한다. 그렇지 않으면 하나의 SCS를 변경할 때 공유된 비즈니스 코드를 변경해야 할 수 있다. 해당 변경 사항은 코드를 사용 중인 다른 사용자와의 조율이 필요하다. 이는 SCS에서 피해야 하는 높은 결합도로 이뤄진다.

또한 공통 비즈니스 코드는 나쁜 도메인 매크로 아키텍처를 나타낸다. 동일한 비즈니스 로직은 단일 SCS에 구현돼야 한다. 물론 SCS의 비즈니스 로직은 SCS의 선택적 인터페이스를 통해 다른 SCS에 의해 호출되고 사용될 수 있다.

- 공통 인프라도 피해야 한다. SCS는 동일한 데이터베이스를 공유해서는 안 된다. 그렇지 않으면 데이터베이스의 장애가 발생하면 모든 SCS는 실패할 것이다. 그러나 각 SCS에서 사용하는 별도 데이터베이스에 상당한 노력이 필요하다. 이러 이유로 시스템의 견고성이 중요하지 않다면 절충안을 고려할 수 있다. SCS는 공통 데이터베이스에 별도의 스키마를 가질 수 있다. 공유 스키마는 각 SCS가 자체 데이터를 가져야 한다는 규칙을 위반한다.

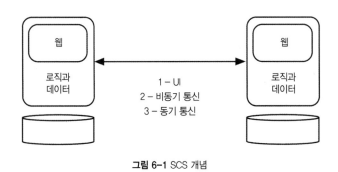

그림 6-1 SCS 개념

그림 6-1은 SCS 개념의 가장 중요한 기능을 소개한다.

- 각 SCS에는 고유한 웹 UI가 있다.
- SCS은 데이터와 로직을 포함한다.
- 통합은 우선순위가 정해진다. 먼저 UI 통합은 가장 높은 우선순위가 있고 그다음에는 비동기, 마지막에는 동기 통합이다.
- 각 SCS에는 이상적으로 공통 인프라를 피하기 위한 자체 데이터베이스를 갖는다.

6.3 예시

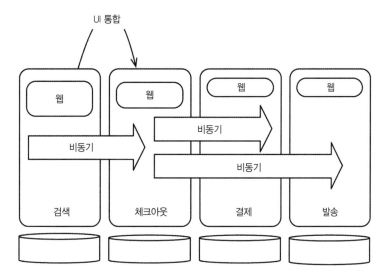

그림 6-2 SCS 아키텍처의 예

그림 6.2는 2.1절의 예시를 SCS로 구현하는 방법을 보여준다.

- 하나의 SCS에서 상품 검색을 구현한다.
- 체크아웃은 검색 중에 채운 장바구니를 주문으로 전환한다.
- 결제는 주문이 결제됐는지 확인하고 결제에 대한 정보를 제공한다.
- 발송은 상품을 고객에게 보내고 고객이 배송 상태 정보를 얻을 수 있게 한다.

각 SCS는 자체 데이터베이스 또는 공통 데이터베이스에 있는 최소한 하나의 스키마로 바운디드 컨텍스트를 구현한다. 로직 외에도 각 SCS에는 해당 기능에 대한 웹 UI를 포함한다. SCS에 반드시 바운디드 컨텍스트를 구현할 필요는 없지만 바운디드 컨텍스트를 구현하면 도메인 로직의 높은 레벨의 독립성을 달성한다.

통신

사용자가 HTTP 요청을 시스템에 전송한다. 해당 HTTP 요청은 보통 여러 SCS에서 관여하지 않고 단일 SCS에서 처리된다. 이는 SCS에서 필요한 모든 데이터를 사용할 수 있기 때문에 가능하다. 따라서 성능과 탄력성 면에서 좋다. SCS가 요청을 처리할 때 다른 시스템을 호출하지 않기 때문에 하나의 SCS가 실패해도 다른 SCS는 실패하지 않는다. 따라서 네트워크를 통한 다른 SCS의 느린 호출도 피할 수 있기에 성능이 향상된다.

물론 SCS는 여전히 서로 통신해야 한다. 전체적으로 보면 SCS는 전체 시스템의 일부다. 고객은 상품을 검색한 다음 체크아웃 후 주문하고 결제한다. 그리고 시스템은 상품에 대한 발송을 추적한다. 한 단계에서 다음 단계로 이동할 때 관련 주문 정보는 시스템 사이에 교환돼야 한다. 해당 작업은 비동기적으로 수행될 수 있다. 주문 정보는 다음 HTTP 요청까지 다른 SCS에서 사용될 필요가 없기 때문에 일시적인 불일치가 허용된다.

일부 영역에서는 긴밀한 통합이 필요할 수 있다. 예를 들어 검색은 검색 결과뿐만 아니라 장바구니의 내용을 표시해야 할 수 있다. 그러나 장바구니는 체크아웃에서 관리된다. UI 통합을 통해 해당 문제를 해결할 수 있다. 그리고 체크아웃할 때 특정 SCS에서 장바구니가 표시되는 방법을 결정할 수 있고 다른 SCS에서 다른 UI로 통합될 수 있다. 많은 SCS에서 장바구니를 웹 페이지의 일부로 표시할 수 있지만 장바구니를 보여주는 로직의 변경은 하나의 SCS에서만 구현돼야 한다.

6.4 SCS와 마이크로서비스

SCS는 배포 모놀리스와 비교할 때 마이크로서비스처럼 두드러진 특징을 갖는다. 배포 모놀리스는 전체 애플리케이션을 배포 가능한 단일 산출물로 구현한다. SCS는 시스템을 여러 독립 웹 애플리케이션으로 분리한다.

SCS는 별도의 웹 애플리케이션이므로 다른 SCS와 독립적으로 배포할 수 있다. 또한 SCS는 전체 시스템의 모듈이다. 따라서 SCS는 독립적으로 배포 가능한 모듈이며 결과적으로 마이크로서비스의 정의에 맞다.

그러나 SCS는 여러 마이크로서비스로 분리될 수 있다. 전자상거래시스템의 체크아웃 SCS의 결제가 특히 높은 부하를 발생시킨다면 별도의 마이크로서비스로 구현될 수 있다. 따라서 해당 마이크로서비스는 체크아웃 SCS의 나머지와는 별도로 확장될 수 있다. 따라서 체크아웃 SCS는 결제 마이크로서비스로 구성되고 다른 마이크로서비스의 나머지 기능을 포함한다.

SCS에서 마이크로서비스를 분리하는 또 다른 이유는 더 큰 격리로 인한 보안의 장점이다. 또한 모든 SCS에 대한 상품 가격 또는 견적을 계산하는 도메인 서비스는 유용한 공유 마이크로서비스가 될 수 있다. 과도하게 조율하지 않지 않도록 특정 SCS를 담당하는 팀에 마이크로서비스를 할당할 수 있다.

요약하면 마이크로서비스와 SCS는 다음과 같은 부분에서 서로 다르다.

- 일반적으로 마이크로서비스는 SCS보다 작다. SCS는 너무 커서 팀 전체가 바쁘게 작업할 수 있다. 어쩌면 마이크로서비스는 수백 라인의 코드만 갖기도 한다.
- SCS는 낮은 결합도에 중점을 둔다. 마이크로서비스에 낮은 결합도를 추구한다는 규칙은 없지만 매우 높은 결합도의 마이크로서비스는 많은 단점이 있기 때문에 피해야 한다.
- SCS에는 UI가 있어야 한다. 대부분의 마이크로서비스는 다른 마이크로서비스에 대한 인터페이스만 제공하지만 사용자 인터페이스는 제공하지 않는다.
- SCS는 UI 통합 또는 비동기 통신을 권장한다. 하지만 동기 통신은 허용되지만 권장하지는 않는다. 넷플릭스와 같은 대형 마이크로서비스 시스템도 동기 통신에 중점을 둔다.

6.5 도전 과제

예를 들어 SCS는 마이크로서비스보다 더 좁게 정의된 아키텍처 접근 방법을 말한다. 따라서 SCS는 모든 문제를 해결하기 위한 접근 방법이 될 수 없다.

웹 애플리케이션에 대한 제한

SCS의 첫 번째 제한은 웹 애플리케이션이라는 점이다. 따라서 웹 UI가 필요 없다면 SCS가 해결책이 아니다.

그러나 SCS의 일부 측면은 웹 애플리케이션이 아닌 시나리오(예: 도메인의 명확한 분리, 비동기 통신에 중점을 두는 시나리오)에서 구현될 수 있다. 예를 들어 API만 제공하는 시스템을 개발하려면 SCS의 장점 중 최소한 일부 장점을 제공하는 아키텍처를 생성할 수 있다.

싱글 페이지 애플리케이션

싱글 페이지 애플리케이션^{SPA, Single Page Application}은 일반적으로 브라우저에서 실행되는 자바스크립트로 작성된 애플리케이션이다. SPA는 종종 복잡한 UI 로직을 구현한다. 구글 지도 또는 지메일^{Gmail}과 같은 애플리케이션은 매우 복잡하고 상호작용이 필요한 애플리케이션의 예다. SPA는 이런 경우 이상적인 솔루션이다.

그러나 SPA에도 단점이 있다.

- SPA에서 로직이 구현될 수 있기 때문에 실제로 비즈니스 로직이 종종 UI에 노출될 수 있다. 로직이 서버와 클라이언트에 분리돼 있고 두 개의 프로그래밍 언어가 서로 다른 영역에서 구현된다면 개발이 어려워질 수 있다.

- SPA의 로딩 시간은 간단한 웹사이트의 로딩 시간보다 길 수 있다. HTML을 표시해야 할뿐만 아니라 자바스크립트 코드를 로딩해 시작해야 한다. 전자 상거

래와 같은 일부 영역에서 로딩 시간은 매우 중요하다. 고객의 사용자 행동은 로딩 시간에 달려 있기 때문이다.

SCS를 사용하면 해당 이슈는 다음과 같은 추가 내용으로 보완된다.

- 전체 시스템에 대한 SPA는 공통 UI가 있음을 의미한다. 이것은 SCS에서 금지돼 있다.
- SCS마다 SPA를 두도록 하는 것은 각 SCS에 자체 UI를 제공할 수 있는 하나의 방법이다. 이 경우 한 SCS에서 다른 SCS로 전환하는 것은 새로운 SPA를 시작하고 로딩하는 것을 의미하며 시간이 걸릴 수 있다. 또한 SPA도 분리해야 하기 때문에 하나의 SCS를 여러 SCS로 분할하는 것은 쉽지 않다. 그러나 아키텍처를 변경하기 위해 시스템을 추가로 개발하려면 분할이 중요할 수 있다.

개발자 사이에서 SPA의 인기가 높기 때문에 실제로 SPA와 SCS 간의 모순으로 인해 SCS를 구현할 때 어려움을 겪기도 한다. 이에 대한 대안은 ROCA이다(7.3절 참고). 일반 웹 애플리케이션에 대한 규칙을 정하고 SCS 아이디어를 사용하는 것이 훨씬 쉽다.

모바일 애플리케이션

SCS는 모바일 애플리케이션의 백엔드로 적합하지 않다. 모바일 애플리케이션은 UI와 로직이 분리되고 SCS의 개념이 위반되지 않는 백엔드와는 별도의 UI이다. 물론 모바일 애플리케이션에 대한 백엔드를 제공하는 웹 UI를 사용해 SCS를 구현할 수도 있다.

다른 대안이 있다.

- 모바일 애플리케이션 대신 웹 애플리케이션을 개발할 수 있다. 데스크탑, 태블릿, 스마트폰에 맞게 레이아웃을 조정할 수 있다. 네이티브 애플리케이션과 비교할 때 웹 애플리케이션의 장점은 앱스토어^{App Store}에서 애플리케이션을 다운로드해 설치할 필요가 없다는 점이다. 일반적인 모바일 사용자가 사용하는 애

플리케이션의 수는 매우 적다. 따라서 애플리케이션 설치가 장애물이 될 수 있다. HTML5 덕분에 자바스크립트 애플리케이션은 이제 많은 휴대전화 기능을 사용할 수 있다. https://caniuse.com/과 같은 웹사이트는 어떤 브라우저가 어떤 기능을 제공하는지 보여준다. 웹 인터페이스를 결정하면 SCS가 실제로 구현될 수 있다.

- 스마트폰의 특정 기능을 활용하는 코르도바[Cordova](https://cordova.apache.org/)와 같은 프레임워크로 웹 애플리케이션을 구현할 수 있다. 코르도바를 기반으로 하는 다른 해결 방법이 있다. 따라서 실제 SCS를 생성할 수 있지만 애플리케이션을 앱스토어에서 다운로드해 네이티브 애플리케이션처럼 스마트폰의 모든 기능을 사용할 수 있다. 물론 코르도바 프레임워크를 사용해 애플리케이션의 일부를 구현하고 나머지는 네이티브 애플리케이션으로 구현한다면 가능하다.

- 마지막으로 네이티브 애플리케이션을 생성할 수 있다. 예를 들어 백엔드는 REST 인터페이스를 제공한다. 백엔드가 웹 인터페이스를 구현하지 않으면 SCS가 아니다. 그러나 이 경우에도 로직을 크게 독립적인 서비스로 나누고 SCS 아키텍처의 많은 장점을 얻기 위해 서비스 간에 비동기 통신을 사용할 수 있다.

룩 앤드 필

시스템을 여러 웹 애플리케이션으로 분리하면 일관성을 갖는 룩 앤드 필[Look And Feel]을 제대로 보여주지 못할까 걱정할 수 있다. 2.2절에서는 이미 거시적 아키텍처 결정만으로 일관된 룩 앤드 필을 얻을 수 있음을 설명했다. 물론 SCS에도 적용된다.

6.6 장점

SCS는 2.1절에서 소개한 바운디드 컨텍스트에 대한 아이디어를 확장한 로직이다. 바운디드 컨텍스트는 도메인의 특정 부분에 대한 로직을 포함한다. 또한 SCS는 UI와 영속성이 단일 마이크로서비스의 일부인지 확인한다. 따라서 도메인 주도 설계 옹호자가 도메인별로 분할하면 SCS가 더욱 향상된다. 따라서 도메인 주도 설계 옹호자들이 주장하는 도메인별 분할은 SCS에 의해 더욱 개선된다.

이상적으로 하나의 기능은 하나의 변경으로 인한 것이다. SCS 시스템에서는 실제 변경이 매우 자주 일어난다. 변경은 하나의 도메인에서 발생할 가능성이 크다. 그리고 UI와 지속성이 변경돼야 하는 경우에도 하나의 SCS에 포함될 수 있다. 그리고 변경은 하나의 배포로 상용 환경에 배포될 수 있다. 그래서 SCS는 더 나은 가변성을 제공한다.

또한 도메인에서 필요한 모든 코드가 하나의 도메인에 있기에 테스트가 더 쉽다. 따라서 UI를 포함하는 로직에 대한 의미 있는 테스트가 더 쉽다.

SCS는 UI에 중점을 두고 있기 때문에 SCS는 UI 통합을 더 쉽게 구현할 수 있다. 따라서 SCS는 추가적인 통합 옵션을 제공한다. 특히 이기종 UI 기술 스택에 유용하다. UI 기술의 혁신 속도에 따라 획일적인 UI 기술 스택을 가정하는 것은 비현실적이다.

6.7 변형

UI, 로직, 데이터가 존재하는 SCS를 구현하는 대신 다양하게 변형이 이뤄질 수 있다. 그런 아키텍처는 SCS 아키텍처가 아니다. 그러나 특정 문맥에서는 여전히 유용할 수 있다.

- API 또는 백엔드를 구현할 때 로직과 데이터가 있지만 UI가 없는 도메인 마이크로서비스가 유용할 수 있다.
- 결과적으로 UI만 구현하는 로직이나 데이터가 없는 마이크로서비스는 포털이나 다른 종류의 프론트엔드를 구현하는 좋은 방법이 될 수 있다.

프로젝트가 순수한 프론트엔드 또는 백엔드 프로젝트이고 SCS의 전체 구현을 허용하지 않는 경우 두 변형은 모두 합리적이다.

일반적인 변경

좋은 아키텍처에서는 어떤 변경이 발생하면 하나의 마이크로서비스에서 변경이 발생하도록 제한되게 해야 한다. SCS 아키텍처의 기본 가정은 변경은 일반적으로 모든 계층에 연관이 있지만 단일 마이크로서비스에서 구현된 도메인에 제한된다는 것이다. 해당 가정은 많은 프로젝트에서 확인됐다. 그러나 프로젝트의 변경이 일반적으로 UI 또는 로직에만 영향을 준다면 계층별로 구현하는 것이 좋다. 그다음 UI 계층에 새로운 룩 앤드 필 또는 새로운 색상을 구현할 수 있으며 로직 계층에서 로직 변경 사항을 구현할 수 있다 (물론 UI에 영향을 주지 않는 경우에만 해당된다).

조합 가능성

SCS는 다른 기술과 결합하기 쉽다.

- 프론트엔드 통합(7장 참고)은 SCS와 통합할 때 선호된다.
- SCS는 비동기 통신(10장 참고)에 중점을 둔다. SCS는 웹 애플리케이션이므로 HTTP 기반의 비동기 REST 통신 프레임워크인 Atom(12장 참고)을 사용한다. 반면 카프카^{Kafka}(11장 참고)는 기술 기반이 다르다. 카프카는 SCS와 결합할 수는 있지만 추가적인 노력이 필요하다.
- 가능하다면 동기 통신(16장 참고)은 피해야 한다.

따라서 SCS 간의 UI 통합, 비동기 통신, 동기 통신이 가능하지만 명확한 우선순위가 있다. 물론 SCS는 UI 통합, 비동기 통신, 동기 통신을 통해 마이크로서비스 또는 다른 시스템과도 통신할 수 있다.

6.8 결론

SCS는 수많은 프로젝트에서 유용성이 입증된 마이크로서비스 구현을 위한 접근 방법이다. 또한 마이크로서비스를 통해 성공적인 아키텍처를 구현하는 방법에 대한 모범 사례를 제공한다. 그러나 SCS는 마이크로서비스의 일반적인 접근을 제한하고 더 전문화돼 있다. 그럼에도 비동기 통신과 다른 도메인으로의 분할과 같은 최소한의 측면은 많은 상황에서 유용한 접근 방법이다.

7

개념: 프론트엔드 통합

7장에서는 마이크로서비스를 웹 서비스 프론트엔드에 통합하는 방법을 설명한다.

- 먼저 7장에서 마이크로서비스 아키텍처의 웹 프론트엔드를 모듈화해야 하는 이유에 대해 설명한다.
- 단일 페이지 애플리케이션은 모듈화가 어렵다.
- 자원 지향 클라이언트 아키텍처ROCA, Resource-Oriented Client Architecture는 모듈화를 지원하는 웹 UI 접근 방식이다.
- 추가적으로 통합 옵션에 대해 설명한다.
- 마지막으로 다양한 통합 선택 방법과 관련된 장점과 단점을 설명한다.

따라서 7장에서 프론트엔드 통합을 구현하는 방법과 해당 통합이 제일 잘 드러나는 시나리오를 소개한다.

7.1 프론트엔드: 모놀리스 또는 모듈화

그림 7-1은 다중 마이크로서비스의 프론트엔드 역할을 하는 모놀리스 프론트엔드를 보여준다.

그림 7-1 마이크로서비스 백엔드가 존재하는 모놀리스 프론트엔드

선택 사항: 모놀리스 프론트엔드와 백엔드

프론트엔드에서 모듈화하지 않은 채 작업하면 일관성이 존재하지 않는다. 반면 마이크로서비스로 모듈화한 백엔드가 존재한다. 모듈화에 많은 노력이 필요하다(예: 운영). 다른 면으로는 모놀리스 프론트엔드가 있다. 모놀리스 아키텍트에 의문을 제기할 필요가 있다. 꼭 모듈화한 프론트엔드일 필요는 없다.

모놀리스 백엔드와 모놀리스 프론트엔드가 요구 사항을 충족시킬 수도 있다. 그러면 백엔드에 대한 모듈화 관련 노력들을 마이크로서비스로 변경할 수 있다. 예를 들어 별도의 배포와 다른 영역에서의 추가적인 낮은 결합도 장점(1.2절 참고)이 중요하지 않은 경우가 이에 해당된다.

그림 7-2는 모놀리스 백엔드의 프론트엔드 역할을 하는 모놀리스 프론트엔드를 보여준다.

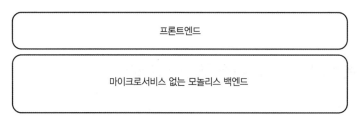

그림 7-2 모놀리스 백엔드를 가진 모놀리스 프론트엔드

선택 사항: 모듈로 개발된 프론트엔드

물론 모놀리스로 배포된 프론트엔드는 모듈로 개발할 수 있다. 안타깝게도 모듈 개발은 종종 모듈 간의 경계가 시간이 지남에 따라 희미해지기 때문에 결국 유지보수가 불가능한 비-모듈 시스템으로 이어지는 경험을 겪는다. 마이크로서비스와 같이 별도로 배포할 수 있는 모듈 간의 경계는 쉽게 회피할 수 없기 때문에 장기간 동안 모듈화가 보장된다.

그럼에도 낮은 결합도로 개발하고 병렬화하기 위해 각 마이크로서비스는 프론트엔드에 모듈을 개발해야 할 수 있다. 그러나 모놀리스 프론트엔드는 여전히 전체적으로 배포돼야 한다. 별도의 배포는 다른 모듈화에 비해 마이크로서비스라는 장점을 갖는다.

그림 7-3은 모듈로 분리된 모놀리스 프론트엔드를 보여준다.

그림 7-3 모듈로 분할한 모놀리스 프론트엔드

모놀리스 프론트엔드에 대한 근거

모놀리스 프론트엔드는 다음과 같은 경우 좋은 선택이 될 수 있다.

- 네이티브 모바일 애플리케이션 또는 리치 클라이언트 애플리케이션은 항상 배포 모놀리스다. 해당 애플리케이션은 전체로 배포된다. 앱스토어에 모바일 애플리케이션을 업데이트해야 할 때 리뷰 프로세스가 통과돼야 하기 때문에 배포

가 훨씬 오래 걸린다. 그러나 모놀리스 메커니즘은 어느 정도 "감당"할 수 있다. 즉 앱에서 웹 페이지를 표시할 수 있기 때문이다. 웹 프론트엔드 통합을 사용하는 마이크로서비스 시스템에서 웹 페이지를 제공할 수 있다. 코르도바(https://cordova.apache.org/)와 같은 프레임워크를 사용하면 웹 애플리케이션이 독점적인 휴대전화 기능을 활용하거나 앱스토어에서 다운로드할 웹 애플리케이션을 제공할 수 있다. 즉 기본 애플리케이션과 웹 애플리케이션 간에 절충안을 구현할 수 있다.

- 단일 페이지 애플리케이션^{SPA}을 전체적으로 배포할 수도 있다. 프론트엔드에서 애플리케이션을 완전히 모듈화하려면 웹 애플리케이션용 SPA를 대안으로 사용할 수 있다. 경계는 유동적이다. SPA는 다른 사이트 또는 다른 SPA에 대한 링크를 포함할 수 있고 다른 시스템에서 생성된 HTML을 표시할 수 있다. 이런 방법으로 SPA를 프론트엔드에 통합할 수 있다. 그러나 실제로는 이러한 이론적인 가능성에도 SPA는 일반적으로 프론트엔드 배포 모놀리스로 이어진다.

- 프론트엔드 개발을 다루는 팀이 있다면 모놀리스 프론트엔드를 개발하는 이유가 될 수 있다. 하나의 컴포넌트에 대해 각 팀이 책임을 져야 한다. 프론트엔드 팀의 조직 변경이 너무 크게 됐거나 특정 팀이 다른 팀과 다른 물리적인 먼 다른 위치에서 작업하고 있기 때문에 프론트엔드 팀을 해체하고 싶지 않다면 모놀리스 프론트엔드가 최선의 방법일 수 있다.

- 마지막으로 모놀리스 프론트엔드에 문제가 없다면 특히 기존 시스템의 마이그레이션이 쉬울 수도 있다.

모듈화한 프론트엔드

모놀리스 프론트엔드의 대안은 완전히 모듈화한 프론트엔드다. 그림 7-4는 각 마이크로서비스가 고유 프론트엔드를 갖는 모듈화한 프론트엔드를 보여준다. 백엔드와 마찬가지로 프론트엔드는 별도로 배포할 수 있는 마이크로서비스의 일부다. 이런 프론트엔드의 모듈화에는 많은 장점이 있다. 2.1절에서 마이크로서비스와 자체 내장 시스템이 도메인 로직과 독립적일 수 있음을 설명했다. 마이크로서비스에 모듈화한 프론트엔드의 일부가 포함된 경우 프론트엔드에서 변경이 필요한 경우에도 하나의 마이크로서비스만 수정하고 배포함으로써 도메인 로직의 변경 사항을 구현할 수 있다. 반면 UI가 모놀리스라면 도메인 로직에 대한 많은 변경 사항이 UI 모놀리스 변경의 주요 중심점이 되도록 UI 모놀리스를 수정해야 한다.

그림 7-4 모듈화한 프론트엔드

모듈화한 프론트엔드와 프론트엔드 통합

별도로 배포된 프론트엔드를 완전한 시스템으로 결합하려면 프론트엔드를 통합해야 한다. 모듈화는 낮은 결합도로 개발하기 위함이다. 그럼에도 통합 시스템을 생생해야 한다. 즉 다른 마이크로서비스로 모듈화한 프론트엔드는 프론트엔드 통합을 위한 접근 방식을 선택한 경우에만 사용할 수 있다. 프론트엔드 통합에 대한 다양한 기술 접근이 가능하며 7장과 8장에서 주요하게 다룰 내용이다.

7.2 옵션

프론트엔드 통합에는 여러 가지 옵션이 있다.

- 가장 쉬운 옵션은 링크link이다. 하나의 프론트엔드는 다른 프론트엔드가 처리하는 링크를 표시한다. WWW^{World Wide Web}는 링크 메커니즘을 기반으로 한다.

하나의 시스템이 다른 시스템에 대한 링크를 생성한다.

- 리디렉션^{redirection}은 다른 선택 사항이다. 예를 들어 OAuth2는 리디렉션 접근 방법을 사용한다. 웹사이트는 페이스북이나 구글과 같은 OAuth2 공급자에 대한 링크를 제공한다. 사용자 자신의 비밀번호를 입력하면 웹사이트는 사용자의 특정 정보에 접근할 수 있는지 확인한다. 그다음 사용자는 다른 리디렉션을 통해 원래 웹사이트로 다시 리디렉션된다. 보이지 않는 부분에서 웹사이트는 사용자의 데이터를 받는다. 따라서 리디렉션은 백그라운드에서 프론트엔드 통합과 데이터 전송을 결합할 수 있다.

- 마지막으로 다양한 종류의 연계^{transclusion}가 있다. 여기에는 웹사이트의 콘텐츠를 다른 웹사이트의 콘텐츠와 결합하는 것이 포함된다. 해당 결합은 서버 또는 클라이언트에서 수행될 수 있다. 8장에서는 자바스크립트를 사용해 클라이언트의 연계를 구현하는 예시를 보여준다. 반면 9장에서는 ESI^{edge-side includes}를 사용해 서버의 연계를 보여준다. https://www.innoq.com/en/blog/transclusion/ 에서는 더 많은 연계에 대한 가능성을 설명한다.

물론 이전에 언급한 옵션들을 모두 결합할 수 있다. 그러나 이는 고도의 기술적 복잡성을 초래한다. 따라서 복잡도가 매우 낮고 필요에 따라 더 옵션을 추가하면 되기 때문에 연계해보기를 바란다.

7.3 자원 지향 클라이언트 아키텍처

프론트엔드의 모듈화와 통합은 프론트엔드의 아키텍처 및 기술에 영향을 미친다. SPA는 프론트엔드 통합에 적합하지 않다. 따라서 어떤 프론트엔드 아키텍처가 통합에 더 적합한지에 대한 의문이 생길 수 있다.

자원 지향 클라이언트 아키텍처^{ROCA, Resource-Oriented Client Architecture}는 웹 애플리케이션을

구현하는 방법이다. HTML과 같은 확립된 기술에 중점을 두고 프론트엔드 모듈화와 통합에 많은 장점을 제공하는 아키텍처로 연결된다.

ROCA 원칙

ROCA의 원칙은 다음과 같다.

- 서버는 REST 원칙을 준수한다. 모든 자원에는 모호하지 않은 URL이 있다. 웹 페이지 링크는 전자 메일로 전송된 다음, 필요한 권한이 부여되면 모든 브라우저에서 접근할 수 있다. HTTP 메소드가 올바르게 사용된다. 예를 들어 GET은 데이터를 변경하지 않는다. 서버에는 무상태^{stateless}이다.

- URL로 식별되는 자원은 JSON 또는 XML과 같은 HTML 외에 다른 표현 방식을 가질 수 있다. 즉 사람들이 데이터를 사용할 수 있을 뿐만 아니라 애플리케이션도 데이터에 접근할 수 있다.

- 모든 로직은 서버에 있다. 따라서 클라이언트의 자바스크립트는 사용자 인터페이스를 최적화하는 역할만 수행한다. 시스템은 다른 클라이언트가 브라우저로 접근될 수 있어야 한다. 클라이언트에서 조작할 수 있기 때문에 보안상의 이유로 서버 로직이 바람직하다. 또한 로직이 한 위치에서 구현되기 때문에 로직을 쉽게 변경할 수 있다. 많은 클라이언트를 업데이트할 필요가 없다.

- 인증 정보는 HTTP 요청에 포함된다. 이 목적으로 HTTP 기본, 다이제스트^{digest}, 클라이언트 인증서, 쿠키를 사용할 수 있다. 해당 방식으로 HTTP 요청에 포함된 정보를 기반으로 인증과 권한 기능을 수행할 수 있다. 따라서 인증 정보에는 서버 측 세션이 필요하지 않다.

- 쿠키는 인증, 추적, 사이트 간 요청 위조에 대한 보호 용도로만 사용할 수 있다. 따라서 비즈니스 정보가 포함되지 않을 수 있다.

- 서버 세션이 존재해서는 안 된다. 세션의 사용은 HTTP의 아이디어와 모순된다. 세션이 포함된 통신은 더 이상 무상태가 아니기 때문이다. 세션은 장애

처리와 로드 밸런스를 구현하기 어렵게 만든다. HTTP 요청의 인증 정보 이외에 인증 목적에 필요한 데이터를 갖고 있을 때가 유일한 예외이다.

- 뒤로, 앞으로, 새로 고침 단추와 같은 브라우저 버튼이 동작해야 한다. 해당 버튼의 동작은 당연히 동작돼야 되는 작업이지만 자바스크립트 로직을 사용하는 많은 웹 애플리케이션은 해당 버튼의 기능을 보장하기 위해 많은 어려움을 겪을 수 있지만 결국 관련 기능을 구현해야 한다.

- HTML에는 레이아웃 정보가 포함돼 있지 않아 브라우저를 통해서만 접근할 수 있어야 한다. 레이아웃은 CSS에 의해 정의되며 레이아웃과 내용이 분리된다.

- 자바스크립트는 점진적인 개선의 형태로만 사용할 수 있다. 자바스크립트 없이도 애플리케이션을 사용할 수 있지만 쉽거나 편리하지 않다. 목표는 자바스크립트를 완전히 피하는 것이 아니라 웹의 기본 아키텍처와 기술(HTTP, HTML, CSS)에 계속 의존하는 것이다.

- 클라이언트와 서버에서 로직을 중복 구현해서는 안 된다. 비즈니스 로직은 서버에서 구현되므로 클라이언트에서 다시 구현하면 안 된다.

결국 ROCA 애플리케이션은 완벽하게 정상적인 웹 애플리케이션이다. 따라서 원래 의도했던 대로 웹 원칙을 사용한다.

ROCA 아키텍처의 장점

ROCA는 다음과 같은 많은 장점을 갖고 있다.

- 애플리케이션은 깨끗한 아키텍처를 갖고 있다. 로직이 애플리케이션 서버에 존재한다. 로직에 대한 변경은 새 서버 버전에서 쉽게 적용될 수 있다.

- 웹의 모든 기능을 사용할 수도 있다. URL을 다른 사람에게 보낼 수 있다. 자원을 고유하게 식별하기 때문에 이메일로 전송할 수 있다. 예를 들어 HTTP GET은 데이터 변경을 허용하지 않기 때문에 HTTP 캐시를 사용할 수 있다. 브라우

저의 최적화가 악용된다. 브라우저는 가능한 한 빨리 웹사이트의 처음 부분을 보여주고 가급적 빨리 웹사이트와 상호작용할 수 있도록 구현돼 있다.

- 애플리케이션은 HTML보다 많은 정보를 전송할 필요가 거의 없고 실제로 방문한 웹 페이지에서만 사용할 수 있기 때문에 적은 대역폭만 있으면 된다. SPA에서는 모든 상호작용이 가능하기 전에 전체 애플리케이션이 전송돼야 한다. 그러나 애플리케이션을 초기화하고 사용자 상호작용에 반응하게 하는데 여전히 시간이 걸린다. 이럴 때는 일반적으로 간단한 웹 애플리케이션을 사용하는 것이 더 좋다. 최신 브라우저는 간단한 웹 애플리케이션과의 사용자 상호작용을 가능한 한 신속하게 처리하고 빠른 응답을 보낼 수 있도록 최적화돼 있다.

- 추가로 해결 방법은 빠른 속도이다. 특히 모바일 장치의 경우 자바스크립트 구현의 로딩 속도가 종종 아쉬울 때가 많다. ROCA 애플리케이션에는 최소한의 자바스크립트가 필요하다.

- 마지막으로 자바스크립트 에러 또는 네트워크 문제로 인해 자바스크립트 코드 전송 에러가 발생하면 애플리케이션을 사용하기가 쉽지 않다. 그러나 여전히 사용할 수 있다. 로직이 자바스크립트로 구현됐다면 애플리케이션의 탄력성이 떨어진다.

- 자바스크립트를 사용하지 않도록 설정한 사용자라도 애플리케이션을 계속 사용할 수 있도록 해야 한다. 그러나 요즘에는 이런 사용자가 실제로 존재하지 않으므로 장점을 얻을 수 없다.

ROCA 대 SPA

ROCA는 브라우저가 자바스크립트 코드를 실행할 때 사용되는 SPA 대신 사용할 수 있다. ROCA는 HTML과 HTTP에 대한 브라우저의 최적화와 실제 웹 애플리케이션의 다른 장점을 활용한다. 물론 ROCA 시스템은 위에서 설명한 대로 자바스크립트를 사용할 수도 있다.

ROCA의 목표는 자바스크립트를 완전히 사용하는 것이 아니라 상식적인 부분 또는 대안이 없는 부분으로 한정하는 것이다.

SPA는 복잡한 UI(예: 웹 게임 또는 지도 웹 애플리케이션)에 더 적합할 수 있다. 그러나 전자상거래 애플리케이션 SPA는 불필요한 유연성을 제공할 뿐만 아니라 검색엔진 최적화[SEO, Search Engine Optimization]와 같은 일부 기능을 쉽게 달성하는 데 어렵다. 그래서 실제로 많은 애플리케이션에서 SPA는 그다지 적합하지 않다.

SPA는 개발자로 하여금 클라이언트에 더 많은 로직을 구현하도록 한다. 시스템의 응답성을 높일 수 있지만 유지보수가 어려운 클라이언트와 서버에 중복 구현이 발생할 수 있다. 또한 다른 고객들이 사용할 수 있도록 SPA 로직을 REST 서비스에서 구현하도록 하는 것은 어렵다. 8장에서는 아주 사용하기 편한 ROCA 애플리케이션의 예를 보여줄 것이다.

통합 옵션

ROCA는 일반적으로 좋은 UI 계층 디자인에 적용된다. 모놀리스 또는 모듈화한 브라우저 애플리케이션을 구현하기 위한 지침으로서 이해될 수 있다. 그러나 ROCA는 단순화된 통합을 가능하게 한다.

HTML은 프론트엔드에서 집중적으로 사용된다. 그러나 자바스크립트는 유용성을 향상시키는 역할만 수행한다. 따라서 시스템은 다른 마이크로서비스에서 만들어진 특정 HTML 페이지 링크를 포함하는 다른 HTML 페이지를 제공해 모듈화할 수 있다. 또는 HTML 페이지는 여러 부분으로 구성될 수도 있다. 각 컴포넌트는 서로 다른 마이크로서비스에서 가져올 수 있다. 그래서 ROCA UI를 모듈화하기 쉽다. ROCA는 프론트엔드를 통합하는 모든 옵션을 지원하기에 프론트엔드 통합과 마이크로서비스 아키텍처에 대한 좋은 기반이다.

7.4 도전

프론트엔드 통합은 프론트엔드가 서로 다른 시스템으로 이루어져 있다는 것을 의미한다. 프론트엔드의 통합은 일부 문제점을 야기한다.

UI 구조

UI 통합이 잘 이뤄지려면 일부 인프라가 제공돼야 한다. 이는 일반적인 CSS 또는 자바스크립트 코드일 수도 있지만 서버 측 연계를 위한 서버 인프라를 포함할 수도 있다. 또한 예를 들어 홈페이지 또는 네비게이션 바와 같은 특정 마이크로서비스에 실제로 속하지 않는 일부 UI가 필요할 수 있다. 이들은 개발되고 유지돼야 한다.

UI 인프라에 너무 많이 투자하지 않는 것이 중요하다. 마이크로서비스가 일반 UI 인프라에 너무 많이 의존하는 경우 마이크로서비스는 해당 UI 인프라에 크게 의존한다. 이는 독립 개발이라는 마이크로서비스의 목표와 모순된다. UI 통합은 코드 레벨에 어느 정도의 의존성을 초래하고 일반적으로 높은 결합도로 이어진다. 따라서 의존 라이브러리는 제한돼야 한다. 한 예로 단일 컴포넌트의 모든 마이크로서비스에 모든 스타일, UI 프레임워크, UI 코드를 제공하는 것은 거의 의미가 없다. 이는 특히 기술 스택으로 새로운 기술로 마이그레이션하는 데 문제가 될 수 있다. 스택은 모든 마이크로서비스에 대해 동일하고 단계별로 새로운 스택으로 마이그레이션하는 것은 어렵다.

일관성 있는 룩 앤드 필

애플리케이션 전체의 룩 앤드 필을 일관성 있게 설계하는 것은 쉽지 않다. 일관성 있는 룩 앤드 필은 일반적으로 산출물 공유와 관련이 있다. 여러 마이크로서비스는 설계를 구현하는 데 필요한 CSS, 폰트, 자바스크립트 코드를 공유할 수 있어야 한다. 2.2절에서는 이미 매크로 아키텍처를 기반으로 하는 솔루션을 제시했다.

프론트엔드 통합의 인터페이스

연계는 영리한 유형의 인터페이스 정의를 생성한다. 일반적인 인터페이스는 데이터 타입과 오퍼레이션으로 정의된다. 프론트엔드 통합의 경우는 분명하지 않다. 여전히 인터페이스 정의에 여러 종류가 있다. 예를 들어 HTML 코드가 다른 프론트엔드에 표시되는 경우 다른 페이지에 통합돼야 한다. 따라서 공통 CSS 클래스가 필요하다. 따라서 모든 프론트엔드는 동일한 CSS 셀렉터selector를 갖고 있어야 한다. 자바스크립트가 출력된 HTML에서 사용되려면 다른 웹 페이지에서 사용할 수 있는 일반 자바스크립트 코드와 자바스크립트 라이브러리가 있어야 한다. 전반적으로 해당 요구 사항은 HTML을 실제로 표시할 수 있도록 인터페이스를 정의할 수 있도록 한다. 링크 또는 리디렉션만 사용된다면 요구 사항이 없다. URL만 알려줘야 한다. 링크로 연결된 페이지는 완전히 다른 CSS와 자바스크립트를 사용할 수 있다. 따라서 연계는 링크보다 시스템을 강력하게 연결한다.

UI 변경은 여러 모듈에 영향을 미친다

시스템에 대한 변경 사항이 일반적으로 UI 변경만 필요로 하면 프론트엔드 모듈화로 인해 해당 UI 변경 작업이 더 복잡해질 수 있다. UI의 코드는 여러 프론트엔드에 분산돼 있기 때문에 모든 프론트엔드를 수정해야 한다는 의미를 갖는다. 따라서 UI가 지속적으로 재설계돼야 하거나 CSS가 지속적으로 변경되는 경우 프론트엔드 모듈화로 인해 작업량이 증가할 수 있다. 그러나 프론트엔드 모듈화는 이러한 변경의 경우에도 장점이 있다. 변경은 한 번에 하나의 프론트엔드만 변경해 단계별로 수행할 수 있다. 이렇게 하면 변경과 관련된 위험을 최소화할 수 있다.

게다가 UI에서만 발생하는 변경 사항은 모든 계층에 영향을 주는 도메인 기반 변경 사항보다 훨씬 덜 빈번하다.

따라서 모든 UI를 변경하는 것은 어렵지만 이런 종류의 변경이 너무 자주 발생해서는 안 된다. 변경을 더 어렵게 하는 동시에 빈번한 변경을 더 쉽게 하는 것은 좋은 절충처럼 보인다.

7.5 장점

프론트엔드 통합은 접근 방식을 매력적으로 느끼게 하는 많은 장점을 제공한다.

낮은 결합도

프론트엔드 통합을 통해 낮은 결합도를 갖게 된다. 예를 들어 링크가 통합에 사용되는 경우에만 링크 URL이 통합된 부분에 알려져야 한다. URL 뒤에 어떤 정보가 표시되는지는 중요하지 않으며 다른 프론트엔드에 영향을 주지 않고 변경할 수 있다. 따라서 페이지가 완전히 다르게 보일지라도 변경은 하나의 프론트엔드로 제한될 수 있다.

하나의 마이크로서비스의 로직과 UI

하나의 마이크로서비스의 로직과 UI를 두는 것은 아키텍처의 관점에서 유리하다. 특정 기능에 대한 모든 로직은 단일 마이크로서비스로 구현된다. 예를 들어 하나의 마이크로서비스가 '할 일 목록'을 유지하고 표시할 책임이 있고 심지어 '할 일 목록'이 다른 마이크로서비스의 UI에 통합돼 있다고 가정한다. 우선순위처럼 '할 일 목록'의 추가 정보를 표시하고 싶다면 특정 마이크로서비스의 UI만 변경해 로직, 지속성, UI를 구현할 수 있다. 다른 마이크로서비스는 화면에 출력할 '할 일 목록'을 통합하기만 하면 된다.

프론트엔드 기술을 자유롭게 선택

프론트엔드 통합에 영향을 미치는 또 다른 요소는 프론트엔드 기술이다. 특히 프론트엔드 기술에는 많은 혁신 기술이 있다. 끊임없이 새로운 자바스크립트 프레임워크와 아름

답고 사용하기 쉬운 인터페이스를 생성하는 새로운 방법이 있다. 마이크로서비스의 중요한 장점은 자유롭게 선택할 수 있는 기술이다. 각 마이크로서비스에 자체적으로 기술을 선택할 수 있다. 또한 프론트엔드에 자유롭게 기술을 선택해야 한다면 각 마이크로서비스는 자체 기술을 사용할 수 있는 자체 프론트엔드를 가져야 하고 자체 기술을 사용할 수 있다.

프론트엔드는 선택한 기술에 맞춰 통합돼야 한다. 특히 통합이 프론트엔드 기술의 사용을 제한하지 않도록 가능한 한 많은 주의를 기울여야 한다. 예를 들어 통합할 때 특정 자바스크립트 라이브러리가 강제 실행되는 경우 특정 자바스크립트 라이브러리가 다른 버전의 라이브러리와 함께 사용할 수 없기 때문에 기술 선택이 제한될 수 있다. 예를 들어 8장의 클라이언트 쪽 통합을 수행할 때 각 프론트엔드는 jQuery 특정 버전을 사용하거나 자체 사용자 정의 코드를 제공해야 한다.

7.6 변형

특히 SCS(6장 참고)는 프론트엔드 통합에 중점을 둔다.

8장에서는 프론트엔드 통합에 대한 다양한 변형을 설명한다. 8장에서는 클라이언트 측에서 링크와 연계가 어떻게 동작하는지 보여준다. 9장에서는 서버 측에서 ESI와의 통합을 설명한다.

일반적으로 마이크로서비스 시스템은 프론트엔드 통합 외에도 동기 통신(13장 참고) 또는 비동기 통신(10장 참고)을 사용한다. 여러 통합 방법을 사용하는 것이 일반적이고 쉽게 수행할 수 있다.

브라우저는 궁금적으로 HTTP를 통해 다양한 백엔드에 접근해야 한다. 즉 프론트엔드 통합이 사용된 기술에 거의 제약을 가하지 않는다는 것을 의미한다.

7.7 결론

프론트엔드 통합을 진행할 때는 일반적으로 항상 통합이 가능한 경우를 고려해야 한다. 마이크로서비스가 백엔드에 대한 접근 방법으로만 구현되는 경우가 굉장히 많지만 프론트엔드에 집중함으로써 결합도는 더 낮아지고 시스템은 더 단순하고 유연해질 수 있다. 또한 마이크로서비스에 UI 로직을 포함한 전체 로직이 실제로 구현되도록 보장할 수 있다.

프론트엔드 통합은 마이크로서비스의 낮은 결합도를 허용한다. 링크와 자바스크립트 코드를 사용하면 서로 다른 마이크로서비스의 프론트엔드를 통합할 수 있다. 따라서 복잡한 기술 스택을 즉시 정의하는 것이 아니라 먼저 간단한 방법으로 달성할 수 있는 기술을 찾아내는 것이 중요하다. 이런 방법은 다음과 같은 장점으로 이어지는 데 솔루션의 기술적인 복잡성이 특별히 높지 않다. 웹 애플리케이션만 사용되면 된다. 웹 애플리케이션에는 더 많은 기술이 있지만 새로운 기술은 없다.

그러나 서버 측 통합과 비교할 때 프론트엔드의 통합은 여전히 복잡하지 않으며 낮은 결합도로 이어지게 할 수 있다.

8

레시피: 링크와 클라이언트 통합하기

8장에서는 링크와 자바스크립트를 사용한 프론트엔드 통합 예시를 설명한다.

8장에서 다음 내용을 다룬다.

- 프론트엔드 통합을 진행할 때 링크와 자바스크립트 기반의 간단한 접근 방법이 어떤 시나리오에서 적합한지 살펴본다.
- 8장의 예시는 SCS가 아니다. 이는 프론트엔드 통합이 SCS 문맥뿐만 아니라 다른 시나리오에서도 의미가 있음을 보여준다.
- 예시에서 링크와 자바스크립트를 통합할 때의 구현 방법을 소개한다.
- 링크와 자바스크립트를 통합할 때 어떤 메커니즘이 일관성 있는 룩 앤 필을 구현하는지 살펴본다.

8.1 개요

8장의 예시는 사무실 근로자가 고객과 상호작용할 수 있도록 설계된 일반적인 보험 애플리케이션이다. 보험 애플리케이션은 실제 보험 회사의 프로토타입으로 생성했다. 해당 예시는 프론트엔드 통합이 포함된 웹 애플리케이션으로 구현할 수 있는 전형적인 애플리케이션을 보여준다.

예시에서는 시스템을 여러 웹 애플리케이션으로 나누고 해당 웹 애플리케이션을 통합하는 방법을 보여준다. ROCA는 통합을 위한 기반으로 사용된다. 이는 프론트엔드 통합을 할 때 많은 근본적인 장점을 가진 웹 애플리케이션(7.3절 참고) 구현에 대한 접근 방법이다.

8장의 예시는 ROCA로 웹 애플리케이션을 구현할 수 있는 방법과 ROCA가 제공하는 장점을 보여주는 프로토타입으로 생성됐다. INNOQ의 직원인 루카스 도흐멘[Lucas Dohmen]과 마르크 잔싱[Marc Jansing]이 예시를 구현했다.

검색

보험 애플리케이션은 https://crimson-portal.herokuapp.com/에서 사용할 수 있다. 또한 로컬 컴퓨터에서 도커 컨테이너로 실행할 수도 있다(8.2절 참고).

애플리케이션은 독일어로 돼 있다. 그러나 요즘 브라우저는 웹 페이지를 다른 언어로 번역할 수 있다. 다음 화면은 파이어폭스 브라우저와 구글 번역기[Google Translator]의 독일어-영어 번역을 통해 수행됐다.

메인 페이지에 고객을 찾을 수 있는 입력 라인이 있다(그림 8-1 참고). 사용자가 고객의 이름을 입력할 때 일치하는 이름이 있다면 추천한다. 추천 기능을 위해 프론트엔드는 jQuery를 사용한다.

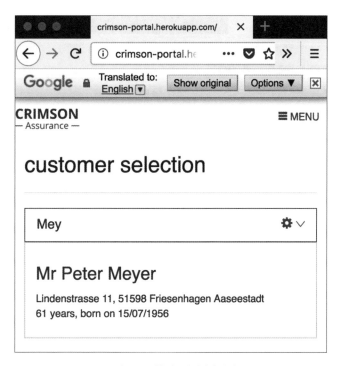

그림 8-1 보험 애플리케이션 화면

우편함

또 다른 기능은 우편함postbox이다. 메인 페이지의 우편함 아이콘을 클릭하면 현재 뉴스의 개요를 볼 수 있다. 현재 뉴스의 개요는 자바스크립트가 있는 현재 기본 페이지에 표시된다(그림 8-2 참고).

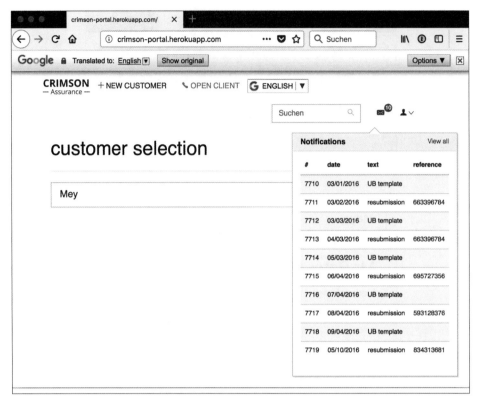

그림 8-2 중첩된 우편함

전체 애플리케이션은 일관성 있는 프론트엔드를 사용한다. 그러나 주소 표시줄을 보면 여러 웹 애플리케이션이 사용된다는 것을 알 수 있다. 주요 애플리케이션(https://crimson-portal.herokuapp.com/), 손해 보고(손해 애플리케이션)(https://crimson-damage.herokuapp.com/), 문서 작성(문서 애플리케이션)(https://crimson-letter.herokuapp.com/), 우편함(우편함 애플리케이션)(https://crimson-postbox.herokuapp.com/)으로 이뤄진 하나의 웹 애플리케이션이 존재한다. 그럼에도 프론트엔드는 모든 애플리케이션에 대해 동일한 룩 앤드 필을 갖고 있다.

애플리케이션의 구조

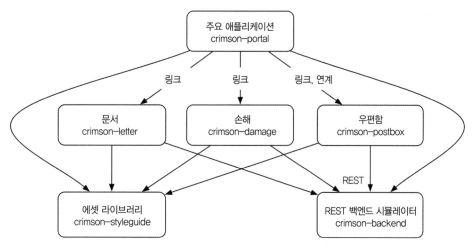

그림 8-3 보험 예시 개요

그림 8-3은 다양한 애플리케이션의 통합 방식을 보여준다.

- 주요 애플리케이션은 고객을 검색하고 고객의 기본 데이터를 표시하는 데 사용된다. 코드는 https://github.com/ewolff/crimson-portal에서 확인할 수 있다. 여기에서 애플리케이션을 컴파일하고 시작하는 방법에 대한 지침도 찾을 수 있다. 애플리케이션은 Node.js로 작성됐다.

- https://github.com/ewolff/crimson-styleguide 에셋에는 일관된 룩 앤드 필을 얻기 위해 모든 애플리케이션에서 사용하는 산출물이 포함돼 있다. 다른 프로젝트에서는 package.json을 통해 해당 프로젝트를 참고한다. npm을 빌드할 때 package.json을 사용해 프로젝트의 산출물을 사용한다. npm은 자바스크립트 전문 빌드 툴이다. 에셋 프로젝트에는 CSS, 폰트, 이미지, 자바스크립트 코드가 포함된다. 에셋이 다른 프로젝트에서 사용되기 전에 빌드는 에셋 프로젝트에서 에셋을 최적화한다. 예를 들어 자바스크립트 코드가 축소된다.

- 손해를 보고하는 손해 애플리케이션은 Node.js로 작성됐다. 해당 코드는 https://github.com/ewolff/crimson-damage에서 다운로드할 수 있다.
- 문서 애플리케이션은 Node.js로 작성됐다. 해당 코드는 https://github.com/ewolff/crimson-letter에서 다운로드할 수 있다.
- 우편함 코드는 https://github.com/ewolff/crimson-postbox에서 다운로드 할 수 있다. 우편함은 자바와 스프링 부트로 구현돼 있다. 공유 에셋 프로젝트의 빌드는 두 부분으로 나눠져 있다. 메이븐 빌드는 자바 코드를 컴파일하는 반면 npm은 에셋 통합을 담당한다. npm은 에셋을 메이븐 빌드로 복사한다.
- 마지막으로 백엔드 시뮬레이터는 https://github.com/ewolff/crimson-backend에서 다운로드할 수 있다. REST 호출을 수신하고 고객, 계약서 등의 데이터를 리턴한다. 해당 시뮬레이터는 Node.js로도 작성된다.

왜 모놀리스 백엔드인가?

그래서 모놀리스 애플리케이션은 단일 백엔드와 단일 프론트엔드 마이크로서비스를 사용한다. 해당 마이크로서비스에는 로직이 부족하기 때문에 SCS는 아니다(6장 참고). 그러나 모놀리스 아키텍처는 여전히 의미가 있다. 적어도 프론트엔드는 여러 마이크로서비스로 구성돼 있다. 그래서 마이크로서비스를 독립적으로 개발할 수 있다. 또한 각 프론트엔드 마이크로서비스에서 서로 다른 기술을 사용할 수 있다. 프론트엔드에서 사용 가능한 UI 프레임워크가 많고 기술 혁신 속도가 빠르기 때문에 프론트엔드 마이크로서비스의 분명한 장점이다.

또한 모놀리스 백엔드를 마이크로서비스로 마이그레이션하는 것이 불가능할 수 있다. 다른 팀이 마이크레이션에 대한 책임을 질 수도 있다. 따라서 프로젝트의 범위가 단지 프론트엔드를 개선하기 위한 것이라면 백엔드의 아키텍처를 변경할 수 있는 방법은 없다.

SCS는 일반적으로 훌륭한 아이디어지만 예시에서 한 가지 규칙 예외를 보여준다.

리디렉션과의 통합

손해 애플리케이션에서 사용자가 자동차에 대한 손해 배상 신청서를 입력하면 사용자는 포털에 표시된 자동차의 개요로 돌아간다. 손해 애플리케이션에서 포털로의 전환은 리디렉션으로 구현된다. 손해 애플리케이션은 손해 배상 신청서를 제출한 뒤에 HTTP 리디렉션을 보내고 주요 애플리케이션의 웹 페이지로 연결된다.

리디렉션은 매우 단순한 통합이다. 손해 애플리케이션은 리디렉션 URL을 알아야 한다. 포털은 손해 애플리케이션에 해당 리디렉션 URL을 전달함으로써 두 애플리케이션 간의 결합도를 낮춘다.

해당 통합은 사용자가 자신의 구글 계정을 웹 페이지에 등록할 때도 사용된다. 사용자가 구글 웹 페이지에 등록하는 것에 동의하면 구글 페이지는 초기 웹 페이지로 리디렉션을 보낸다.

링크와 통합

애플리케이션의 통합은 문서 작성 웹 페이지를 표시하는 링크인 https://crimson-letter.herokuapp.com/template?contractId=996315077&partnerId=4711로 이뤄진다.

해당 링크에는 웹 페이지에서 문서를 작성하는 데 필요한 모든 필수 정보, 즉 계약 번호와 파트너 번호가 포함된다. 이런 식으로 문서 애플리케이션은 백엔드 시뮬레이터로부터 데이터를 검색한 후 해당 데이터를 웹 페이지에서 렌더링할 수 있다. 주요 애플리케이션과 문자 애플리케이션 간의 결합도는 매우 낮다. 두 개의 매개변수를 포함한 링크일 뿐이다. 주요 애플리케이션은 링크 뒤에 무엇이 있는지를 알 필요가 없다. 이런 식으로 문서 애플리케이션은 포털 애플리케이션에 영향을 주지 않고 언제든지 UI를 변경할 수 있다. 그러나 모든 애플리케이션은 백엔드 시뮬레이터의 공통 데이터베이스를 사용하기 때문에 결과적으로 데이터 변경이 백엔드와 해당 마이크로서비스에 영향을 미치므로 결합도가 높다.

자바스크립트와 통합

이 예시에서 프론트엔드의 통합은 실제로 링크를 통해 항상 수행된다. 그러나 우편함에는 주요 애플리케이션의 현재 메시지에 대한 개요를 표시한다. 해당 개요는 간단한 링크만으로는 충분치 않다. 여전히 통합은 링크로 이뤄진다. HTML 코드를 살펴보면 다음과 같다.[1]

```
<a href="https:&#x2F;&#x2F;crimson-postbox.herokuapp.com/m50000/messages"
  class="preview" data-preview="enabled"
  data-preview-title="Notifications"
  data-preview-selector="table.messages-overview"
  data-preview-error-msg="Postbox unreachable!"
  data-preview-count="tbody>tr" data-preview-window>
```

이전 링크에는 추가 속성이 있다. 해당 속성은 우편함의 정보가 현재 웹 페이지에 표시되고 해당 속성이 정확히 어떻게 되는지를 정의한다. 해당 정보는 에셋 프로젝트의 60라인도 안되는 자바스크립트 코드로 해석된다(https://github.com/ewolff/crimson-styleguide/tree/master/components/preview를 참고한다).

코드는 jQuery를 사용하므로 시스템의 모든 애플리케이션은 이제 에셋 프로젝트의 코드를 사용할 때 jQuery의 호환 버전을 사용해야 한다. 그러나 필수 사항은 아니다. 대안으로 해당 링크와 우편함을 통합하는 마이크로서비스가 자체 코드를 작성해 링크를

---

1   사실 애플리케이션을 실행하면 HTML 코드에 독일어로 표현될 수 있다. 독일어는 구글 번역기로 영어로 번역될 수 있다. 그러나 HTML 코드는 여전히 독일어로 그대로 남아 있다. 편의상 영어가 여기에 나열된 HTML 코드로 표시되는 것으로 가정한다. - 지은이

해석할 수 있다. 결국 모든 마이크로서비스는 다른 마이크로서비스에서 제공하는 JSON 데이터를 읽는 자체 코드를 작성한다. 그래서 다른 프로젝트의 HTML을 통합하는 코드도 괜찮을 것이다.

이런 타입의 통합은 웹 페이지의 둘 이상의 마이크로서비스에서 가져온 HTML을 포함하기 때문에 '연계'라 한다. 이 예시에서 연계는 다른 백엔드를 통합하는 자바스크립트 코드로 구현된다(그림 8-4 참고한다). 자바스크립트 코드는 브라우저에서 실행되고 다른 웹 애플리케이션의 HTML 코드를 로드하고 현재 웹 페이지에 표시한다.

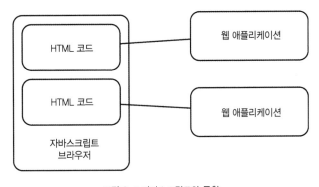

그림 8-4 자바스크립트와 통합

우편함의 화면 로직

연계를 사용하면 메시지가 다른 서비스에서 미리보기로 표시되더라도 우편함은 메시지 표시 방법을 제어할 수 있다. 이런 방식은 깨끗한 아키텍처가 된다. 우편함을 표시하는 코드는 우편함이 다른 서비스에서 표시되더라도 우편함 서비스에 존재한다. 이는 프론트엔드 통합이 어떻게 우아한 솔루션과 아키텍처에 기여할 수 있는지 보여준다.

다른 URL의 콘텐츠를 동적으로 포함하는 방식은 우편함에만 사용되는 것이 아니다. 각고객을 위한 제안, 신청서, 배상 청구서, 계약에 대한 개요도 있다. 각 링크는 우편함 아이콘 아래에 있으며 인벤토리 목록에서 더 아래쪽에 위치한다. 우편함과 마찬가지로 각 정보는 자바스크립트 코드에 의해 웹 페이지 내용을 표시하는 링크로 참고된다. 이 경우 URL은 동일한 마이크로서비스에 있지만 더 나은 모듈화를 제공한다. 또한 이 코드는 일반적인 기술 문제를 해결하고 마이크로서비스 간의 통합을 넘어 재사용이 가능함을 보여준다.

통합 HTML을 포함하는 에셋

연계는 HTML 일부 코드를 다른 웹 페이지에 삽입한다. HTML에는 CSS 또는 자바스크립트와 같은 에셋이 필요할 수 있다. 이런 에셋이 존재하는지 확인할 수 있는 다양한 접근 방법이 있다.

- 에셋을 전혀 필요로 하지 않도록 HTML을 설계할 수 있다. 따라서 마이크로서비스 간에 에셋을 공유할 필요가 없다.
- HTML은 공유 에셋 라이브러리의 특정 에셋(예: crimson-styleguide)만 사용한다. 에셋이 모든 마이크로서비스에 존재하기 때문에 특별한 작업을 할 필요가 없다.
- HTML은 자체 에셋을 가져오거나 링크를 추가할 수 있다. 그러나 이 경우 하나의 웹 페이지에 여러 내용이 포함된 경우 에셋을 두 번 이상 로드하지 않도록 주의해야 한다.

트렌트 슐테 코에르네[Trent Schulte Coerne]는 이 주제에 대한 블로그(https://www.innoq.com/en/blog/transclusion/)를 썼다.

탄력성

애플리케이션은 일관성 있는 링크의 사용을 통해 높은 탄력성과 안정성을 제공한다. 하나의 마이크로서비스에서 장애가 발생하면 다른 마이크로서비스는 계속 동작한다. 해당 마이크로서비스에서는 링크를 계속 표시할 수 있다. 자바스크립트 코드는 우편함에 접속해 웹 페이지의 메시지 정보를 연계한다. 그래도 동작하지 않으면 코드에 느낌표가 표시되지만 애플리케이션은 계속 동작한다.

자바스크립트 때문에 백그라운드에서 연계된 HTML을 로딩함으로써 특정 시스템의 오류가 다른 콘텐츠의 연계에 영향을 미치지 않고 높은 성능을 얻을 수 있다.

자바스크립트 사용하기 또는 사용 안 하기

사용자는 자바스크립트가 비활성화된 경우에도 애플리케이션을 사용할 수도 있다. 이 경우 예를 들어 고객 이름의 자동완성이 동작하지 않고 우편함의 메시지 개요를 표시하는 기능이 더 이상 동작하지 않는다. 그럼에도 애플리케이션을 계속 사용할 수 있다. 시작 페이지는 서버에서 HTML로 완전히 렌더링되며 클라이언트 측 템플릿은 필요치 않다. 우편함은 표시된 개요 대신 간단히 링크를 제공한다. 사용자가 해당 링크를 클릭하면 우편함으로 이동한다.

8.2 예시

0.4절에서 예시를 시작하기 위해 어떤 소프트웨어가 설치돼야 하는지 설명한다.

이 예시는 헤로쿠^{Heroku} 클라우드뿐만 아니라 로컬 컴퓨터에서 실행할 수 있도록 도커 컨테이너로 제공된다. 실행하려면 먼저 git clone https://github.com/ewolff/crimson-assurance-demo 코드를 다운로드해야 한다.

그리고 cd crimson-assurance-demo 커맨드를 사용해 새로 생성된 crimson-assurance-demo 디렉터리로 이동한다. docker-compose up -d 커맨드는 도커 컴포즈(5.6절 참고)를 사용해 필요한 모든 도커 이미지를 생성하고 시작한다. 모든 도커 컨테이너가 빌드되고 인터넷에서 의존 라이브러리를 다운로드하기 때문에 시간이 걸릴 수 있다. 도커 컨테이너가 localhost에서 실행되지 않으면 CRIMSON_SERVER 환경변수에 서버의 호스트 이름을 할당해야 한다. 링크가 제대로 동작하는 데 `CRIMSON_SERVER` 환경변수를 설정해야한다. 도커, 도커 컴포즈, 도커 문제 해결과 관련된 자세한 내용은 부록 C를 참고하기바란다.

예시를 시작하는 방법에 대한 자세한 설명은 https://github.com/ewolff/crimson-assurance-demo/blob/master/HOW-TO-RUN.md에서 확인할 수 있다.

네트워크 포트

애플리케이션은 도커 호스트의 3000번 포트(예: http://localhost:3000)에서 사용할 수있다. 우편함 애플리케이션은 3001번 포트, 문서 애플리케이션은 3002번 포트, 손해 애플리케이션은 3003번 포트를 사용할 수 있다(그림 8-5 참고). 프론트엔드 서비스는 별도의 도커 컨테이너에서 실행되는 백엔드와 통신한다.

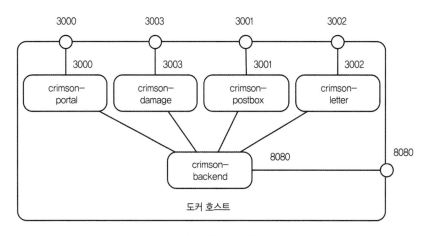

그림 8-5 예시의 도커 컨테이너

물론 도커 컨테이너의 포트는 도커 호스트의 다른 포트로 리디렉션될 수 있다. 마찬가지로 도커 컨테이너의 모든 애플리케이션은 각 도커 컨테이너의 동일한 포트를 사용할수 있다. 그러나 예시처럼 컨테이너의 포트 번호가 호스트의 포트 번호와 동일하면 약간 혼란스러울 것이다.

헤로쿠(https://crimson-portal.herokuapp.com/) 웹에서 직접 시스템을 테스트할 수도 있다. 그리고 링크는 헤로쿠에 배포된 우편함, 문서, 손해에 대한 별도의 애플리케이션을 가리킨다. 헤로쿠는 공용 클라우드에서 사용할 수 있는 PaaS(18장 참고)이다.

8.3 변형

8장의 예시에서는 공유 에셋을 포함하는 Node.js 프로젝트를 사용한다. 또 다른 방법으로 에셋을 저장하는 에셋 서버를 사용하는 것이다. 에셋은 HTTP를 통해 로드되는 정적 파일이기에 에셋 서버는 간단한 웹 서버일 수 있다.

시간이 지나면서 에셋이 변경된다. 예시의 에셋 프로젝트는 새 버전의 에셋 프로젝트로 생성돼야 한다. 새 버전 애셋은 모든 마이크로서비스에 통합돼야 한다. 엄청 큰 작업처럼 보이지만 이 방법을 사용하면 각 애플리케이션을 새 버전의 에셋으로 테스트할 수 있다.

따라서 에셋 서버를 사용하는 경우에도 새 버전의 에셋을 단순히 상용 환경에 배포하지 말고 애플리케이션을 새 버전으로 조정해야 하며 새 에셋으로 테스트해야 한다. 에셋의 버전은 URL 경로에 포함될 수 있다. 따라서 기존 부트스트랩 3.3.7 버전은 /css/bootstrap-3.3.7-dist/css/bootstrap.min.css에서 찾을 있다. 새로운 부트스트랩 4.0.0 버전은 다른 경로인 /css/bootstrap-4.0.0-dist/css/bootstrap.min.css에서 찾을 수 있다.

간단한 자바스크립트 코드

예시의 자바스크립트 코드는 매우 유연하며 서비스 장애를 처리할 수도 있다. 또 다른 대안은 SCS jQuery 프로젝트(https://github.com/ewolff/SCS-jQuery/)이다. 해당 프로젝트의 요점은 다음 자바스크립트 코드로 설명된다.

```javascript
$(document).ready(function() {
  $("a.embeddable").each(function(i, link) {
    $("<div />").load(link.href, function(data, status, xhr) {
      $(link).replaceWith(this);
    });
  });
});
```

이 코드는 jQuery를 사용해 embeddable CSS 클래스를 사용해 하이퍼링크(<a ...>)를 검색한 다음 링크가 참고하는 내용으로 링크를 교체한다.

이전 코드는 자바스크립트로 클라이언트 통합을 구현하는 것이 얼마나 간단한지를 보여준다. 최소한 jQuery 코드를 사용한 7라인만 있으면 된다.

다른 프론트엔드 통합을 사용한 통합

물론 클라이언트 측 통합과 서버 측 통합 링크(9장 참고)를 통합할 수 있다. 두 방법 모두 다른 장점을 갖는다.

- 서버 측 통합이 포함된 웹 페이지는 서버에서만 생성된다. 따라서 서버 측 통합의 경우 모든 콘텐츠가 통합되고 웹 페이지를 올바르게 표시할 수 있을 때에만 적합하다.

- 클라이언트 측 통합을 사용하면 다른 서버를 사용할 수 없을 때 연계가 실행되지 않는다. 연계를 하지 않아도 웹 페이지가 표시된다. 이는 더 나은 선택이 될 수 있다. 탄력성을 향상시킨다. 그러나 웹 페이지는 코드가 연계된 콘텐츠 없이 사용할 수 있어야 한다.

그러나 서버 측 통합에는 추가 인프라가 필요하지만, 클라이언트 측 통합의 경우에는 필요하지 않다. 따라서 클라이언트 측 통합으로 시작하고 필요한 경우 서버 측 통합을 보완하는 것이 좋다.

기타 통합

동기 통신(13장 참고) 또는 비동기 통신(10장 참고)은 백엔드 시스템의 통신을 가능하게 하므로 클라이언트 측 프론트엔드 통합과 결합될 수 있다.

8.4 실험

- 예시를 시작하고 브라우저에서 자바스크립트를 비활성화해보자. 예시가 여전히 사용 가능한가? 특히 우편함 통합이 여전히 동작하는가?
- https://github.com/ewolff/crimson-styleguide/tree/master/components/preview에서 연계를 위한 자바스크립트 코드를 분석해보자. 해당 코드를 다른 자바스크립트 라이브러리로 구현해 교체하는 것이 얼마나 어려운가?
- 마이크로서비스를 추가해 시스템을 보완한다.
  - 클라이언트와의 미팅 자료를 생성하는 마이크로서비스가 예시로 제공될 수 있다.
  - 물론 서비스를 추가하기 위해 기존 Node.js 또는 스프링 부트 마이크로서비스 중 하나를 복사하고 수정할 수 있다.
  - 포털 마이크로서비스에서 새로운 마이크로서비스에 접근할 수 있어야 한다. 이를 위해 포털 마이크로서비스는 새로운 마이크로서비스에 대한 링크를 통합해야 한다.
  - 링크는 새로운 마이크로서비스에 파트너 ID를 제공할 수 있다. 파트너 ID 는 고객을 식별하며 메모의 소유자인 고객을 파악하는 데 유용하다.

- 메모를 입력한 후에는 관련 마이크로서비스가 포털로 리디렉션하게 할 수 있다.
- 일관성 있는 룩 앤드 필을 원하면 styleguide 프로젝트의 에셋을 사용해야 한다. 우편함 스프링 부트 프로젝트는 스프링/자바와 포털을 구현한 Node.js가 통합돼 있다. 물론 새로운 마이크로서비스 구현을 위해 다른 기술을 사용할 수도 있다.
- 마이크로서비스는 회의에 관한 데이터를 별도의 데이터베이스에 저장할 수 있다.
- 도커 이미지의 마이크로서비스를 패키징한다.
- 도커 이미지를 docker-compose.yml에서 참고할 수 있다.

8.5 결론

8장의 예시 시스템은 프론트엔드 통합과 관련된 첫 번째 장이다. 예시를 통해 링크를 이용해 단순한 통합이 가능한지 보여줬다. 우편함의 경우에만 자바스크립트가 필요하다. 프론트엔드를 통합하는 고급 기술을 사용하기 전에 먼저 예시에서 보여준 간단한 접근 방법으로 무엇을 할 수 있는지 알아야 한다.

8장의 예시는 다양한 기술을 통합한다. Node.js 시스템 외에 시스템에 완벽하게 통합되는 자바/스프링 부트 애플리케이션이 존재한다. 그리고 프론트엔드 통합이 기술 선택과 관련한 일부 제한이 있음을 보여준다.

ROCA

ROCA는 특히 해당 유형의 통합에 도움을 준다. 마이크로서비스는 링크를 통해 접근할 수 있다. 따라서 통합이 매우 쉽다. 동시에 애플리케이션은 배포와 기술 측면에서 크게 분리된다. 애플리케이션을 새로운 버전으로 배포할 때 배포와 기술을 쉽게 분리할 수 있고 능하며 다른 애플리케이션에는 영향을 미치지 않는다. 애플리케이션을 다른 기술로 구현할 수도 있다.

동시에 ROCA UI는 편안하고 사용하기 쉽다. 단일 페이지 애플리케이션^{SPA}과 비교해 사용자 편의성에는 문제가 없다.

에셋

마지막으로 애플리케이션은 일반 Node.js 프로젝트를 사용해 에셋을 처리하는 방법을 보여준다. 그 결과 각 애플리케이션은 새 버전의 에셋을 채택할 때를 스스로 결정할 수 있다. 그렇지 않으면 에셋 변경은 모든 애플리케이션에 자동으로 영향을 미쳐 애플리케이션에 문제가 발생할 수 있기 때문에 중요하다. 그러나 에셋의 여러 버전은 웹 페이지에 일시적으로만 사용해야 한다. 결국 설계와 룩 앤 필은 일관성이 있어야 한다. 모든 서비스에서 최신 버전을 사용하지 않는 방식을 사용해 에셋 프로젝트를 처리하는 것은 업데이트 위험을 최소화하기 위한 것일 것이다. 그러나 장기간 버전의 불일치로 이어져서는 안 된다.

그러나 에셋 프로젝트에서는 모든 웹 페이지에 에셋 프로젝트에서 사용하는 버전의 jQuery가 포함되도록 한다. 따라서 에셋 프로젝트는 자바스크립트 라이브러리와 관련해 개별 프로젝트의 자유를 제한한다.

SCS

SCS(3장 참고)와 달리 링크와 클라이언트 통합 솔루션은 공통 백엔드를 사용한다. SCS를 사용하면 로직은 각 SCS의 일부가 돼야 하며 다른 시스템에서 구현되면 안 된다. 그러나 모든 시스템이 공통 백엔드를 공유하는 경우에도 SCS 아이디어를 사용할 수 있다. 시스템은 백엔드에 있기 때문에 SCS는 로직을 처리해야 하거나 데이터를 저장할 필요가 없다. 따라서 SCS는 모놀리스 백엔드를 위해 잘 모듈화된 포털을 구현할 수 있는 방법을 보여준다.

그러나 해당 접근 방식도 도전 과제를 제시한다. 시스템이 변경되면 프론트엔드 애플리케이션 중 하나와 백엔드에도 영향을 미친다. 그다음 두 컴포넌트의 개발과 배포를 조정해야 한다.

장점

- 낮은 결합도
- 탄력성
- 추가 서버 컴포넌트가 없음
- 낮은 기술적 복잡성
- 충분한 링크

도전 과제

- 일관성 있는 룩 앤드 필

9

레시피: ESI를 사용한 서버 측 통합

서버에서 여러 프론트엔드를 통합할 수도 있다. 9장에서는 ESI^{Edge Side Includes}(https://www.w3.org/TR/esi-lang)에 중점을 두며 다음 내용을 살펴볼 것이다.

- 웹 캐싱 바니시^{Varnish}가 ESI를 구현하는 방법
- 애플리케이션에서 ESI를 사용해 통합을 구현하는 방법
- ESI의 장점과 단점, 서버 측 프론트엔드 통합을 구현하기 위한 ESI 대안

9.1 ESI: 개념

ESI를 사용하면 웹 애플리케이션이 다른 웹 애플리케이션의 HTML 일부를 통합할 수 있다(그림 9-1 참고). 이를 위해 웹 애플리케이션은 ESI 태그를 포함한 HTML을 전송한다. ESI 구현체는 ESI 태그를 분석하고 다른 웹 애플리케이션의 HTML 일부분을 올바른 위치에 두고 통합한다.

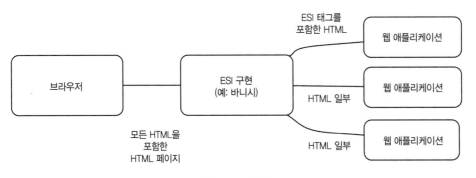

그림 9-1 ESI와 통합

캐싱은 ESI를 구현한다

예시에서 웹 캐싱 서버인 바니시(https://varnish-cache.org/)를 ESI 구현체로 사용한다.
또한 ESI를 지원하는 Squid(http://www.squid-cache.org/)와 같은 다른 웹 캐싱이 있다.
웹사이트는 해당 캐싱을 사용해 들어오는 요청을 바탕으로 캐싱에서 웹 페이지를 전달
한다. 웹 애플리케이션은 캐싱 실패에 대한 요청을 처리하면 된다. 따라서 웹사이트의
속도가 빨라지고 웹 서버의 부하가 줄어든다.

CDN은 ESI를 구현한다

Akamai(http://www.akamai.com/html/support/esi.html)와 같은 CDN[Content Delivery Networks]
도 ESI 표준을 구현한다. 원칙적으로 CDN은 정적 HTML 페이지와 이미지를 제공한다.
이를 위해 CDN은 여러 인터넷 노드에서 서버를 실행해 모든 사용자가 가까운 서버의
웹 페이지와 이미지를 로딩할 수 있게 함으로써 로딩 시간이 단축된다. ESI의 지원을
통해 HTML 일부 페이지를 조합하는 작업은 사용자에게서 가까운 서버에서 수행할 수
있다.

CDN과 캐싱은 ESI를 구현해 웹 페이지의 일부분을 모아 웹 페이지를 조합할 수 있다.
웹 페이지의 일부가 동적으로 생성돼야 하는 경우에도 정적 페이지는 캐싱될 수 있다.

따라서 캐싱에서 완전히 제외돼야 하는 동적 웹 페이지를 부분적으로 캐싱할 수 있다. 따라서 성능이 향상된다. 따라서 ESI는 프론트엔드 통합 기능뿐만 아니라 캐싱에 특히 유용한 기능을 제공한다.

9.2 예시

ESI를 사용해 다양한 소스의 HTML 일부를 조합하고 전체 HTML을 브라우저로 보내는 방법을 보여주는 예시(https://github.com/ewolff/SCS-ESI)를 소개한다. 이를 위해 HTML이 HTML 일부로 교체되는 특수 ESI 태그를 포함한다.

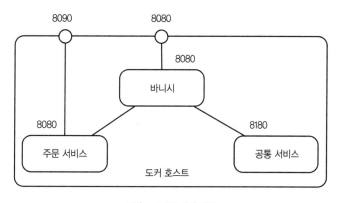

그림 9-2 ESI 예시 개요

그림 9-2는 예시의 구조를 설명한다. 바니시 캐싱은 HTTP 요청을 공통 마이크로서비스 또는 주문 마이크로서비스로 보낸다. 주문 마이크로서비스에는 주문 처리를 위한 로직이 포함돼 있다. 공통 서비스는 마이크로서비스가 HTML 페이지에 통합해야 하는 CSS 에셋과 HTML 일부를 제공한다. 따라서 예시에서는 일반적인 시나리오를 보여준다. 주문과 같은 애플리케이션은 모든 애플리케이션이 일관성 있게 통합될 수 있고 공통으로 제공하는 프레임에서 표시되는 콘텐츠를 제공한다.

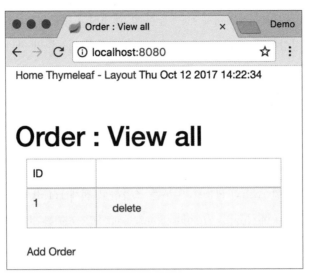

그림 9-3 ESI 예시

그림 9-3은 ESI 예시의 웹 페이지를 보여준다. 공통 서비스에서는 홈페이지 링크, Thymeleaf, 날짜, CSS, 레이아웃을 제공한다. 주문 서비스는 주문 목록만 제공한다. 따라서 추가할 마이크로서비스가 시스템에 통합될 때 해당 마이크로서비스는 중간에 각각의 정보를 리턴만 하면 된다. 공통 서비스에서 해당 마이크로서비스의 프레임과 레이아웃을 추가한다.

다시 로딩할 때 시간이 업데이트된다. 그러나 데이터가 30초 동안 캐싱되기 때문에 작업은 캐싱 30초마다 수행된다. 캐싱은 요청에서 전송된 쿠키가 없는 경우에만 동작한다.

예시 실행하기

0.4절에서는 예시를 위해 설치할 소프트웨어를 설명했다.

예시를 시작하려면 git clone https://github.com/ewolff/SCS-ESI.git을 사용해 코드를 다운로드해야 한다. 그리고 ./mvnw clean package(맥OS, 리눅스) 또는 mvnw.cmd clean package(윈도우)를 사용해 하위 디렉터리 scs-demo-es-common, scs-demo-es-order에서 자바 애플리케이션을 컴파일해야 한다. 메이븐과 메이븐 빌드에 대한 문제 해결에 대해 자세히 알고 싶다면 부록 B를 참고하기를 바란다. 마지막으로 docker-compose build를 실행해 docker 디렉터리에 도커 이미지를 빌드하고 docker-compose up -d 커맨드를 실행해 예시를 시작할 수 있다. 도커, 도커 컴포즈, 도커 문제 해결에 대해 자세히 알고 싶다면 부록 C를 참고한다.

https://github.com/ewolff/SCS-ESI/blob/master/HOW-TO-RUN.md에서는 설치 절차와 예시를 시작하는 방법에 대해 자세히 설명한다.

도커 호스트의 8080포트에서 바니시를 실행해 HTTP 요청을 받고 ESI 태그를 처리할 수 있다. 도커 컨테이너가 로컬 컴퓨터에서 실행 중인 경우 바니시를 http://localhost:8080에 접근할 수 있다. 주문 마이크로서비스의 웹 페이지는 http://localhost:8090으로 접근할 수 있다. 해당 웹 페이지에는 ESI 태그가 포함돼 있으므로 웹 브라우저로 요청하면 화면이 깨질 것이다.

9.3 바니시

웹 캐싱 서버인 바니시(https://varnish-cache.org/)를 ESI 구현으로 사용한다.

바니시는 주로 웹 서버를 최적화하는 데 사용된다. 바니시는 웹 서버로 인입되는 HTTP 요청을 차단한다. 바니시는 응답을 캐싱하고 캐싱에 없는 요청만 웹 서버로 전달한다. 따라서 성능이 향상된다.

라이선스와 지원

바니시는 BSD 라이선스(https://github.com/varnishcache/varnish-cache/blob/master/LICENSE)에 의거해 라이선스가 부여된다. 상업적으로 지원하는 바니시 소프트웨어Varnish

HTTP와 HTTP 헤더를 사용한 캐싱

데이터를 올바르게 캐싱하는 것은 쉽지 않다. 무엇보다 중요한 것은 캐싱의 데이터가 더 이상 현재 상태를 나타내지 않기 때문에 캐싱에서 콘텐츠를 검색할 수 있는 시점과 웹 서버에서 데이터를 검색해야 할 시점을 잘 알아야 한다. 바니시는 고유한 HTTP 헤더를 사용한다. HTTP 프로토콜은 HTTP 헤더를 통해 캐싱을 지원한다. 데이터 캐싱에 대한 제어는 웹 서버에 있고 웹 서버는 HTTP 헤더를 통해 설정을 캐싱에 알려준다. 웹 로직 서버에서만 페이지를 캐싱할 수 있는지 여부를 결정할 수 있다.

바니시 도커 컨테이너

예시에서 바니시는 우분투 14.04 LTS가 포함된 도커 컨테이너에서 실행된다. 해당 도커는 공식 바니시 저장소를 기반으로 바니시가 설치돼 있다.

바니시 설정

바니시는 강력한 설정 언어^{configuration language}를 제공한다. 예를 들어 바니시는 자체 도커 컨테이너에 설치된다. 설정 파일은 예시의 docker/varnish/ 디렉터리의 default.vcl 파일에서 찾을 수 있다. 다음은 필수 설정 내용이다.

```
vcl 4.0;

backend default {
    .host = "order";
    .port = "8080";
}

backend common {
```

```
    .host = "common";
    .port = "8180";
}

sub vcl_recv vcl_recv {
    if (req.url ~ "^/common") {
        set req.backend_hint = common;
    }
}

sub vcl_backend_response{
    set beresp.do_esi = true;
    set beresp.ttl = 30s;
    set beresp.grace = 15m;
}
```

- **vcl 4.0**: 바니시 설정 언어의 버전 4를 선택한다.

- 첫 번째 백엔드에는 **default**라는 이름이 있다. 바니시 캐싱 서버에 도착한 각 요청은 특별한 설정이 없다면 웹 서버로 전달된다. 도커 컴포즈는 주문 호스트 이름을 해석한다. 기본 백엔드는 주문 마이크로서비스이며 주문을 수락하고 표시하는 모든 기능을 구현한다.

- 두 번째 백엔드는 **common**이라는 이름을 갖고 있으며 동일한 이름의 호스트에서 제공된다. 이 경우에도 도커 컴포즈는 호스트 이름을 도커 컨테이너로 해석한다. 공통 서비스는 마이크로서비스의 HTML 페이지에 대한 헤더[header]와 푸터[footer]를 제공하고 마이크로서비스의 UI에 대한 공유 라이브러리로서 Bootstrap(http://getbootstrap.com/)을 제공한다.

- 경로에 /common으로 시작하는 URL에 HTTP 요청이 도착하면 HTTP 요청이 **common** 백엔드로 리디렉션된다. 서브 루틴 **vcl_recv**의 코드가 해당 리디렉션을 담당한다. 바니시는 해당 루틴을 자동으로 호출해 요청 경로를 결정한다.

- 서브 루틴 `vcl_backend_response`는 바니시가 `beresp.do_esi`를 사용하도록 설정한 후 ESI 태그를 해석하도록 한다. `beresp.ttl`은 캐싱을 사용함을 의미한다. 각 페이지는 30초 동안 캐싱된다. 마지막으로 `beresp.grace`는 백엔드가 실패할 경우 웹 페이지가 15분 동안 캐싱되게 한다. 이렇게 하면 일시적으로 백엔드 에러를 보완할 수 있다.

물론 해당 서브 루틴은 웹 페이지가 캐싱에 이미 있을 때에만 동작한다. 그래서 캐싱에 웹 페이지가 없거나 전혀 캐싱이 되지 않았다면 해당 서브 루틴은 도움이 되지 않는다.

그러나 캐싱 설정은 매우 간단하다. 새 주문이 생성된 경우 캐싱이 무효화될 때까지 표시되지 않는다. 최대 30초까지 걸릴 수 있다. 물론 새 주문으로 인해 캐싱이 무효화된다면 더 좋을 것이다. 이 예시는 구현하기가 상대적으로 쉽지만 복잡한 애플리케이션에서는 올바른 페이지를 무효화하는 것이 어려울 수 있다. 예를 들어 상품은 상품 페이지와 주문 페이지에 표시된다. 따라서 상품 데이터가 변경되면 여러 페이지를 무효화해야 한다. 따라서 간단한 시간 기반 캐싱이 더 나은 솔루션이 될 수 있다. 구현하기 쉽고 충분한 작업을 수행할 수 있다. 바니시 책에 캐싱 무효화를 설명한 장(https://book.varnish-software.com/4.0/chapters/Cache_Invalidation.html)이 있다.

현재 설정은 ESI를 사용할 수 있을 뿐만 아니라 리버스 프록시^{reverse proxy}의 기능을 구현한다. 설정은 요청을 특정 마이크로서비스로 리디렉션한다.

로드 밸런싱

또한 바니시 설정에 로드 밸런싱(https://varnish-cache.org/trac/wiki/LoadBalancing)을 추가할 수 있다. 설정에서 여러 백엔드를 정의해 마이크로서비스에 대한 요청을 여러 마이크로서비스로 분산시킬 수 있다. 그러나 외부 로드 밸런서를 의존하는 것도 물론 가능하다. 이 경우 바니시는 ESI와 캐싱만 수행한다.

VCL 해석

보다시피 VCL은 HTTP 요청을 처리할 수 있는 많은 가능성을 가진 매우 강력한 언어이다. 또한 VCL이 필요한 부분이 있다. 예를 들어 쿠키가 응답을 변경할 수 있기 때문에 쿠키가 포함돼 있지 않은 요청은 캐싱될 수 있다. 따라서 VCL에서 쿠키를 제거해야 한다.

바니시와 VCL에 대해 자세히 설명한 문서를 보고 싶다면 무료로 바니시 책(http://book.varnish-software.com/)을 다운로드할 수 있다.

주문 마이크로서비스

주문 마이크로서비스는 일반적인 웹 인터페이스를 제공하지만 일부분은 ESI 태그로 보완됐다.

주문 마이크로서비스의 일반적인 HTML 페이지는 다음과 같다.

```
<html>
<head>
  ...
  <esi:include src="/common/header"></esi:include>
</head>

<body>
  <div class="container">
    <esi:include src="/common/navbar"></esi:include>
    ...
  </div>
  <esi:include src="/common/footer"></esi:include>
</body>
</html>
```

예시에서 ESI 태그가 포함된 HTML

주문 마이크로서비스는 도커 호스트의 8090포트에서 사용할 수 있다. 응답은 ESI 태그를 포함한 채로 바니시를 지난다. http://localhost:8090/에서 ESI 태그가 있는 HTML을 볼 수 있다.

ESI 태그는 일반 HTML 태그처럼 보인다. ESI 태그는 esi 접두어만 갖고 있다. 물론 웹 브라우저는 ESI 태그를 해석할 수 없다.

HTML 헤드의 ESI 태그

HTML 헤드의 ESI 태그는 부트스트랩과 같은 공통 에셋을 모든 페이지에 통합하기 위해 사용된다. "/common/header"의 헤더를 변경하면 모든 페이지에서 새로운 버전의 부트스트랩이나 다른 라이브러리를 얻을 수 있도록 한다. 새로운 버전의 페이지가 더 이상 올바르게 표시되지 않으면 문제가 발생할 수 있다. 따라서 페이지 자체가 새로운 버전을 사용하는 데에 대한 책임을 져야 한다. 이를 위해 버전 번호는 예를 들어 ESI 태그의 URL에 인코딩될 수 있다.

나머지 HTML의 ESI 태그

"/common/navbar"에 대한 ESI Include는 각 웹 페이지가 동일한 네비게이션 바를 갖도록 한다. 마지막으로 "/common/footer"는 웹 페이지의 스크립트 또는 푸터가 포함될 수 있다.

결과: 브라우저에서 HTML 보기

바니시는 공통 서비스에서 HTML 코드들을 수집해 브라우저가 다음 HTML을 수신할 수 있도록 한다.

```
<html>
<head>
...
  <link rel="stylesheet"
  href="/common/css/bootstrap-3.3.7-dist/css/bootstrap.min.css" />
  <link rel="stylesheet"
  href="/common/css/bootstrap-3.3.7-dist/css/bootstrap-theme.min.css" />
</head>

<body>
  <div class="container">
    <a class="brand"
    href="https://github.com/ultraq/thymeleaf-layout-dialect">
    Thymeleaf - Layout </a>
    Mon Sep 18 2017 17:52:01 </div></div>
    ...
  </div>
  <script src="/common/css/bootstrap-3.3.7-dist/js/bootstrap.min.js" />
</body>
</html>
```

따라서 ESI 태그는 적절한 HTML 코드로 교체된다.

ESI는 많은 기능을 제공한다. 예를 들어 ESI는 웹 서버 에러가 발생하면 시스템을 보호하거나 특정 조건하에서만 HTML 일부를 통합하는 기능을 갖는다.

ESI 인프라가 없으면 테스트를 수행할 수 없다

ESI 접근 방법의 문제점은 ESI 인프라 없이 개별 서비스를 테스트할 수 없다는 것이다. ESI 인프라에서 개별 서비스의 ESI 태그를 해석해야 의미 있는 콘텐츠를 포함하는 서비스 페이지를 화면에 표시할 수 있다. 이는 HTTP 요청이 바니시를 통해 라우팅되는 경우에만 동작한다. 따라서 로컬에서 개발하려면 바니시가 포함된 적합한 환경을 제공해야 한다.

애플리케이션에 미치는 영향

애플리케이션은 스프링 클라우드 또는 ESI 의존성이 없는 일반 스프링 부트 웹 애플리케이션이다. 이것은 순수 프론트엔드 통합이 매우 낮은 결합도로 이어지고 애플리케이션에 거의 영향을 미치지 않음을 보여준다.

공통 마이크로서비스

예시의 공통 서비스는 매우 간단한 Go 애플리케이션이다. 3개의 URL "/common/header", "/common/navbar", "/common/footer"를 처리한다. 해당 URL의 경우 Go 코드는 적절한 HTML 일부를 생성한다.

에셋 서버

Go 코드에는 "/common/css/" 아래의 정적 자원을 제공하는 웹 서버(부트스트랩 프레임워크)가 포함돼 있다. 이런 방법으로 공통 마이크로서비스는 에셋 서버의 기능을 가정한다. 에셋 서버는 애플리케이션에 CSS, 이미지, 자바스크립트 코드를 제공한다. ESI 예시는 공통 에셋을 통합할 수 있는 대안을 보여준다. 8장에서 공통 에셋 프로젝트를 통해 모든 애플리케이션이 동일한 에셋을 사용할 수 있다. 9장의 예시에서는 에셋 서버가 공통 에셋 프로젝트 용도로 사용된다.

애플리케이션은 네비게이션 바에서 현재 시간을 표시한다. 이는 ESI Include를 포함한 동적 콘텐츠도 표시할 수 있음을 보여준다. 9.1절에서 어떻게 동작하고 구축될 수 있는지 이미 설명했다.

9.4 레시피 변형

물론 바니시 대신 Squid(http://www.squid-cache.org/) 또는 Akamai(https://www.

akamai.com/us/en/support/esi.jsp)와 같은 CDN과 같은 다른 ESI 구현을 사용할 수 있다.

SSI

서버 측 프론트엔드 통합과 관련된 다른 옵션은 SSI^{Server-side includes}(https://en.wikipedia.org/wiki/Server_Side_Includes)이다. SSI는 대부분의 웹 서버가 제공하는 기능이다. https://scs-commerce.github.io/는 프론트엔드를 통합하기 위해 SSI를 nginx 웹 서버와 함께 사용하는 시스템의 예시이다.

SSI와 ESI는 서로 다른 장점과 단점이 있다.

* 웹 서버는 SSL/TLS 종료 또는 기타 이유로 인프라에서 이미 사용할 수 있다. 웹 서버는 SSI를 구현할 수 있기 때문에 ESI와 비교해 바니시와 같은 추가 인프라가 필요치 않다.
* 캐싱은 애플리케이션 속도를 향상시킬 뿐만 아니라 웹 서버 에러를 잠시 보완할 수 있기 때문에 복원력이 향상된다. 이는 ESI와 바니시와 같은 캐싱을 의미한다. ESI에는 캐싱을 최적화할 수 있는 많은 기능을 포함한다. 그러나 올바른 캐싱을 구현하기 어려울 수도 있다. 예를 들어 단일 데이터 레코드의 데이터를 변경하면 일련의 캐싱 무효화가 수행될 수 있다. 마지막으로 상품에 대한 정보가 포함된 모든 페이지와 모든 HTML 부분을 재생성해야 한다.

Tailor

Tailor(https://github.com/zalando/tailor)는 Zalando가 Mosaic(https://www.mosaic9.org/)의 일부분을 구현한 서버 측 프론트엔드 통합 시스템이다. 가능한 한 빨리 HTML 페이지의 첫 번째 부분을 사용자에게 표시하도록 최적화돼 있다. 전자상거래의 경우 사용자를 유지하기 위해 웹 페이지를 빠르게 표시하는 것이 매우 중요하다. 이를 통해 판매량을 늘릴 수 있다. 웹 페이지를 빨리 표시하기 위해 Tailor는 BigPipe(https://de-de.facebook.com/notes/facebook-engineering/bigpipe-pipelining-web-pages-for-highperformance/389414033919/)를 구현한다. 먼저 매우 간단한 HTML을 사용자에게 전송함으로써 간단한 페이지를 매우 신속하게 표시할 수 있다. 자바스크립트는 자세한 내용을 단계별로 로딩하는 데 사용된다. Tailor는 Node.js 스트림을 사용해 비동기 I/O로 구현돼 있다.

클라이언트 측 통합

클라이언트 측 통합은 추가 인프라를 사용하지 않기 때문에 프론트엔드 통합을 더 간단히 수행할 수 있다. 따라서 서버 측 프론트엔드 통합을 사용하기 전에 클라이언트 측 통합을 사용할 수 있는지 알아보는 것이 좋다.

9장의 예시를 기반으로 헤더와 푸터를 통합할 때 서버를 통합하지 않으면 페이지를 표시할 수 없기 때문에 먼저 서버를 통합해야 한다. 웹 페이지는 추가 콘텐츠를 로딩하지 않고 사용자에게 모두 표시되는 방식으로 사용자에게 전달돼야 한다.

따라서 선택적으로 고려하면서 클라이언트 통합을 수행하는 것은 의미가 있다. 클라이언트 코드에서 실패하는 서비스를 처리할 수 있어야 한다. 클라이언트 통합은 서버 구현과 서버 설정을 단순화할 수 있다.

공유 라이브러리

9장의 예시에서는 라이브러리를 사용해 에셋을 전달한다. 이론적으로 이 예시에서 ESI와 통합된 HTML 코드도 라이브러리로 제공될 수 있다. 그러나 모든 시스템을 다시 빌드하고 탐색 링크를 추가로 배포해야 한다. ESI 솔루션을 사용하면 서버의 HTML 일부를 변경하기만 하면 된다.

추가 통합

순수한 프론트엔드 통합만으로 충분치 않을 수 있다. 따라서 시스템은 백엔드 통합을 프론트엔드 통합과 동기(13장 참고) 또는 비동기(10장 참고) 통신 메커니즘과 결합한다. 예외 시나리오는 복잡한 포털 애플리케이션으로 구현되는 9장 예시와 같은 시나리오이다. 포털의 일부분은 프론트엔드 통합을 통해 통신할 수 있다. 여러 서비스에서 데이터베이스를 사용하지 않고 많은 로직을 구현하지 않아 웹 인터페이스만 작성하기 때문에 백엔드 통합이 필요치 않다.

9.5 실험

- 시스템에 마이크로서비스를 추가해서 보완한다.
    - 단순히 정적 HTML 페이지를 표시하는 마이크로서비스를 예시로 제공할 수 있다.
    - 기존 Go 또는 스프링 부트 마이크로서비스를 복사하고 수정할 수 있다.
    - 새로운 마이크로서비스는 ESI 태그를 통해 공통 마이크로서비스의 헤더, 네비게이션 바, 푸터를 통합해야 한다.
    - 마이크로서비스를 도커 이미지로 패키징하고 docker-compose.yml에서 해당 도커 이미지를 참고한다. 도커 컨테이너의 이름을 확인할 수도 있다.
    - 마이크로서비스는 바니시를 통해 접근할 수 있어야 한다. 이를 위해 도커 컨테이너의 이름이 포함된 새로운 백엔드를 default.vcl에 통합하고 vcl_recv( )에 라우팅을 적용해야 한다.
    - 이제 도커 컨테이너가 로컬 컴퓨터에서 실행되고 새로운 서비스가 바니시에서 name으로 라우팅하도록 설정했다면 새로운 마이크로서비스(예, http://localhost:8080/name)에 접근할 수 있어야 한다. ESI 태그는 HTML 코드로 교체돼야 한다.

- Go 애플리케이션은 동적 HTML 코드(현재 시간이 포함된 네비게이션 바)만 리턴한다. Go 애플리케이션 대신 웹 서버에서 정적 페이지를 제공할 수도 있다. 예를 들어 Go 어플리케이션을 HTML 일부와 부트스트랩 라이브러리를 전달하는 아파치 httpd 서버로 교체한다. 네비게이션 바에 시간이 반드시 표시되지 않아도 되기에 정적 HTML 일부만 있으면 된다.
- 새로운 주문을 받으면 페이지가 즉시 무효화되도록 캐싱을 변경한다. 예를 들어 바니시 책(http://book.varnish-software.com/4.0/chapters/Cache_Invalidation.html)에서 설명한 대로 일치하는 HTTP 헤더를 사용할 수 있다. 또 다른 방법은 캐싱에서 객체를 직접 제거하는 것이다. 관련 내용이 바니시 책(http://book.varnish-software.com/4.0/chapters/HTTP.html)에 포함돼 있다.
- 예시의 바니시 캐싱을 ESI를 구현한 Squid(http://www.squid-cache.org/)로 교체한다.
- ESI를 SSI로 교체하고 바니시 캐싱을 아파치 httpd 또는 nginx로 교체한다.
- 웹 서버에서 장애가 발생하면 어떤 일이 발생할까? `docker-compose up --scale common=0` 또는 `docker-compose up --scale order=0`를 실행해 장애를 발생시킬 수 있다. 웹 페이지의 어느 부분이 여전히 동작하는지, 주문은 가능한지 확인한다.

9.6 결론

ESI는 프론트엔드를 통합할 수 있는 구현이며 낮은 결합도를 유도한다. 애플리케이션은 ESI 태그를 제외하고 인프라에 대한 의존성이 없는 간단한 웹 애플리케이션이다.

ESI와의 통합은 웹 페이지가 캐싱에 의해 완벽하게 조립되고 브라우저에서 직접 표시될 수 있다는 장점이 있다. 따라서 HTML 일부가 다시 로딩돼야 하기 때문에 웹 페이지가 전달되지 못해서 사용자가 사용할 수 없다.

ESI를 캐싱과 함께 사용하면 HTML 일부를 캐싱할 수 있다는 장점이 있다. 즉 정적 페이지뿐만 아니라 동적 페이지의 정적 부분도 캐싱할 수 있으므로 성능이 향상된다. ESI를 지원하는 CDN에서 페이지를 캐싱하고 조합할 수 있기 때문에 성능이 향상된다.

어느 정도의 탄력성을 얻기 위해 캐싱을 사용할 수도 있다. 웹 서버가 실패하면 캐싱은 이전 데이터를 리턴할 수 있다. 캐싱을 사용하면 웹 페이지를 계속 사용할 수 있지만 잠재적으로 잘못된 정보를 리턴할 수 있다. 그러나 캐싱은 오랫동안 페이지를 저장하고 있어야 한다. 게다가 캐싱은 서비스 가용성도 확인해야 한다.

장점

- 웹 페이지는 항상 전체적으로 제공된다.
- 캐싱을 통한 탄력성
- 캐싱을 통한 높은 성능
- 브라우저에는 코드가 없다.

도전 과제

- 일관성 있는 룩 앤드 필
- 필요한 서버 인프라 추가

10

개념: 비동기 마이크로서비스

비동기 마이크로서비스는 동기 마이크로서비스에 비해 많은 장점을 갖고 있다. 10장에서 다음을 설명한다.

- 마이크로서비스에서 비동기로 통신하는 방법
- 비동기 통신에서 사용되는 프로토콜
- 이벤트와 비동기 통신이 연결된 방법
- 비동기 통신의 장점과 단점

10.1 정의

비동기 마이크로서비스는 동기 마이크로서비스와 구별된다. 13장에서 동기 마이크로서비스를 자세히 다룬다. 동기 마이크로서비스를 다음과 같이 정의할 수 있다.

> 특정 마이크로서비스가 다른 마이크로서비스에 요청을 보내면 요청이 처리돼 해당 요청에 대한 결과를 얻을 때까지 기다린다면 동기라 한다.

특정 마이크로서비스에서 요청을 처리하는 로직이 다른 마이크로서비스에서 처리하는 요청의 결과에 의존하지 않을 수 있다. 따라서 비동기 마이크로서비스를 다음과 같이 정의할 수 있다.

> 특정 마이크로서비스는 (a) 요청을 처리하는 동안 다른 마이크로서비스에 요청하지 않거나 (b) 요청을 처리하는 동안 다른 마이크로서비스에 요청을 보내지만 결과를 기다리지 않으면 비동기이다.

여기에 두 가지 사례가 있다.

- (a) 특정 마이크로서비스는 요청을 처리하는 동안 다른 마이크로서비스와 전혀 통신하지 않는다. 비동기 마이크로서비스는 일반적으로 다른 시점에 다른 시스템과 통신한다(그림 10-1 참고). 예를 들어 마이크로서비스는 요청을 처리할 때 사용할 데이터를 복제할 수 있다. 복제 방법을 통해 고객 데이터를 복제할 수 있다. 따라서 주문을 처리할 때 마이크로서비스는 사용 가능한 고객 데이터를 다른 시스템에 요청을 보내고 받은 응답에서 필요한 고객 데이터를 접근하지 않고 복제 데이터 저장소를 이용해 고객 데이터를 접근할 수 있다.

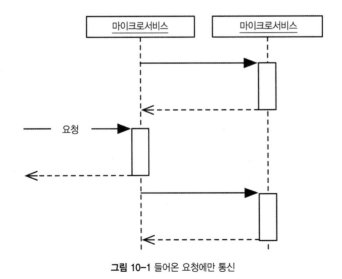

그림 10-1 들어온 요청에만 통신

- (b) 특정 마이크로서비스가 다른 마이크로서비스로 요청을 보냈지만 응답을 기다리지 않는다(그림 10-2 참고). 주문 처리를 담당하는 마이크로서비스는 송장을 생성하는 다른 마이크로서비스에 요청을 보낼 수 있다. 해당 요청에 대한 응답은 주문을 처리할 때 필요하지 않기 때문에 주문을 기다릴 필요가 없다.

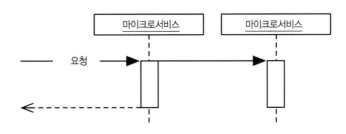

그림 10-2 응답 대기가 없는 통신(실행 후 무시)

그림 10-3은 비동기 아키텍처 예시를 보여준다. 전자상거래시스템에서 주문이 처리되는 그림이다. 고객은 카탈로그 마이크로서비스를 사용해 상품을 주문할 수 있다. 주문 프로세스에서 주문을 생성한다. 주문에 대한 송장과 발송이 생성된다. 등록 마이크로서비스에서는 새로운 고객을 시스템에 추가한다. 카탈로그 마이크로서비스에서는 새로운 상품에 대한 책임을 가진다.

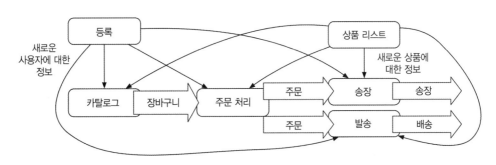

그림 10-3 비동기 시스템의 아키텍처

응답 없는 비동기 통신

4개의 카탈로그, 주문 프로세스, 송장, 발송 마이크로서비스는 주문 처리를 위해 비동기로 통신한다. 카탈로그 마이크로서비스에서는 장바구니에서 상품을 수집한다. 사용자가 장바구니 상품을 주문할 때 카탈로그 마이크로서비스는 장바구니를 주문 프로세스로 전달한다. 주문 프로세스는 해당 장바구니를 주문으로 변경한다. 그리고 주문은 송장과 발송으로 이어진다. 해당 요청은 되돌려줄 데이터가 아니라면 비동기적으로 실행될 수 있다. 어떠한 데이터도 뒤로 흘러가지 않는다. 주문에 대한 책임은 프로세스의 다음 단계로 전달된다.

데이터 복제와 바운디드 컨텍스트

요청을 실행하기 위해 데이터가 필요한 경우 복제 작업은 더욱 복잡해진다. 예를 들어 주문 프로세스, 카탈로그, 송장에서 제품 데이터와 고객 데이터를 사용할 수 있어야한다. 따라서 각 시스템은 비즈니스 객체에 대한 일부 정보를 저장한다. 카탈로그는 제품을 전시해야 한다. 즉 제품에 대한 그림과 설명이 있어야 한다. 반면 송장의 경우 가격과 세율이 중요하다. 이는 2.1절의 바운디드 컨텍스트에 해당하며 각 컨텍스트에는 자체 도메인 모델이 갖고 있다.

각 바운디드 컨텍스트에는 고유한 도메인 모델을 갖고 있다. 즉 바운디드 컨텍스트의 모든 데이터가 해당 도메인 모델로 표시된다는 것을 의미한다. 따라서 바운디드 컨텍스트 데이터는 자체 데이터베이스 스키마의 바운디드 컨텍스트에 저장해야 한다. 다른 바운드 컨텍스트는 해당 데이터에 직접 접근하면 안 된다. 직접 접근하면 캡슐화가 손상된다. 대신 데이터는 바운디드 컨텍스트와 바운디드 컨텍스트의 인터페이스 로직에 의해서만 접근돼야 한다.

상품과 같은 모든 정보를 포함하는 마이크로서비스를 생성할 수 있지만 현실 세계에서는 워낙 복잡하기 때문에 구현할 수 없다. 또한 도메인 모델이 주문 처리 마이크로서비스와 상품 데이터 마이크로서비스 간에 분할됨을 의미한다. 매우 높은 결합도로 이어질 것이다.

고객 데이터 등록 또는 상품 데이터 목록 작성과 같은 마이크로서비스는 모든 데이터를 수락해야 하고 데이터의 필요한 부분을 각 마이크로서비스로 전송해야 한다. 또한 비동기로 수행될 수 있다. 그리고 다른 바운디드 컨텍스트는 로컬 데이터베이스에 상품과 고객 정보를 저장한다. 따라서 이 경우 복제는 처리돼야 할 이벤트의 결과일 뿐이다. "신제품이 추가됐다"와 같은 이벤트가 발생하면 각 바운디드 컨텍스트는 도메인 모델에 일부 데이터를 추가한다. 등록이나 목록에서는 데이터를 저장할 필요가 없다. 다른 마이크로서비스에 데이터를 보내면 더 이상 할 일은 없다.

또한 추출–변환–로드 방식을 수행할 수 있다. 이 경우 배치는 특정 바운디드 컨텍스트에서 데이터를 추출하고 이를 다른 포맷으로 변환해 다른 바운디드 컨텍스트에 로드한다. 이는 바운디드 컨텍스트가 초기 데이터 집합으로 로드돼야 하거나 데이터의 불일치가 새로 시작해야 하는 경우에 유용하다.

동기 통신 프로토콜

이전에 정의된 비동기 통신은 사용된 통신 프로토콜에 대한 어떠한 가정도 하지 않는다. 동기 통신의 경우 요청받는 서버는 각 요청에 응답해야 한다. 예를 들어 요청은 REST와 HTTP로 수행할 수 있다. 요청은 상태 코드를 포함하고 추가 데이터를 포함할 수 있는 응답으로 연결된다. 동기 통신 프로토콜을 사용해 비동기 통신을 구현할 수도 있다. 12장에서 자세히 설명한다.

비동기 통신 프로토콜

비동기 통신 프로토콜을 사용해 비동기 통신을 구현하는 것이 더 자연스럽다. 비동기 통신 프로토콜은 메시지를 보내고 응답을 받지 않는다. 카프카(11장 참고)와 같은 메시징 시스템은 비동기 통신 접근 방법을 구현한다.

REST와 메시징의 차이점을 설명하는 자료(https://www.slideshare.net/ewolff/rest-vs-messaging-for-microservices)를 참조하기를 바라며 두 기술 모두 요청 및 응답과 같은 동기 통신을 구현하기 위해 사용될 수 있지만 중요한 점은 실행 후 무시^{Fire-and-Forget}[1] 또는 이벤트와 같은 비동기 통신을 구현하는 데 사용될 수 있다.

10.2 이벤트

비동기 통신을 사용하면 마이크로서비스 간의 결합도를 낮출 수 있다. 이미 살펴본 것처럼 주문 처리 마이크로서비스는 송장을 작성할 수 있도록 비동기로 송장 마이크로서비스에 주문 정보를 알릴 수 있다. 따라서 주문 처리 마이크로서비스는 송장 마이크로서비스가 수행해야 하는 발행 작업을 정확하게 알린다. 즉 송장을 생성해야 한다. 또한 배송을 진행할 수 있도록 발송 바운디드 컨텍스트에 메시지를 전송한다.

마이크로서비스 시스템을 다르게 설정할 수도 있다. "새로운 주문이 들어왔다"와 같은 이벤트에 집중하는 방법을 사용할 수 있다. 모든 마이크로서비스는 이벤트를 적절하게 대응할 수 있다. 송장 마이크로서비스는 송장을 작성할 수 있고 발송 마이크로서비스는 배송을 위한 상품을 준비할 수 있다. 각 마이크로서비스는 이벤트에 어떻게 반응하는지 스스로 결정한다.

---

1 표적을 향해 미사일을 발사(Fire)하면 발사자는 미사일이 자동으로 목적을 향해 명중되는 것을 알고 있기에 망각(Forget)해도 된다는 뜻으로, 이벤트를 한 번 전달하면 이후 과정을 신경 쓰지 않아도 잘 전달됨을 의미한다. – 옮긴이

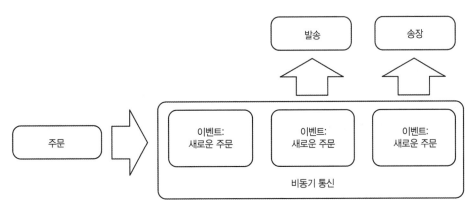

그림 10-4 비동기 이벤트

비동기 이벤트를 사용하면 결합도가 낮아진다. 마이크로서비스가 새로운 주문과 다르게 반응해야 한다면 마이크로서비스는 변화를 자체적으로 구현할 수 있다. 통계(예: 새로운 주문을 받는 시점)를 생성하는 새로운 마이크로서비스를 추가하는 것도 가능하다.

이벤트와 DDD

그러나 도메인 주도 설계^{DDD, Domain-Driven Design} 방법에서는 구현하기 쉽지 않다. 중요한 질문은 어떤 데이터가 이벤트와 함께 전송되는지다. 송장, 통계, 추천 작성과 같은 용도로 데이터를 사용하려면 많은 속성을 이벤트에 저장해야 한다.

도메인 주도 설계는 각 도메인 모델이 바운디드 컨텍스트에서만 유효하다는 것을 보여주기 때문에 문제가 된다(2.1절 참고). 송장 가격과 세율을 알고 있어야 한다. 적절한 운송 수단을 선택하려면 상품의 크기와 무게를 알아야 한다.

전략적 설계의 패턴

주문 데이터의 송장과 발송은 3번째 바운디드 컨텍스트인 주문 프로세스로부터 데이터를 수신할 수 있는 두 개의 바운디드 컨텍스트를 나타낸다. 도메인 주도 설계에서는 해당 부분에 대한 패턴을 정의한다(2.1절 참고). 예를 들어 고객/공급자 패턴을 사용해 송장과 발송을 담당하는 팀이 어느 데이터를 수신해야 할지 정의할 수 있다. 주문 데이터를 제공하는 팀은 이런 요구 사항을 충족해야 한다. 해당 패턴은 통신 관계에 참여하는 바운디드 컨텍스트를 개발하는 팀 간의 상호작용을 정의한다. 이벤트 전송 여부 또는 컴포넌트 간의 통신이 동기 호출에 의해 수행되는지 여부에 관계없이 조정은 필요하다.

다른 말로 하면 이벤트를 사용하면 시스템의 결합도를 낮출 수 있는 것처럼 보이지만 필요한 데이터를 여전히 조정해야 한다. 즉 실제로 이벤트를 사용한다 해서 반드시 낮은 결합도를 지닌 시스템으로 이어지지 않는다. 극단적인 경우 이벤트로 인해 숨겨진 의존성이 발생할 수도 있다. 무엇이 이벤트에 반응하는가? 이 질문에 더 이상 대답할 수 없다면 이벤트 변경 사항에 예기치 않은 결과가 발생해 시스템이 더 이상 변경되지 않기 때문에 시스템을 더는 변경할 수 없다.

해결책으로 각 수신자에 특정 유형의 이벤트를 제공하는 것이 좋을 수 있다. 각 유형의 이벤트에는 수신자가 필요로 하는 정보만 포함된다. 따라서 시스템에 새로운 주문이 생성되면 주문에서 필요한 데이터를 포함한 이벤트가 송장 마이크로서비스로 전송된다. 그리고 시스템 데이터를 포함한 다른 이벤트도 전달된다. 엄밀하게 보면 두 시스템은 분리돼 있다. 시스템 중 하나에 대한 인터페이스 변경은 다른 시스템에 영향을 미치지 않는다. 이는 고객 및 공급자 관계의 결과일 수 있다.

또 다른 해결책은 게시된 언어를 사용하는 것이다(2.1절 참고). 이 경우 모든 수신자에 대한 모든 정보를 포함하는 공통 데이터 구조가 있다. 어느 수신자가 무엇을 사용하는지를 이해하기 어렵게 만든다. 데이터 구조를 변경하면 예기치 않은 문제가 발생할 수 있다. 그러나 게시된 언어에는 하나의 데이터 구조만 있기에 시스템을 구현하는 것이 다소 쉽다.

매우 중요한 이슈는 각 수신자가 필요로 하는 정보가 얼마나 다른지 여부다. 해당 정보가 거의 같다면 게시된 언어가 더 나을 수 있다. 송장과 발송의 경우 겹치는 부분이 많지 않다면 두 개로 분리된 데이터 구조가 더 나을 수 있다.

이벤트에서 최소 데이터 보내기

이 문제를 해결할 또 다른 방법이 있다. 이벤트에 새로운 주문 번호와 같이 ID 번호만 전송할 수 있다. 그리고 모든 바운디드 컨텍스트가 필요한 데이터를 얻는 방법을 스스로 결정할 수 있다. 특정 바운디드 컨텍스트에 적절한 데이터를 제공하는 각 바운디드 컨텍스트에 대한 특수 인터페이스가 존재할 수 있다.

이벤트 소싱

또한 이벤트에 중점을 둔 아키텍처는 다른 장점을 수반할 수 있다. 각 마이크로서비스의 데이터베이스에서 갖는 상태는 수신받은 이벤트의 결과다. 따라서 마이크로서비스의 상태는 지금까지 수신한 모든 이벤트를 다시 보내줌으로써 복구할 수 있다. 마이크로서비스는 내부 도메인 모델을 변경한 다음 이벤트를 다시 처리해 도메인 모델의 새 버전으로 데이터베이스를 다시 작성할 수 있다. 이는 데이터베이스 스키마 마이그레이션을 용이하게 한다. 따라서 각 마이크로서비스는 바운디드 컨텍스트 패턴에 따라 자체 도메인 모델을 가질 수 있지만 모든 마이크로서비스는 서로에게 보내는 이벤트에 의해 연결된다. 시스템의 전반적인 상태는 더 이상 존재하지 않지만 모든 이벤트가 저장되고 검색될 수 있을 때 각 마이크로서비스의 상태를 재구성할 수 있다. 이 아이디어가 이벤트 소싱Event Sourcing의 기반이 된다.

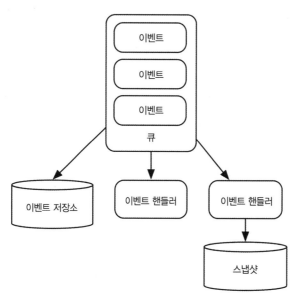

그림 10-5 이벤트 소싱

그림 10-5는 이벤트 소싱의 구현 요소를 표현하고 있다.

- 이벤트 큐는 이벤트를 수신자에게 보낸다.
- 이벤트 저장소는 이벤트를 저장한다.
- 이벤트 핸들러는 이벤트를 처리한다. 데이터베이스의 상태를 스냅샷으로 저장할 수 있다.

이벤트 핸들러는 스냅샷에서 현재 상태를 읽을 수 있고 스냅샷을 삭제할 수 있다. 스냅샷은 이벤트 저장소를 통해 검색할 수 있는 이벤트를 기준으로 복원할 수 있다. 최적화를 진행함으로써 이벤트 핸들러는 이전 버전의 스냅샷으로부터 상태를 재구성할 수 있다.

이벤트 소싱과 도메인 이벤트의 차이점은 크리스천 스텔러[Christian Steler]의 블로그 게시물 (https://www.innoq.com/en/blog/domain-events-versus-event-sourcing/)을 참고하기를 바란다.

개별 또는 공유 이벤트 저장소?

이벤트 저장소는 이벤트를 수신하고 자체 이벤트 저장소에 저장하는 마이크로서비스의 일부분일 수 있다. 또는 통신 인프라는 이벤트를 보낼 수 있을 뿐만 아니라 이벤트를 저장할 수도 있다. 언뜻 보면 통신 인프라가 이벤트를 저장한다면 마이크로서비스 구현을 단순화하기 때문에 더 나은 것으로 보인다. 이 경우 이벤트 저장소는 이벤트 큐를 기반으로 구현된다.

각 마이크로서비스에서 해당 마이크로서비스의 이벤트를 자체 이벤트 저장소에 저장하면 마이크로서비스는 이벤트의 모든 관련 데이터를 저장할 수 있다. 마이크로서비스는 다른 소스로부터 수집할 수 있다. 통신 인프라에 이벤트를 저장할 때 모든 마이크로서비스를 충족시키는 이벤트 모델을 찾아야 한다. 이벤트에 대한 모델은 바운디드 컨텍스트(2.1절 참고)의 개념으로 인해 도전이 될 수 있다. 결국 모든 마이크로서비스는 자체 도메인 모델을 포함한 바운디드 컨텍스트이기 때문에 공통 모델을 찾는 것이 어렵다.

10.3 도전 과제

이벤트 소싱에서는 통신 인프라가 오래된 이벤트를 저장해야 하는 경우 상당한 양의 데이터를 처리해야 한다. 오래된 이벤트가 누락됐다면 더 이상 이벤트로부터 마이크로서비스의 상태를 재구성할 수 없다. 최적화를 진행해 관련 없는 이벤트를 삭제할 수 있다. 예를 들어 고객이 여러 번 서로 다른 주소로 이사했다면 실제로 관련성이 있는 주소는 마지막 주소일 뿐이다. 마지막 주소를 제외한 나머지 주소를 삭제할 수 있다.

또한 이전 이벤트를 계속 처리할 수 있어야 한다. 이벤트의 스키마가 변경되는 경우 이전 이벤트를 마이그레이션해야 한다. 그렇지 않으면 모든 마이크로서비스가 모든 이전 데이터 형식의 이벤트를 처리할 수 있어야 한다. 이전 이벤트에 아직 저장되지 않은 이벤트에 새 데이터가 포함돼야 한다면 특히 어렵다.

비일관성

비동기 통신을 사용하면 시스템은 일관적이지 않다. 일부 마이크로서비스에는 이미 특정 정보가 있고 다른 마이크로서비스에는 정보가 없다. 예를 들어 주문 프로세스에는 이미 주문에 대한 정보가 있을 수 있지만 송장 또는 발송은 아직 주문 정보를 알지 못한다. 이 문제는 해결할 수 없다. 비동기 통신이 모든 시스템에 도달하기까지 시간이 소요된다.

CAP 정리

비일관성은 실용적인 문제일 뿐만 아니라 이론적으로도 해결할 수 없다. CAP 이론 (https://en.wikipedia.org/wiki/CAP_theorem)에 따르면 분산 시스템에는 세 가지 특성이 있다.

- C를 의미하는 일관성^{Consistency}은 시스템의 모든 컴포넌트가 동일한 정보를 가진다는 것을 의미한다.
- P를 의미하는 분할 가용성^{Partition Tolerance}은 네트워크에서 임의의 패키지 손실이 발생해도 시스템이 계속 동작함을 의미한다.
- A를 의미하는 가용성^{Availability}은 다른 시스템에서 장애가 발생하더라도 시스템이 동작을 멈추지 않음을 의미한다.

CAP 정리에 따르면 시스템은 세 가지 기능 가운데 최대 두 가지 기능만 갖는다. 분할 가용성은 특별한 경우다. 네트워크에 장애가 발생하면 시스템은 반응해야 한다. 사실 완전한 실패조차도 필요치 않다. 패키지 손실이 많거나 응답 시간이 매우 길면 충분하다. 시스템이 매우 느리게 응답한다면 완전히 실패가 발생 중인 시스템과 구별할 수 없다.

CAP 정리의 근거

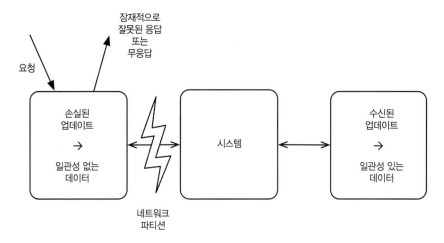

그림 10-6 통신이 실패하면 시스템은 요청에 대해 잠재적으로 잘못된 응답을 받을 수 있거나(AP) 전혀 응답을 못 받을 수 있다(CP).

네트워크가 분리될 때 시스템이 요청에 반응하는 2가지 옵션만 있다.

- 시스템이 응답을 제공한다. 이 경우 변경 사항이 시스템에 도달하지 않았기 때문에 응답이 잘못될 수 있다. 이는 AP 사례이다. 즉 시스템을 사용할 수 있다. 그러나 새로운 정보를 얻은 시스템보다 다른 응답을 리턴할 수 있다. 따라서 비일관성이 존재한다.
- 또는 시스템이 응답을 리턴하지 않는다. 이것은 CP 사례이다. 즉 시스템에 문제가 있을 때 시스템을 사용할 수 없지만 모든 시스템은 항상 동일한 응답을 리턴하기 때문에 네트워크 분리가 발생하지 않는 한 일관성을 유지한다.

CAP과 타협하기

실제로 CAP과 타협할 수 있다. 5개의 복제본을 가진 시스템이 있다고 가정하자. 데이터를 저장할 때 각 복제본은 데이터가 실제로 저장됐음을 확인한다. 데이터를 읽을 때 모든 시스템이 아직 복제를 완료하지 않은 경우 여러 시스템을 호출해 데이터의 최신 상태를 확인할 수 있다.

하나의 복제본을 읽고 다른 한 복제본의 확인만 기다리는 5개의 복제본을 가진 시스템은 가용성에 중점을 둔다. 4대의 노드가 장애가 발생하더라도 시스템은 장애가 발생하지 않는다. 그러나 높은 일관성을 보장하지 않는다. 데이터가 한 노드에 저장될 수 있고 다른 노드로 복제하는 데 시간이 걸리기 때문에 이전 값을 다른 노드에서 읽는다.

5개의 복제본이 있는 시스템은 항상 5개의 노드가 확인될 때까지 대기하다가 항상 5대의 모든 노드에서 데이터를 읽는다면 데이터는 항상 일관성을 가진다. 그러나 특정 노드에서 장애가 발생하면 시스템을 사용할 수 없게 된다. 타협은 3대 노드에 대한 저장과 3대 노드에 대한 읽기를 확인할 때까지 기다리는 것이다. 이런 방법으로 비일관성을 배제할 수 있으며 최대 두 노드의 장애를 보완할 수 있다.

CAP, 이벤트, 데이터 복제

CAP 이론은 실제로 복제를 통해 성능과 안정성을 달성하는 NoSQL 데이터베이스와 같은 데이터 저장소를 고려한다. 그러나 유사한 결과는 시스템이 이벤트 또는 데이터 복제를 사용할 때도 발생한다. 궁극적으로 이벤트를 NoSQL 데이터베이스의 노드 간에 전체 데이터 복제와는 달리 여러 마이크로서비스에서 일종의 데이터 복제로 볼 수 있다. 각 마이크로서비스는 이벤트와 다르게 반응할 수 있으며 데이터의 일부만 사용할 수 있다. 비동기 통신, 이벤트, 데이터 복제에 의존하는 마이크로서비스는 AP 시스템에 해당한다.

마이크로서비스는 아직 일부 이벤트를 받지 못했을 수 있어서 데이터가 일치하지 않을 수 있다. 그러나 시스템은 로컬 데이터를 사용해 요청을 처리할 수 있으므로 다른 시스템이 실패하더라도 사용할 수 있다. CAP 이론에 따르면 유일한 대안은 CP 시스템이다. 일관성이 있지만 사용할 수는 없다. 예를 들어 모든 사람이 접근할 수 있는 중앙 마이크로서비스에 데이터를 저장할 수 있다. 그런 다음 모든 마이크로서비스는 최신 데이터를 수신한다. 그러나 중앙 마이크로서비스가 실패하면 다른 모든 마이크로서비스는 더 이상 사용할 수 없다.

비일관성을 수용할 수 있는가?

따라서 가용성을 포기하지 않는 한 비동기 시스템의 비일관성은 불가피하다. 이에 일관성을 위한 요구 사항을 숙지하는 것이 중요하다. 고객은 믿을 만한 시스템을 원한다. 데이터의 비일관성은 신뢰성에 모순하는 것처럼 보인다. 따라서 데이터가 일시적으로 일관적이지 않은 시점이 언제인지, 문제가 실제로 발생하는지 여부를 아는 것이 중요하다. 결국 비일관성은 일반적으로 몇 초 또는 몇 초 후에 사라진다. 게다가 특정 비일관성은 도메인 관점에서 봤을 때 용인될 수 있다. 상품이 첫 번째 판매일보다 진열돼 있다면 비일관성은 처음에는 수용되지만 결국 상품이 판매될 때는 수정될 것이다.

비일관성이 전혀 용인되지 않는다면 비동기 통신은 선택 사항이 아니다. 즉 모든 단점을 고려했을 때 동기 통신을 사용해야 한다. 일시적으로 일관성이 없는 데이터에 대한 허용 오차가 알려지지 않은 경우 이는 통신 변형에 관련한 잘못된 결정을 초래할 수 있다.

비일관성 복구

가장 간단한 경우 모든 이벤트가 모든 시스템에 도달하자마자 비일관성은 사라진다. 그러나 예외가 발생할 수 있다. 예를 들어보자. 고객이 등록 후 고객은 초기 신용 잔액을 받는다. 마이크로서비스는 초기 잔액에 대한 이벤트를 수신했지만 아직 사용자 등록을 받지 못했다. 고객이 시스템에서 생성되지 않았기 때문에 초기 잔액을 계산할 수 없다. 나중에 고객 등록 요청이 도착하면 초기 잔액을 다시 한 번 실행해야 한다.

해당 문제는 이벤트의 순서가 보장될 수 있다면 해결될 수 있다. 이 경우 문제는 처음부터 발생하지 않는다. 불행히도 많은 솔루션이 이벤트 순서를 보장할 수 없다.

또한 이벤트 소싱이 도움이 될 수 있다. 이를 통해 이벤트로부터 마이크로서비스의 상태를 항상 재구성할 수 있다. 따라서 어떠한 간격 없이 사용할 수 있는 한, 상태는 이벤트에서 폐기하고 재생성할 수 있다.

도메인 로직을 확장할 수 있다. 이 경우 등록 전에 최초 잔액과 관련된 이벤트를 수신하면 새로운 고객 객체가 생성된다. 그러나 등록 데이터가 없는 고객 객체는 무효로 표시된다. 따라서 나머지 로직에서 해당 무효 고객을 다뤄야 할 것이다. 그렇게 되면 비즈니스 로직이 상당히 복잡해질지도 모른다. 지금 고객 객체가 가질 수 있는 상태가 너무 많기 때문에 에러를 발견하기 어려울 수 있다. 따라서 이 방법은 피해야 한다.

메시지 전달 보장

비동기 시스템에서는 구현이 제대로 됐다면 메시지 전달을 보장할 수 있다. 발신자는 메시징 시스템이 메시지를 수신했는지 확인한다. 그리고 메시징 시스템은 수신자가 확인했다는 메시지를 수신한다. 그러나 수신자가 데이터를 받지 못하고 배달하지 못한다면 송신자는 요청에 대한 확인 메시지가 있어도 수신자는 여전히 메시지를 수신하지 못한다.

수신인이 익명인 경우 배달을 보장하기 어렵다. 이 경우 누가 메시지를 받을 수 있는지, 메시지를 무조건 받아야 하는 어떤 수신자가 있는지가 알기가 어렵다. 또한 누가 수신해야 할지 명확치 않다.

멱등성

송신자는 수신자의 메시지 수신을 확인할 수 없다면 메시지를 다시 전송한다. 수신자는 메시지를 처리했지만 송신자의 문제 또는 장애로 인해 메시지 수신을 확인하지 못한다면 수신자는 이미 메시지를 처리했지만 메시지를 두 번째 수신한다.

이 방식은 최소 한 번at least once 전략이다. 메시지는 최소 한 번이고 설명된 이전 시나리오에서 사용됐다.

따라서 일반적으로 멱등성Idempotency을 마이크로서비스에 적용하는 방법으로 분산 시스템을 설계할 것이다. 즉 메시지를 두 번 이상 처리할 수 있지만 서비스의 상태는 더 이상 변하지 않는다. 예를 들어 송장을 생성할 때 송장 마이크로서비스는 먼저 송장 데이터베이스에서 송장이 이미 생성됐는지 여부를 확인할 수 있다. 이런 방법을 사용해 메시지가 처음 수신될 때만 송장이 생성된다. 메시지가 다시 전송되면 해당 메시지는 무시된다.

단일 수신자

게다가 특정 마이크로서비스 인스턴스만 메시지를 처리해야 할 수도 있다. 도메인 관점에서 보면 송장 마이크로서비스의 여러 인스턴스가 주문을 받을 때 모든 송장 마이크로서비스가 송장을 생성한다면 잘못된 것이다. 모든 송장 마이크로서비스가 송장을 생성한다면 하나가 아닌 여러 송장이 생성된다. 이를 위해 메시징 시스템에는 일반적으로 단일 수신자에게만 메시지를 보내는 옵션이 있다. 그러면 해당 수신자는 메시지를 확인하고 처리해야 한다. 이러한 통신 타입을 포인트-투-포인트point to point 통신이라고 부른다.

하지만 처리 규칙이 복잡할 수 있다. 고객 데이터가 변경되면 고성능을 보장하기 위해 가능한 한 병렬로 처리돼야 한다. 그러나 특정 고객의 데이터를 변경하면 절차를 따라야 한다. 예를 들어 송장이 작성된 후에 결제 주소가 변경된다면 좋은 방법이 아니다. 그러면 송장은 여전히 잘못된 주소가 포함된다. 이런 이유로 메시지 순서를 보장하는 것이 중요할 수 있다.

테스트

또한 비동기 마이크로서비스의 경우 독립적으로 배포할 수 있도록 지속적인 배송 파이프라인은 독립적이어야 한다. 이를 위해 마이크로서비스의 테스트는 다른 마이크로서비스와 독립적이어야 한다.

비동기 통신을 사용하면 테스트는 메시지를 마이크로서비스로 보내고 시스템이 예상대로 동작하는지 확인할 수 있다. 마이크로서비스가 메시지를 처리한 시점과 테스트 처리를 기다리는 시간이 명확하지 않기 때문에 타이밍이 어려울 수 있다. 그리고 테스트는 마이크로서비스가 응답으로 올바른 메시지를 보내는지 여부를 확인할 수 있다.

비동기 통신은 매우 간단한 블랙 박스 테스트, 즉 마이크로서비스의 내부 구조를 알지 않아도 인터페이스에 기초한 테스트를 허용한다. 또한 블랙 박스 테스트는 테스트 환경에 특히 높은 요구를 하지 않는다. 단지 메시지를 전송할 수 있어야 한다. 특히 테스트 환경에 많은 수의 다른 마이크로서비스를 설치할 필요가 없다. 대신 다른 마이크로서비스가 보낸 메시지 또는 테스트하는 마이크로서비스가 수신하기를 바라는 메시지가 테스트의 기초가 될 수 있다.

10.4 장점

10.2절에서 이벤트를 통한 낮은 결합도 방식을 소개했다. 비동기 아키텍처는 높은 레벨의 낮은 결합도를 구현한다.

특히 분산 시스템의 경우 비동기 통신은 다음과 같은 일부 중요한 장점을 갖는다.

- 통신 대상과의 통신이 실패하면 이후에 통신 대상이 다시 사용될 수 있을 때 메시지가 전달된다. 이런 방법으로 비동기 통신은 복원력을 제공한다. 그 예로 시스템의 일부분에서 장애가 발생하더라도 시스템은 보호받는다.

- 메시지 전달뿐만 아니라 메시지 처리를 대부분 보장받을 수 있다. 메시지는 오 랫동안 저장된다. 특정 시점에서는 메시지가 처리될 것이다. 예를 들어 수신자 가 메시지를 확인한 경우와 같이 메시지가 처리되는 것을 보장할 수 있다.

따라서 비동기 통신은 분산 시스템으로 인한 문제를 해결한다.

10.5 변형

다음 두 장에서는 비동기 통신을 구현하기 위한 구체적인 기술을 소개한다.

- 11장에서는 MOM[Message-Oriented Middleware]에 대한 예로서 아파치 카프카[Apache Kafka]를 설명한다. 카프카는 메시지를 오랫동안 저장할 수 있는 옵션을 제공 한다. 카프카는 이벤트 소싱에 도움이 될 수 있다. 이벤트 소싱 기능은 카프카 를 다른 MOM과 구별하고 마이크로서비스 아키텍처에서 좋은 옵션이다.
- 12장에서는 REST와 Atom 데이터 포맷을 사용한 비동기 통신 구현을 설명 한다. MOM을 추가 인프라로 사용하는 것에 많은 노력을 기울일 때 비동기 통 신이 유용할 수 있다.

비동기 통신은 프론트엔드 통합과 결합하기 쉽다(7장 참고). 해당 통합은 서로 다른 두 레벨, 즉 프론트엔드와 로직에 집중하기 때문에 결합하기 쉽다. 그러나 UI 통합 중에 비 일관성이 쉽게 발견될 수 있다. 두 마이크로서비스가 하나의 웹 페이지에 동시에 상태 를 표시하면 비일관성이 발생할 수 있다. 두 마이크로서비스가 서로 다른 도메인 로직 을 구현할 때, 로직은 서로 다른 데이터를 사용할 것이기 때문에 일관성이 거의 없다.

그러나 동기 통신과 비동기 통신은 모두 로직 레벨에서 시작하기 때문에 비동기 통신과 동기 통신(13장 참고)의 조합은 피해야 한다. 그러나 이 조합조차도 특수한 시나리오에서 는 합리적일 수 있다. 예를 들어 마이크로서비스의 응답이 즉시 필요하면 동기 통신이 필요할 수 있다.

10.6 결론

비동기 통신은 복원력과 낮은 결합도와 관련 장점 때문에 마이크로서비스 간의 동기 통신보다 우선시해야 한다. 비동기 통신을 사용하지 않는 유일한 이유는 비일관성이다. 따라서 기술적으로 올바른 결정을 내리기 위해 요구 사항(특히 일관성과 관련된 부분)이 무엇인지를 정확히 아는 것이 중요하다. 비동기 통신은 마이크로서비스 아키텍처의 근본적인 문제를 우아하게 해결할 수 있는 잠재력을 가지고 있기 때문에 모든 상황에서 고려돼야 한다.

11

레시피: 메시징과 카프카

11장에서는 메시지 지향 미들웨어 즉, MOM을 사용해 마이크로서비스를 통합하는 방법을 설명한다. MOM은 메시지를 받으면 해당 메시지를 수신자에게 전달한다. 따라서 MOM은 비동기이다. 즉 동기 통신 프로토콜처럼 요청과 응답을 구현하지 않고 메시지만 전달한다.

실제로 신뢰성, 낮은 지연 시간, 높은 처리량과 같은 특성을 가진 여러 MOM이 있다. MOM은 오랜 역사를 갖고 있으며 수많은 비즈니스 핵심 시스템의 기반이다.

11장에서는 다음 내용을 다룬다.

- 다양한 MOM에 대한 소개와 MOM 간의 차이점을 설명한다. 애플리케이션을 지원할 때 어느 MOM이 가장 적합한지 설명한다.
- 카프카를 소개하면서 마이크로서비스 시스템에서 카프카가 특별히 적합한 이유와 카프카를 사용해 이벤트 소싱(10.2절 참고)을 구현할 수 있는 방법을 설명한다.
- 마지막으로 예시에서는 코드 레벨에서 카프카를 사용한 이벤트 소싱 시스템의 실제 구현 방법을 설명한다.

11.1 메시지 지향 미들웨어

마이크로서비스에 MOM을 사용하면 결합도가 낮아진다. 마이크로서비스는 MOM과 메시지를 주고받는다. 즉, 송신자와 수신자는 서로를 알지 못하며 통신 채널만 알 수 있음을 의미한다. 따라서 서비스 검색은 필요 없다. 발신자와 수신자는 메시지를 교환하는 토픽^{topic}이나 큐^{queue}를 통해 서로를 찾는다. 부하 분산도 쉽다. 여러 수신자가 동일한 통신 채널에 대해 등록한 경우 수신자 중 한 명이 메시지를 처리할 수 있으며 부하를 분산시킬 수 있다. 따라서 로드 밸런스를 위한 특정 인프라가 필요하지 않다.

그러나 MOM은 모든 통신을 처리하는 복잡한 소프트웨어다. MOM은 가용성이 높아야 하며 높은 처리량을 제공해야 한다. MOM은 일반적으로 매우 성숙한 상품이지만 모든 상황에서 적절한 성능을 보장하려면 설정과 관련한 많은 노하우가 필요하다.

MOM 변형

MOM 영역에서 다음과 같은 솔루션이 인기가 많다.

- JMS^{Java Messaging Service}(https://jcp.org/aboutJava/communityprocess/final/jsr914/index.html)는 자바 프로그래밍 언어와 자바 EE 표준의 일부로 표준화된 API 이다. 잘 알려진 구현은 이전에 IBM MQSeries로 알려진 IBM MQ(http://www-03.ibm.com/software/products/en/ibm-mq)와 아파치 ActiveMQ(http://activemq.apache.org/)이다. 이외에 더 많은 JMS 솔루션(https://en.wikipedia.org/wiki/Java_Message_Service#Provider_implementations)이 있다. 웹 프로파일뿐만 아니라 전체 자바 EE 프로파일을 지원하는 자바 애플리케이션 서버는 JMS 구현을 포함해야 JMS를 사용할 수 있다.
- AMQP^{Advanced Message Queuing Protocol}(https://www.amqp.org/)는 API를 표준화하지 않고 TCP/IP 레벨의 네트워크 프로토콜을 표준화한다. AMQP는 메시지 교환을 좀 더 간단하게 구현할 수 있다. RabbitMQ(https://www.rabbitmq.

com/), 아파치 ActiveMQ(http://activemq.apache.org/), 아파치 Qpid(https://qpid.apache.org/)는 AMQP 표준의 가장 잘 알려진 구현이다. 이밖에도 많은 구현(https://en.wikipedia.org/wiki/Advanced_Message_Queuing_Protocol#Implementations)이 있다.

게다가 ZeroMQ(http://zeromq.org/)와 같이 표준을 준수하지 않는 솔루션이 있다. MQTT(http://mqtt.org/)는 인터넷의 중요한 역할을 수행하는 메시징 프로토콜이다.

이 모든 MOM 기술을 사용해 마이크로서비스 시스템을 구축할 수 있다. 특정 MOM 기술을 이미 사용 중이고 MOM을 사용하는 방법에 대한 지식이 있는 경우 이미 알고 있는 MOM 기술을 결정하는 것을 타당할 수 있다. 마이크로서비스 시스템을 실행하려면 많은 노력이 필요하다. 잘 알려진 기술을 사용하면 위험과 노력이 줄어든다. MOM의 가용성과 확장성 요구 사항은 높다. 잘 알려진 MOM은 해당 요구 사항을 간단한 방법으로 충족시킬 수 있다.

11.2 카프카의 아키텍처

마이크로서비스 영역에서 카프카(https://kafka.apache.org/)는 흥미로운 선택 사항이다. 카프카는 높은 처리량, 낮은 지연 시간과 같은 일반적인 기능 외에 복제를 통해 개별 서버의 장애를 보완할 수 있으며 더 많은 서버 대수로 확장할 수 있다.

카프카는 메시지 기록을 저장한다

무엇보다 카프카는 광범위한 메시지 기록을 저장할 수 있다. 일반적으로 MOM은 수신자에게 메시지를 전달하는 것을 목표로 한다. MOM은 자신의 책임 영역을 벗어나는 메시지를 삭제한다. 메시지를 삭제함으로써 자원을 절약한다. 그러나 이벤트 소싱(10.2절 참고)과 같은 접근 방법은 모든 마이크로서비스가 이벤트 기록 자체를 저장하는 경우에만 가능하다는 것을 의미한다. 반면 카프카는 레코드를 영구히 보존한다. 또한 카프카는 많은 양의 데이터를 처리할 수 있으며 여러 서버로 분산할 수 있다.

또한 카프카는 스트리밍 처리 기능을 갖춘다. 따라서 애플리케이션은 카프카에서 데이터 레코드를 수신하고 변형한 후 카프카에 해당 변형 데이터를 전달할 수 있다.

카프카: 라이선스와 커미터

카프카의 라이선스는 아파치 2.0이다. 아파치 2.0 라이선스는 사용자에게 폭넓은 자유를 준다. 카프카는 여러 오픈소스 프로젝트를 관리하는 아파치 소프트웨어 재단에서 운영된다. 카프카의 많은 커미터committer들은 상업적인 지원을 하고 카프카 엔터프라이즈 Kafka Enterprise 솔루션과 클라우드 솔루션을 제공하는 컨플루언트Confluent 회사에서 근무하고 있다.

API

카프카는 MOM의 서로 다른 세 가지 태스크 각각에 대한 별도 API를 제공한다.

- 프로듀서 API는 데이터를 전달한다.
- 컨슈머 API는 데이터를 수신한다.
- 끝으로 데이터를 변환할 수 있는 스트림 API가 있다.

카프카는 자바로 작성됐다. API는 언어 중립 프로토콜과 함께 사용할 수 있다. 많은 프로그래밍 언어로 개발된 카프카 클라이언트 목록에 대한 정보는 https://cwiki.apache.org/confluence/display/KAFKA/Clients를 참고한다.

레코드

카프카 외 MOM에서는 데이터를 메시지라 부르는 반면 카프카는 데이터를 레코드record

라고 부른다. 레코드에는 전달된 데이터를 값^{value}으로 포함한다. 카프카는 레코드의 값을 블랙 박스로 취급하고 데이터를 해석하지 않는다. 또한 레코드에는 키^{key}와 타임스탬프^{timestamp}가 존재한다.

레코드에는 새로운 주문이나 변경된 주문과 같은 정보를 포함할 수 있다. 그리고 키는 레코드의 식별자와 정보로 구성된다. 레코드는 하나의 새로운 주문이나 변경된 주문, 예를 들어 "update42" 또는 "neworder42"와 같은 형태다.

토픽

토픽은 레코드 집합이다. 프로듀서^{Producer}는 특정 토픽에 레코드를 보내고 컨슈머^{Consumer}는 특정 토픽의 레코드를 수신한다.

전자상거래시스템의 마이크로서비스가 새로운 주문에 관심이 있거나 다른 마이크로서비스에 새로운 주문을 알리고 싶을 때 특정 토픽을 사용할 수 있다. 해당 토픽의 이름을 "order"라 정할 수 있다. 새로운 고객은 또 다른 하나의 토픽이 될 수 있다. 해당 토픽을 "customer"라 정할 수 있다.

파티션

토픽은 파티션^{partition}으로 나뉜다. 파티션은 레코드의 순서를 강하게 보장할 수 있을 뿐 아니라 병렬 처리도 가능하다.

특정 프로듀서가 새로운 레코드를 생성하면 해당 레코드는 특정 파티션에 추가된다. 그래서 각 레코드는 단 하나의 파티션에 저장된다. 레코드 키를 해싱 계산해 해당 레코드를 파티션에 저장한다.

각 파티션에 레코드의 순서가 유지된다. 즉 파티션에 저장되는 레코드 순서는 컨슈머가 레코드를 읽는 순서를 의미한다. 따라서 파티션도 병렬 처리의 개념이다. 파티션을 읽을 때는 선형이다. 컨슈머는 순서대로 각 레코드를 처리해야 한다. 파티션 간에는 병렬로 처리될 수 있다.

파티션 개수를 늘리면 다양한 현상(http://www.confluent.io/blog/how-to-choose-the-number-of-topicspartitions-in-a-kafka-cluster/)이 발생한다. 또한 더 많은 병렬 처리를 허용하지만 더 높은 과부하가 존재하며 더 많은 자원을 소비한다. 따라서 파티션 개수를 많이 설정할 수 있지만 너무 많이 설정하는 것은 좋지 않다. 일반적으로 수백 개의 파티션을 설정할 수 있다.

기본적으로 파티션은 레코드가 추가되는 파일일 뿐이다. 데이터 추가는 대용량 저장 장치에서 가장 효율적인 작업 중 하나다. 게다가 해당 작업은 매우 신뢰할 수 있고 구현하기 쉽다. 그래서 카프카의 실행은 그리 복잡하지 않다.

"order" 토픽 예시를 진행한다. 방금 생성된 42번 주문에 대한 이벤트를 의미하는 "neworder42" 키와 42번 주문에 대한 업데이트 이벤트를 의미하는 "updated42" 키를 갖는 레코드가 저장될 것이라 가정하자.

카프카의 기본 키 알고리즘을 사용하면 키를 해싱한다. 따라서 두 개의 레코드는 각각 서로 다른 파티션에 저장돼 주문의 순서가 유지되지 않을 수 있다. 두 이벤트는 분명 올바른 순서대로 처리돼야 하기 때문에 이상적이지 않다. "neworder42" 이전에 "update42"를 처리하는 것은 말이 안 된다. 그러나 "updated42"와 "update21"을 처리할 때 두 주문이 서로 의존하지 않기 때문에 완벽하게 괜찮다. 그래서 프로듀서에서는 "updated42"와 "neworder42" 키를 가진 레코드를 동일 파티션으로 전송하는 알고리즘을 구현해야 할 것이다.

커밋

각 컨슈머 관점에서 보면 카프카는 각 파티션에 대한 오프셋을 저장한다. 해당 오프셋은 컨슈머가 읽고 처리한 파티션에서 마지막으로 읽은 레코드를 나타낸다. 이는 카프카가 각 레코드가 최종 처리되게 하는 데 도움을 준다.

컨슈머가 레코드를 처리할 때 새로운 오프셋offset을 커밋commit한다. 따라서 카프카는 어느 컨슈머가 어느 레코드를 처리했는지, 어떤 레코드가 처리되고 있는 중인지 항상 알고 있다. 물론 컨슈머는 레코드가 실제로 처리되기 전에 레코드를 커밋할 수 있다. 따라서 레코드가 처리되지 못하는 상황이 발생할 수 있다.

커밋은 오프셋을 기반으로 한다. 예를 들면 "이 파티션의 처음부터 10번째 레코드까지 모든 레코드를 처리했다"고 말할 수 있다. 컨슈머는 레코드를 배치 크기만큼 커밋할 수 있기 때문에 커밋 횟수가 줄어들어 성능이 향상된다. 그러나 중복이 발생할 수 있다. 컨슈머가 배치의 일부를 처리하던 중에 배치 처리가 실패됐다. 허나 아직 배치를 커밋하지 않았기에 중복이 발생될 수 있다. 컨슈머를 재시작하면 카프카는 마지막으로 커밋된 레코드 즉, 배치의 시작 부분에서 재시작하기 때문에 애플리케이션은 전체 배치를 다시 읽는다.

또한 카프카는 '정확하게 한 번exactly once' 의미론(https://www.confluent.io/blog/exactly-once-semantics-are-possible-heres-how-apache-kafka-does-it/)을 보장한다. 한마디로 일회성 보장을 제공한다.

폴링

컨슈머는 데이터를 폴링polling한다. 다시 말해 컨슈머는 새로운 데이터를 얻은 후 처리한다. 반면에 푸시push 모델을 사용하면 프로듀서가 컨슈머에게 데이터를 보낸다. 폴링은 매우 우아하지 않은 것처럼 보일 수 있다. 그러나 많은 수의 레코드를 전달하고 처리해야 하는 상황에서 폴링을 사용하면 컨슈머는 과도한 부하에서 보호받을 수 있다. 컨슈머는 레코드를 처리할 때 컨슈머 자체에서 결정할 수 있다. 예시에서 사용되는 스프링 카프카와 같은 라이브러리는 백그라운드에서 새 레코드를 폴링한다. 개발자는 단지 스프링 카프카를 새로운 레코드와 함께 호출하는 방법을 구현하기만 하면 된다. 따라서 폴링이 개발자에게 가려져 있다.

레코드, 토픽, 파티션, 커밋

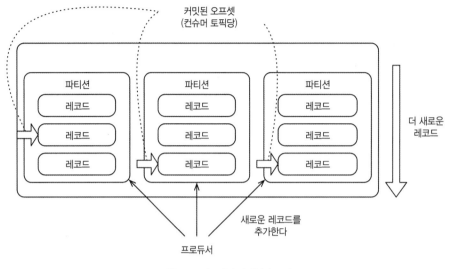

그림 11-1 카프카의 파티션과 토픽

그림 11-1에서 한 예시를 보여준다. 토픽은 세 개의 파티션으로 나눠져 있고 각 파티션은 세 개의 레코드를 포함하고 있다. 그림 11-1의 아랫부분을 보면 프로듀서는 새로운 레코드를 생성하기 때문에 밑으로 내려갈수록 더 새로운 데이터다. 컨슈머는 아직 첫 번째 파티션에 대한 가장 최신 레코드를 커밋하지 않았고 다른 모든 파티션에 대해서 커밋하지 않는다.

복제

파티션에 데이터를 저장한다. 한 파티션의 데이터는 다른 파티션의 데이터와 독립적이다. 따라서 하나의 서버에서 여러 파티션이 분산 저장될 수 있다. 또한 파티션은 여러 서버에 걸쳐 분산될 수 있다. 각 카프카 서버에서 일부 파티션을 처리하게 해서 부하 조절 기능을 구현할 수 있다. 더 많은 부하를 처리하려면 새로운 서버를 추가하고 일부 파티션을 새로운 서버로 이동시켜야 한다.

그리고 파티션을 복제할 수 있다. 데이터는 여러 카프카에 저장된다. 이런 방법을 통해 카프카는 장애에 안전하다. 특정 카프카 서버에 장애가 발생하거나 데이터를 손실하더라도 다른 복제본이 있기 때문에 데이터를 안전하게 보관한다.

복제본 개수 "N"을 설정할 수 있다. 저장할 때 커밋해야 하는 동기화된 복제본 개수를 결정할 수 있다. N=3 복제본과 두 개의 동기화된 복제본을 사용하면 세 복제본 중 하나의 복제본이 실패하더라도 클러스터를 여전히 사용할 수 있다. 특정 카프카 서버에서 장애가 발생하더라도 새 레코드를 여전히 두 개의 복제본에 저장할 수 있다. 해당 복제본에서 장애가 발생하면 모든 저장 작업이 적어도 두 개의 복제본에서 성공했기 때문에 데이터가 손실되지 않는다. 복제본이 손실된 경우에도 데이터는 최소한 하나 이상의 추가 복제본에 저장돼야 한다. 따라서 카프카는 여러 복제본과 동기화된 복제본 개수를 변경해 CAP 정리(10.2절 참고)와 관련된 다양한 절충안을 제공한다.

리더와 팔로어

복제는 하나의 리더^{leader}에서 데이터를 저장하고 나머지 복제 데이터를 팔로어^{follower}에서 저장하는 방식으로 구현돼 있다. 프로듀서는 리더에 직접 저장 요청을 보낸다. 하나의 배치로 여러 개의 저장 작업을 결합할 수 있다. 배치가 완료되고 변경 사항이 실제로 저장될 때까지 오래 걸릴 수 있다. 반면 한 번에 여러 레코드를 저장하는 것이 더 효율적이기 때문에 처리량이 증가한다. 저장을 조정하는 과부하는 각 레코드가 아니라 전체 배치에서 한 번만 발생한다.

재시도

컨슈머에 전달하는 것이 성공적이지 않다면 프로듀서는 API를 사용해 전달을 재시도하도록 지정할 수 있다. 기본 설정은 레코드 전달을 재시도하지 않도록 설정돼 있다. 따라서 레코드가 유실될 수 있다. 만약 전달이 한 번 이상 이뤄지도록 설정된다면 에러가 발생해도 레코드를 전달할 수 있을 것이다. 이 경우에는 컨슈머가 처리할 수 있어야 하는 복제본이 있을 것이다. 하나의 가능성은 멱등 처리를 제공하는 방법으로 컨슈머를 개발하는 것이다. 이는 컨슈머가 레코드를 얼마나 자주 처리하는지에 상관없이 컨슈머가 같은 상태에 있음을 의미한다(10.3절 참고). 예를 들어 복제본이 수신되면 컨슈머는 레코드가 이미 수정된 것으로 판단하고 무시할 수 있다.

컨슈머 그룹

"neworder42"와 같은 이벤트는 송장 마이크로서비스 인스턴스에서 한 번만 처리돼야 한다. 따라서 마이크로서비스의 한 인스턴스에서만 해당 이벤트를 받으면 된다. 한 주문에 대해서는 오직 하나의 송장만 작성된다. 그러나 마이크로서비스의 또 다른 인스턴스는 "neworder21"을 병렬로 처리할 수 있다.

컨슈머는 컨슈머 그룹으로 구성된다. 각 파티션은 컨슈머 그룹의 정확히 하나의 컨슈머에게 레코드를 보낸다. 한 컨슈머는 여러 파티션을 담당할 수 있다.

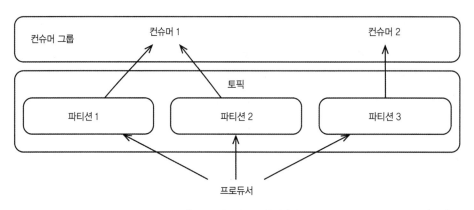

그림 11-2 컨슈머 그룹과 파티션

따라서 컨슈머는 하나 또는 여러 파티션의 메시지를 받는다. 그림 11-2는 관련 예시를 보여준다. 컨슈머 1은 파티션 1과 파티션 2의 메시지를 수신한다. 컨슈머 2는 파티션 3의 메시지를 수신한다.

그래서 송장 마이크로서비스 인스턴스는 하나의 컨슈머 그룹으로 구성될 수 있다. 각 레코드는 송장 마이크로서비스의 하나의 인스턴스에서만 처리될 수 있다.

특정 컨슈머가 특정 파티션에서 특정 메시지를 받으면 나중에 동일한 파티션에서 모든 메시지를 수신할 수 있을 것이다. 파티션당 메시지의 순서도 유지된다. 즉 서로 다른 파티션의 레코드를 병렬로 처리할 수 있으며 동시에 단일 파티션의 레코드 순서가 보장된다. 따라서 "neworder42" 키를 수신하는 송장 마이크로서비스의 인스턴스는 해당 레코드가 동일 파티션으로 전송된다면 "updated42" 키를 수신할 것이다. 따라서 해당 인스턴스는 42번 주문에 관한 모든 이벤트를 책임질 것이다.

물론 파티션에 대한 컨슈머 매핑이 안정적으로 유지되는 경우에만 적용된다. 예를 들어 새로운 컨슈머가 확장을 위해 컨슈머 그룹에 추가되면 매핑이 변경될 수 있다. 새로운 컨슈머는 적어도 하나의 파티션을 처리해야 한다. 해당 파티션은 이전에 다른 컨슈머에 의해 처리됐다.

컨슈머 그룹의 최대 컨슈머 개수는 파티션 개수와 동일하다. 각 컨슈머가 하나 이상의 파티션을 담당해야 하기 때문이다. 이상적으로 확장할 때 더 많은 컨슈머를 추가할 수 있도록 컨슈머보다 더 많은 파티션이 존재한다.

컨슈머는 항상 컨슈머 그룹의 구성원이다. 따라서 컨슈머는 카프카의 파티션으로 전송되는 레코드만 수신한다. 각 컨슈머가 모든 파티션의 모든 레코드를 수신하려면 하나의 구성원으로 구성된 각 컨슈머마다 별도의 컨슈머 그룹이 있어야 한다.

지속성

카프카는 메시징 시스템과 데이터 저장 솔루션이 혼합된 솔루션이다. 컨슈머는 파티션의 레코드를 읽을 수 있고 프로듀서는 파티션의 레코드를 저장할 수 있다. 레코드의 기본 저장 기간은 7일이지만 변경할 수 있다. 또한 레코드를 영구히 저장할 수 있다. 컨슈머는 레코드의 오프셋을 저장한다.

따라서 새로운 컨슈머는 자신의 상태를 업데이트하기 위해 프로듀서가 저장한 모든 레코드를 처리할 수 있다.

컨슈머가 모든 레코드를 빠른 시간 내로 처리하기에 너무 느리다면 카프카는 오랜 기간 동안 레코드를 저장한다. 따라서 컨슈머는 나중에 저장된 레코드를 계속 처리할 수 있다.

로그 컴팩션

카프카는 시간이 지남에 따라 더 많은 데이터를 저장해야 한다. 그러나 어떤 레코드는 어느 시점에서는 무의미해진다. 컨슈머가 여러 번 움직이면서 마지막 정보만 카프카의 레코드로 보관하기를 원할 수 있다. 로그 컴팩션Log Compaction이 이럴 때 사용된다. 마지막 레코드를 제외한 동일 키를 가진 모든 레코드가 제거돼야 한다. 따라서 키 선택은 매우 중요하며 로그 컴팩션 이후 모든 관련 레코드를 계속 사용할 수 있도록 도메인 로직 관점에서 고려해야 한다.

따라서 order 토픽에 로그 컴팩션이 수행되면 "updated42" 키를 포함하는 모든 이벤트를 삭제하지만 마지막 주문 이벤트는 삭제되지 않는다. 따라서 카프카의 가장 마지막 주문 업데이트만 계속 사용 가능하다.

11.3 카프카 이벤트

카프카를 통해 통신하는 시스템은 이벤트를 쉽게 교환할 수 있다(10.2절 참고).

- 레코드는 영구히 저장될 수 있다. 그래서 컨슈머는 레코드를 읽고 상태를 다시 구축할 수 있다. 컨슈머는 데이터를 로컬에 저장할 필요는 없지만 카프카에 의존할 수 있다. 그러나 이런 의존성은 모든 정보가 레코드에 저장돼야 함을 의미

한다. 10.2절에서 이벤트 접근 방법의 장단점을 다뤘다.

- 이벤트가 새로운 이벤트로 인해 관련성이 없어지면 카프카의 로그 컴팩션을 통해 데이터를 삭제할 수 있다.

- 컨슈머 그룹을 통해 카프카는 단일 컨슈머에서 각 레코드를 처리하도록 보장할 수 있다. 예를 들어 송장을 작성할 때처럼 문제를 단순화한다. 한 컨슈머만 송장을 작성할 수 있다고 가정하자. 여러 컨슈머가 동시에 여러 송장을 작성한다면 에러가 발생할 것이다.

이벤트 전송하기

프로듀서는 여러 번에 걸쳐 이벤트를 전송할 수 있다. 가장 간단한 옵션은 실제 동작이 발생된 뒤에 이벤트를 전송하는 것이다. 그래서 프로듀서는 주문을 먼저 처리한 후 이벤트를 통해 다른 마이크로서비스에 주문을 전달한다. 이 경우 프로듀서가 데이터베이스의 데이터를 변경하지만 이벤트를 전송하지 않을 수도 있다. 쉬운 예로 이벤트를 전달하기 전에 실패할 수 있다.

그러나 프로듀서는 데이터가 실제로 변경되기 전에 이벤트를 전송할 수도 있다. 따라서 새로운 주문이 도착하면 프로듀서는 로컬 데이터베이스의 데이터를 수정하기 전에 이벤트를 전송한다. 이벤트는 실제로 이미 발생한 이벤트에 대한 정보이기 때문에 별로 의미가 없다. 마지막으로 작업 중에 에러가 발생할 수 있다. 그다음 해당 이벤트는 이미 수행됐지만 아직 전달되지 않았다.

또한 실제 작업 전에 이벤트를 전송하는 것은 실제 작업이 수행되기 전에 이벤트가 전달되기 때문에 실제 작업이 지연되는 단점이 있다. 따라서 먼저 이벤트를 전송할 수 있다. 이벤트 전송 부분이 시간이 좀 걸리지만 이벤트를 전송한 후에 작업을 수행한다. 그래서 이벤트를 전송하는 데 걸리는 시간만큼 작업이 지연된다. 이는 성능 문제로 이어질 수 있다.

로컬 데이터베이스에서 이벤트를 수집해 일괄적으로 전송할 수도 있다. 이 경우 변경된 데이터를 쓰고 데이터베이스에 이벤트에 대한 데이터를 생성하는 작업은 하나의 트랜잭션에서 발생할 수 있다. 트랜잭션은 데이터가 변경되고 이벤트가 데이터베이스에 작성되거나 둘 다 수행되지 않도록 보장할 수 있다. 이 솔루션은 데이터베이스 테이블에 여러 이벤트를 한 번에 전달하기 위해 배치를 카프카에서 사용할 수 있기 때문에 더 높은 처리량을 얻을 수 있다. 그러나 대기 시간은 더 길어진다. 다음 배치가 생성된 후 카프카에서만 변경 사항을 찾을 수 있다.

11.4 예시

10.2절의 이벤트 예시(그림 11-3 참고)를 기반으로 설명한다. microservice-kafka-order 마이크로서비스는 주문 생성을 담당한다. 해당 마이크로서비스는 카프카 토픽으로 주문을 보낸다. microservice-kafka-order는 프로듀서이다.

두 마이크로서비스가 주문을 읽는다. microservice-kafka-invoicing 마이크로서비스는 주문에 대한 송장을 발행하고 microservice-kafka-shipping 마이크로서비스는 주문한 상품을 발송한다. 두 마이크로서비스는 두 컨슈머 그룹으로 속한다. 따라서 한 microservice-kafka-invoicing 마이크로서비스의 인스턴스와 한 microservice-kafka-shipping 마이크로서비스의 인스턴스를 카프카 레코드를 읽고 처리한다.

통신 데이터 모델

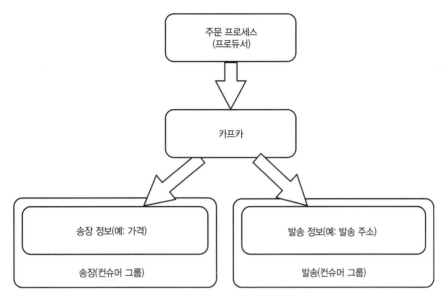

그림 11-3 카프카 예시

microservice-kafka-invoicing 마이크로서비스와 microservice-kafka-shipping 마이크로서비스에는 여러 정보가 필요하다. 송장 마이크로서비스에는 청구서 수신 주소와 주문한 물품 가격에 대한 정보가 필요하다. 발송 마이크로서비스에는 발송 주소가 필요하지만 가격은 필요치 않다.

두 마이크로서비스는 동일한 카프카 토픽과 레코드에서 필요한 정보를 읽는다. 유일한 차이점은 레코드에서 읽은 데이터다. 엄밀히 말하면 주문에 대한 데이터가 JSON으로 전달되기 때문에 쉽게 완료할 수 있다. 따라서 두 마이크로서비스는 불필요한 필드를 무시할 수 있다.

도메인 주도 설계와 전략적 설계

예시를 살펴보면 데이터의 통신과 변환은 매우 단순하다. DDD 패턴의 게시된 언어를 구현한다. 모든 시스템이 필요한 데이터를 읽는 표준화된 데이터 포맷이 있다. 다수의 통신 상대가 있으면 데이터 모델은 혼란스럽게 커질 수 있다.

이 경우 고객/공급자 패턴을 사용할 수 있다. 운송 팀과 송장 팀은 운송과 송장을 진행하기 위해 주문에 포함돼야 하는 데이터를 주문 팀에 요청한다. 주문 팀은 필요한 데이터를 제공한다. 따라서 인터페이스는 분리할 수 있을 것이다. 인터페이스를 별도로 분리하는 것이 뒷걸음치는 것처럼 보일 수 있다. 결국 게시된 언어는 모든 마이크로서비스에서 사용할 수 있는 공통 데이터 구조를 제공한다.

그러나 실제로 한 쪽에서는 운송과 송장이 필요하고 다른 쪽에서는 주문에 필요한 두 데이터 집합이 혼합돼 있다. 송장과 주문 또는 발송과 주문 간의 의사소통을 위해 해당 모델을 두 모델로 분리하면 어떤 데이터가 어느 마이크로서비스와 관련이 있는지 분명히 할 수 있고 변경에 대한 영향을 쉽게 평가할 수 있다. 두 데이터 모델은 서로 독립적으로 더 발전할 수 있다. 이는 마이크로서비스의 목표를 달성해 소프트웨어를 더 수월하게 수정할 수 있도록 하고 변경의 영향을 제한할 수 있다.

고객/공급자 패턴과 게시된 언어는 DDD의 전략적 설계에서 유래된 것이다(2.1절 참고). 또한 10.2절에서 어느 데이트가 이벤트에 포함되는지 설명했다.

통신 구현

통신은 다음과 같이 구현된다. microservice-kafka-order 프로젝트의 Order 클래스는 JSON으로 직렬화된다. microservice-kafka-invoicing 프로젝트의 Invoice 클래스와 microservice-kafka-shipping 프로젝트의 Shipping 클래스는 해당 JSON으로부터 데이터를 얻는다. 두 클래스는 각 마이크로서비스에서 필요하지 않은 필드를 무시한다. 유일한 예외는 Order의 orderLines이며 발송에서 shippingLines이고 Invoice에서는 invoiceLine이다. 변환할 때 JSON에서 데이터를 비직렬화하는 두 클래스에 setOrderLine 메소드가 있다.

데이터베이스의 데이터 모델

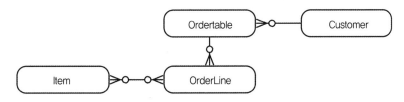

그림 11-4 microservice-kafka-order 마이크로서비스의 데이터 모델

주문 마이크로서비스 데이터베이스(그림 11-4 참고)에는 주문 테이블(Ordertable)과 주문의 개별 항목(OrderLine)이 포함돼 있다. 상품(Item)과 고객(Customer)도 자체 테이블을 갖고 있다.

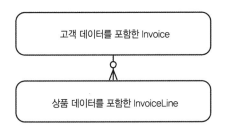

그림 11-5 microservice-kafka-invoice 마이크로서비스의 데이터 모델

microservice-kafka-invoice 마이크로서비스에 고객 테이블과 카탈로그 테이블이 누락됐다. 고객 데이터는 오직 송장의 일부로 저장되고 항목 데이터는 invoiceLine의 일부로 저장된다. 테이블의 데이터는 주문이 시스템으로 전달된 시점의 고객과 상품 데이터의 사본이다. 즉 고객이 자신의 데이터를 변경하거나 상품 가격을 변경하면 이전 송장에 영향을 주지 않는다. 이는 도메인 로직 관점에서 옳다. 결국 가격 변경은 이미 작성된 송장에는 영향을 미치지 않아야 한다. 그렇지 않으면 송장이 생성될 당시의 정확한 가격과 고객 정보를 얻는 작업이 매우 복잡한 데이터의 전체 내역을 통해서만 구현될 수 있다. 데이터베이스의 데이터 모델을 사용하면 할인이나 송장에 특별한 가격 제안을 쉽게 전달할 수 있다. 상품마다 다른 가격을 보내야 하는 경우에만 의미가 있다.

같은 이유로 kafka-shipping 마이크로서비스에는 데이터베이스 테이블 Shipping과 ShippingLine만 존재한다. 상품이 발송될 때 고객과 상품에 대한 데이터는 두 테이블에 저장된다.

다음 예시는 바운디드 컨텍스트가 도메인 모델을 단순화하는 방법을 보여준다.

비일관성

예시에서 또 다른 결과를 보여준다. 시스템 정보가 일관적이지 않을 수 있다. 송장이 없거나 발송이 없는 주문이 발생할 수 있다. 그러나 해당 주문은 계속 발생하지 않을 것이다. 어떤 시점에서 카프카 토픽에서 새로운 주문을 읽을 것이고, 새로운 주문은 송장과 발송을 생성할 것이다.

기술 구조

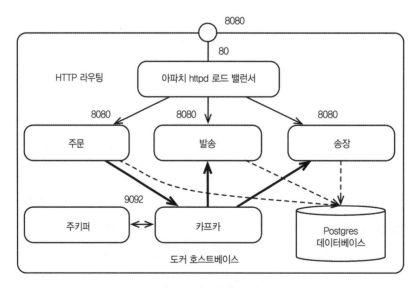

그림 11-6 카프카 시스템 개요

260

그림 11-6은 예시가 기술적으로 어떻게 설정돼 있는지 보여준다.

- 아파치 HTTP 로드 밸런서는 들어오는 HTTP 요청을 분산시킨다. 따라서 각 마이크로서비스의 인스턴스는 여러 개 존재할 수 있다. 이는 여러 컨슈머에게 레코드 배포를 보여줄 때 유용하다. 또한 외부에서는 아파치 httpd 서버에만 접근한다. 따라서 다른 마이크로서비스는 도커 네트워크 내부에서만 접근할 수 있다.

- 주키퍼는 카프카 인스턴스를 조정하고 토픽과 파티션 배포에 대한 정보를 저장한다. 이 예시에서는 https://hub.docker.com/r/wurstmeister/zookeeper/ 이미지를 사용한다.

- 카프카 인스턴스는 마이크로서비스 간의 통신을 보장한다. 주문 마이크로서비스는 발송 및 송장 마이크로서비스로 주문을 보낸다. 이 예시에서는 https://hub.docker.com/r/wurstmeister/kafka의 카프카 이미지를 사용한다.

- 마지막으로 주문, 발송, 송장 마이크로서비스는 동일한 Postgres 데이터베이스를 사용한다. 데이터베이스 인스턴스 내에서 각 마이크로서비스는 자체 데이터베이스 스키마를 갖고 있다. 따라서 마이크로서비스는 데이터베이스 스키마와 관련해 완전히 독립적이다. 동시에 하나의 데이터베이스 인스턴스로 모든 마이크로서비스를 실행할 수 있다. 대안은 각 마이크로서비스에 자체 데이터베이스 인스턴스를 제공하는 것이다. 그러나 이것은 도커 컨테이너의 수를 증가시키고 데모를 더 복잡하게 생성한다. 0.4절에서는 예시를 시작하려면 어떤 소프트웨어가 설치돼야 하는지 설명한다.

이 예시는 https://github.com/ewolff/microservice-kafka에서 확인할 수 있다. 예시를 시작하려면 먼저 git clone https://github.com/ewolff/microservice-kafka.git을 실행해 코드를 다운로드한다. 그리고 코드를 컴파일하기 위해 microservice-kafka 디렉터리에서 `./mvnw clean package`(맥OS, 리눅스) 또는 `mvnw.cmd clean package`(윈도우)를 실행해야 한다. 부록 B에서 메이븐과 메이븐 빌드를 사용하다 발생할 수 있는

문제 해결 방법을 설명하니 참고하기를 바란다. 그리고 docker 디렉터리에서 docker-compose build를 먼저 실행해 도커 이미지를 생성하고 docker-compose up -d를 실행해 도커 환경을 시작한다. 부록 C에서 도커, 도커 컴포즈, 도커 및 도커 컴포즈를 사용하다 발생할 수 있는 문제 해결 방법을 설명하니 참고하기를 바란다. 아파치 httpd 로드 밸런서를 8080포트에서 사용할 수 있다. 도커가 로컬에서 실행되는 경우 http://localhost:8080/에서 확인할 수 있다. 주문 마이크로서비스를 사용해 주문을 생성할 수 있다. 발송과 송장 마이크로서비스는 일정 기간 후에 주문 데이터를 표시해야 한다.

https://github.com/ewolff/microservice-kafka/blob/master/HOW-TO-RUN.md에서 단계별 예시 설치 및 시작을 설명하는 광범위한 문서를 찾을 수 있다.

레코드의 키

카프카는 데이터를 레코드로 전달한다. 각 레코드는 주문을 포함한다. 레코드의 키는 created 앞에 붙어 있는 주문 ID이다. 예를 들면 1created이다. 주문 ID만으로는 충분치 않다. 로그 컴팩션의 경우 마지막 레코드를 제외하고 동일한 키를 가진 모든 레코드가 삭제된다. 한 주문에 대해 다른 레코드가 있을 수 있다. 하나의 레코드는 새 주문의 생성 결과일 수 있으며 다른 레코드는 다른 주문 업데이트의 결과일 수 있다. 따라서 키는 로그 컴팩션 중에 주문에 속한 모든 레코드를 유지하기 위해 주문 ID 이상의 정보가 포함돼야 한다. 키가 주문 ID에만 해당하면 로그 컴팩션 후에 마지막 레코드만 남는다.

그러나 해당 접근 방법은 한 주문에 속한 레코드가 다른 키를 가지고 있기 때문에 다른 파티션의 다른 컨슈머에게 끝날 수 있다는 단점이 있다. 즉, 동일한 주문 정보를 포함한 레코드를 병렬로 처리한다면 에러가 발생할 수 있다.

커스텀 파티셔너 구현

이 문제를 해결하려면 특정 주문에 대한 모든 레코드를 하나의 파티션에 할당하는 기능을 구현해야 한다. 하나의 파티션은 하나의 컨슈머로 처리되며 파티션 내의 메시지 순서는 보장된다. 따라서 한 주문에 대한 모든 메시지가 모두 동일한 파티션에 존재한다면 올바른 순서대로 동일한 컨슈머가 처리하도록 보장한다.

해당 기능을 파티셔너^{Partitioner}(https://kafka.apache.org/0110/javadoc/org/apache/kafka/clients/producer/Partitioner.html)라 한다. 따라서 파티션에 레코드를 분배하기 위한 사용자 정의 코드를 작성할 수 있다. 그래서 프로듀서가 도메인 관점에 속한 모든 레코드를 동일한 파티션에 저장할 수 있고 동일 레코드가 다른 키를 갖고 있지만 동일 컨슈머가 모든 레코드를 처리할 수 있다.

레코드에 주문 관련 모든 정보 전송하기

결국 대안으로 키를 주문 ID로만 사용하는 것이다. 카프카의 로그 컴팩션 문제를 방지하려면 각 레코드에 주문의 전체 상태를 전달하는 것이다. 그래서 카프카에서 로그 컴팩션이 일어난 후에 주문의 마지막 레코드만 남아 있을지라도 카프카에 저장된 주문 데이터를 통해 주문의 상태를 재구성할 수 있다. 그러나 이는 모든 컨슈머가 필요로 하는 모든 데이터를 포함하는 데이터 모델을 필요로 한다. 해당 데이터 모델을 설계하는 데 상당한 노력이 들 수 있다. 게다가 유지보수가 복잡하고 어려울 수 있다. 그리고 해당 데이터 모델을 게시된 언어로 간주할 수 있지만 바운디드 컨텍스트 패턴과 다소 모순된다.

파티션과 토픽의 기술 매개변수

order 토픽은 주문 레코드를 포함한다. 도커 컴포즈는 docker-compose.yml 파일의 환경변수 KAFKA_CREATE_TOPICS를 토대로 토픽 순서가 생성되는 방법으로 카프카 도커 컨테이너를 구성한다.

order 토픽은 다섯 개의 파티션으로 나뉜다. 파티션을 더 많이 생성하면 병렬 처리를 더 많이 수행할 수 있다. 예시 시나리오에서는 높은 레벨의 병렬 처리를 수행하지 않는다.

파티션을 많이 사용하면 카프카 서버에서는 더 많은 파일 핸들이 필요하고 클라이언트에서 더 많은 메모리가 필요하다. 카프카 노드에 장애가 발생하면 각 파티션에 대해 새로운 리더를 선택해야 한다. 파티션이 더 많으면 처리 시간이 더 걸릴 수 있다. 예시에서는 자원을 절약하기 위해 파티션의 개수를 적게 설정했다. 토픽을 생성한 후에도 토픽의 파티션 개수를 변경할 수 있다. 그러나 이 경우에 파티션의 레코드 매핑 부분이 변경된다. 컨슈머에 대한 레코드 할당이 모호하기 때문에 문제가 발생할 수 있다. 따라서 파티션 개수를 처음부터 충분히 높게 설정해야 한다.

예시에서는 복제하지 않음

상용 환경에서는 개별 서버의 장애를 보완하기 위해 여러 서버 간의 복제가 필요하다. 예시의 경우 하나의 카프카 노드만 실행하기 때문에 카프카 운영에 필요한 복잡한 작업을 진행하지 않아도 된다.

프로듀서

주문 마이크로서비스는 주문 정보를 다른 마이크로서비스로 전달해야 한다. 이를 위해 마이크로서비스는 KafkaTemplate을 사용한다. 스프링 카프카 프레임워크의 Kafka Template 클래스는 프로듀서 API를 캡슐화하고 레코드를 쉽게 보낼 수 있다. send( ) 메소드만 호출하면 된다. 다음은 OrderService 클래스에 있는 코드다.

```
public Order order(Order order) {
  if (order.getNumberOfLines() == 0) {
    throw new IllegalArgumentException("No order lines!");
  }
  order.setUpdated(new Date());
  Order result = orderRepository.save(order);
  fireOrderCreatedEvent(order);
  return result;
```

```
}

private void fireOrderCreatedEvent(Order order) {
  kafkaTemplate.send("order", order.getId() + "created", order);
}
```

스프링 카프카는 Jackson 라이브러리를 사용해 자바 객체를 JSON 데이터로 변환한다. 예를 들어 자바 프로젝트의 application.properties 파일에서 JSON 직렬화 설정을 찾을 수 있다. docker-compose.yml에는 스프링 카프카에서 해석될 도커 컴포즈 환경변수를 정의한다. 도커 컴포즈 파일의 첫 번째 설정에 카프카 호스트와 포트를 정의한다. 따라서 docker-compose.yml의 카프카 서버를 포함하는 도커 컨테이너의 설정을 변경하면 프로듀서는 새로운 카프카 호스트를 사용할 것이다.

컨슈머

또한 컨슈머는 docker-compose.yml과 자바 프로젝트의 application.properties로 구성된다. 스프링 부트와 스프링 카프카는 자동으로 레코드를 읽고 처리하는 다중 스레드로 인프라를 구축한다. 코드에는 OrderKafkaListener 클래스의 @KafkaListener (topics = "order")로 주석 처리된 메소드만 있다.

```
@KafkaListener(topics = "order")
public void order(Invoice invoice, Acknowledgment acknowledgment) {
  log.info("Revceived invoice " + invoice.getId());
  invoiceService.generateInvoice(invoice);
  acknowledgment.acknowledge();
}
```

order 메소드의 첫 번째 매개변수는 JSON 데이터를 카프카 레코드에 포함하는 자바 객체다. 역직렬화^{deserialization}가 진행되면서 데이터 변환이 수행된다. 송장과 발송은 필요한 데이터만 읽는다. 나머지 정보는 무시된다. 물론 실제 시스템에서는 관련 필드를 필터링하는 것보다 더 복잡한 로직을 구현할 수도 있다.

order 메소드의 두 번째 매개변수의 타입은 Acknowledgment이다. 따라서 컨슈머가 레코드를 커밋할 수 있다. 에러가 발생하면 승인하지 않는다. 그래서 레코드는 다시 처리될 것이다.

카프카 예시의 데이터 처리는 멱등성이다. 레코드를 처리해야 할 때 먼저 데이터베이스에서 동일한 레코드의 이전 처리에서 발생한 데이터를 조회한다. 데이터가 발견되면 레코드는 분명히 중복이기 때문에 두 번 처리되지 않는다.

컨슈머 그룹

microservice-kafka-invoicing과 microservice-kafka-shipping 프로젝트의 application.properties 파일의 spring.kafka.consumer.group-id 설정은 마이크로서비스가 속한 컨슈머 그룹을 정의한다. 모든 송장과 발송 마이크로서비스의 인스턴스는 하나의 컨슈머 그룹을 구성한다. 따라서 정확히 하나의 송장과 발송 마이크로서비스의 인스턴스는 해당 컨슈머 그룹의 레코드를 수신한다. 이렇게 구성하면 여러 인스턴스에서 주문 레코드를 동시에 처리하지 않는다.

docker-compose up --scale shipping=2를 실행하면 더 많은 발송 마이크로서비스가 실행된다. docker logs -f mskafka_shipping_1을 실행해 해당 도커 인스턴스의 출력을 살펴볼 수 있다. 그리고 인스턴스에 할당된 파티션 정보와 추가 인스턴스가 시작될 때 할당 변경 사항을 보게 된다. 마찬가지로 새로운 주문이 생성, 처리될 때 어느 인스턴스가 레코드를 처리하는지 확인할 수 있다.

또한 토픽의 내용을 살펴볼 수도 있다. 먼저 docker exec -it mskafka_kafka_1 /bin/sh 커맨드를 실행해 카프카 컨테이너에서 셸을 시작한다. kafka-console-consumer.sh --bootstrap-server kafka:9092 --topic order --from-beginning 커맨드를 실행하

면 order 토픽의 전체 내용을 표시한다. 모든 마이크로서비스는 컨슈머 그룹에 속하고 처리된 레코드를 커밋했기 때문에 새로운 레코드만 받는다. 그러나 실제로 새로운 컨슈머 그룹은 모든 레코드를 다시 처리한다.

내장 카프카로 테스팅

JUnit 테스트에는 내장 카프카 서버를 사용해 마이크로서비스의 기능을 분석할 수 있다. 내장 카프카 서버는 JUnit 테스트와 동일한 JVM^{Java Virtual Machine}에서 실행된다. 따라서 테스팅 인프라를 구축할 필요가 없기 때문에 테스팅 이후에 인프라를 다시 원래대로 둘 필요가 없다.

따라서 기본적으로 두 가지가 필요하다.

- 내장 카프카를 시작해야 한다. @ClassRule을 사용하면 JUnit은 테스팅하기 전에 카프카 서버를 시작하고 테스팅을 완료한 후에 다시 종료할 수 있다. 그래서 @ClassRule 변수가 코드에 추가돼야 한다.

```
@ClassRule
public static KafkaEmbedded embeddedKafka =
  new KafkaEmbedded(1, true, "order");
```

- 스프링 부트에서 카프카 서버를 사용할 수 있도록 설정돼야 한다. 해당 코드를 @BeforeClass 주석 처리한 메소드에서 찾을 수 있기에 테스팅 전에 실행된다.

```
@BeforeClass
public static void setUpBeforeClass() {
  System.setProperty("spring.kafka.bootstrap-servers",
    embeddedKafka.getBrokersAsString());
}
```

데이터 포맷, Avro

Avro(http://avro.apache.org/)는 카프카(https://www.confluent.io/blog/avro-kafka-data/)와 빅 하둡 영역의 빅데이터 솔루션과 함께 자주 사용되는 데이터 포맷이다. Avro는 바이너리 프로토콜이지만 JSON 표현도 제공한다. 예를 들어 파이썬, 자바, C#, C++, C용 Avro 라이브러리가 있다.

Avro는 스키마를 지원한다. 각 데이터 집합은 저장되거나 스키마와 함께 전달된다. 최적화를 수행하기 위해 전체 스키마 사본 대신 스키마 저장소의 스키마에 대한 참고를 사용할 수 있다. 따라서 데이터 포맷이 명확하다. 스키마에는 필드에 대한 문서가 포함돼 있다. 따라서 장기간에 걸쳐 데이터를 해석할 수 있고 데이터의 의미가 명확해진다. 또한 데이터를 읽을 때 다른 포맷으로 변환할 수 있다. 해당 기능은 스키마 진화(https://martin.kleppmann.com/2012/12/05/schema-evolution-in-avro-protocol-buffers-thrift.html)를 용이하게 한다. 기본값이 정의된 경우 새로운 필드를 추가해 이전 데이터를 기본값을 사용해 새로운 스키마로 이동할 수 있다. 필드가 삭제되면 새로운 데이터를 이전 스키마로 변환할 수 있도록 다시 기본값을 지정할 수 있다. 게다가 필드 이름이 저장되기 때문에 필드 순서는 변경될 수 있다.

스키마 마이그레이션과 관련된 유연성의 장점은 매우 오래된 레코드를 현재 소프트웨어와 현재 스키마를 사용해 처리할 수 있다는 점이다. 또한 오래된 스키마를 기반으로 하는 소프트웨어는 새로운 데이터를 처리할 수 있다. MOM에서는 일반적으로 메시지가 장기간 저장되지 않기 때문에 해당 요구 사항을 갖지 않는다. 오랜 기간 동안 레코드를 저장하는 스키마 진화는 도전적이다.

11.5 레시피 변형

예시에서는 레코드에 이벤트에 대한 데이터를 함께 전달한다. 이에 대한 대안은 존재한다(11.4절 참고).

- 전체 데이터 집합, 즉 완전한 주문이 항상 함께 전달된다.
- 레코드에는 주문에 대한 데이터 집합의 ID만 포함될 수 있다. 그리고 수신자는 실제로 필요한 데이터 집합에 대한 정보만 검색할 수 있다.
- 각 클라이언트마다 개별 토픽이 있다. 모든 레코드는 클라이언트에 맞는 자체 데이터 구조를 갖는다.

다른 MOM

카프카의 대안은 다른 MOM이 될 것이다. 팀에서 이미 여러 MOM에 대한 풍부한 경험이 있다면 다른 MOM을 사용하는 것은 좋은 생각일 수 있다. 카프카는 다른 MOM과 달리 장기간 레코드를 저장한다. 그러나 레코드는 이벤트 소싱에만 관련됐다. 그리고 심지어 모든 마이크로서비스는 이벤트 자체를 저장할 수 있다. 따라서 MOM의 저장소가 반드시 필요한 것은 아니다. 데이터 모델에 문제가 발생하기 때문에 어려울 수도 있다.

마찬가지로 Atom과의 비동기 통신(12장 참고)을 구현할 수 있다. 그러나 마이크로서비스 시스템에 비동기 통신을 위한 솔루션을 하나만 두어 시스템을 구축하고 유지보수하는 노력이 너무 크지 않도록 한다. 따라서 Atom과 카프카 또는 다른 MOM을 동시에 사용하는 것을 피해야 한다.

카프카는 프론트엔드 통합과 결합될 수 있다(7장 참고). 해당 접근 방법은 서로 다른 레벨에서 동작하므로 결합된 사용 방법이 문제를 일으키지 않는다. 동기 메커니즘(13장 참고)과의 결합은 마이크로서비스가 동기 또는 비동기로 통신할 것이기 때문에 의미가 없다. 그러나 동기 통신이 필요한 상황에서는 동기 메커니즘 조합이 유용할 수 있다.

11.6 실험

- 추가 마이크로서비스를 사용해 시스템을 보완한다.
  - ㅇ 고객은 주문 금액에 따라 보너스를 받거나 가격을 할인받는 마이크로서비스를 사용할 수 있다.
  - ㅇ 물론 기존 마이크로서비스 중 하나를 복사하고 수정할 수 있다.
  - ㅇ 카프카의 order 토픽에 카프카 컨슈머를 구현한다. 주문 메시지를 주문하거나 계산할 때 보너스를 고객에게 제공해야 한다.
  - ㅇ 게다가 마이크로서비스는 정보(고객 보너스 또는 메시지 수)가 있는 HTML 페이지를 제공해야 한다.
  - ㅇ 마이크로서비스를 도커 이미지를 기반으로 실행하고 docker-compose.yml에서 참고하게 한다. 도커 컨테이너의 이름을 지정할 수도 있다.
  - ㅇ 아파치 컨테이너에서 새로운 서비스를 포함하는 컨테이너로, 새로운 서비스를 포함하는 컨테이너에서 kafka 컨테이너로 연결되는 docker-compose.yml을 생성한다.
  - ㅇ 마이크로서비스는 홈페이지에서 접근할 수 있어야 한다. 먼저 아파치 도커 컨테이너의 000-default.conf 파일에 새로운 도커 컨테이너에 대한 부하 밸런서를 생성해야 한다. 도커 컨테이너의 이름을 사용한다. 그리고 새로운 로드 밸런서에 대한 링크를 index.html 파일에 추가해야 한다.
- 발송 또는 송장 처리 마이크로서비스의 추가 인스턴스를 시작할 수 있다. docker-compose up -d --scale shipping=2 또는 docker-compose up -d --scale invoicing=2를 실행할 수 있다. 도커 로그 mskafka_invoicing_2를 실행해 로그를 볼 수 있다. 로그에서 마이크로서비스 처리할 카프카 파티션을 보여준다.
- 카프카는 카프카 스트림으로 데이터를 변환할 수도 있다. 웹에서 카프카 스트림 기술을 찾아볼 수 있다.
- 현재 예시 애플리케이션은 JSON을 사용한다. Avro(http://avro.apache.org/)

로 직렬화를 구현한다. Avro로 시작 가능한 예시는 https://www.codenot
found.com/2017/03/spring-kafka-apache-avro-example.html이다.

- 로그 컴팩션을 사용하면 토픽에서 불필요한 레코드를 삭제할 수 있다. 로그 컴
팩션은 https://kafka.apache.org/documentation/#compaction에서 설명
한다. 로그 컴팩션을 활성화하려면 토픽을 생성할 때 수행돼야 한다. https://
hub.docker.com/r/wurstmeister/kafka/도 참고한다. 로그 컴팩션을 활성화
하려면 예시를 변경한다.

11.7 결론

카프카는 마이크로서비스 간의 비동기 통신에 대한 흥미로운 접근 방법을 제공한다.

장점

- 카프카는 레코드를 영구적으로 저장할 수 있다. 일부 시나리오에서는 해당 저
장 방식은 이벤트 소싱을 쉽게 사용할 수 있다. 게다가 스키마 진화와 같은 문
제를 해결하기 위해 Avro를 사용한다.
- 컨슈머의 오버헤드는 낮다. 각 파티션의 위치만 기억하면 된다.
- 카프카의 파티션에는 병렬 처리 개념을 가지고 있으며 컨슈머 그룹에서는 컨슈
머가 레코드 순서를 보장하는 개념을 가지고 있다. 해당 개념들을 통해 카프카
는 컨슈머에게 메시지 배달을 보장할 수 있으며 동시에 여러 컨슈머들에게 메
시지를 배포할 수 있다.
- 카프카는 메시지 배달을 보장할 수 있다. 컨슈머는 성공적으로 처리한 레코드
를 커밋한다. 에러가 발생하면 레코드를 커밋하지 않고 다시 처리하려고 시도
한다.

따라서 마이크로서비스에서 다른 비동기 통신 메커니즘이 유용하더라도 카프카를 살펴
볼 것을 추천한다.

도전 과제

그러나 카프카는 다음과 같은 몇 가지 도전 과제를 제시한다.

- 카프카는 추가 인프라 컴포넌트이기 때문에 운영이 필요하다. 특히 메시징 솔
  루션 특성상 카프카 설정이 쉽지 않다.
- 카프카를 이벤트 저장소로 사용한다면 레코드에는 모든 클라이언트가 필요로
  하는 모든 데이터를 포함해야 한다(2.1절 참고).

12

레시피: Atom 및 REST로 비동기 통신

12장에서는 Atom 데이터 포맷을 기반으로 하는 마이크로서비스의 통합에 대해 다룬다. Atom과 REST를 사용해 통합하는 모습인지 무엇인지 보여주는 간단한 예시(https://github.com/ewolff/microservice-atom)를 소개한다.

12장에서 다음을 설명한다.

- Atom 포맷, Atom 동작 방법, 마이크로서비스의 비동기식 통신을 Atom으로 사용하는 방법
- REST, HTTP를 통한 비동기 통신을 할 수 있는 Atom 대안 솔루션과 여러 포맷의 장점과 단점
- 비동기 통신뿐만 아니라 REST, HTTP를 효율적으로 사용할 수 있는 방법
- HTTP, REST, Atom을 기반으로 한 비동기 시스템 구현

12.1 Atom 포맷

Atom은 원래 블로그에서 구독자가 접근할 수 있도록 개발된 데이터 포맷이다. Atom 문서에는 구독자가 시간 순서대로 읽을 수 있는 블로그 게시물을 포함한다. 블로그 외에도 Atom은 팟캐스트^{Podcast}에서도 사용할 수 있다. Atom 프로토콜은 매우 유연하

기 때문에 다른 타입의 데이터에도 적합하다. 예를 들어 마이크로서비스는 새로운 주문에 대한 정보를 다른 마이크로서비스에 Atom 피드로 제공할 수 있다. 애플리케이션을 통합하기 위해 HTTP와 같은 웹 프로토콜을 사용하는 REST 접근 방법을 사용할 수 있다.

Atom(https://validator.w3.org/feed/docs/atom.html)은 프로토콜이 아니라 데이터 포맷이다. http://innoq.com/order/feed와 같은 URL에 대한 GET 요청은 Atom 포맷의 주문을 포함하는 문서를 리턴할 수 있다. 해당 문서에 주문 세부 정보에 대한 링크를 포함할 수 있다.

MIME 타입

HTTP 기반 통신은 MIME 타입Multipurpose Internet Mail Extensions을 사용한 콘텐트 타입을 나타낸다. Atom의 MIME 타입은 application/atom+xml이다. 콘텐트 협상content negotiation 때문에 동일한 URL에 대해 Atom 외에도 다른 데이터 표현을 제공할 수 있다. HTTP는 콘텐트 협상을 지원한다. HTTP 클라이언트는 처리할 수 있는 데이터 포맷이 무엇인지 헤더를 통해 알린다. 그러면 서버는 적절한 포맷으로 응답을 보낸다. 따라서 클라이언트는 accept 헤더를 사용해 모든 주문을 JSON으로 요청하거나 동일 URL의 Atom 피드로 마지막 변경을 요청할 수 있다.

피드

```xml
<?xml version="1.0" encoding="UTF 8"?>
<feed xmlns="http://www.w3.org/2005/Atom">
  <title>Order</title>
  <link rel="self" href="http://localhost:8080/feed" />
  <author>
    <name>Big Money Online Commerce Inc.</name>
  </author>
```

```
   <subtitle>List of all orders</subtitle>
   <id>tag:ewolff.com/microservice-atom/order</id>
   <updated>2017 04 20T15:28:50Z</updated>
   <entry>
   ...
   </entry>
</feed>
```

Atom 포맷의 문서를 Atom 피드[feed]라 한다. Atom 피드는 여러 컴포넌트를 포함한다. 첫 번째 Atom 피드는 메타데이터를 정의한다. Atom 표준은 이 메타데이터가 다음과 같은 엘리먼트로 구성돼야 한다고 정의한다.

- id는 전역적으로 모호하지 않고 영구적인 URI[Uniform Resource Identifier]이다. 피드를 식별해야 한다. 목록에서 태그 URI를 통해 수행된다.
- title은 사람이 읽을 수 있는 형태의 피드 제목이다.
- updated는 피드가 마지막으로 변경된 시점을 포함한다. 이 정보는 새로운 데이터가 있는지 여부를 확인해야 하기에 중요하다.
- author(이름[name], 이메일[email], uri 포함)도 있어야 한다. 이는 물론 블로그에 도움이 된다. 그러나 데이터를 전송하는 Atom 피드가 의미가 없는 것처럼 보인다. 그러나 문제가 발생할 경우 연락 담당자를 지정할 때 유용할 수 있다.
- 여러 link 엘리먼트를 사용하는 것이 좋다. 각 엘리먼트에는 피드와 링크 간의 관계를 나타내는 rel이라는 속성이 있다. href 속성은 실제 링크를 포함한다. 링크를 사용해 데이터의 HTML 표현에 대한 링크를 제공한다. 또한 피드는 자체 링크를 사용해 사용 가능한 URL을 나타낸다.

추가할 수 있는 메타데이터가 있다.

- category는 피드의 주제 영역을 특정 영역으로 좁힌다(예: 스포츠 분야). 물론 category는 데이터에 많은 의미를 갖지 않는다.

- author와 유사하게 contributor는 피드에 기여한 사람들에 대한 정보를 포함한다.
- generator는 피드를 생성한 소프트웨어를 나타낸다.
- icon은 작은 아이콘인 반면 logo는 큰 아이콘을 나타낸다. 따라서 아이콘을 통해 데스크톱에서 블로그 또는 팟캐스트를 표현할 수 있다. 데이터 피드에 icon은 그다지 유용하지 않다.
- rights는 저작권을 정의한다. 해당 엘리먼트는 마찬가지로 블로그 또는 팟캐스트에서 많이 사용된다.
- 마지막으로 subtitle은 구독자가 읽을 수 있는 피드에 대한 설명이다.

이전 목록에서 설명한 것처럼 id, title, updated 데이터로 Atom 피드를 설명하기에 충분하다. subtitle로 문서를 이해할 수 있다. 또한 피드의 URL을 문서화로 link를 포함할 수 있다. 그리고 그 외 모든 엘리먼트는 실제로 필요하지 않다.

엔트리

이전 예시에서 가장 중요한 부분인 피드 엔트리feed entry의 설명이 빠져 있다. 엔트리는 다음 포맷을 따른다.

```
<entry>
  <title>Order 1</title>
  <id>tag:ewolff.com/microservice-atom/order/1</id>
  <updated>2017 04 20T15:27:58Z</updated>
  <content type="application/json"
    src="http://localhost:8080/order/1" />
  <summary>This is the order 1</summary>
</entry>
```

피드에 포함된 엔트리는 Atom 표준에 따라 다음 데이터로 구성돼야 한다.

- id는 URI로서 전역적으로 모호하지 않은 식별자다. 따라서 해당 피드를 보면 id 가 **tag:ewolff.com/microservice-atom/order/1**이고 두 번째 엔트리는 없다. 해당 URI는 tag URI로서 전역적으로 모호하지 않은 식별자를 위한 태그 URI (https://en.wikipedia.org/wiki/Tag_URI_scheme)이다.

- title은 사람이 읽을 수 있는 제목이다.

- updated는 마지막으로 변경된 시점을 의미한다. 클라이언트는 특정 엔트리의 마지막 상태를 이미 알고 있는지 여부를 결정할 수 있어야 한다.

또한 다음 엘리먼트가 권장된다.

- 피드를 설명한 것처럼 author는 엔트리의 작성자를 의미한다.

- link에는 링크가 포함될 수 있다(예: 실제 엔트리에 대한 링크다).

- summary는 콘텐츠의 요약이다. 콘텐츠가 link를 통해서만 접근할 수 있거나 XML 미디어 타입이 없다면 제공돼야 한다. 이전 예시가 이런 경우다.

- content는 엔트리의 전체 콘텐츠 또는 실제 콘텐츠에 대한 링크일 수 있다. 엔트리 데이터에 대한 접근을 사용하려면 콘텐츠를 제공하거나 교체 콘텐츠 링크를 제공해야 한다.

- 또한 category와 contributor는 선택 사항이며 피드의 각 엘리먼트와 유사하다. published는 출간된 처음 날짜를 의미할 수 있다. rights 엘리먼트는 권한을 명시한다. 엔트리가 다른 피드의 사본인 경우 source는 원본 소스의 이름을 지정할 수 있다.

이전 예시는 id, title, summary, updated 엘리먼트가 존재한다. link를 통해 데이터에 접근할 수 있다. 문서의 content 엘리먼트에 데이터가 포함될 수도 있다. 그러나 이 경우 문서가 매우 커진다. link를 통해 문서를 작게 유지할 수 있다. 각 클라이언트는 link를 통해 추가 데이터에 접근할 수 있고 실제로 관련된 데이터를 제한할 수 있다.

툴

https://validator.w3.org/feed/#validate_by_input에는 Atom 피드가 유효한지(예: 필요한 모든 엘리먼트 존재 여부)를 확인할 수 있는 유효성 검사기가 제공된다.

Atom 포맷의 서버를 제공하는 Atom Hopper(http://atomhopper.org/)와 같은 툴이 있다. 해당 툴을 사용하면 애플리케이션은 Atom 데이터를 생성할 필요가 없으며 서버에 새로운 데이터를 게시할 수 있다. 그리고 서버는 정보를 Atom으로 변환한다. 클라이언트는 서버에서 Atom 데이터를 가져올 수 있다.

효율적인 Atom 피드 폴링

Atom과의 비동기 통신은 클라이언트가 서버에서 데이터를 정기적으로 요청하고 새로운 데이터를 처리하는 것으로 이뤄진다. 이를 폴링polling이라 한다.

클라이언트는 주기적으로 피드를 읽고 피드의 updated 필드를 확인해 데이터가 변경됐는지 확인할 수 있다. 이 경우 클라이언트는 엔트리의 updated 엘리먼트를 찾아 새로운 엔트리를 찾아서 처리할 수 있다.

폴링은 전체 피드를 생성하고 전송해야 하기 때문에 시간이 오래 걸린다. 마지막으로 피드의 일부 엔트리만 읽는다. 실제로 대부분의 폴링 요청 결과는 새로운 엔트리가 없음을 보여주는 것이 많다. 따라서 전체 피드를 생성하고 전송하는 것은 의미가 없다.

HTTP 캐싱

폴링을 효과적으로 처리하려면 해결하는 가장 간단한 방법은 HTTP 캐싱이다(그림 12-1 참고).

HTTP는 HTTP 응답에서 Last-Modified라는 이름의 헤더를 제공한다. Last-Modified 헤더는 데이터가 마지막으로 변경된 시기를 의미한다. Last-Modified 헤더는 피드의 updated 필드의 기능을 대신한다.

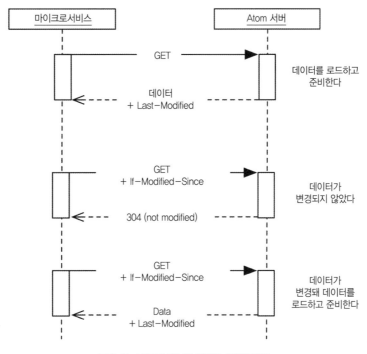

그림 12-1 HTTP 캐싱을 이용한 효율적인 풀

클라이언트는 HTTP 헤더의 값을 저장한다. 그리고 HTTP GET 요청에 클라이언트는 GET 요청과 함께 If-Modified-Since 헤더에 읽기 값을 보낸다. 데이터가 변경됐다면 서버는 HTTP 304(변경되지 않음) 상태 코드를 응답한다. 그리고 상태 코드를 제외하고 어떠한 데이터를 전송하지 않는다.

데이터가 변경됐는지 쉽게 결정할 수 있다. 예를 들어 데이터베이스의 마지막 변경 시간을 결정하는 코드를 구현할 수 있다. 이는 모든 데이터를 Atom 표현으로 변환하는 것보다 훨씬 효율적이다.

데이터가 실제로 변경됐다면 서버는 요청에 대해 200(OK)으로 정상적으로 응답된다. 또한 클라이언트가 HTTP 캐싱을 다시 사용할 수 있도록 Last-Modified 헤더에 새로운 값이 전송된다.

그림 12-1의 예시에서 해당 접근 방법을 구현한다. 지정된 If-Modified-Since 헤더를 포함한 요청을 데이터베이스에서는 마지막 변경 시간과 비교하고 결정하는 데 사용된다. 데이터가 변경되지 않으면 HTTP 304 상태 코드를 리턴한다. 이 경우 HTTP 요청에 응답하는 데 하나의 데이터베이스 쿼리만 필요하다.

또 다른 대안은 Atom 피드를 한 번 만들고 정적 자원으로 웹 서버에 저장하는 것이다. 이 경우 동적 생성은 한 번만 수행된다. 정적 생성 방법은 매우 큰 피드에도 효율적으로 동작한다. 이 경우 정적 자원에 대한 HTTP 캐싱 구현은 웹 서버에 달려 있다.

또 다른 방법은 ETags(https://en.wikipedia.org/wiki/HTTP_ETag)를 사용하는 HTTP 캐싱이다. 여기서 서버는 데이터와 함께 ETag를 리턴한다. ETag는 버전 번호 또는 체크섬checksum과 비교할 수 있다. 추가 요청의 경우 클라이언트는 ETag를 함께 보낸다. 서버는 ETag를 사용해 그동안 데이터가 변경됐는지 여부를 확인하고 새로운 데이터를 사용할 수 있는 경우에만 데이터를 제공한다. 그러나 예시에서는 특정 시점 이후로 새로운 주문을 수락했는지 여부를 확인하는 것이 훨씬 쉽다. 예시에서 ETags를 사용하는 것은 의미가 없다.

페이지 매김과 필터링

클라이언트가 모든 이벤트에 관심이 없다면 URL에 매개변수를 설정해 모든 이벤트를 받지 않음을 알릴 수 있다. 이를테면 http://ewolff.com/order?from=23&to=42와 같은 URL을 사용해 페이지 매김(Pagination)을 수행할 수 있다. 이벤트 필터링을 위해 http://ewolff.com/order?name=Wolff처럼 사용할 수 있다. 물론 페이지 매김과 필터링은 캐싱과 결합될 수 있다. 그러나 각 클라이언트가 자체 페이지 매김과 필터를 사용하면 서버 측에서 캐싱이 너무 많이 달라지기 때문에 비효율적일 수 있다. 따라서 캐싱 효율성을 높이려면 페이지 매김과 필터링 옵션을 제한해야 할 수 있다.

푸시와 풀 방식

이전에 설명한 조건부 GET과 같은 HTTP 최적화를 통해 통신 속도를 크게 높일 수 있다. 그러나 푸시 메커니즘의 경우, 클라이언트와 서버가 연결된 상태에서 서버가 변경 사항을 클라이언트에 적극적으로 알린다. 따라서 푸시 방식이 더 효율적인 것으로 보인다. 그러나 풀 방식은 클라이언트가 실제로 처리할 수 있을 때 새로운 데이터를 요청한다는 장점을 갖는다. 이렇게 하면 클라이언트가 너무 많은 부하를 받는 경우 클라이언트가 요청을 처리하지 못한다.

데이터 전달 보장

HTTP를 사용하는 Atom은 데이터 전달을 보장할 수 없다. Atom 서버는 데이터만 제공한다. 따라서 데이터 전달 여부는 책임지지 않는다. 모니터링은 문제를 확인하고 필요한 경우 문제를 해결하는 데 도움이 될 수 있다. 따라서 Atom 자원이 절대로 필요하지 않은 경우는 매우 드물다. 그러나 HTTP 프로토콜에 확인 응답을 보낼 수 있는 방법이 없다.

오래된 이벤트

원칙적으로 Atom 피드에 이전에 발생한 모든 이벤트가 포함될 수 있다. 10.2절에서 언급했듯이 이벤트 소싱에 관심 있을 수 있다. 마이크로서비스는 이전의 모든 이벤트를 다시 처리해 상태를 재구성할 수 있다.

이전의 이벤트 데이터가 이미 마이크로서비스에 저장된 경우 마이크로서비스는 해당 데이터를 사용할 수 있도록 해야 한다. 예를 들어 서비스에 이미 모든 주문이 포함돼 있다면 필요한 경우 해당 주문 정보를 추가로 Atom 피드로 제공할 수 있다. 이 경우는 오래된 이벤트를 추가로 저장할 필요가 없다. 따라서 오래된 이벤트에 접근하도록 노력하지 않아도 된다.

12.2 예시

예시는 https://github.com/ewolff/microservice-atom에 존재한다.

Atom 예시는 카프카 장(11.4절)의 예시와 비슷하며 10.2절의 이벤트 예시를 기반으로 한다. 주문 시스템은 주문을 생성한다. 주문 데이터를 기반으로 송장 마이크로서비스는 송장을 생성하고 발송 마이크로서비스는 발송한다. 데이터 모델과 데이터베이스 스키마는 카프카 예시와 동일하다. Atom을 통해서만 통신이 이뤄진다.

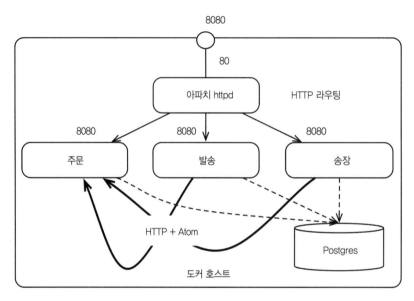

그림 12-2 Atom 시스템의 개요

그림 12-2는 예시의 구성을 설명한다.

- 아파치 httpd는 호출을 마이크로서비스에 분배한다. 아파치 httpd는 도커 컴포즈 서비스 링크를 사용한다. 도커 컴포즈는 간단한 로드 밸런싱을 제공한다. 아파치 httpd는 외부 호출을 마이크로서비스 인스턴스 중 하나에 전달하기 위해 도커 컴포즈의 로드 밸런싱을 사용한다.

- 주문 마이크로서비스는 송장 및 발송 마이크로서비스가 새로운 주문에 대한 정보를 읽을 수 있는 Atom 피드를 제공한다.
- 모든 마이크로서비스는 동일한 Postgres 데이터베이스를 사용한다. 데이터베이스에는 각 마이크로서비스가 사용하는 자체 데이터베이스 스키마를 갖고 있다. 따라서 마이크로서비스는 데이터베이스 스키마와 관련해 완전히 독립적이다. 동시에 하나의 데이터베이스 인스턴스로 모든 마이크로서비스를 실행할 수 있다.

0.4절에서 예시를 시작하기 위해 어떤 소프트웨어를 설치해야 하는지 설명한다. 예시는 https://github.com/ewolff/microservice-atom에서 확인할 수 있다. 예시를 시작하려면 먼저 git clone https://github.com/ewolff/microservice-atom.git을 실행해 코드를 다운로드해야 한다. 그리고 microservice-atom 디렉터리에서 ./mvnw clean package(맥OS, 리눅스) 또는 mvnw.cmd clean package(윈도우) 커맨드를 실행해야 한다. 부록 B에서 메이븐과 메이븐 빌드에서 발생할 수 있는 문제 해결 방법을 설명하니 참고하기를 바란다. 마지막으로 도커 이미지를 생성하기 위해 docker 디렉터리에서 docker compose build를 실행하고 환경을 실행하기 위해 docker compose up -d를 실행한다. 부록 C에서 도커, 도커 컴포즈, 도커 및 도커 컴포즈에서 발생할 수 있는 문제 해결 방법을 설명하니 참고하기를 바란다. 이제 아파치 httpd 로드 밸런서를 8080포트에서 사용할 수 있다(예: http://localhost:8080/). 다른 마이크로서비스를 사용해 새로운 주문을 추가할 수 있고 결국 송장과 발송 마이크로서비스에도 나타난다.

https://github.com/ewolff/microservice-atom/blob/master/HOW-TO-RUN.md는 예시를 실행하는 데 필요한 여러 단계가 자세히 설명돼 있다.

Atom 뷰의 구현

microservice-atom-order 프로젝트의 OrderAtomFeedView 클래스는 Atom 피드를 스프링 MVC 프레임워크의 뷰로 구현한다. 스프링 MVC는 시스템을 MVC(모델Model,

뷰^{View}, 컨트롤러^{Controller})로 나눈다. 컨트롤러는 로직을 포함하고 데이터를 모델링하고 뷰는 모델의 데이터를 표시한다. 스프링 MVC는 HTML 기반의 많은 뷰 기술을 지원한다. Atom의 경우 스프링은 Rome 라이브러리(https://rometools.github.io/rome/)를 사용한다. Rome 라이브러리는 데이터를 피드의 feed와 entry로 표시할 수 있는 자바 객체를 제공한다.

컨트롤러 구현

```
public ModelAndView orderFeed(WebRequest webRequest) {
  if ((orderRepository.lastUpdate() != null)
    && (webRequest.checkNotModified(orderRepository.lastUpdate().getTime()))) {
    return null;
  }
  return new ModelAndView(new OrderAtomFeedView(orderRepository),
    "orders", orderRepository.findAll());
}
```

OrderController 클래스의 orderFeed() 메소드는 OrderAtomFeedView 클래스를 사용해 Atom 피드를 표시한다. OrderAtomFeedView가 뷰로 표시되고 주문 리스트가 모델로 리턴된다. 그리고 뷰는 모델의 주문을 피드에 표시한다.

서버에서 HTTP 캐싱 구현

스프링은 WebRequest 클래스의 checkNotModified() 메소드를 제공해 HTTP 캐싱 처리를 단순화한다. 그리고 마지막 업데이트 시간이 해당 메소드로 전달된다. Order Repository의 lastUpdate() 메소드는 데이터베이스 쿼리를 사용해 업데이트 시점을 결정한다. 각 주문에는 주문이 발생한 시간을 포함한다. lastUpdate()는 최댓값을 리턴한다. checkNotModified()는 전달된 값과 요청의 If-Modified-Since 헤더 값과 비교한다. 최근 데이터를 리턴할 필요가 없으면 메소드는 true를 리턴한다. 따라서 orderFeed( )는 null을 리턴하고 스프링 MVC는 304 HTTP 상태 코드(Not Modified)를 리턴한다. 따라서 이 경우 서버는 데이터베이스에 대한 간단한 쿼리를 생성하고 상태 코드와 함께 HTTP 응답을 리턴한다. 그리고 HTTP 응답 데이터를 제공하지 않는다.

클라이언트의 HTTP 캐싱 구현

물론 클라이언트 측에서는 HTTP 캐싱을 구현해야 한다. microservice-order-invoicing 마이크로서비스와 microservice-order-shipping 마이크로서비스는 OrderPoller 클래스의 pollInternal( ) 메소드에서 Atom 피드 폴링을 구현한다. 요청에 If-Modified-Since 헤더를 설정한다(예시 목록의 4~5라인 참고). 헤더 값은 lastModified 변수에서 결정된다. 헤더에 마지막 HTTP 응답의 Last-Modified 헤더 값이 포함된다 (15~17라인). 그동안 데이터가 변경되지 않았다면 서버는 GET 요청에 대해 304 HTTP 상태 코드로 응답한다. 즉 새로운 데이터가 존재하지 않았다. 따라서 데이터는 상태가 NOT_MODIFIED가 아닌 경우에만 처리된다(11라인).

```
1   public void pollInternal() {
2     HttpHeaders requestHeaders = new HttpHeaders();
3     if (lastModified != null) {
4       requestHeaders.set(HttpHeaders.IF_MODIFIED_SINCE,
5         DateUtils.formatDate(lastModified));
6     }
7     HttpEntity<?> requestEntity = new HttpEntity(requestHeaders);
8     ResponseEntity<Feed> response =
9       restTemplate.exchange(url, HttpMethod.GET, requestEntity, Feed.class);
10
11    if (response.getStatusCode() != HttpStatus.NOT_MODIFIED) {
12      Feed feed = response.getBody();
13      ... // 피드 데이터를 계산한다
14      if (response.getHeaders().getFirst(HttpHeaders.LAST_MODIFIED) != null) {
```

```
15        lastModified =
16          DateUtils.parseDate(
17            response.getHeaders().getFirst(HttpHeaders.LAST_MODIFIED));
18     }
19   }
20 }
```

OrderPoller 클래스의 poll() 메소드는 pollInternal()을 호출한다. 사용자는 웹 UI 버튼을 사용해 poll() 메소드를 호출한다. 또한 마이크로서비스는 @Scheduled 주석으로 인해 매 30초마다 메소드를 호출한다.

데이터 처리와 스케일링

송장과 발송 마이크로서비스의 인스턴스가 여럿 존재한다면 각 인스턴스는 Atom 피드를 폴링해 데이터를 처리한다. 물론 주문이 여러 송장이나 배달을 생성하기 때문에 여러 인스턴스는 주문에 대한 송장을 작성하거나 배송을 시작하는 것은 올바르지 않다. 따라서 각 인스턴스는 이미 처리된 주문과 데이터베이스에 있는 데이터를 결정해야 한다. 다른 인스턴스가 이미 송장 또는 주문 배송에 대한 데이터 레코드를 생성하는 경우 주문에 대한 Atom 피드의 entry를 무시해야 한다. 따라서 ShippingService와 InvoicingService는 데이터베이스에서 먼저 데이터 레코드가 검색되는 트랜잭션을 사용한다. 새로운 데이터 레코드는 아직 레코드가 없는 경우에만 저장된다. 따라서 마이크로서비스의 단 하나의 인스턴스만 데이터 레코드를 저장할 수 있다. 다른 모든 사람들은 데이터를 읽고 다른 인스턴스가 이미 데이터 레코드를 작성했는지 확인한다. 매우 많은 수의 인스턴스 때문에 데이터베이스에 상당한 부하가 발생할 수 있다. 대신 서비스는 멱등성을 갖는다. 호출 빈도에 관계없이 결국 데이터베이스의 상태는 항상 동일하다.

단일 수신자에게 데이터를 보낼 수 없는 Atom

Atom의 단점은 단일 수신자에게 데이터를 보낼 수 없다는 것이다. 정확히 하나의 마이크로서비스 인스턴스에만 메시지를 보내는 것은 쉽지 않다. 대신 애플리케이션은 Atom 피드에서 메시지를 읽는 여러 인스턴스를 처리해야 한다. 따라서 특히 많은 지점 간 통신이 필요할 때 Atom 접근 방법은 불리할 수 있다.

또한 애플리케이션은 처리되지 않는 메시지를 처리할 수 있어야 한다. 메시지를 읽은 경우 메시지 처리가 완료되기 전에 프로세스가 실패할 수 있다. 그리고 일부 메시지는 데이터가 저장되지 않을 수 있다. 그러나 이 경우에 마이크로서비스의 다른 인스턴스가 메시지를 읽고 처리한다. 재시도는 실제로 Atom으로 구현하기가 쉽다.

12.3 레시피 변형

Atom 대신 다른 포맷을 사용해 HTTP 통신에 사용할 수 있다.

RSS

Atom은 피드의 한 포맷일 뿐이다. 대안으로 RSS(http://web.resource.org/rss/1.0/spec)가 있다. RSS의 버전은 다양하다. RSS는 Atom보다 오래됐다. Atom은 RSS의 후계자이며 더 최신인 대안이다. 블로그와 팟캐스트는 가능한 한 많은 클라이언트에 데이터를 전달하기 위해 RSS와 Atom으로 피드를 제공해야 한다. 마이크로서비스의 경우 서버와 클라이언트가 동일한 개발자의 통제하에 있기 때문에 다중 프로토콜을 지원할 필요가 없다. 따라서 Atom이 더 우수하고 최신이다.

JSON 피드

또 다른 대안으로 JSON 피드(http://jsonfeed.org/)가 있다. JSON 피드는 피드의 데이터 포맷을 정의한다. 그러나 Atom과 RSS에서 사용되는 XML 대신 JSON을 사용한다.

사용자 정의 데이터 포맷

Atom과 RSS는 변경 사항을 통신하기 위한 포맷일 뿐이다. 일부 요소는 데이터뿐만 아니라 블로그 또는 팟캐스트에도 유용하다. Atom과 RSS의 유용한 부분은 변경 사항 리스트와 실제 데이터에 대한 링크이다. 따라서 Atom과 RSS는 모든 데이터를 제공하지 않고 변경 사항을 전달하기 위해 링크를 사용한다.

물론 데이터에 대한 변경 사항과 링크가 포함된 자체 데이터 포맷을 정의하는 것도 고려할 수 있다. 링크 외에도 문서에 데이터가 직접 포함될 수 있다.

Atom과 RSS와 비교해 사용자 정의 데이터 포맷은 표준화되지 않는다는 단점이 있다. 표준화된 데이터 모델을 사용한다면 라이브러리를 사용할 수 있고 포맷을 더 쉽게 알 수 있다. 검사기와 같은 툴도 있다. 예를 들어 사용자는 문제 해결에 유용한 Atom 리더를 사용해 Atom 데이터를 읽고 표시할 수 있다.

그러나 전송할 데이터는 그리 복잡하지 않다. 따라서 사용자 정의 데이터 포맷에는 큰 단점이 없다. 본질적으로 Atom을 사용하는 접근법은 REST의 핵심 구성 요소로 링크를 사용하면 된다. Atom은 클라이언트가 데이터 변경에 대한 자세한 정보를 얻을 때 사용할 수 있는 링크 목록을 제공한다. 해당 방법은 사용자 정의 데이터 포맷으로 쉽게 구현할 수도 있다.

HTTP의 대안

HTTP는 확장 또는 안정성을 잘 지원한다. 대부분의 애플리케이션은 Atom 없이도 HTTP를 사용해 웹 페이지를 제공하거나 REST 서비스를 제공한다. HTTP 대신 카프카(11장 참고)와 같은 메시징 시스템을 사용할 수 있으며 비동기 통신을 구현하는 데에도 사용할 수 있다. 메시징 시스템은 확장 가능해야 하며 고가용성을 제공해야 한다. 메시징 시스템은 이러한 기능을 원칙적으로 제공하지만 이에 따라 조정하고 구성해야 한다. 이전에 메시징 시스템을 사용해본 적이 없다면 특히 어려울 수 있다. 특히 운영과 관련된 HTTP의 장점은 비동기 통신으로 사용할 수 있는 점이다.

이벤트 데이터 포함

피드에 단순한 링크 대신 이벤트 데이터가 포함될 수도 있다. 이벤트 데이터를 포함하는 방식을 사용하면 클라이언트는 링크 데이터를 로드하라는 추가 요구 없이 데이터로 작업할 수 있다. 그러나 피드의 크기는 더욱 커질 것이다. 이슈는 어떤 데이터가 피드에 포함되느냐의 여부다. 각 클라이언트는 다른 데이터가 필요할 수 있어서 데이터를 모델링하기가 어렵다. 링크 전송은 클라이언트가 콘텐트 협상을 통해 데이터의 적절한 표현을 선택할 수 있다는 장점이 있다.

12.4 실험

- 시스템을 시작하고 `docker logs -f msatom_invoicing_1`과 `docker logs -f msatom_-invoicing_1`을 각각 실행해 microservice-order-invoicing 로그와 microservice-ordershipping 로그를 확인할 수 있다. 마이크로서비스에 새로운 주문이 들어오면 Atom 피드의 데이터를 폴링할 때 로그 메시지를 저장한다. `docker compose up --scale`을 실행해 여러 마이크로서비스 인스턴스를 추가하면 새로운 인스턴스는 Atom 피드에서 주문을 수집하고 주문 정보에 대한 로그 메시지를 저장한다. 이렇게 함으로써 하나의 인스턴스만 저장하고 다른 인스턴스는 데이터를 무시한다. 주문 생성과 통보는 로그 메시지를 기반으로 확인한다. 코드를 탐색해 로그 메시지가 정확히 무엇을 의미하고 어디에 저장되는지 확인한다.
- 추가 마이크로서비스로 시스템을 보완한다.

- 예를 들어 주문액에 따라 보너스를 지불하거나 주문을 계산하는 마이크로서비스를 사용할 수 있다.
- 물론 기존 마이크로서비스 중 하나를 복사하고 수정할 수 있다.
- http://order:8080/feed URL을 폴링하는 마이크로서비스를 구현한다.
- 또한 마이크로서비스에 일부 정보(고객 보너스 또는 통화 횟수)가 포함된 HTML 페이지가 표시돼야 한다.
- 도커 이미지에서 마이크로서비스를 패키징하고 docker-compose.yml에서 참고한다. 도커 컨테이너의 이름을 확인할 수도 있다.
- 아파치 도커 컨테이너에서 docker-compose.yml의 새로운 서비스를 포함하는 도커 컨테이너에 대한 링크를 생성하고 새로운 서비스를 포함하는 도커 컨테이너에서 주문 도커 컨테이너에 대한 링크를 생성한다.
- 홈페이지를 통해 마이크로서비스를 접근할 수 있어야 한다. 아파치 도커 컨테이너의 000-default.conf 파일에 새로운 도커 컨테이너에 대한 로드 밸런서를 생성해야 한다. 로드 밸런서를 생성하려면 도커 컨테이너의 이름을 사용해야 한다. 그리고 index.html에 새 로드 밸런서에 대한 링크를 추가해야 한다.
- 옵션: HTTP 캐싱을 추가한다.

- 현재 Atom 피드에서 모든 주문을 한 번에 요청할 수 있다. 주문의 하위 집합만 리턴되도록 페이징을 구현한다.
- 현재 도커 컴포즈를 사용해 시스템이 실행된다. 그러나 마이크로서비스 플랫폼(예: 16장)과 같은 다른 인프라에서 실행될 수도 있다. 17장에서는 쿠버네티스를 자세히 설명하고 18장에서는 클라우드 파운드리를 설명한다. 예시 시스템을 플랫폼 중 하나로 포팅할 수 있다.
- Atom 포맷을 사용하는 대신 JSON 문서와 같이 피드의 고유 표현을 전달할 수도 있다. 이 예시의 구현을 변경해 고유한 사용자 정의 데이터 포맷을 사용한다.

12.5 결론

REST와 Atom 포맷을 사용하면 비동기 통신을 쉽게 구현할 수 있다. HTTP는 통신 프로토콜로 사용된다. HTTP에 몇 가지 장점이 있다. HTTP는 널리 알려져 있고 HTTP의 확장성은 수도 없이 입증됐다. 대부분의 프로젝트에서 REST를 통해 JSON과 같은 다른 콘텐트 또는 HTML 페이지를 전송하기 위해 HTTP를 사용하고 있다. 따라서 대부분의 팀은 HTTP를 사용해 확장성이 높은 시스템을 구현하는 데 필요한 경험을 갖추고 있다. HTTP 캐싱이 지원되기 때문에 Atom 자원의 폴링을 매우 효율적으로 구현할 수 있다.

매우 오래된 이벤트를 계속 사용 중이라면 도움이 될 것이다. 그리고 이벤트 소싱을 사용하는 또 다른 마이크로서비스는 모든 이벤트를 다시 처리해 상태를 재구축할 수 있다. Atom 기반 시스템에서는 마이크로서비스가 오래된 이벤트도 제공해야 한다. 어떤 경우에는 이를 매우 쉽게 수행할 수 있다. 마이크로서비스가 이전 정보를 저장했다면 Atom 피드로 제공하면 된다. 이 경우 오래된 이벤트에 대한 접근은 구현하기 매우 쉬울 것이다.

동일한 원본 데이터를 기반으로 Atom 피드의 데이터를 다양하게 표현할 수 있다. 따라서 피드 데이터는 다른 방법을 통해 쿼리할 수 있는 데이터와 일치한다. 모든 마이크로서비스는 동일한 원본 데이터를 기반으로 다양하게 보여줄 뿐이다.

그러나 Atom은 메시지 배달을 보장할 수 없다. 따라서 메시지가 처리되는 마이크로서비스는 멱등성을 갖도록 구현하고 메시지가 여러 번 읽혀 처리되도록 해야 한다.

Atom은 특정 마이크로서비스에 메시지를 전달할 수 있는 방법이 없다. 따라서 마이크로서비스의 인스턴스는 메시지를 처리하는 인스턴스를 선택해야 한다. 그렇지 않으면 멱등성에 의존해야 한다.

Atom 피드는 선형의 문서이기 때문에 Atom은 순서가 고정돼 있으므로 메시지의 순서를 보장할 수 있다. 그러나 피드의 entry 순서가 변경되지 않도록 해야 한다.

결국 Atom은 비동기 통신에서의 매우 간단한 대안이다.

장점

- Atom은 HTTP만 필요하지 추가 인프라를 필요로 하지 않는다.
- 필요한 경우 오래된 이벤트에 쉽게 접근할 수 있으며 이벤트 소싱에 유리하다.
- 순서를 보장한다.
- Atom 피드는 일관성을 갖는다. 일관성은 데이터를 표현하는 방식이며 모든 데이터 표현처럼 정확히 동일한 정보를 포함한다.

도전 과제

- 데이터 전달을 보장하기란 어렵다. 수신자는 모든 데이터를 처리하기 위해 데이터를 여러 번 읽을 수 있다. 따라서 데이터 처리에 대한 책임은 인프라를 갖지 못한 수신자에게 있다.
- 하나의 수신자가 메시지를 수신할 수 있게 하는 것은 어렵다. 모든 수신자는 메시지를 폴링한다. 그리고 모든 수신자 중 어느 수신자가 메시지를 실제로 처리해야 할지 결정해야 한다.
- Atom은 원래 블로그용으로 설계됐기 때문에 이벤트를 표현하는 데 적합하지 않다.

13

개념: 동기 마이크로서비스

동기 마이크로서비스는 마이크로서비스가 통신할 수 있는 방법 가운데 하나다. 13장에서는 다음 내용을 설명한다.

- 마이크로서비스 간의 동기 통신이 의미하는 내용
- 동기 마이크로서비스 시스템의 아키텍처
- 마이크로서비스 간의 동기 통신과 관련된 장점과 단점

13.1 정의

13장에서 동기 마이크로서비스를 구현할 수 있는 기술을 다룬다. 10장에서 이미 '동기 마이크로서비스'라는 용어를 소개했다.

> 특정 마이크로서비스가 다른 마이크로서비스에 요청을 보낼 때 요청을 받는 마이크로서비스에서 요청을 처리하는 동안 요청을 보낸 마이크로서비스가 해당 요청의 결과를 기다리는 것을 동기 (synchronous)라 한다.

따라서 마이크로서비스에서 요청을 처리하는 로직은 다른 마이크로서비스에 대한 요청의 결과에 따라 의존적이지 않다.

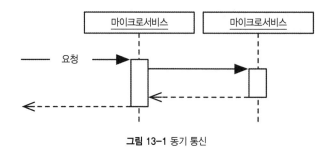

그림 13-1 동기 통신

그림 13-1은 동기 통신의 동작 방법을 보여준다. 왼쪽 마이크로서비스가 요청을 처리하는 동안 오른쪽 마이크로서비스를 호출하고 오른쪽 마이크로서비스의 호출 결과를 기다린다.

동기 통신의 정의에 따르면 동기 통신과 비동기 통신은 통신 프로토콜과는 독립적인 개념이다. 동기 통신 프로토콜은 특정 요청에 대해 특정 결과로 응답하는 것을 의미한다. 예를 들어 REST 또는 HTTP GET은 HTTP 상태, JSON 문서, HTML 페이지와 같은 결과를 응답한다. 시스템이 REST 요청을 처리하는 중에 다른 시스템에 REST 자체 요청을 보낸 후 응답을 기다리면 동기이다. 비동기 REST 시스템은 12장에서 다뤘다.

한편 비동기 통신 프로토콜은 수신자가 반응하는 메시지를 보낸다. 직접적인 응답이 없다. 비동기 프로토콜과의 동기 통신은 한 시스템이 비동기 통신 프로토콜이 있는 메시지를 다른 시스템에 보내고 비동기 통신 프로토콜로 응답을 받기를 기다리는 것을 의미한다.

예시

예를 들어 주문을 처리하는 마이크로서비스가 주문을 처리 중에 고객 데이터를 처리하는 마이크로서비스를 호출하고 고객 데이터를 받기 위해 기다린다면 주문을 처리하는 마이크로서비스를 동기 마이크로서비스라 말할 수 있다.

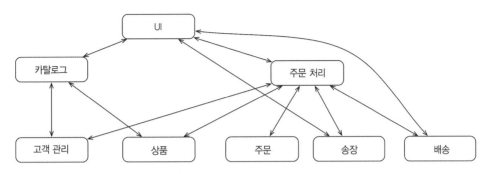

그림 13-2 동기 통신을 사용하는 시스템 아키텍처

그림 13-2는 그림 10-3에서 보여준 비동기 아키텍처에 해당하는 동기 아키텍처를 예시로 보여준다. 그림 13-2는 전자상거래시스템에서 발췌한 것이다. 고객 관리, 카탈로그, 주문, 송장, 배송 마이크로서비스가 각 데이터를 관리한다. 카탈로그 마이크로서비스는 상품에 관한 모든 정보를 표시하고 고객의 기호를 고려한다. 마지막으로 주문 프로세스는 상품 주문, 송장 발행, 상품 배송 등을 담당한다. UI를 사용해 카탈로그와 주문 프로세스에 접근하기 때문에 여러 마이크로서비스에서 구현된 프로세스를 사용자가 사용할 수 있도록 한다. 또한 UI를 사용하면 송장 데이터와 배송 데이터를 전시할 수 있다.

일관성

동기 통신의 시스템 아키텍처는 동기 호출을 사용해 데이터가 저장된 각 마이크로서비스에 접근하기 때문에 모든 마이크로서비스가 항상 상품 또는 주문에 대한 동일한 정보를 표시한다. 각 데이터 조각이 저장되는 곳은 단 하나다. 모든 마이크로서비스는 해당 데이터를 사용하므로 최신 데이터를 표시한다.

그러나 동기 통신 아키텍처에는 단점이 있다. 카탈로그를 표시할 때의 고객 데이터는 주문 프로세스에 필요한 데이터와 완전히 다르기 때문에 중앙 집중식 데이터 저장소를 사용한다면 문제가 발생할 수 있다. 카탈로그에서 고객의 구매 동작은 상품을 제대로 표시하는데 중요한 부분이다. 반면 주문의 경우 배송 주소 또는 기본 배송 서비스가 중요한 요소가 될 것이다.

하나의 마이크로서비스에 모든 데이터를 저장하면 데이터 모델이 복잡해질 것이다. 『도메인 주도 설계(Domain-Driven Design)』(위키북스, 2011)에서 도메인 모델이 특정 바운디드 컨텍스트에서만 유효하다는 것을 설명했다(2.1절 참조). 따라서 중앙 집중 모델은 문제가 있다.

그림 13-2는 또 다른 문제점을 드러낸다. 대부분 많은 마이크로서비스에서 동기 통신을 사용한다. 따라서 시스템을 복잡하게 만든다. 게다가 마이크로서비스 장애가 발생한다면 특별한 예방 조치를 취하지 않으면 더 이상 사용할 수 없게 된다. 특정 마이크로서비스가 다른 많은 마이크로서비스의 결과를 기다려야 하기 때문에 성능이 저하될 수도 있다.

바운디드 컨텍스트

바운디트 컨텍스 아키텍처는 종종 동기 아키텍처에서 발견된다. 그러나 필수는 아니다. 이론적으로 바운드 컨텍스트가 서로 동기적으로 통신할 수 있다. 그러나 일반적으로 동기 통신 아키텍처의 여러 바운디드 컨텍스트는 이벤트를 교환한다. 바운디드 컨텍스트는 특히 비동기 통신에서는 쉽게 사용할 수 있지만 동기 통신에는 적합하지 않다.

테스트

독립적으로 배포하려면 각 마이크로서비스의 테스트는 가능한 한 독립적이어야 하고 통합 테스트가 최소한으로 유지돼야 한다.

동기 시스템을 테스트하려면 통신 대상이 있어야 한다. 통신 대상이 상용 환경에 사용되는 마이크로서비스일 수 있다. 이런 경우 환경을 설정하는 것은 어렵다. 테스트를 가능케 하려면 새로운 마이크로서비스 버전을 모든 클라이언트가 사용할 수 있어야 하기 때문에 많은 마이크로서비스를 사용할 수 있어야 하고, 마이크로서비스 간에 의존성이 발생해야 하기 때문이다.

스텁

대안으로 마이크로서비스를 시뮬레이션하고 테스트 환경의 설정을 단순화하는 스텁stub 을 사용할 수 있다. 이제 테스트는 마이크로서비스 대신 스텁을 사용하기 때문에 더 이 상 다른 마이크로서비스에 의존하지 않는다.

소비자 주도 계약 테스트

마지막으로 소비자 주도 계약 테스트(https://martinfowler.com/articles/consumerDriven Contracts.html)가 해결책이 될 수 있다. 클라이언트 마이크로서비스는 소비자 주도 계 약 테스트를 사용해 서버 테스트를 작성할 수 있다. 소비자 주도 계약 테스트를 사용하 면 서버는 클라이언트의 기대에 충족시킬 수 있는지 여부를 테스트할 수 있다. 따라서 인터페이스 변경 사항을 클라이언트 없이 테스트할 수 있기 때문에 서버를 쉽게 변경할 수 있다. 게다가 테스트는 더 이상 클라이언트 마이크로서비스에 의존하지 않는다.

JUnit과 같은 테스트 프레임워크를 사용해 소비자 중심의 계약 테스트를 작성할 수 있다. 호출된 마이크로서비스를 구현한 팀은 테스트를 실행해야 한다. 테스트가 실패하 면 마이크로서비스에 호환되지 않는 변경이 생겼다는 것을 의미한다. 마이크로서비스 를 호환 가능하게 변경하거나 소비자 중심의 계약 테스트를 작성한 팀에게 변경 사항에 따라 인터페이스가 다르게 사용되는 방법으로 마이크로서비스를 변경할 수 있도록 알 려야 한다. 따라서 소비자 주도 계약 테스트는 인터페이스 정의를 형식화한다.

매크로 아키텍처의 일부로 모든 팀은 소비자 주도 계약 테스트가 작성된 테스트 프레임 워크에 동의해야 한다. 해당 테스트 프레임워크는 소비자 주도 계약 테스트에서는 마이크로서비스를 블랙 박스로 사용하고 REST 인터페이스를 통해서만 접근할 때 마이크로서비스를 작성한 프로그래밍 언어를 반드시 지원할 필요는 없다.

Pact 테스트 프레임워크

테스트 프레임워크 중 하나인 Pact 프레임워크(https://pact.io)를 사용할 수 있다. 프로그래밍 언어로 REST 인터페이스 테스트를 작성할 수 있다. 결과적으로 REST 요청과 예상 응답을 포함하는 JSON 파일이 생성된다. Pact 구현을 사용하면 JSON 파일을 다른 프로그래밍 언어로 해석할 수 있다. 이런 방법은 기술의 자유도가 올라간다. Pact의 자바 클라이언트에 대한 예시는 https://github.com/mvitz/pact-example에서 확인할 수 있다.

13.2 장점

실제로 동기 마이크로서비스는 비교적 자주 사용되는 방법이다. 넷플릭스^{Netflix}나 트위터^{Twitter}와 같은 마이크로서비스 아키텍처에서는 동기 통신을 사용한다. 동기 마이크로서비스의 장점이 다음과 같다.

- 모든 서비스는 동일한 데이터 집합에 접근할 수 있기 때문에 일관성 이슈가 거의 없다.
- 시스템이 API를 제공한다면 동기 통신이 자연스러운 접근 방법이다. 여러 마이크로서비스에서 API의 일부를 구현할 수 있다. API가 제품이 될 수 있다. 예를 들면 지불 솔루션 제공업체가 바로 그 예다. 또는 모바일 애플리케이션에서 시스템 API를 사용할 수 있다.
- 결국 동기 아키텍처로의 마이그레이션은 쉽다. 현재 아키텍처가 이미 서로 다른 동기 통신 엔드포인트로 나눠져 있거나 각 기능마다 개발 팀이 존재할 수 있다.

- 프로그램에서 메소드, 프로시저, 함수 호출은 보통 동기 호출이다. 개발자는 동기 모델을 잘 알고 있기 때문에 쉽게 이해할 수 있다.

13.3 도전 과제

동기 마이크로서비스는 다음과 같은 문제점을 야기한다.

- 특정 마이크로서비스가 요청을 처리하는 중에 다른 마이크로서비스와 통신할 때 총 처리 시간에 다른 마이크로서비스의 응답 지연 시간과 네트워크 통신 시간이 추가된다. 따라서 동기 통신은 성능 문제를 일으킬 수 있다. 특정 마이크로서비스가 느리게 반응하면 다른 마이크로서비스에 큰 영향을 줄 수 있다. 그림 13-2에서 카탈로그 마이크로서비스는 두 개의 다른 마이크로서비스(상품과 고객 관리)를 사용한다. 따라서 세 개의 마이크로서비스의 응답 지연 시간이 추가된다. 카탈로그 마이크로서비스에 대한 요청이 고객 관리 마이크로서비스와 상품 마이크로서비스에 대한 요청을 생성한다. 사용자는 모든 마이크로서비스가 요청에 응답한 경우에만 결과를 볼 수 있다.

- 특정 동기 마이크로서비스가 장애 발생 중인 마이크로서비스를 호출하면, 호출하는 마이크로서비스에서 문제가 생기고 장애가 전파될 수 있다. 이로 인해 시스템은 매우 취약해진다. 마이크로서비스의 취약성과 응답 지연 시간이 더해지면서 동기 통신하는 마이크로서비스 시스템의 안정적인 동작을 방해할 수 있다. 따라서 마이크로서비스 시스템이 동기 통신을 사용할 때 장애 문제가 해결돼야 한다.

- 게다가 동기 통신은 도메인 로직에서 더 높은 레벨의 의존성이 생긴다. 비동기 통신은 종종 이벤트에 중점을 둔다(10.2절 참고). 이 경우 마이크로서비스는 이벤트 대응 방법을 결정할 수 있다. 반대로 동기 통신은 일반적으로 마이크로서비스가 수행해야 하는 작업을 정의한다. 이전 예시에서 주문 마이크로서비스

는 송장 마이크로서비스에서 송장을 생성하도록 요청한다. 비동기 통신의 경우 송장 마이크로서비스는 이벤트에 대응하는 방법을 스스로 결정한다. 이 부분 때문에 시스템을 확장할 수 있다. 고객이 주문과 관련된 보너스 포인트를 받았다면 이미 존재하는 이벤트에 반응하는 마이크로서비스만 추가하면 된다. 이 이벤트는 하나 이상의 마이크로서비스에서 이미 처리된 것이다. 따라서 또 다른 수신자만 추가하면 된다. 동기 아키텍처에서는 추가된 시스템을 호출해야 한다.

기술 솔루션

동기 마이크로서비스 시스템을 구현하려면 여러 기술 솔루션이 필요하다.

- 마이크로서비스는 다른 마이크로서비스와 통신하는 방법을 알아야 한다. 일반적으로 IP 주소와 포트가 필요하다. 서비스 탐색은 서비스의 포트와 IP 주소를 찾는 역할을 한다. 서비스 탐색은 동적이어야 한다. 즉 언제나 마이크로서비스는 확장될 수 있다. 그리고 마이크로서비스의 추가 인스턴스를 사용할 수 있는 새로운 IP 주소가 존재한다. 그리고 마이크로서비스는 언제든지 실패할 수 있다. 또한 알려진 IP 주소에서 더 이상 사용할 수 없다. 서비스 탐색은 매우 간단하다. 이를테면 DNS^{Domain Name System}는 인터넷상의 서버에 IP 주소를 제공한다. DNS 기술은 간단한 서비스 탐색을 제공한다.

- 동기 통신을 사용할 때 마이크로서비스에서 언제든지 장애가 발생할 수 있기 때문에 마이크로서비스가 준비돼 있어야 한다. 호출하는 마이크로서비스가 실패하는 것을 방지해야 한다. 그렇지 않으면 장애 전파가 발생한다. 첫 번째 마이크로서비스가 장애가 발생하면 다른 마이크로서비스가 해당 마이크로서비스를 호출할 때 결과를 얻지 못한다. 결국 전체 시스템이 다운된다. 예를 들어 그림 13-2에서 상품 마이크로서비스에서 장애가 발생하면 카탈로그와 주문 마이크로서비스는 장애가 발생할 수 있다. 특정 마이크로서비스의 장애가 발생하면

시스템의 상당 부분을 사용할 수 없도록 만든다. 따라서 탄력성을 확보할 수 있는 기술적인 해결책이 있어야 한다.

- 각 마이크로서비스는 다른 마이크로서비스와 독립적으로 확장할 수 있어야 한다. 부하는 마이크로서비스 간에 분산돼야 한다. 이는 외부 통신뿐만 아니라 내부 통신에도 관련된다. 따라서 각 마이크로서비스마다 로드 밸런싱이 존재해야 한다.

- 마지막으로 모든 외부의 요청이 담당 마이크로서비스로 전달돼야 한다. 라우팅이 필요하다. 사용자는 카탈로그 및 주문 프로세스를 사용하기를 원한다. 해당 프로세스가 별도의 마이크로서비스로 존재한다면 외부와 동일한 시스템의 일부로 나타나야 한다.

결과적으로 동기 마이크로서비스 기술은 서비스 탐색, 복원력, 로드 밸런싱, 라우팅을 위한 솔루션을 제공해야 한다. 관련 내용은 14장에서 설명한다.

API 게이트웨이

복잡한 API의 경우 마이크로서비스에 대한 복잡한 라우팅이 필요하다. API 게이트웨이가 추가 기능을 제공한다. 대부분의 API 게이트웨이는 사용자 인증을 수행할 수 있다. 또한 개별 사용자가 동시에 많은 수의 사용자를 지원할 수 있도록 네트워크 트래픽을 제한할 수 있다. 예를 들어 모든 요청의 중앙 집중식 로그 또는 캐싱을 보완할 수 있다. 또한 API 게이트웨이는 모니터링, 문서 작성, 모킹mocking과 같은 부분을 해결할 수도 있다.

Apigee(https://apigee.com/api-management/), 레드햇의 3scale(https://www.redhat.com/de/technologies/jboss-middleware/3scale), apiman(http://www.apiman.io/latest/) 또는 아마존 API 게이트웨이(http://docs.aws.amazon.com/de_de/apigateway/latest/developerguide/welcome.html) 및 마이크로소프트 애저 API 게이트웨이(https://azure.

microsoft.com/de-de/services/api-management/)와 같은 클라우드 제품의 구현은 API 게이트웨이의 예시다.

이 책의 예시는 공용 REST 인터페이스를 제공하지 않고 내부용 REST 인터페이스만 제공한다. 공용 인터페이스는 웹 페이지일 뿐이다. 예시에서는 API 게이트웨이를 사용하지 않는다.

13.4 변형

프론트엔드 통합(7장 참고)은 동기 통신에서 좋은 예시가 될 수 있다. 대안으로 비동기 통신(10장 참고)을 사용할 수 있다. 마이크로서비스 간의 로직 레벨 통신으로 동기 통신과 비동기 통신을 사용할 수 있다.

두 가지 통신 중 하나를 사용해 마이크로서비스 시스템을 구축할 수 있다. 물론 두 가지 통신 모두 조합해 마이크로서비스 시스템을 구축할 수 있다. Atom과의 비동기 통신과 REST와의 동기 통신은 동일한 인프라를 사용하므로 이 두 통신 메커니즘을 매우 쉽게 함께 사용할 수 있다.

13장에서는 동기 통신을 위한 구체적인 구현을 보여준다. 예시는 모두 통신에 REST를 사용한다. 오늘날의 기술 환경에서 REST는 동기 통신에 선호되는 아키텍처이다. 원칙적으로 SOAP(https://www.w3.org/TR/soap/) 또는 Thrift(https://thrift.apache.org/)와 같은 다른 접근법도 고려할 수 있다.

13.5 결론

언뜻 보기에 동기 마이크로서비스는 고전적인 프로그래밍 모델과 일치하기 때문에 매우 간단하다. 그러나 동기 마이크로서비스에서는 특정 마이크로서비스가 다른 마이크로서비스에 발생하는 장애를 처리해야 하고 지연 시간이 발생하기 때문에 기술적 복잡성이 매우 크다. 결과 시스템은 분산 시스템이라면 기술적으로 복잡하다. 그러나 동기 모델의 장점은 분명 존재한다. 동기 모델이 좋을 때만 이 방법을 선택하는 것이 좋다. 일반적으로 비동기 통신을 사용하면 동기 통신보다 분산 시스템의 문제를 보다 쉽게 처리할 수 있다.

14

레시피: 넷플릭스 스택 기반의 REST

14장에서는 다음 내용을 설명한다.

- 넷플릭스 마이크로서비스 스택의 개요
- 유레카로 서비스 탐색, 주울로 라우팅, 립본으로 로드 밸런싱, 히스트릭스로 복원력에 대한 상세 정보
- 넷플릭스 스택의 장점과 단점

14장을 읽고 실제 프로젝트와 넷플릭스 기술을 갖춘 마이크로서비스를 비교하고 넷플릭스 기술이 적합한지 평가할 수 있다.

넷플릭스 스택의 기원

넷플릭스(https://www.netflix.com/)는 온라인 비디오 스트리밍 분야의 고성능과 확장성 요구 사항을 충족시키기 위해 새로운 플랫폼을 개발했다. 그 결과 최초의 마이크로서비스 아키텍처 중 하나가 됐다.

이후 넷플릭스는 오픈소스 프로젝트로서 넷플릭스 스택을 발표했다. 따라서 넷플릭스 스택은 마이크로서비스를 구현하는 첫 번째 스택 가운데 하나다.

라이선스와 기술

넷플릭스 스택의 컴포넌트는 모두 오픈소스이며 매우 자유로운 아파치 라이선스하에 있다. 넷플릭스 프로젝트는 사실상 모두 자바를 기반으로 한다. 넷플릭스 스택은 스프링 클라우드에 통합됐고 스프링 부트와 함께 사용하기에 훨씬 쉬워졌다(5.3절 참고).

14.1 예시

14장의 예시는 https://github.com/ewolff/microservice에서 확인할 수 있다. 예시는 3개의 마이크로서비스로 구성된다.

- 카탈로그 마이크로서비스는 상품에 대한 정보를 관리한다.
- 고객 마이크로서비스는 고객의 데이터를 저장한다.
- 주문 마이크로서비스는 새로운 주문을 받을 수 있다. 카탈로그 마이크로서비스 와 고객 마이크로서비스를 사용한다.

예시 아키텍처

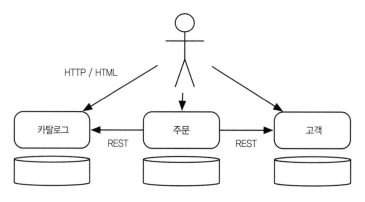

그림 14-1 넷플릭스 예시의 아키텍처

각 마이크로서비스는 사용자가 상호작용할 수 있는 자체 웹 인터페이스를 갖고 있다. 각 마이크로서비스는 REST를 통해 통신한다. 주문 마이크로서비스는 두 마이크로서비스의 고객과 상품 정보가 필요하다.

마이크로서비스 외에도 히스트릭스 서킷 브레이커^{circuit breaker}의 모니터링을 시각화할 수 있는 히스트릭스 대시보드를 보여주는 자바 애플리케이션도 포함한다. 그림 14.2는 도커 컨테이너 레벨의 전체 예시를 보여준다.

예시 빌드하기

0.4절에 예시를 시작하기 위한 소프트웨어 설치 방법을 설명한다.

먼저 git clone https://github.com/ewolff/microservice.git을 실행해 코드를 다운로드해야 한다. 그리고 microservice-demo 디렉터리에서 ./mvnw clean package(맥OS, 리눅스) 또는 mvnw.cmd clean package(윈도우) 커맨드를 실행해 컴파일해야 한다. 부록 B에서 메이븐과 메이븐 빌드에서 발생할 수 있는 문제 해결 방법을 설명하니 참고하기를 바란다. 그리고 도커 컨테이너를 docker 디렉터리에 docker-compose build로 빌드하고 docker-compose up -d로 시작한다. 부록 C에서 도커, 도커 컴포즈, 도커 및 도커 컴포즈에서 발생할 수 있는 문제 해결 방법을 설명하니 참고하기를 바란다. 이제 도커 호스트에서 도커 컨테이너를 사용할 수 있다.

https://github.com/ewolff/microservice/blob/master/HOW-TO-RUN.md에 예시를 빌드하고 실행하는 단계를 자세히 설명한다.

고정 컨테이너와 포트

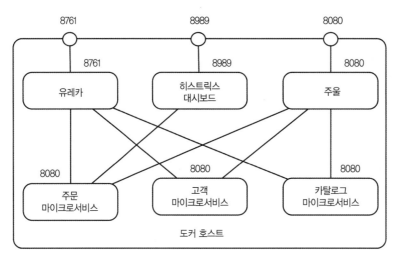

그림 14-2 넷플릭스 예시의 도커 컨테이너

도커 컨테이너는 내부 네트워크를 통해 통신한다. 도커 호스트의 포트를 통해 일부 도커 컨테이너를 사용할 있다. 도커 호스트는 도커 컨테이너가 실행되는 컴퓨터다.

- 3개의 주문, 고객, 카탈로그 마이크로서비스는 각각 자체 도커 컨테이너에서 실행된다. 도커 컨테이너에 접근하려면 도커 네트워크 안에서만 가능하다.
- 주울은 외부에서 서비스를 이용할 수 있도록 라우팅^routing을 제공한다. 주울 컨테이너는 외부의 8080포트에서 접근할 수 있고 마이크로서비스에 요청을 전달한다. 도커 컨테이너가 로컬에서 실행 중인 경우 URL은 http://localhost:8080이다. 이 URL에는 모든 마이크로서비스, 유레카, 히스트릭스 대시보드에 대한 링크가 포함된 웹 페이지도 있다.
- 유레카를 사용해 서비스를 탐색할 수 있다. 도커 호스트에서 8761포트로 접근할 수 있다. 로컬 호스트에 도치를 설치했다면 대시보드 URL은 http://localhost:8761이다.

- 마지막으로 히스트릭스 대시보드는 자체 도커 컨테이너에서 실행되며 도커 호스트에서 8989포트(예: http://localhost:8989)에서도 접근할 수 있다.

14.2 유레카: 서비스 탐색

유레카^{Eureka}는 서비스 탐색을 구현한다. 13.2절에서 이미 설명한 것처럼 동기 통신을 수행할 수 있도록 마이크로서비스가 다른 마이크로서비스에 접근할 수 있는 포트와 IP 주소를 찾아야 한다.

유레카의 주요 특성은 다음과 같다.

- 유레카에 REST 인터페이스가 있다. 마이크로서비스는 REST 인터페이스를 사용해 다른 마이크로서비스에 대한 정보를 등록하거나 요청할 수 있다.
- 유레카는 복제를 지원한다. 유레카 서버 정보는 다른 서버로 배포된다. 그래서 유레카 서버에서 장애가 발생하더라도 시스템은 정상적으로 동작한다. 분산 시스템에서 서비스 탐색은 마이크로서비스 간 통신에 필수적이다. 따라서 특정 서버에서 장애가 발생하더라도 전체 서비스 탐색이 실패하지 않도록 서비스 탐색을 구현해야 한다.
- 클라이언트의 캐싱 때문에 유레카의 성능은 매우 좋다. 또한 클라이언트에도 정보가 저장되기 때문에 서버 장애를 보완할 수 있어서 가용성이 향상된다. 서버는 새로운 마이크로서비스 또는 삭제된 마이크로서비스에 대한 정보만 클라이언트에 보내고 등록된 모든 서비스에 대한 정보는 보내지 않기 때문에 통신을 매우 효율적으로 관리한다.
- 넷플릭스는 AWS$^{Amazon\ Web\ Services}$, 즉 아마존 클라우드$^{Amazon\ Cloud}$를 사용한다. AWS의 서버는 가용 영역$^{Availability\ Zone}$에서 실행된다. 가용 영역은 기본적으로 별도의 데이터 센터이다. 가용 영역의 장애는 다른 가용 영역에 영향을 미치지

않는다. 여러 가용 영역은 리전^{Region}을 형성한다. 리전은 지리적 영역에 위치한다. 예를 들어 EU-West-1 지역의 데이터 센터는 아일랜드에 있다. 유레카는 리전과 가용 영역을 고려할 수 있다. 한 예로 속도를 높이기 위해 클라이언트에 서비스 탐색 결과로 동일한 가용 영역의 마이크로서비스 인스턴스를 제공할 수 있다.

- 유레카는 마이크로서비스가 정기적으로 하트비트^{Heartbeat}를 보낸다고 가정한다. 이런 방식으로 유레카는 장애가 발생한 인스턴스를 감지하고 해당 인스턴스를 시스템에서 제외한다. 유레카가 사용할 수 있는 마이크로서비스 인스턴스를 리턴할 확률이 높아진다. 그러나 마이크로서비스 인스턴스가 더 이상 실행되지 않아도 유레카는 마이크로서비스 인스턴스를 리턴할 수 있다. 그러나 사용 중인 특정 마이크로서비스 인스턴스에서 장애가 발생하면 다른 마이크로서비스 인스턴스가 대신 사용되는 것은 당연하다.

서버

넷플릭스의 유레카 프로젝트는 깃허브(https://github.com/Netflix/eureka/)에서 다운로드할 수 있다. 따라서 유레카 프로젝트를 빌드하고 서버와 클라이언트를 모두 사용할 수 있다.

또한 스프링 클라우드 프로젝트는 유레카를 지원한다. 스프링 부트 애플리케이션에서 유레카 서버를 시작할 수 있다. @SpringBootApplication 어노테이션을 포함한 메인 클래스에 @EnableEurekaServer 어노테이션을 추가한다. pom.xml 파일에 스프링 클라우드 의존 라이브러리에 대한 dependencyManagement를 추가해야 하는데 spring-cloud-starter-eureka-server 의존 라이브러리를 추가한다. 그리고 application.properties 파일에 설정을 추가해야 한다. microservice-demo-eureka-server 프로젝트는 이 모든 설정을 포함하며 유레카 서버를 구현한다.

얼핏 보면 특히 구현이 어노테이션으로 구현돼 있어서 이런 방법으로 유레카 서버를 직접 구축하는 것이 말이 안 되는 것처럼 보인다. 그러나 유레카 서버를 다른 마이크로서비스처럼 취급할 수 있다. 스프링 클라우드 유레카 서버는 JAR 파일이며 다른 모든 마이크로서비스와 마찬가지로 도커 이미지에 저장하고 시작할 수 있다. 예를 들어 스프링 시큐리티Spring Security를 추가한 자바 웹 애플리케이션처럼 보안을 설정하고 다른 모든 마이크로서비스와 마찬가지로 로그 저장과 모니터링을 구성할 수도 있다.

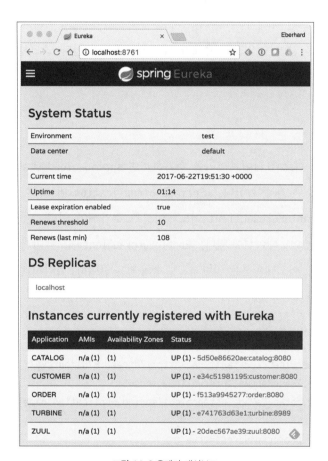

그림 14-3 유레카 대시보드

유레카는 대시보드를 제공한다(그림 14-3 참고). 대시보드에는 유레카에 등록된 마이크로서비스에 대한 간략한 정보를 표시한다. 대시보드에 접근할 수 있는 마이크로서비스와 URL 이름이 표시된다. 그러나 URL은 도커 내부 네트워크에서만 동작하기 때문에 대시보드의 링크는 동작하지 않는다. 대시보드는 도커 호스트(예: 로컬에서 실행되는 경우)의 8761포트(예: http://localhost:8761/)에서 접근할 수 있다.

클라이언트

각 마이크로서비스는 유레카 클라이언트이고 마이크로서비스의 이름과 도달할 수 있는 IP 주소와 포트를 알릴 수 있도록 유레카 서버에 등록해야 한다. 스프링 클라우드는 클라이언트 설정을 단순화한다.

등록

클라이언트에서 필요한 라이브러리를 추가하려면 spring-cloud-starter-eureka 의존 라이브러리를 추가해야 한다. @SpringBootApplication 어노테이션이 있는 메인 클래스에는 @EnableEurekaClient 어노테이션을 추가해야 한다. 대안으로 @EnableDiscoveryClient 어노테이션이 있다. @EnableEurekaClient 어노테이션과 달리 @EnableDiscoveryClient 어노테이션은 일반적으로 통용되는 단어다. 따라서 컨설과 함께 동작할 수 있다(15장 참고).

```
spring.application.name=catalog
eureka.client.serviceUrl.defaultZone=http://eureka:8761/eureka/
eureka.instance.leaseRenewalIntervalInSeconds=5
eureka.instance.metadataMap.instanceId=${spring.application.name}:${random.
value}
eureka.instance.preferIpAddress=true
```

이전 application.properties 설정 파일에서 애플리케이션을 등록하려면 적절한 설정을 입력해야 한다.

- `spring.application.name`은 유레카 서버에 등록할 애플리케이션 이름이다.
- `eureka.client.serviceUrl.defaultZone`은 사용할 유레카 서버다.
- `eureka.instance.leaseRenewalIntervalInSeconds`를 5초마다 복제되도록 설정함으로써 기본 설정보다 빠르게 복제되도록 한다. 해당 설정을 적용하면 새로운 마이크로서비스 인스턴스를 더 빨리 사용할 수 있다. 상용 환경에서는 해당 값을 너무 낮게 설정해서 네트워크 트래픽이 지나치게 많이 발생하지 않도록 주의해야 한다.
- `eureka.instance.metadataMap.instanceId`는 로드 밸런싱을 위해 두 인스턴스를 구별할 수 있도록 임의의 ID로 각 마이크로서비스 인스턴스를 제공한다.
- `eureka.instance.preferIpAddress`의 값을 true로 설정하면 호스트 이름이 아닌 IP 주소로 등록한다. 도커 환경에서는 호스트 이름을 확인할 수 없기 때문에 문제가 발생하지 않는다.

등록하는 동안 마이크로서비스의 이름은 자동으로 대문자로 변환된다. 따라서 주문[order]은 대문자 주문[ORDER]으로 바뀐다.

기타 프로그래밍 언어

자바 이외의 다른 프로그래밍 언어의 경우, 라이브러리를 사용해 유레카에 접근해야 한다. 유레카 클라이언트를 구현한 프로그래밍 언어별 라이브러리가 존재한다. 유레카는 사용 가능한 REST 인터페이스를 제공한다.

사이드카

자바가 아닌 다른 프로그래밍 언어로 넷플릭스 인프라를 사용하려면 사이드카[sidecar]를 사용할 수도 있다. 사이드카는 자바 라이브러리를 사용해 넷플릭스 인프라와 통신하는 자바 애플리케이션이다. 애플리케이션은 사이드카를 사용해 넷플릭스 인프라와 통신한다. 그래서 사이드카는 실제 애플리케이션을 위한 헬퍼 서비스일 뿐이다. 애플리케이션은 어떠한 프로그래밍 언어로도 작성될 수 있다. 기본적으로 사이드카는 넷플릭스 인프라에 대한 인터페이스다.

이런 방식으로 유레카는 다른 프로그래밍 언어를 지원할 수 있지만 추가 자원을 소비하는 추가 프로세스가 필요하다.

넷플릭스는 Prana(https://github.com/Netflix/Prana/wiki)를 사이드카로 제공한다. 또한 스프링 클라우드는 사이드카 구현(http://projects.spring.io/spring-cloud/spring-cloud.html#_polyglot_support_with_sidecar)을 제공한다.

다른 서비스에서 접근하기

예시에서 립본(14.4절 참고)은 여러 인스턴스 간에 로드 밸런싱을 구현하기 위해 다른 서비스에서 접근할 수 있는 방법을 구현한다. 따라서 유레카 API는 립본을 통해서만 다른 마이크로서비스에 대한 정보를 찾을 수 있다.

14.3 라우터: 주울

주울Zuul은 넷플릭스 스택의 일부로 라우팅 솔루션이다. 주울은 올바른 마이크로서비스로 외부 호출을 전달할 책임을 갖는다.

주울 대 리버스 프록시

리버스 프록시Reverse Proxy를 사용해 라우팅할 수도 있다. 주울은 유입 중인 호출을 다른 서버로 전달하도록 설정된 웹 서버다.

주울에 리버스 프록시에 없는 동적 필터 기능을 갖고 있다. 주울은 HTTP 요청이나 외부 설정의 속성에 따라 특정 호출을 특정 서버로 전달하거나 로그 저장을 위해 로직을 실행할 수 있다. 개발자는 라우팅 결정을 위한 사용자 정의 코드를 작성할 수 있다. 코드를 런타임에 그루비^{Groovy} 코드로 동적으로 로드할 수도 있다. 이런 식으로 주울은 최대한의 유연성을 보장한다.

또한 주울 필터는 모든 요청의 로그 저장과 같은 주요 기능을 구현하는 데 사용될 수 있다. 주울 필터는 로그인을 구현하고 현재 사용자에 대한 정보를 HTTP 요청과 함께 보내고 인증을 구현할 수 있다. 따라서 주울은 API 게이트웨이의 일반적인 기능을 대신 사용할 수 있다(13.3절 참고).

예시의 주울

예시의 주울은 프록시로 설정되며 특별한 코드를 포함하지 않는다. 주울은 http://localhost:8080/order와 같은 URL에 대한 접근을 ORDER라는 마이크로서비스에 전달한다. 해당 포워딩은 유레카에 등록된 모든 마이크로서비스에 적용된다. 주울은 유레카에서 모든 마이크로서비스의 이름을 읽고 요청을 전달한다.

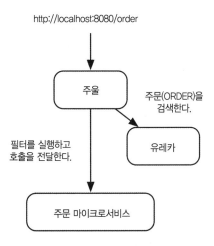

그림 14-4 주울 프록시를 이용한 라우팅

주울은 여러 마이크로서비스 시스템 사이에서 마이크로서비스의 정체를 "드러낸다". 그러나 주울은 동일한 URL에서 완전히 다른 마이크로서비스에 접근할 수 있는 라우터와 필터로 재구성될 수 있다.

또한 주울은 정적 콘텐츠를 제공할 수 있다. 예시에서 주울은 다양한 마이크로서비스에 접근할 수 있는 웹 페이지를 제공한다.

14.4 로드 밸런싱: 립본

마이크로서비스는 각 마이크로서비스가 다른 마이크로서비스와 독립적으로 확장될 수 있다는 장점을 갖고 있다. 독립적으로 확장하려면 로드 밸런서가 마이크로서비스 호출을 여러 인스턴스에 배포할 수 있어야 한다.

중앙 로드 밸런서

일반적으로 호출이 들어오면 단일 로드 밸런서가 사용된다. 따라서 모든 마이크로서비스의 모든 요청을 처리하는 단일 로드 밸런서를 전체 마이크로서비스 시스템에서 사용할 수도 있다. 그러나 해당 접근 방법은 모든 네트워크 트래픽이 해당 단일 로드 밸런스에서 라우팅돼야 하기 때문에 병목현상을 초래한다. 해당 로드 밸런서는 단일 실패 지점single point of failure이기도 한다. 해당 로드 밸런서가 실패하면 모든 네트워크 트래픽이 동작을 멈추고 전체 마이크로서비스 시스템이 실패한다.

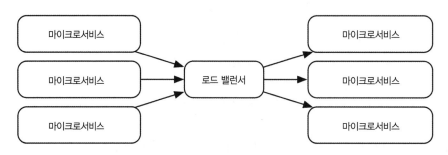

그림 14-5 중앙 로드 밸런서

분산 로드 밸런싱이 중앙 로드 밸런싱보다 더 좋다. 각 마이크로서비스마다 자체 로드 밸런서가 존재해야 한다. 로드 밸런서가 실패하면 특정 마이크로서비스만 실패하면 된다.

클라이언트 측 로드 밸런싱

클라이언트 측 로드 밸런싱 개념은 아파치 httpd 또는 nginx와 같은 "일반" 로드 밸런서로 구현할 수 있다. 각 마이크로서비스마다 로드 밸런서가 배포된다. 로드 밸런서는 서비스 검색에서 현재 사용 가능한 마이크로서비스에 대한 정보를 얻어야 한다.

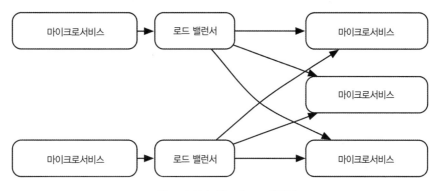

그림 14-6 클라이언트 측 로드 밸런서

요청을 다른 마이크로서비스의 여러 인스턴스에 분배하는 라이브러리를 작성할 수도 있다. 해당 라이브러리는 서비스 탐색에서 현재 사용 가능한 마이크로서비스 인스턴스를 읽은 다음 각 요청에 대해 인스턴스 중 하나를 선택해야 한다. 특별히 해당 요청은 실행하기 어렵지 않다. 바로 립본(https://github.com/Netflix/ribbon/wiki)이 동작하는 방법이다.

립본 API

립본은 로드 밸런싱을 할 수 있는 비교적 간단한 API를 제공한다.

```
private LoadBalancerClient loadBalancer;
  // 스프링에서 LoadBalancerClient를 인젝트(inject)한다.
ServiceInstance instance = loadBalancer.choose("CUSTOMER");
url = String.format("http://%s:%s/customer/",
  instance.getHost(), instance.getPort());
```

스프링 클라우드는 LoadBalancerClient 인터페이스의 구현을 추가한다. 먼저 Load
BalancerClient를 호출하면 마이크로서비스의 인스턴스가 선택된다. 그리고 이 정보를
사용해 요청을 보낼 수 있는 URL을 채운다.

립본은 인스턴스를 선택하기 위한 다양한 전략을 지원한다. 따라서 간단한 라운드 로빈
이 아닌 다른 접근법이 가능한다.

컨설과 립본

넷플릭스 스택의 일부인 립본^{Ribbon}은 유레카를 서비스 탐색 툴로 지원하지만 컨설^{Consul}
도 지원한다. 컨설 예시(15장 참고)에서 마이크로서비스에 대한 접근은 넷플릭스 예시와
동일하게 구현된다.

RestTemplate

스프링에는 REST 호출을 쉽게 구현할 수 있는 RestTemplate이 있다. RestTemplate은
스프링에 의해 생성되고 @LoadBalanced로 어노테이션이 달린 경우 스프링은 http://
order/와 같은 URL이 주문 마이크로서비스로 전달되는지 확인한다. 내부적으로 립본
은 이 용도로 사용된다. https://spring.io/guides/gs/client-side-load-balancing/
방법은 RestTemplate으로 구현할 수 있는 방법을 보여준다.

14.5 복원력: 히스트릭스

마이크로서비스 간 동기 통신을 사용할 때 하나의 마이크로서비스에서 장애가 발생한다 하더라도 다른 마이크로서비스에도 장애가 발생하지 않도록 하는 것이 중요하다. 그렇지 않으면 특정 마이크로서비스의 비가용성으로 인해 전체 시스템이 더 이상 이용 가능하지 않을 때까지 마이크로서비스가 점차적으로 장애가 발생하게 될 것이다.

마이크로서비스는 장애가 발생한 마이크로서비스로 인해 합리적인 결과를 제공할 수 없기 때문에 에러를 리턴할 수 있다. 그러나 마이크로서비스가 무한한 시간동안 다른 마이크로서비스의 결과를 기다리고 그 자체로 사용할 수 없게 되는 일이 없어야 한다.

복원력 패턴

『Release It』(위키북스, 2007)이라는 책은 시스템의 복원력을 증가시킬 수 있는 다양한 패턴을 설명한다. 히스트릭스는 다음 패턴 중 일부를 구현한다.

- 타임아웃timeout은 마이크로서비스가 다른 마이크로서비스를 위해 너무 오래 기다리는 것을 방지한다. 타임아웃이 없으면 스레드는 매우 오랜 시간 동안 블로킹될 수 있다. 한 예로 스레드가 다른 마이크로서비스로부터 응답을 받지 못하기 때문이다. 모든 스레드가 차단되면 새 작업에 사용할 수 있는 스레드가 더 이상 없기 때문에 마이크로서비스는 실패한다. 히스트릭스는 별도의 스레드 풀에서 요청을 실행한다. 히스트릭스는 해당 스레드를 제어하고 타임아웃으로 인해 요청을 종료할 수 있다.
- 빠른 실패fail fast는 비슷한 패턴을 설명한다. 가능한 한 빨리 에러를 생성하는 것이 좋다. 코드는 운영 시작 시 필요한 모든 자원을 사용할 수 있는지 확인할 수 있다. 예를 들어 충분한 디스크 공간이 포함될 수 있다. 그렇지 않은 경우 에러가 발생해 즉시 요청을 종료할 수 있다. 따라서 호출자가 스레드 또는 다른 자원을 블로킹하는 시간을 줄인다.

- 히스트릭스는 각 요청 타입마다 자체 스레드 풀을 사용할 수 있다. 예를 들어 호출된 마이크로서비스마다 별도의 스레드 풀을 설정할 수 있다. 특정 마이크로서비스의 호출이 너무 오래 걸리면 특정 마이크로서비스의 스레드 풀만 비게 되고 나머지는 여전히 스레드를 포함한다. 문제의 영향이 제한되고 이를 격벽bulkhead이라 한다. 격벽이라는 용어는 선박을 다른 구역으로 분할하는 선박의 수밀 격벽watertight bulkhead과 유사한 데서 유래됐다. 배에 누수가 발생하면 배의 일부만 물에 넘치고 배는 가라앉지 않는다.

- 마지막으로 히스트릭스는 서킷 브레이커circuit breaker를 구현한다. 서킷 브레이커는 주택의 전기 시스템에서 사용되는 퓨즈와 유사하다. 합선short circuit이 발생하면 서킷 브레이커는 전류 흐름을 차단해 화재를 방지할 수 있다. 히스트릭스 서킷 브레이커에 또 다른 접근 방법이 있다. 시스템 호출 시 에러가 발생하면 서킷 브레이커가 열리고 더 이상 호출이 진행되지 않는다. 잠시 뒤 호출이 다시 통과될 수 있다. 호출이 성공한 경우에만 서킷 브레이커가 다시 닫힌다. 이런 방식으로 잘못된 마이크로서비스가 호출되는 것을 방지할 수 있다. 따라서 자원을 절약하고 블로킹된 스레드를 피할 수 있다. 게다가 여러 클라이언트의 서킷 브레이커가 하나씩 닫힘으로서 장애가 발생하거나 복구된 마이크로서비스는 점차적으로 전체 부하를 처리할 것이다. 호출이 시작되면 다시 실패할 가능성이 줄어든다.

구현

히스트릭스(https://github.com/Netflix/Hystrix/)는 자바 라이브러리로서 대부분의 복원력 패턴 구현을 제공한다.

히스트릭스 API를 사용할 때 간단한 메소드 호출 대신 커맨드 객체를 요구한다. 커맨드 객체 클래스에 필요한 히스트릭스 기능을 포함하는 메소드를 포함한다. 히스트릭스를 스프링 클라우드와 함께 사용하면 커맨드를 구현할 필요가 없다. 단순히 메소드에

@HystrixCommand 어노테이션을 추가하면 된다. @HystrixCommand 어노테이션이 추가된 메소드에서 히스트릭스를 활성화한다. @HystrixCommand 어노테이션의 속성으로 히스트릭스를 설정한다.

```
@HystrixCommand(
  fallbackMethod = "getItemsCache",
  commandProperties = {
    @HystrixProperty(
      name = "circuitBreaker.requestVolumeThreshold",
      value = "2") })
public Collection<Item> findAll() {
...
  this.itemsCache = pagedResources.getContent();
...
  return itemsCache;
}
```

코드를 살펴보면 주문 마이크로서비스에서 카탈로그 마이크로서비스로 접근한다. circuitBreaker.requestVolumeThreshold는 서킷 브레이커가 동작하는 타임 윈도우 time window의 에러 발생 호출 개수를 지정한다. 게다가 @HystrixProperty 어노테이션의 fallbackMethod 속성은 getItemsCache() 메소드를 폴백 메소드fallback method로 구성한다. findAll()은 카탈로그 마이크로서비스에서 리턴한 데이터를 인스턴스 변수 itemsCache에 저장한다. getItemsCache() 메소드는 폴백으로 사용되며 인스턴스 변수 itemsCache에서 마지막 호출 결과를 읽고 리턴한다.

```
private Collection<Item> getItemsCache() {
  return itemsCache;
}
```

서비스가 전혀 동작되지 않는 것보다 시간이 지난 데이터를 기반으로 서비스가 계속 동작하는 것이 더 좋다. 따라서 시간이 지난 가격으로 주문이 청구될 수 있다. 그러나 이것은 전혀 주문을 받지 않는 것과 비교할 때 더 좋은 선택이 될 수 있다.

일반적으로 서비스에서 에러가 발생하면 기본값을 사용하거나 에러를 출력할 수 있다. 어떤 상황에서도 잘못된 데이터를 받아들일 수 없다면 에러를 출력하는 것이 올바른 해결책이다. 올바른 접근 방법은 결국 도메인 로직에 의존하는 결정이다. 에러가 발생하면 REST 호출이 서버에 부담을 주거나 클라이언트를 너무 오랫동안 차단하지 않도록 해야 한다.

모니터링

서킷 브레이커의 상태는 시스템 상태를 잘 보여준다. 개방된 서킷 브레이커는 문제를 나타낸다. 따라서 히스트릭스는 좋은 측정 항목이다. 히스트릭스는 HTTP를 통해 JSON 데이터 스트림으로 서킷 브레이커 상태에 대한 정보를 제공한다.

히스트릭스 대시보드

히스트릭스 대시보드는 데이터를 웹 페이지에 표시할 수 있기 때문에 현재 시스템에서 발생한 상황을 보여준다(그림 14-7 참고).

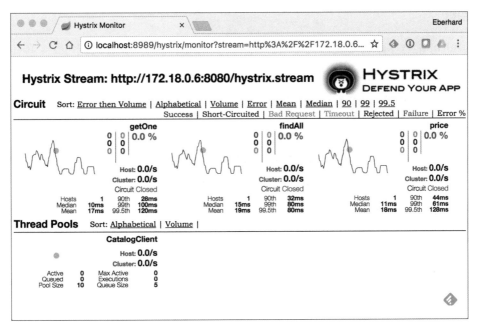

그림 14-7 히스트릭스 대시보드

그림 14-7에서 대시보드 영역에 getOne( ), findAll( ), price( ) 함수에 대한 서킷 브레이커 상태가 표시된다. 세 개의 함수에 대한 서킷 브레이커가 모두 닫혀 있다. 따라서 현재로서는 에러가 없다. 또한 대시보드에는 요청의 평균 대기 시간과 현재 처리량에 대한 정보가 표시된다.

히스트릭스는 별도의 스레드 풀에서 호출을 실행한다. 스레드 풀의 상태는 대시보드에도 표시된다. 스레드 풀은 10개의 스레드를 포함하며 현재 요청을 처리하지 않는다.

기타 모니터링 선택 사항

히스트릭스 메트릭은 스프링 부트 메커니즘(5.3절 참고)을 통해 사용할 수 있고 다른 모니터링 시스템으로 내보낼 수 있다. 따라서 히스트릭스 메트릭을 기존 모니터링 인프라에 완벽하게 통합할 수 있다.

터빈

단일 마이크로서비스 인스턴스의 메트릭은 매우 의미가 없다. 마이크로서비스는 독립적으로 확장할 수 있다. 즉 각 마이크로서비스마다 많은 인스턴스가 존재할 수 있다. 즉 모든 인스턴스의 히스트릭스 메트릭을 함께 표시해야 한다.

터빈^{Turbine}(https://github.com/Netflix/Turbine/wiki)으로 모든 인스턴스의 히스트릭스 메트릭을 볼 수 있다. 터빈은 히스트릭스 서버의 HTTP 데이터 스트림을 질의하고 질의한 결과를 대시보드의 단일 데이터 스트림으로 통합한다. 스프링 클라우드에서 터빈 서버를 구현하는 간단한 방법을 제공한다(예: https://github.com/ewolff/microservice/tree/master/microservice-demo/microservice-demo-turbine-server).

14.6 레시피 변형

넷플릭스 스택은 동기 마이크로서비스를 구현하기 위한 유일한 기술적 선택 사항이다. 넷플릭스 스택의 기술에 대한 다양한 대안이 있다.

- 주울 프로젝트는 이젠 더 이상 많이 유지되고 있지 않다. 대안으로 주울2 (https://github.com/Netflix/zuul)가 있다. 주울2는 비동기식 I/O(https://medium. com/netflix-techblog/zuul-2-the-netflix-journey-to-asynchronous-non-blocking-systems-45947377fb5c)를 기반으로 하기 때문에 자원을 덜 사용하며 더 안정적이다. 그러나 스프링 클라우드는 주울2(https://github.com/spring-cloud/spring-cloud-netflix/issues/1498)를 지원할 계획이 없다. 그래서 또 다른 대안은 스프링 클라우드 게이트웨이(https://spring.io/projects/spring-cloud-gateway)일 수 있다. 그러나 더 좋은 라우팅 접근 방법으로 15장에서 아파치를, 17장에서 쿠버네티스를 설명할 것이다.
- 넷플릭스는 더 이상 히스트릭스에 투자하지 않고 있다. 넷플릭스는 이제 일

반적인 복원력 패턴을 지원하는 매우 유사한 자바 라이브러리인 resilience4j (https://github.com/resilience4j/resilience4j)를 사용할 것을 제안한다.

- 컨설 예시(15장 참고)에서는 서비스 탐색용으로 유레카 대신 컨설을 사용하고 라우팅용으로 주울 대신 아파치 httpd를 사용한다. 그리고 복원력을 높이기 위해 히스트릭스를 사용하고 로드 밸런싱용으로 립본을 사용한다. 컨설은 DNS도 지원하므로 컨설은 DNS 예시에서 구현된 대로 모든 프로그래밍 언어를 처리할 수 있다. 컨설 템플릿Consul Template은 컨설 데이터로 설정 파일 템플릿을 채우고 컨설로 서비스를 설정할 수 있다. 예시의 아파치 httpd에서 컨설 템플릿을 사용한다. 유레카는 컨설보다 더 좋은 장점을 갖고 있다. 주울에 비해 아파치 httpd는 많은 개발자들에게 익숙하기에 사용성 관점에서 위험하지 않다. 반면 주울은 아파치 httpd가 지원하지 않는 동적 필터를 제공한다.

- 쿠버네티스(17장 참고)와 클라우드 파운드리와 같은 PaaS(18장 참고)는 서비스 검색, 라우팅, 로드 밸런싱을 제공한다. 동시에 코드는 인프라와 독립적으로 유지된다. 그럼에도 예시에서는 복원력을 높이기 위해 히스트릭스를 사용한다. 복원력을 높이는 솔루션으로 쿠버네티스 또는 PaaS 환경이 있다. 따라서 리눅스 서버에 일부 도커 컨테이너를 배포하는 것만으로 복원력이 생기지 않는다.

- 로드 밸런싱, 복원력과 같은 기능은 립본 대신 HTTP 프록시를 사용해 구현할 수 있다. 사이드카 개념을 가진 툴(예: 엔보이Envoy(https://github.com/lyft/envoy))이 있어야 한다. 엔보이 프록시는 일부 복원력 패턴을 구현한다. 엔보이는 이스티오(23.3절 참고)의 일부로서 이스티오 애플리케이션의 사이드카로 사용된다. 이스티오는 마이크로서비스 시스템을 운영할 때 많은 기능을 제공하는 서비스 메시service mesh 기술이다. 엔보이 프록시를 사용하면 애플리케이션 자체는 복원력 측면에서 자유롭게 유지될 수 있다. 아파치 httpd 서버 또는 nginx 서버는 적어도 로드 밸런싱을 구현할 수 있다. 그래서 사이드카의 기본 기능을 제공할 수도 있다.

- 언뜻 보기에 비동기 통신(10장 참고)은 REST와 같은 동기 프로토콜 통신과는 모순되는 것으로 보인다. 그러나 Atom(12장 참고)은 14장의 개념과 결합될 수 있다. Atom은 REST를 사용하고 마이크로서비스는 다른 타입의 REST 자원만 구현하면 된다. 카프카(11장 참고)와 같은 메시징 시스템과의 결합도 고려할 수 있다. 그러나 메시징 시스템과 결합하면 시스템이 복잡할 뿐만 아니라 REST 환경도 제공해야 한다.
- 프론트엔드 통합(7장 참고)은 REST와 다른 레벨에서 동작하며 넷플릭스 스택과 결합될 수 있다. 특히 링크와 자바스크립트(8장 참고)와의 통합은 아무 문제없이 결합될 수 있다. ESI(9장 참고)를 사용하면 주울 대신 바니시가 라우팅을 해야 한다. 그래서 바니시는 유레카로부터 마이크로서비스의 IP 주소를 추출할 수 없다.

14.7 실험

- 마이크로서비스를 추가해 마이크로서비스 시스템을 보완한다.
  - 콜센터 상담원이 통화 메모를 작성하는 데 사용되는 마이크로서비스를 예시로 들 수 있다. 콜센터 상담원이 고객을 선택할 수 있어야 한다.
  - 물론 기존 마이크로서비스 중 하나를 복사하고 수정할 수 있다.
  - 유레카에 마이크로서비스를 등록한다.
  - 립본을 통해 고객 마이크로서비스가 호출돼야 한다. 그러면 고객 마이크로서비스는 유레카를 통해 자동으로 탐색돼야 한다. 그렇지 않으면 유레카에서 마이크로서비스가 명시적으로 조회돼야 한다.
  - 도커 이미지의 마이크로서비스를 패키징하고 이미지를 docker-compose. yml에 추가한다. 도커 컨테이너의 이름을 확인할 수도 있다.
  - docker-compose.yml에서 새로운 서비스를 포함하는 컨테이너에서 eureka

컨테이너에 대한 링크를 생성한다. 따라서 마이크로서비스는 유레카 서버에 등록할 수 있다.

- 홈페이지에서 마이크로서비스에 접근할 수 있어야 한다. 이를 위해 주울 프로젝트의 index.html 파일에 있는 다른 링크와 비슷한 링크를 생성해야 한다. 주울은 마이크로서비스가 유레카에 등록되자마자 자동으로 마이크로서비스의 라우팅을 설정한다.

- 확장과 로드 밸런싱을 시도한다.
  - 서비스 인스턴스의 수를 늘린다(예: `docker-compose up --scale customer=2`).
  - 유레카 대시보드를 사용해 두 개의 고객 마이크로서비스가 실행 중인지 확인한다. 도커가 로컬 컴퓨터에서 실행될 때 8761포트에서 사용할 수 있다(예: http://localhost:8761/).
  - `docker logs -f ms_order_1`을 실행해 주문 마이크로서비스의 로그를 살펴보고 고객 마이크로서비스의 다른 인스턴스가 호출되는지 살펴본다. 립본이 로드 밸런싱에 사용되기에 이전 로그 확인에 대한 예시가 된다. 로그 확인을 위해 주문 애플리케이션에 요청을 보내야 한다(예: 시작 페이지를 새로 고침하는 것).

- 마이크로서비스의 장애를 시뮬레이션한다.
  - `docker logs -f ms_order_1`을 실행해 주문 마이크로서비스 로그를 살펴보고 카탈로그 마이크로서비스가 어떻게 호출되는지 살펴본다. 이를 위해서 주문 애플리케이션에 요청을 보내야 한다. 그 예로 시작 페이지를 새로 고침할 수 있다.
  - 유레카 대시보드의 8761포트(예: 도커가 로컬에서 실행될 때 http://localhost:8761/)에 접속해 주문 마이크로서비스의 IP 주소를 찾는다.
  - 히스트릭스 대시보드의 8989포트(예: 도커가 로컬에서 실행될 때 http://localhost:8989/)에 접속한다.

- IP 주소를 사용해 히스트릭스 대시보드에서 히스트릭스 JSON 데이터 스트림 URL을 입력한다. 예를 들어 http://172.18.0.6:8080/actuator/hystrix. stream이 인스턴스가 될 수 있다. 히스트릭스 대시보드에서 그림 14-7과 같은 닫힌 서킷 브레이커를 볼 수 있다.

  - docker-compose up --scale catalog=0를 실행해 모든 카탈로그 인스턴스를 종료한다.

  - 다음 호출 중에 주문 마이크로서비스 로그를 살펴본다.

  - 히스트릭스 대시보드도 관찰한다. 서킷 브레이커는 호출이 실패한 경우에만 열린다.

  - 서킷 브레이커가 열릴 때 폴백이 활성화됐기 때문에 주문 마이크로서비스는 다시 동작해야 한다. 그리고 캐싱된 값이 사용된다.

- 카탈로그 마이크로서비스에 대한 접근만 히스트릭스로 보호된다. 히스트릭스를 사용해 고객 마이크로서비스에 대한 접근을 확장한다. CustomerClientin 패키지의 com.ewolff.microservice.order.clients 클래스는 주문 마이크로서비스에 대한 접근을 구현한다. 이를 위해 예시와 같은 패키지의 CatalogClient 클래스를 사용한다.

- 주울 설정을 고정된 경로로 확장한다. microservice-demo-zuul-server 프로젝트의 디렉터리에 있는 src/main/resource 디렉터리의 application.yml에서 다음을 추가하고 http://localhost:8080/innoq를 호출하면 INNOQ 홈페이지가 표시된다.

```
zuul:
  routes:
    innoq:
      path: /innoq/**
      url: http://innoq.com/
```

- 주울 설정에 필터를 추가한다. 주울 필터를 다루는 튜토리얼은 https://spring.io/guides/gs/routing-and-filtering/에서 찾을 수 있다.

- 예를 들어 간단한 HTML만 리턴하는 자체 마이크로서비스를 생성한다. 유레카에 해당 마이크로서비스를 통합하고 도커 컴포즈 환경의 일부로 배포한다. 유레카에 등록된 경우 http://localhost:8080/mymicroservice와 같은 형태의 URL로 주울 프록시에서 즉시 접속할 수 있다.

14.8 결론

넷플릭스 스택에서 마이크로서비스 아키텍처를 구축할 수 있는 다양한 프로젝트를 제공한다. 넷플릭스 스택은 다음과 같이 동기 마이크로서비스의 일반적인 문제를 해결한다.

- 유레카를 통해 서비스 탐색을 제공한다. 유레카는 자바 클라이언트를 제공하고 있고 자바에 중점을 두고 있지만 다른 언어에서 사용할 수 있는 REST API와 라이브러리도 제공한다. 따라서 다른 언어에서도 유레카를 사용할 수 있다.

- 히스트릭스를 통해 복원력을 제공한다. 히스트릭스는 자바에서 사실상 표준이며 복원력 영역을 매우 잘 설명한다. 자바 언어가 아닌 다른 언어로 개발된 애플리케이션에서는 사이드카를 통해 히스트릭스를 사용할 수 있다. Go 언어로 개발된 애플리케이션의 경우 히스트릭스 포트를 사용한다(5.4절 참고). 히스트릭스는 다른 기술과는 독립적이어서 자체적으로 사용될 수 있다.

- 립본은 클라이언트 쪽 로드 밸런싱 구현이라 많은 장점이 있다. 립본은 자바 라이브러리이기에 다른 언어에서는 립본과 함께 사용하기 어렵다. 립본 외에 로드 밸런싱 영역의 대안으로 기존의 수많은 로드 밸런서가 존재한다. 립본은 서비스 탐색을 위해 유레카를 의존하고 있지만 컨설을 사용할 수도 있다.

- 주울을 통해 라우팅을 해결한다. 주울의 동적 필터는 매우 유연하지만 많은 개발자는 아파치 httpd 또는 nginx와 같은 웹 서버를 기반으로 하는 리버스 프록시에 익숙하다. 이 경우 리버스 프록시가 더 안전한 선택일 수 있다. 주울이 제공하지 않는 SSL 종료, 요청 조절, 이와 유사한 추가 기능이 필요할 수도 있다. 15.3절은 컨설과 함께 아파치 httpd 서버를 사용해 라우팅을 제공하는 방법을 보여준다. 주울은 마이크로서비스를 찾기 위해 유레카가 필요하다.

넷플릭스 스택의 서버 구현은 자바로 작성됐기 때문에 넷플릭스 스택의 서버와 마이크로서비스를 JAR 파일로 압축할 수 있다. 스프링 클라우드 때문에 넷플릭스 스택의 서버를 일관성 있게 설정할 수 있다. 또한 메트릭과 로그 처리가 동일하다. 일관성은 운영을 쉽게 할 수 있다는 장점이 될 수 있다.

장점

- 유레카는 클라이언트 측 캐싱과 함께 사용될 수 있어서 매우 빠르고 탄력적이다.
- 주울은 필터 덕택에 매우 유연하다.
- 클라이언트 측 로드 밸런싱은 단일 실패 지점 또는 병목현상을 방지한다.
- 히스트릭스는 매우 성숙했고 자바의 사실상 표준이다.

도전 과제

- 넷플릭스 스택은 해결된 문제(예: 리버스 프록시, 서비스 탐색)를 새롭게 구현한다.
- 자바 기술에 중점을 두었기에 기술의 자유를 제한한다.
- 코드는 넷플릭스 스택(립본, 히스트릭스, 유레카(@EnableDiscoveryClient와 클라이언트 API)에 달려 있음)에 의존적이다.

15

레시피: 컨설을 이용한 REST와 아파치 httpd 서버

15장에서는 컨설Consul과 아파치 httpd 서버를 포함하는 동기 마이크로서비스 시스템의 구현을 소개한다.

15장의 핵심 내용은 다음과 같다.

- 컨설은 매우 강력한 서비스 탐색 기술이다.
- 마이크로서비스 시스템의 아파치 httpd 서버는 HTTP 요청에 대한 로드 밸런서와 라우터로 사용될 수 있다.
- 컨설 템플릿Consul Template은 등록된 모든 마이크로서비스 정보가 포함된 아파치 httpd 서버의 설정 파일을 생성할 수 있다. 컨설 템플릿은 새로운 마이크로서비스 인스턴스가 시작될 때 아파치 httpd 서버를 설정하고 재시작한다.

컨설의 기원

컨설은 마이크로서비스와 인프라 분야에서 다양한 제품을 제공하는 해시코프Hashicorp (https://www.hashicorp.com/)의 솔루션이다. 물론 해시코프는 컨설을 상업적으로 지원한다.

라이선스와 기술

컨설(https://www.consul.io/)은 오픈소스다. Go 언어로 작성됐고 모질라 퍼블릭 라이선스 2.0^{Mozilla Public License 2.0}(https://github.com/hashicorp/consul/blob/master/LICENSE)으로 인해 사용이 허가된다. 컨설 코드는 https://github.com/hashicorp/consul에서 확인할 수 있다.

15.1 예시

도메인 구조는 넷플릭스 장(14장 참고)의 그림 15-1의 예시와 동일하며 3개의 마이크로서비스로 구성된다.

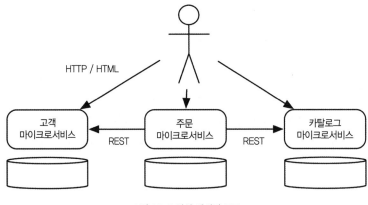

그림 15-1 컨설 예시의 구조

- 카탈로그 마이크로서비스는 카탈로그와 관련된 정보를 관리한다.
- 고객 마이크로서비스는 고객 데이터를 저장한다.
- 주문 마이크로서비스는 새로운 주문을 받을 수 있다. 카탈로그 마이크로서비스와 고객 마이크로서비스를 사용한다.

예시의 아키텍처

15장의 예시에서는 서비스 탐색 용도로 컨설(https://www.consul.io/)을 사용하고 HTTP 요청을 라우팅하는 용도로 아파치 httpd 서버(https://httpd.apache.org/)를 사용한다.

또한 히스트릭스 서킷 브레이커의 모니터링을 시각화할 수 있는 히스트릭스 대시보드가 사용된다.

그림 15-2는 예시의 도커 컨테이너에 대한 개요이다. 3개의 마이크로서비스는 8080포트에서 UI와 REST 인터페이스를 제공한다. 3개의 마이크로서비스는 도커 컨테이너 네트워크 안에서만 접근할 수 있다. 컨설은 REST 인터페이스와 HTML UI에 대한 8500포트와 DNS 요청에 대한 8600포트(UDP)를 제공한다. 두 포트는 도커 호스트에도 바인딩된다. 도커 호스트와 다른 컴퓨터에서도 해당 포트에 접근할 수 있다. 또한 도커 호스트는 8989포트의 히스트릭스 대시보드와 8080포트의 아파치 httpd 서버를 제공한다. 아파치 httpd 서버는 도커 네트워크의 마이크로서비스에 대한 호출을 전달하기 때문에 외부에서도 마이크로서비스에 접근할 수 있다.

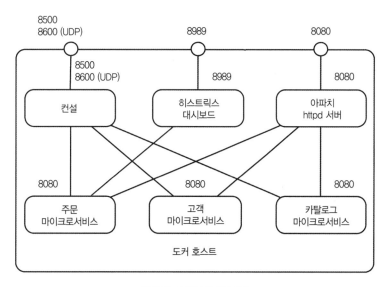

그림 15-2 컨설 예시의 개요

예시 빌드하기

0.4절에서는 예시를 시작하려면 어떤 소프트웨어가 설치돼야 하는지 설명한다.

먼저 git clone https://github.com/ewolff/microservice-consul.git을 실행해 코드를 다운로드한다. 그리고 microservice-consul-demo 디렉터리에서 `./mvnw clean package`(맥OS, 리눅스) 또는 `mvnw.cmd clean package`(윈도우)를 실행한다. 부록 B에서 메이븐과 메이븐 빌드에서 발생할 수 있는 문제 해결 방법을 설명하니 참고하기를 바란다. 그다음 `docker-compose build`와 `docker-compose up -d`를 실행해 도커 컨테이너를 생성한다. 부록 C에서 도커, 도커 컴포즈, 도커 및 도커 컴포즈에서 발생할 수 있는 문제 해결 방법을 설명하니 참고하기를 바란다. 이제 도커 호스트에서 도커 컨테이너를 사용할 수 있다.

도커 컨테이너가 로컬 컴퓨터에서 실행되는 경우 다음 URL을 사용할 수 있다.

- http://localhost:8500은 컨설 대시보드다.
- http://localhost:8080은 아파치 httpd 서버의 URL이다. 모든 마이크로서비스의 웹 UI를 표시할 수 있다.

http://localhost:8989/hystrix는 히스트릭스 대시보드이다.

https://github.com/ewolff/microservice-consul/blob/master/HOW-TO-RUN.md에서 예시를 빌드하고 실행하는 데 필요한 단계를 자세히 설명한다.

15.2 서비스 탐색: 컨설

컨설(http://www.consul.io)은 서비스 탐색 기술이다. 즉 마이크로서비스가 서로 통신할 수 있게 한다. 컨설은 다른 서비스 탐색 솔루션과 차별화되는 특징을 일부 갖고 있다.

- 컨설은 HTTP REST API를 갖고 있으며 DNS를 지원한다. DNS(http://www.

zytrax.com/books/dns/)는 www.innoq.com과 같은 호스트 이름을 인터넷의 IP 주소에 매핑하는 시스템이다. IP 주소를 리턴하는 것 외에도 서비스에서 사용할 수 있는 포트를 리턴하기도 한다. 해당 기능은 SRV DNS 레코드의 기능이다.

- 컨설 템플릿(https://github.com/hashicorp/consul-template)을 사용해 컨설 설정 파일을 생성할 수 있다. 컨설 설정 파일에 컨설에 등록된 서비스와 IP 주소를 포함한다. 또한 컨설 템플릿은 API를 제공해 컨설에서 접속할 수 없는 환경에서 컨설의 서비스 탐색 서비스를 제공한다. 컨설 템플릿은 컨설 설정 파일만 사용하더라도 동작돼야 한다.

- 컨설은 서비스에 대한 상태 확인$^{health\ check}$을 수행하고 상태 확인이 실패하면 서비스 탐색에서 서비스를 제외할 수 있다. 예를 들어 상태 확인은 특정 HTTP 자원에 대한 요청이 될 수 있고 서비스가 실제로 상태 확인 요청을 처리할 수 있는지 여부를 결정한다. 서비스가 여전히 HTTP 요청을 수락할 수는 있지만 데이터베이스 장애로 인해 제대로 처리하지 못할 수 있다. 서비스는 상태 확인을 통해 서비스의 가용성을 알릴 수 있다.

- 컨설은 복제를 지원한다. 따라서 높은 가용성을 보장할 수 있다. 컨설 서버에서 장애가 발생하면 복제된 데이터를 포함하는 다른 서버가 처리하고 장애가 발생한 서버를 보완한다.

- 또한 컨설은 여러 데이터 센터를 지원한다. 여러 데이터 센터 간에 데이터를 복제함으로써 가용성을 높이고 컨설을 데이터 센터의 장애로부터 보호할 수 있다. 서비스 탐색은 동일한 데이터 센터로 제한될 수 있다. 따라서 동일한 데이터 센터에 위치한 서비스는 더 높은 성능을 갖는다.

- 마지막으로 컨설은 서비스 탐색뿐만 아니라 서비스 설정에도 사용될 수 있다. 설정에 다양한 요구 사항이 있다. 가용성은 서비스 탐색에서 중요하다. 결함 있는 정보는 허용된다. 서비스에 접근할 수 있지만 서비스를 사용할 수 없더라도 크게 문제가 되지 않는다. 서비스의 다른 인스턴스를 간단히 사용하면 된다. 그

러나 서비스에 대한 컨설 설정이 잘못된 경우 장애가 발생할 수 있다. 따라서 컨설 설정에 올바른 정보를 저장하는 것이 매우 중요하다.

컨설 대시보드

컨설은 대시보드에 등록된 마이크로서비스 정보를 제공한다(그림 15-3 참고). 컨설 대시보드는 컨설 서버에 등록된 모든 서비스와 서비스의 상태 확인 결과를 보여준다. 그림 15-3을 살펴보면 모든 마이크로서비스는 정상이며 요청을 수락할 수 있는 상태임을 보여준다. 또한 등록된 서비스 외에 컨설이 실행 중인 서버와 구성 데이터베이스의 내용을 표시한다. 대시보드에 접근할 수 있는 포트는 도커 호스트의 8500포트다.

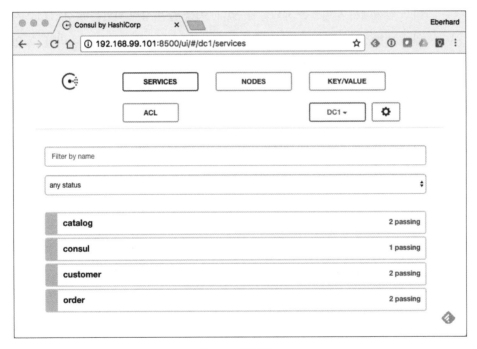

그림 15-3 컨설 대시보드

DNS 데이터 읽기

또한 DNS를 이용해 컨설 서버의 데이터에 접근할 수 있다. 예를 들어 `dig`을 사용할 수 있다(`dig @localhost -p 8600 order.service.consul`). 도커 컨테이너가 로컬 컴퓨터인 `local host`에서 실행되는 경우 주문 마이크로서비스의 IP 주소를 리턴한다. 컨설 DNS 서버와의 통신은 UDP 8600포트를 통해 이뤄진다(`dig @localhost -p 8600 order.service.consul`). SRV는 IP 주소 이외에도 서비스를 사용할 수 있는 포트를 리턴한다. 이런 목적으로 DNS SRV 레코드가 사용된다. SRV 레코드는 DNS 표준의 일부이며 IP 주소 외에도 서비스 포트를 지정할 수 있다.

컨설 도커 이미지

예시에서는 Hashicorp의 컨설 도커 이미지를 직접 사용한다. 컨설은 주 메모리에 데이터를 저장하고 단일 노드에서만 컨설이 실행되도록 구성한다. 해당 구성 방식은 시스템 설정을 단순화하고 자원 소비를 줄인다. 데이터가 손실될 수 있고 컨설 도커 컨테이너가 동작하지 않으면 전체 시스템이 정지하기 때문에 상용 환경에는 해당 구성이 적합하지 않다. 상용 환경에서는 컨설 서버 클러스터를 사용해야 하며 데이터를 영구적으로 저장해야 한다.

15.3 라우팅: 아파치 httpd 서버

아파치 httpd 서버(https://httpd.apache.org/)는 가장 널리 사용되는 웹 서버 중 하나다. 아파치 httpd 서버에 다양한 사용 시나리오에 사용할 수 있는 여러 모듈이 있다. 예시에서는 아파치 httpd 서버를 리버스 프록시로 사용할 수 있는 모듈을 적용한다.

리버스 프록시

기존 프록시는 특정 네트워크에서 외부 네트워크로 트래픽을 처리할 수 있도록 사용하는 반면, 리버스 프록시^{Reverse Proxy}는 외부의 트래픽을 내부에서 처리할 수 있는 솔루션이다. 외부 요청을 특정 서비스로 전달할 수 있다. 즉 전체 마이크로서비스 시스템은 하나의 URL에서 접근할 수 있지만 내부적으로 다른 마이크로서비스를 사용할 수 있다.

리버스 프록시의 개념은 14.3절에서 이미 설명했다.

로드 밸런서

또한 아파치 httpd 서버는 로드 밸런서 기능을 갖고 있다. httpd 서버는 네트워크 트래픽을 여러 인스턴스에 전달하고 애플리케이션이 확장될 수 있도록 지원한다. 예시를 살펴보면 외부의 요청에 대해 리버스 프록시와 로드 밸런서가 동시에 동작하는 아파치 httpd 서버가 하나만 존재한다. 여러 마이크로서비스끼리 서로 보내는 요청은 로드 밸런서가 처리하지 않는다. 마이크로서비스 간의 통신을 위해 넷플릭스 예시(14.4절 참고)와 같이 립본 라이브러리가 사용된다.

로드 밸런서의 특징 중 하나는 많이 사용되고 입증된 소프트웨어를 사용한다는 점이다. 마이크로서비스는 운영과 인프라에 대한 높은 요구가 있어서 보수적인 선택은 다른 기술을 학습하고 노력하는 것을 피할 수 있다. 물론 아파치 웹 서버 대신 nginx(https://nginx.org/)를 사용할 수도 있다.

파비오^{Fabio}(https://github.com/eBay/fabio)를 사용할 수도 있다. 파비오는 마이크로서비스의 로드 밸런싱을 위해 특별히 작성됐고 사용과 설정이 더 쉽다.

15.4 컨설 템플릿

각 마이크로서비스의 아파치 httpd 서버에는 설정 파일이 있어야 한다. 컨설 템플릿을 사용해 설정 파일을 구축할 수 있다. 예시에서 00-default.ctmpl 파일은 아파치 httpd 서버의 설정을 작성하는 데 템플릿으로 사용된다. 해당 템플릿은 컨설 템플릿 언어^{Consul} Templating Language(https://github.com/hashicorp/consul-template#templating-language)로 작성됐다. 템플릿은 각 마이크로서비스에서 인스턴스 간에 로드를 분배하고 외부 요청을 인스턴스로 리디렉션하는 항목을 작성한다.

템플릿

필수 부분은 다음과 같다.

```
{{range services}}

<Proxy balancer://{{.Name}}>
{{range service .Name}} BalancerMember http://{{.Address}}:{{.Port}}
{{end}}
</Proxy>
  ProxyPass /{{.Name}} balancer://{{.Name}}
  ProxyPassReverse /{{.Name}} balancer://{{.Name}}

{{end}}
```

컨설 템플릿 API 함수는 {{와 }} 사이에 사용된다. 각 서비스의 설정은 {{range service}}로 생성된다. {{range service}}에는 <Proxy> 엘리먼트와 마이크로서비스의 이름으로 설정된 리버스 프록시가 포함된다. <Proxy> 엘리먼트에 마이크로서비스 인스턴스 간에 로드를 분산시키기 위한 각 인스턴스의 주소와 포트를 포함하는 BalancerMember라는 마이크로서비스 인스턴스를 포함한다. 마지막으로 리버스 프록시에 속하는 ProxyPass와 ProxyPassReverse 엘리먼트로 구성된다.

컨설 템플릿 시작하기

컨설 템플릿은 docker/apache 디렉터리의 도커파일에서 다음 부분으로 시작된다.

```
CMD /usr/bin/consul-template -log-level info -consul consul:8500 \\
  -template "/etc/apache2/sites-enabled/000-default.ctmpl:/etc/apache2/sites-
enabled\
/000-default.conf:apache2ctl -k graceful"
```

컨설 템플릿은 새로운 서비스가 추가되거나 기존 서비스가 제거돼 설정이 변경된 경우
apache2ctl -k graceful 커맨드를 실행한다. 아파치 httpd 서버는 변경된 설정을 읽
고 재시작한다. 그러나 열려 있는 커넥션은 닫히지 않으며 통신이 종료될 때까지 열려
있는 상태로 유지된다. 실행 중인 아파치 httpd 서버가 없다면 아파치 httpd 서버를 시
작한다. 따라서 컨설 템플릿은 아파치 httpd를 제어하고 아파치 httpd 인스턴스가 항상
도커 컨테이너에서 실행되도록 한다.

따라서 컨설 템플릿은 아파치 httpd 서버와 동일한 도커 컨테이너에서 실행돼야 한다.
이는 단 하나의 프로세스가 하나의 컨테이너에서 실행돼야 한다는 도커 철학과 모순
된다. 그러나 두 프로세스가 너무 밀접하게 관련돼 있기에 구체적인 예시에서는 이를
피할 수 없다.

결론

컨설 템플릿은 컨설에 등록되자마자 외부에서 특정 마이크로서비스를 볼 수 있도록 보
장한다. 그래서 아파치 httpd 서버는 서비스 탐색 또는 컨설에 대해 알 필요가 없다. 설
정에서 정보를 수신하고 다시 시작한다.

15.5 컨설과 스프링 부트

스프링 부트에 컨설을 통합하는 것은 유레카 통합과 유사하다(14.2절 참고). 다음은 application.properties 설정 파일의 관련 부분이다.

```
spring.application.name=catalog
spring.cloud.consul.host=consul
spring.cloud.consul.port=8500
spring.cloud.consul.discovery.preferIpAddress=true
spring.cloud.consul.discovery.instanceId=\${ spring.application.name} :
\${ spring.application.instance_id:\${ random.value}}
```

이 절의 예시에서는 다음 값을 설정한다.

- spring.application.name은 컨설에 등록된 애플리케이션 이름을 정의한다.
- spring.cloud.consul.host와 spring.cloud.consul.port는 컨설이 접근될 수 있는 호스트와 포트를 결정한다.
- spring.cloud.consul.discovery.preferIpAddress를 사용해 호스트 이름이 아닌 IP 주소로 서비스 등록을 한다. 도커 환경에서 호스트 이름을 확인할 수 없기에 문제가 발생하지 않는다.
- spring.cloud.consul.discovery.instanceId는 각 마이크로서비스 인스턴스에 대한 명확한 ID를 지정한다(예: 로드 밸런싱을 위해 인스턴스를 식별하는 경우).

코드 의존성

pom.xml에 **spring-cloud-starter-consul-discovery**라는 의존 라이브러리를 추가해야 한다. 게다가 @SpringBootApplication 어노테이션이 있는 스프링 부트 애플리케이션의 메인 클래스에 @EnableDiscoveryClient라는 어노테이션을 추가해야 한다.

스프링 부트 액추에이터를 통한 상태 확인

마지막으로 마이크로서비스는 상태 확인을 제공해야 한다. 스프링 부트는 상태 확인이 가능한 액추에이터[Actuator] 모듈을 포함하며 상태 확인과 메트릭을 제공한다. 상태 확인은 /health URL에 수행할 수 있다. 이는 정확한 컨설의 요청이다. 따라서 pom.xml에 spring-boot-starter-actuator 의존 라이브러리를 추가하기만 하면 액추에이터 모듈을 사용할 수 있다. 애플리케이션이 특정 자원에 의존한다면 해당 자원에 대한 상태 확인 모듈을 개발해야 할 수 있다.

컨설과 립본

물론 마이크로서비스는 컨설을 통해 다른 마이크로서비스와 통신할 수 있어야 한다. 따라서 컨설 예시에서는 넷플릭스 예시와 유사한 립본 라이브러리를 사용한다(14.4절 참고). 스프링 클라우드 프로젝트에서 립본을 수정해 컨설을 처리할 수도 있다. 넷플릭스 예시의 코드와 비교하면 마이크로서비스에서 립본을 사용하는 부분을 제외하고는 나머지 코드는 변경된 것이 없다.

15.6 DNS와 레지스트레이터

마이크로서비스는 등록할 때 사용되는 컨설 API에 대한 코드 의존성을 가져야 하지만, 사실 컨설 API가 필요가 없는 시나리오가 있다. 레지스트레이터[Registrator](https://github.com/gliderlabs/registrator)를 사용하면 코드 없이 도커 컨테이너를 컨설에 등록할 수 있다. 컨설을 DNS 서버로 사용하는 방식으로 도커 컨테이너를 설정하면 코드 의존성 없이 다른 마이크로서비스를 검색할 수도 있다. 이렇게 하면 프로젝트에서 컨설에 대한 모든 의존성이 제거된다.

예시 구조

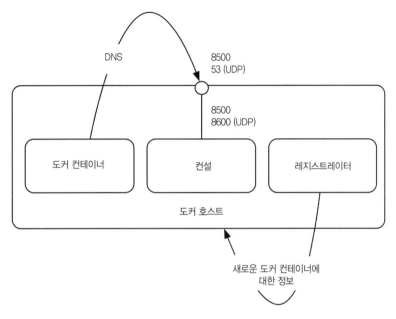

그림 15-4 컨설을 DNS로 사용

그림 15-4는 컨설을 DNS로 사용하는 방식을 보여준다.

- 레지스트레이터는 도커 컨테이너에서 실행된다. 소켓을 통해 레지스트레이터
  는 도커 데몬에서 수집된 정보, 즉 새로 생성된 도커 컨테이너에 대한 정보를
  수집한다. 도커 데몬은 도커 호스트에서 실행되며 모든 도커 컨테이너를 관리
  한다.
- 컨설의 DNS 인터페이스는 도커 호스트의 UDP 53포트에 바인딩된다. 53포트
  는 DNS의 기본 포트다.
- 도커 컨테이너는 도커 호스트를 DNS 서버로 사용한다.

docker-compose.yml의 dns 설정을 DNS 서버의 IP 주소를 `CONSUL_HOST` 환경변수의
IP 주소로 사용하도록 설정한다. 따라서 **docker-compose**를 실행하기 전에 도커 호스트

의 IP 주소를 `CONSUL_HOST`에 할당해야 한다. 아쉽게도 해당 환경변수를 사용하지 않은 채 도커 컨테이너에서 DNS를 접근하는 방식을 설정할 수 없다.

레지스트레이터는 컨설로 시작된 모든 도커 컨테이너를 등록한다. 따라서 마이크로서비스뿐만 아니라 아파치 httpd 서버 또는 컨설도 컨설 내의 서비스에서 찾을 수 있다.

컨설은 이름에 `.service.consul`이 추가된 도커 컨테이너를 등록한다. docker-compose.yml에서 `dns_search`를 `.service.consul`로 설정해 해당 도메인이 항상 검색되게 한다. 마지막으로 주문 마이크로서비스는 http://msconsuldns_customer:8080/과 http://msconsuldns_catalog:8080/ URL을 사용해 고객 마이크로서비스와 카탈로그 마이크로서비스에 접근한다. 도커 컴포즈는 프로젝트를 다른 프로젝트와 분리하기 위해 도커 컨테이너의 이름 앞에 접두사 `msconsuldns`를 생성한다. 해당 이름은 Concul Template에서 라우팅에 대한 아파치 httpd 서버를 설정할 때도 사용된다.

설정에서 컨설은 로드 밸런싱을 담당한다. 마이크로서비스의 인스턴스가 여러 개인 경우 레지스트레이터는 모두 동일한 이름으로 등록한다. 그러면 컨설은 각 DNS 요청에 대해 인스턴스 중 하나를 리턴한다.

예시에서 탄력성을 적용하기 위해 히스트릭스를 사용한다.

예시는 https://github.com/ewolff/microservice-consul-dns에서 찾을 수 있으며 https://github.com/ewolff/microservice-consul-dns/blob/master/HOW-TO-RUN.md에서 시작할 수 있다.

히스트릭스를 사용해 마이크로서비스는 더 이상 컨설에 어떤 코드 의존성도 포함하지 않는다. 따라서 자바 외 다른 프로그래밍 언어로 마이크로서비스를 구현하는 것이 문제가 되지 않는다.

투명한 방식으로 설정

Envconsul(https://github.com/hashicorp/envconsul)을 사용하면 컨설이 설정 데이터를 읽을 수 있고 환경변수를 애플리케이션에서 사용할 수 있게 한다. 따라서 컨설은 컨설 관련 코드가 없어도 마이크로서비스를 구성할 수 있다.

15.7 레시피 변형

컨설은 매우 유연하며 다양한 방법으로 사용할 수 있다.

프론트엔드 통합과 결합

다른 접근 방식과 마찬가지로 컨설은 프론트엔드 통합과 결합될 수 있다(7장 참고). 시스템에 아파치 httpd 서버가 이미 존재하기 때문에 아파치 httpd 서버와 SSI^{Server-Side} ^{Includes} 간의 결합이 간단하다.

비동기 통신과의 결합

동기 통신은 비동기 통신과 결합될 수 있다(10장 참고). 그러나 특정 타입의 통신만으로 정상적인 통신이 가능하다. HTTP를 통한 Atom 또는 기타 비동기 방식(12장 참고)을 컨설과 같은 HTTP 기반 시스템에 쉽게 통합할 수 있다.

기타 로드 밸런서

아파치 httpd 서버 대신 nginx와 같은 서버 또는 HAProxy와 같은 로드 밸런서를 사용해 외부의 요청을 라우팅할 수도 있다. 립본은 로드 밸런서로 교체될 수 있으며 컨설 템플릿을 사용해 내부 로드 밸런싱을 설정할 수 있다. 이 경우 로드 분산과 라우팅에 한

가지 타입의 로드 밸런서만 사용된다. 자바 라이브러리인 립본과 달리 아파치 httpd 서버 또는 nginx 서버는 모든 프로그래밍 언어와 함께 사용할 수 있다. 각 마이크로서비스는 자체 httpd 또는 nginx 인스턴스를 포함하기에 병목현상이나 단일 실패 지점이 발생하지 않는다.

서비스 메시

23장에서 서비스 메시^{Service Mesh}에 대해 다룰 것이다. 서비스 메시는 복원력, 모니터링, 추적, 로그와 같은 많은 유용한 기능을 제공한다. 이스티오는 서비스 메시의 한 예다. 서비스 메시는 마이크로서비스 사이의 통신에 프록시를 추가한다. 이스티오는 프록시가 잘 동작할 수 있도록 컨설을 사용한다. 그래서 이스티오를 이용할 때 마이크로서비스의 운영에 대한 완벽한 플랫폼이 되도록 컨설을 확장할 수 있다.

15.8 실험

- 마이크로서비스를 추가할 때 DNS 없이 컨설을 사용할 수 있다.
  - 콜센터 상담원이 통화 메모를 작성하는 데 사용하는 마이크로서비스를 예시로 들 수 있다. 콜센터 상담원은 고객을 선택할 수 있어야 한다.
  - 물론 기존 마이크로서비스 중 하나를 복사하고 수정할 수 있다.
  - 컨설에 마이크로서비스를 등록한다.
  - 립본은 고객 마이크로서비스를 호출한다. 립본은 컨설에 요청해 마이크로서비스를 조회한다. 그렇지 않으면 컨설에 명시적으로 요청해 마이크로서비스를 검색해야 한다.
  - 도커 이미지에서 마이크로서비스를 패키징하고 docker-compose.yml에서 이미지를 참고한다. 도커 컨테이너의 이름을 지정할 수도 있다.

- o docker-compose.yml에 새 서비스가 포함된 컨테이너에서 consul 컨테이너에 대한 링크를 생성한다.
- o 홈페이지에서 마이크로서비스를 접근할 수 있어야 한다. 이 경우 apache 도커 컨테이너의 index.html 파일에 링크가 생성돼야 한다. 컨설에 마이크로서비스가 등록되자마자 컨설 템플릿은 자동으로 아파치 httpd 서버에 마이크로서비스 라우팅을 설정한다.
- 추가 마이크로서비스로 DNS 컨설 시스템(15.6절 참고)을 보완한다.
  - o 콜센터 상담원이 통화 메모를 작성하는 데 사용하는 마이크로서비스를 예시로 들 수 있다. 콜센터 상담원이 고객을 선택할 수 있어야 한다.
  - o 고객 마이크로서비스에 호출을 하려면 `msconsuldns_customer` 호스트 이름을 사용해야 한다.
  - o 물론 기존 마이크로서비스 중 하나를 복사하고 수정할 수 있다.
  - o 레지스트레이터는 각 도커 컨테이너를 자동으로 등록하기 때문에 도커 컨테이너를 컨설에 등록할 필요가 없다.
  - o 도커 이미지에 마이크로서비스를 패키징하고 docker-compose.yml에서 이미지를 참고한다. 도커 컨테이너의 이름을 지정할 수도 있다.
  - o docker-compose.yml에 새로운 마이크로서비스에 대한 DNS 서버를 다른 마이크로서비스와 비슷하게 설정한다.
  - o 홈페이지에서 마이크로서비스를 접근할 수 있어야 한다. 이 경우 아파치 도커 컨테이너의 index.html 파일에 링크를 생성해야 한다. 컨설에 마이크로서비스가 등록되자마자 컨설 템플릿은 자동으로 아파치 httpd 서버에 마이크로서비스 라우팅을 설정한다.
- 현재 컨설 설치는 클러스터가 아니기에 상용 환경에 적합하지 않다. 컨설이 클러스터에서 실행되고 서비스 레지스트리 데이터가 하드 디스크에 저장되도록 컨설 설치를 변경한다. 따라서 도커파일에서 설정을 변경해야 하고 컨설의 여

러 인스턴스를 시작해야 한다. 자세한 내용은 https://www.consul.io/docs/ guides/bootstrapping.html을 참고한다.

- 또한 스프링 부트 애플리케이션의 설정을 저장할 때 컨설을 사용할 수 있다 (https://cloud.spring.io/spring-cloud-consul/#spring-cloud-consul-config 참고). 컨설과 함께 예시 애플리케이션을 구성하려면 컨설을 사용한다.

- 아파치 httpd를 nginx나 다른 웹 서버(예: HAProxy)를 교체한다. 교체하려면 적절한 도커 이미지를 만들거나 도커 허브(https://hub.docker.com)에서 일치하는 도커 이미지를 검색해야 한다. 또한 웹 서버는 리버스 프록시 확장 기능을 제공해야 하고 컨설 템플릿으로 구성할 수 있어야 한다. 컨설 템플릿에 관한 상세 문서는 깃허브 웹 페이지(https://github.com/hashicorp/consul-template)에서 찾을 수 있다. 많은 시스템에서 컨설 템플릿 예시(https://github.com/hashicorp/consul-template/tree/master/examples)도 있다.

- 확장과 로드 밸런싱을 시도한다.
  - 서비스 인스턴스 개수를 늘린다(예: `docker-compose up --scale customer=2`).
  - 컨설 대시보드를 사용해 두 개의 고객 마이크로서비스가 실행 중인지 확인한다. 도커가 로컬 컴퓨터에서 실행될 때 8500포트를 사용한다(예: http://localhost:8500/).
  - `docker logs -f msconsul_order_1`를 실행해 주문 마이크로서비스의 로그를 관찰하고 고객 마이크로서비스의 다른 인스턴스가 호출되는지 확인한다. 립본이 로드 밸런싱에 사용되기에 확인할 수 있다. 따라서 주문 애플리케이션에 요청을 보내야 한다(예: 주문 애플리케이션 홈페이지를 새로 고침한다).

- 여러 마이크로서비스 중 하나에 상태 확인을 추가한다. 상태 확인이 실패하면 실제로 로드 밸런싱에서 서비스가 제외되는지 확인한다.

15.9 결론

컨설과 연동하는 마이크로서비스 시스템을 설정하는 것은 동기 시스템의 또 다른 옵션이다. 해당 구조는 다음과 같이 동기 마이크로서비스의 일반적인 문제를 해결한다.

- 컨설을 사용하면 서비스 탐색이 가능하다. 컨설은 매우 유연하다. DNS 인터페이스와 컨설 템플릿을 많은 기술과 함께 사용할 수 있다. 이는 마이크로서비스와 관련해 특히 중요하다. 시스템을 시작할 때부터 다양한 기술을 사용할 필요는 없지만 장기적으로는 새로운 기술로 통합하는 것이 유리하다.
- 컨설은 유레카보다 사용하는 부분에서 더 투명하다. 스프링 클라우드 애플리케이션은 여전히 특별한 컨설 설정이 필요하다. 그러나 컨설은 아파치 httpd 서버의 설정 포맷을 제공하기 때문에 적어도 이 경우에는 투명하다.
- 마이크로서비스를 등록하기 위해 레지스트레이터를, DNS 서버로 컨설을 사용하는 경우 컨설은 완전히 투명하며 코드 의존성 없이 사용할 수 있다. Envconsul을 사용하면 컨설은 코드 의존성 없이 마이크로서비스를 구성할 수도 있다.
- 컨설은 마이크로서비스를 구성하는 데 사용할 수 있다. 따라서 컨설을 사용해 서비스 탐색과 구성을 모두 구현할 수 있다.
- 복원력은 15장 예시에서 다루지 않는다.
- 아파치 httpd 서버를 사용한 라우팅은 비교적 일반적인 접근 방식이다. 아파치 httpd 서버는 기술적 복잡성을 줄여주는데, 특히 마이크로서비스 시스템에서는 상당히 복잡성을 줄인다. 수많은 신기술과 새로운 아키텍처 접근 방법을 사용하면 일부 영역을 기존 접근법으로 사용하는 것이 좋다.
- 넷플릭스 예시(14.4절 참고)에서 설명한 대로 로드 밸런싱은 립본을 사용해 구현된다. 그러나 아파치 httpd 서버를 각 마이크로서비스에 포함된 도커 이미지를 제공하는 것은 문제가 되지 않는다. 예를 들어 컨설 템플릿은 외부의 요청을 로드 밸런싱할 수 있도록 아파치 httpd 서버를 설정할 수 있다. 컨설의 경우 DNS

컨설은 심지어 DNS 서버와 투명하게 로드 밸런싱을 구현한다. 따라서 로드 밸런싱에 필요한 추가 기술은 없다.

넷플릭스와 비교

예시의 넷플릭스 기술 스택에 장점이 있다. 즉 DNS를 사용할 때 컨설에 대한 코드 의존성이 없기 때문에 이기종 마이크로서비스 시스템도 지원한다. 서비스 탐색 기술을 가진 컨설은 컨설의 DNS 인터페이스와 연동하는 유레카, 컨설 템플릿보다 훨씬 더 강력하다.

아파치 httpd 서버는 표준 리버스 프록시로서 널리 사용된다. 아마도 주울보다 더 성장할 것이다. 또한 아파치는 여전히 가장 널리 사용되는 웹 서버 중 하나인 반면 주울은 웹 서버의 기능을 지원하지 않는다. 복원력 관점에서 보면 넷플릭스 스택은 좋은 해결책을 제공하지 않지만 히스트릭스와 같은 라이브러리를 사용해 복원력을 얻을 수 있다.

컨설 기술 스택의 주요 장점은 특정 언어와 환경과 상관없는 독립성이다. 넷플릭스 스택은 자바에 기반을 두고 있어서 다른 언어와 통합이 어렵다. 또한 넷플릭스는 히스티릭스와 주울과 같은 일부 프로젝트를 중단했다. 그래서 넷플릭스 스택에는 단점이 꽤 많이 있고 장점이 그렇게 많이 없다. 따라서 컨설 기술 스택이 넷플릭스 스택보다 일반적으로 선호된다.

장점

- 컨설은 자바에 집중하고 있지 않으며 다양한 기술을 지원한다.
- 컨설은 DNS도 지원한다.
- 컨설 템플릿은 설정 파일을 통해 많은 서비스(아파치 httpd 서버)를 투명하게 설정할 수 있다.
- 레지스트레이터와 DNS를 통해 완전히 투명하게 등록할 수 있고 서비스 탐색이 가능하다.

350

- 아파치 httpd 서버와 같은 안정적인 기술을 사용하면 위험성이 줄어든다.

도전 과제

- 컨설은 Go 언어로 작성됐다. 따라서 컨설의 모니터링과 배포는 자바 마이크로 서비스와 다르다.

16

개념: 마이크로서비스 플랫폼

16장에서는 다음과 같은 마이크로서비스 플랫폼을 살펴본다.

- 마이크로서비스 플랫폼은 마이크로서비스의 운영과 통신을 지원한다.
- PaaS 클라우드와 도커 스케줄러는 마이크로서비스 플랫폼의 예시다.
- 마이크로서비스 플랫폼에는 장단점이 있기 때문에 일부 시나리오에서는 다르게 접근하는 것이 좋을 수 있다.

16.1 정의

16장의 마이크로서비스 플랫폼은 마이크로서비스의 통신을 가능하게 할 뿐만 아니라 배포, 모니터링, 로그 분석과 같은 운영 측면을 지원한다는 점에서 지금까지 제시된 다른 모든 기술과 다르다.

HTTP와 REST 지원

마이크로서비스 플랫폼은 로드 밸런싱, 라우팅, 서비스 탐색과 함께 HTTP 및 REST를 지원한다. 그러나 다른 통신 메커니즘으로 보완될 수도 있다. 따라서 마이크로서비스 플랫폼에서 비동기 통신을 지원하기 위해 HTTP를 사용할 수 있다. 그러나 16장에서는 주로 동기 통신을 고려한다. 동기 통신을 사용하는 마이크로서비스 플랫폼은 운영과 관련된 여러 인프라를 사용하는 마이크로서비스와 가장 다르다.

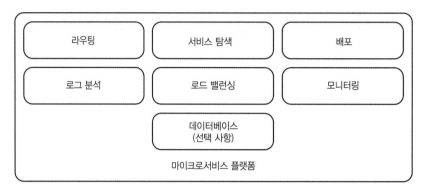

그림 16-1 마이크로서비스 플랫폼의 특징

설치 및 운영 비용

마이크로서비스 플랫폼은 매우 강력하지만 결과적으로는 매우 복잡하다. 마이크로서비스 운영은 훨씬 쉽지만 플랫폼 자체를 설치하고 운영하는 것은 정말로 어려울 수 있다. 마이크로서비스 플랫폼이 퍼블릭 클라우드에서 실행 중이라면 퍼블릭 클라우드 운영자가 복잡한 설치와 운영을 처리할 것이기 때문에 특별히 할 일은 없다. 그러나 회사의 자체 데이터 센터에서 설치 작업을 수행하는 경우라면 운영 팀이 관리해야 한다.

그러나 마이크로서비스 플랫폼을 설치하는 노력은 단 한 번으로 끝나야 한다. 그리고 마이크로서비스 배포는 훨씬 쉬워야 한다. 즉 플랫폼 설치 비용이 거의 없음을 의미한다.

마이크로서비스를 설치할 때 제한된 운영만 수행하면 된다. 따라서 운영이 각 마이크로서비스의 배포를 지원하지 않더라도 마이크로서비스는 빨리 쉽게 배포될 수 있다.

마이크로서비스 플랫폼으로 마이그레이션

지금까지 제시된 솔루션과 대조적으로 마이크로서비스 플랫폼은 애플리케이션의 운영과 설치에 대한 근본적인 변화가 필요하다. 다른 예시로 마이크로서비스는 가상 머신 또는 실제 서버에서 실행될 수 있고 기존 배포 툴과 결합될 수 있다. 마이크로서비스 플랫폼은 마이크로서비스의 배포와 운영을 포함하기 때문에 대부분의 경우 이미 구축한 운영 툴을 포함한다. 따라서 마이크로서비스 플랫폼을 사용한다는 것은 다른 기술을 사용하는 것보다 더 큰 단계를 의미한다.

마이크로서비스 플랫폼을 사용하는 움직임은 보수적인 운영 팀에 방해가 될 수 있다. 또한 마이크로서비스를 도입하면 새로운 아키텍처 외에 조직의 변화와 많은 새로운 기술로 이어질 수 있다. 따라서 보수적인 운영 팀이 있는 경우에는 복잡한 마이크로서비스 플랫폼을 도입하지 않는 것이 도움될 수 있다.

매크로 아키텍처에 영향

물론 마이크로서비스 플랫폼은 특정 기술만 지원한다. 프로그래밍 언어뿐만 아니라 배포, 모니터링, 로그 저장 등을 지원한다. 따라서 마이크로서비스 플랫폼은 기술 인프라의 많은 부분을 정의한다.

따라서 마이크로서비스 플랫폼은 매크로 아키텍처와 관련이 있다(2장 참고).

- 매크로 아키텍처는 마이크로서비스 플랫폼의 요구 사항을 명시해야 한다. 따라서 마이크로서비스 플랫폼은 실제로 마이크로서비스를 실행할 수 있다. 따라서 마이크로서비스 플랫폼은 매크로 아키텍처에서 배포와 로그 저장을 지정한다.
- 마이크로서비스 플랫폼은 팀이 매크로 아키텍처에서 선택할 수 있는 선택 사항들을 제한한다. 결국 마이크로서비스 플랫폼에서 실행할 수 없는 마이크로서비스를 운영하는 것은 불가능하다. 예를 들어 마이크로서비스 플랫폼은 프로그래밍 언어와 관련된 제한을 정의할 수 있다.

- 마이크로서비스 플랫폼은 매크로 아키텍처 규칙을 준수하도록 강제할 수 있다. 개발자가 매크로 아키텍처 규칙을 무시하면 마이크로서비스는 플랫폼에서 실행될 수 없다. 따라서 매크로 아키텍처 규칙은 실제로 준수된다.

특정 플랫폼

17, 18장에서 마이크로서비스 플랫폼에 대한 두 접근 방식을 설명한다.

- 쿠버네티스(17장 참고)는 도커 컨테이너를 실행할 수 있으며 네트워크 레벨에서 로드 밸런싱, 라우팅, 서비스 탐색과 같은 문제를 해결한다. 임의의 도커 컨테이너를 실행할 수 있기에 매우 유연하다. 오퍼레이터스Operators 또는 헬름Helm을 사용한다면 서비스를 쿠버네티스에 통합해 모니터링할 수 있다.
- 클라우드 파운드리(18장 참고)는 애플리케이션을 지원한다. 예를 들어 클라우드 파운드리에 자바 애플리케이션을 제공하기만 하면 된다. 클라우드 파운드리는 도커 컨테이너를 만들어서 실행할 수 있다. 또한 로드 밸런싱, 라우팅, 서비스 탐색을 해결하며 데이터베이스와 같은 추가 인프라 자원이 포함된다.

16.2 변형

마이크로서비스 플랫폼은 특히 동기 마이크로서비스와 REST 통신에 적합하며 잘 지원한다. 그러나 다른 통신 메커니즘을 허용해 마이크로서비스 플랫폼을 확장할 수 있다. 따라서 프론트엔드 통합이 마이크로서비스 플랫폼으로 구현될 수 있다. 클라이언트 측 프론트엔드 통합은 사용 중인 마이크로서비스 플랫폼과는 완전히 독립적이다. 서버 측 프론트엔드 통합에서만 서버가 마이크로서비스 플랫폼에 설치되고 운영돼야 한다.

마이크로서비스 플랫폼은 비동기 마이크로서비스의 운영 측면을 다룰 수도 있다. 마이크로서비스를 잘 운영하기 위해 플랫폼을 사용할 수도 있다. 운영은 마이크로서비스에서 가장 중요한 과제 중 하나다. 운영 측면은 사용 중인 통신 방식과 독립적이다.

물리 하드웨어

따라서 마이크로서비스를 운영하기 위한 다른 환경이 있는지 여부가 문제가 된다. 마이크로서비스 플랫폼에 대한 이론적인 대안은 물리 하드웨어이다. 그러나 물리 하드웨어는 비용상의 이유로 거의 사용되지 않는다.

가상 하드웨어

가상 하드웨어는 이미 4.7절에서 설명한 것처럼 유연하지 않고 무겁다. 따라서 마이크로서비스 플랫폼의 유일한 대안은 4.7절에서 다룬 '스케줄러 없는 도커'다. 따라서 도커 컨테이너는 기존 서버에 설치된다.

이 경우 매크로 아키텍처는 로그 분석 또는 모니터링에 하나의 기술만 사용해 효율적으로 작동하도록 작업을 표준화한다(2.2절 참고). 마이크로서비스 플랫폼에는 이미 표준화된 기능을 갖고 있다. 따라서 로그 저장 및 모니터링 기능을 구축하지 않아도 되며 마이크로서비스 플랫폼의 로그 저장 및 모니터링 기능을 사용할 수 있다. 따라서 많은 마이크로서비스의 로그 분석을 구현하는 데 많은 비용이 소요될 수 있다는 점에서 마이크로서비스 플랫폼을 사용하는 것은 더 간단한 솔루션이 될 수 있다.

도커 인프라는 마이크로서비스 플랫폼의 기능을 제공하지 않아 복원력, 로드 밸런싱과 같은 기타 기능을 가상 시스템 레벨에서 구현해야 한다. 결국 제일 중요한 것은 마이크로서비스 플랫폼 패키지를 설치하고 사용하는 대신 로그 분석, 모니터링, 안정성, 로드 밸런싱과 같은 마이크로서비스 플랫폼의 기능을 단계적으로 재설치하며 사용해야 할 수 있다.

16.3 결론

마이크로서비스 플랫폼은 동작 방식이 복잡할 수 있음에도 많은 기능이 있어서 매우 유용하다. 실제로 쿠버네티스는 마이크로서비스 운영에 매우 중요한 플랫폼이다. 클라우드 파운드리와 같은 PaaS에 좋은 기능이 있지만 다루지 않았다.

마이크로서비스 플랫폼은 일반적인 마이크로서비스 문제에 대한 중요한 단순화와 완벽한 해결책을 주는 장점 때문에 반드시 고려돼야 한다. 마이크로서비스 플랫폼이 필요한 유일한 이유는 높은 설치 비용 때문이다. 크기가 작은 마이크로서비스를 운영하거나 프로젝트 초기에는 마이크로서비스 플랫폼을 설치하지 않아도 된다. 또한 퍼블릭 클라우드가 제공하는 기능을 사용하면 운영과 관련된 노력이 필요 없다.

17

레시피: 쿠버네티스와 도커 컨테이너

17장에서 도커 컨테이너의 런타임 환경인 쿠버네티스에 대해 설명한다. 17장에서는 다음을 설명한다.

- 쿠버네티스는 클러스터에서 도커 컨테이너를 실행할 수 있을 뿐만 아니라 마이크로서비스를 위한 완벽한 인프라를 구성한다.
- 쿠버네티스는 도커에 대한 코드 의존성이 없다.
- 또한 MOM 또는 기타 툴을 쿠버네티스에서 실행할 수 있다.

17.1 쿠버네티스

쿠버네티스는 마이크로서비스의 개발과 운영을 위한 런타임 환경이며 점차 중요성이 커지고 있다.

라이선스와 커뮤니티

쿠버네티스(https://kubernetes.io/)는 오픈소스 프로젝트이며 아파치 라이선스하에 있다. 리눅스 파운데이션^{Linux Foundation}에서 관리하고 있으며 원래 구글에서 개발됐다. 다양한 확장을 제공하는 쿠버네티스를 중심으로 광대한 생태계가 일어나고 있다.

쿠버네티스 버전

여러 쿠버네티스 변형이 존재한다.

미니큐브^{Minikube}(https://github.com/kubernetes/minikube)는 노트북에서 개발과 테스트 시스템을 설치하기 위한 쿠버네티스 버전이다. 그러나 서버에 설치하거나 클라우드에 올려 직접 사용할 수 있는 더 많은 버전(https://kubernetes.io/docs/getting-started-guides/)이 있다. kops(https://github.com/kubernetes/kops)는 AWS^{Amazon Web Services}와 같은 여러 타입의 환경에서 쿠버네티스 클러스터 설치를 가능하게 하는 툴이다. Amazon Elastic Container Service for Kubernetes^{Amazon EKS}(https://aws.amazon.com/eks/)는 AWS에 쿠버네티스 클러스터를 제공한다. 구글 클라우드는 구글 컨테이너 엔진^{Google Container Engine}(https://cloud.google.com/container-engine)에서 쿠버네티스를 지원한다. 마이크로소프트 애저^{Microsoft Azure}(https://azure.microsoft.com/en-us/services/container-service/)는 애저 컨테이너 서비스^{Azure Container Service}와 IBM Bluemix Container Service(https://console.ng.bluemix.net/docs/containers/container_index.html)를 제공한다.

기능

이전에 언급한 대로 쿠버네티스는 다음과 같이 중요한 기능을 지원하는 도커 기반 플랫폼을 제공한다.

- 쿠버네티스는 여러 노드로 구성된 하나의 클러스터에서 도커 컨테이너를 실행한다. 따라서 도커 컨테이너는 클러스터의 모든 자원을 사용할 수 있다.
- 장애 발생 시 도커 컨테이너를 재시작할 수 있다. 컨테이너가 실행되고 있던 원래 노드가 더 이상 사용할 수 없는 경우에도 재시작할 수 있다. 쿠버네티스는 장애 안전성^{fail-safety}을 달성한다.
- 또한 쿠버네티스는 로드 밸런싱을 지원하고 여러 노드에 부하를 분산시킬 수 있다.

- 마지막으로 쿠버네티스는 서비스 탐색을 지원한다. 도커 컨테이너에서 실행되는 마이크로서비스는 쿠버네티스를 통해 서로를 쉽게 찾을 수 있고 통신할 수 있다.

- 쿠버네티스는 도커 컨테이너 레벨에서 동작하므로 마이크로서비스에는 쿠버네티스에 대한 코드 의존성이 없다. 따라서 쿠버네티스는 우아할 뿐만 아니라 마이크로서비스를 구현할 때 대부분의 모든 프로그래밍 언어와 프레임워크를 지원한다는 것을 의미한다.

쿠버네티스 개념

이미 살펴본 도커 개념(5장 참고) 외에도 쿠버네티스의 일부 추가 개념을 소개한다.

- 노드^{Node}는 쿠버네티스가 실행되는 서버다. 노드는 클러스터로 구성된다.
- 포드^{Pod}는 함께 서비스를 제공하는 여러 개의 도커 컨테이너다. 예를 들어 로그를 처리하는 컨테이너와 함께 마이크로서비스가 있는 컨테이너일 수 있다. 포드의 도커 컨테이너는 도커 볼륨을 공유할 수 있기 때문에 효율적으로 데이터를 교환할 수 있다. 하나의 포드에 속한 모든 컨테이너는 항상 하나의 노드에서 실행된다. 그래서 시스템에 더 많은 노드를 추가하려면 더 많은 포드의 인스턴스가 시작돼야 하고 노드에 배포돼야 한다.
- 레플리카셋^{Replica set}은 항상 특정 개수의 포드 인스턴스를 실행하게 한다. 레플리카셋을 사용하면 부하를 포드에 분배할 수 있다. 게다가 시스템은 장애에 대한 안정성을 갖는다. 포드가 실패하면 새로운 포드가 자동으로 시작된다.
- 디플로이먼트^{Deployment}를 수행할 때 레플리카셋을 생성하고 필요한 도커 이미지를 제공한다.
- 서비스^{Service}는 포드에 접근할 수 있게 한다. 서비스는 DNS에 하나의 이름으로 등록되며 고정 IP 주소를 사용해 클러스터 전체에서 통신할 수 있다. 또한 서비스는 외부의 요청을 라우팅할 수 있다.

- 쿠버네티스는 선언적으로 설정된다. 즉 설정으로 원하는 상태를 정의할 수 있다. 쿠버네티스는 시스템이 원하는 상태가 맞는지 확인한다. 따라서 레플리카셋은 실제로 실행해야 하는 포드 개수를 정의하며 실제로 실행 중인 포드 개수가 정의한 숫자와 일치하는 것은 쿠버네티스에 달려 있다. 레플리카셋 설정을 변경하면 이에 따라 실행 중인 포드 개수도 조정된다. 그리고 만약 일부 포드가 동작하지 않으면 레플리카셋에서 선언한 개수와 일치하도록 충분한 포드가 시작된다.

17.2 쿠버네티스 예시

예시의 서비스는 15, 16장(14.1절 참고)에서 설명한 예시와 동일하다.

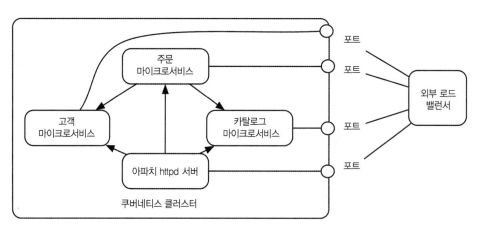

그림 17-1 쿠버네티스의 마이크로서비스 시스템

- 카탈로그 마이크로서비스는 상품에 대한 정보를 관리한다. HTML UI와 REST 인터페이스를 제공한다.
- 고객 마이크로서비스는 고객 데이터를 저장하며 HTML UI와 REST 인터페이스를 제공한다.

- 주문 마이크로서비스는 새로운 주문을 받을 수 있다. HTML UI를 제공하며 카탈로그 마이크로서비스와 고객 마이크로서비스의 REST 인터페이스를 사용한다.
- 또한 개별 마이크로서비스에 대한 접근을 쉽게 해주는 아파치 웹 서버가 있다. 아파치 httpd 서버는 호출을 각 서비스에 전달한다.

그림 17-1은 마이크로서비스가 상호작용하는 방법을 보여준다. 주문 마이크로서비스는 카탈로그 마이크로서비스 그리고 고객 마이크로서비스와 통신한다. 아파치 httpd 서버는 다른 모든 마이크로서비스와 히스트릭스 대시보드와 통신한 뒤 통신 내용을 HTML UI로 표시한다.

게다가 마이크로서비스는 서비스에서 설정한 포트와 로드 밸런서를 통해 외부에서 접근할 수 있다. 클러스터의 각 노드에서 특정 포트에 대한 요청이 서비스로 전달된다. 그러나 포트 번호는 쿠버네티스에서 할당한다. 그래서 그림 17-1의 예시에 포트 번호가 없다. 또한 쿠버네티스 서비스에서 설정한 로드 밸런서는 여러 쿠버네티스 노드에 부하를 분산시킨다.

쿠버네티스로 마이크로서비스 구현

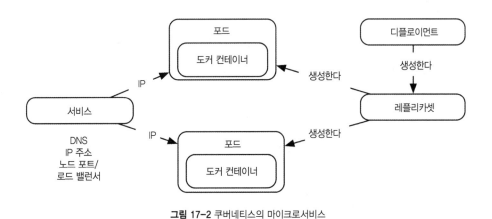

그림 17-2 쿠버네티스의 마이크로서비스

그림 17-2는 마이크로서비스로 이뤄진 쿠버네티스 컴포넌트의 상호작용을 보여준다. 디플로이먼트는 도커 이미지가 포함된 레플리카셋을 생성한다. 레플리카셋은 하나 이상의 포드를 시작한다. 예시의 포드는 마이크로서비스가 실행되는 단일 도커 컨테이너로만 구성된다.

서비스 탐색

서비스를 통해 레플리카셋에 접근할 수 있다. 서비스는 포드에 IP 주소와 DNS 레코드를 제공한다. 다른 포드는 DNS에서 IP 주소를 읽음으로써 서비스와 통신한다. 따라서 쿠버네티스는 DNS를 통해 서비스 탐색을 구현한다. 또한 마이크로서비스는 환경변수를 통해 다른 마이크로서비스의 IP 주소를 받는다. 그래서 해당 IP 정보를 사용해 서비스에 접근한다.

장애 안전성

쿠버네티스의 레플리카셋은 특정 개수의 포드가 항상 실행되도록 보장하기 때문에 마이크로서비스는 매우 안전하다. 따라서 포드가 실패하면 새로운 포드가 시작된다.

로드 밸런싱

쿠버네티스는 로드 밸런싱도 지원한다. 레플리카셋은 포드의 개수를 결정한다. 서비스에서는 로드 밸런싱을 구현한다. 모든 포드는 서비스가 정의한 동일 IP 주소로 접근할 수 있다. 요청은 해당 IP 주소로 전달되지만 모든 인스턴스에 배포된다. 서비스는 도커 컨테이너 간의 IP 네트워크를 간섭해 로드 밸런싱 기능을 구현한다. 클러스터 전체에서 IP 주소는 고유하기 때문에 포드가 한 노드에서 다른 노드로 이동하는 경우에도 로드 밸런싱이 동작한다.

쿠버네티스는 DNS 레벨에서 로드 밸런싱을 구현하지 않는다. DNS 레벨의 로드 밸런싱을 구현하면 동일 서비스 이름에 대해 DNS 조회가 발생할 때마다 매번 다른 IP 주소를 알려주기에 부하가 분산된다. 그러나 DNS 접근 방식에는 여러 문제점(예: DNS는 캐싱을 지원한다)이 있다. DNS에 접근할 때마다 다른 IP 주소를 알려준다면 DNS에서 미리 캐싱돼야 한다. 그러나 캐싱은 시간이 지나도 무효화되지 않기 때문에 문제가 계속 발생될 수 있다.

코드 의존성 없는 서비스 탐색, 장애 안전성, 로드 밸런싱

쿠버네티스에는 로드 밸런싱과 서비스 탐색에 대한 특별한 코드가 필요하지 않다. http://order:8080/과 같은 URL로 충분하다. 따라서 마이크로서비스는 쿠버네티스 API를 사용할 필요가 없다. 스프링 클라우드 프로젝트의 경우 히스트릭스만 사용해 복원력을 활성화한다. 쿠버네티스에는 코드 의존성이 없으며 어떠한 쿠버네티스 라이브러리도 사용되지 않는다.

아파치 httpd 서버로 라우팅

예시에서 아파치 httpd 서버는 리버스 프록시로 구성된다. 따라서 외부의 요청이 오면 올바른 마이크로서비스로 라우팅한다. 아파치 httpd 서버는 쿠버네티스 인프라에 대한 로드 밸런싱, 서비스 탐색, 장애 안전성을 유지한다.

노드 포트를 이용한 라우팅

또한 서비스는 라우팅을 위한 솔루션(예: 마이크로서비스에 대한 외부 접근)을 제공한다. 서비스는 노드 포트Node Port를 생성한다. 노드 포트를 사용하면 모든 쿠버네티스 노드에서 서비스를 사용할 수 있다. 서비스를 구현하는 포드가 호출된 쿠버네티스 노드에서 사용 가능한 상태가 아니면 쿠버네티스는 요청을 포드가 실행 중인 다른 쿠버네티스의 노드 포트로 전달한다. 해당 방법으로 외부 로드 밸런서는 쿠버네티스 클러스터의 노드에 부하를 분산시킬 수 있다. 요청은 클러스터의 모든 노드에 걸쳐 서비스의 노드 포트로 간단하게 분산된다. 노드 포트 서비스 타입은 분산용으로 사용되며 서비스를 생성하기 전에 미리 설정돼야 한다.

로드 밸런서를 통한 라우팅

쿠버네티스는 쿠버네티스 상용 환경에서 로드 밸런서를 생성할 수 있다. 예를 들어 아마존 환경에서 쿠버네티스는 클러스터의 노드 포트에 접근할 수 있도록 ELB[Elastic Load Balancer]를 설정한다. 로드 밸런서로 사용하기 위해 **LoadBalancer** 서비스 타입이 사용된다.

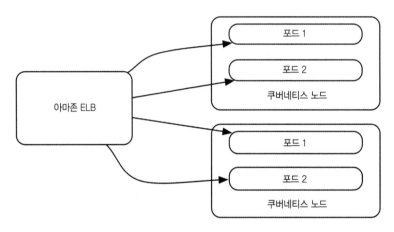

그림 17-3 아마존 클라우드의 쿠버네티스 서비스 타입 로드 밸런서

예시의 서비스는 **LoadBalancer** 타입이다. 그러나 미니큐브를 실행 중이라면 미니큐브가 로드 밸런서를 구성할 수 없고 로드 밸런서를 제공할 수 없기에 해당 타입을 **NodePort** 타입의 서비스로 간주한다.

인그레스 라우팅

쿠버네티스는 인그레스[Ingress](https://kubernetes.io/docs/concepts/services-networking/

ingress/)라는 확장 프로그램을 제공한다. 인그레스는 인터넷 서비스 접근을 설정하고 변경할 수 있다. 인그레스는 로드 밸런싱을 구현하거나 SSL을 종료하거나 가상 호스트를 구현할 수 있다. 해당 동작은 인그레스 컨트롤러에 의해 구현된다.

예시를 살펴보면 아파치 웹 서버는 요청을 개별 마이크로서비스의 서버에 전달한다. 또한 이 동작은 쿠버네티스 인그레스로 수행될 수 있다. 그리고 라우팅은 예를 들어 클러스터에서 더 잘 동작하고 설정하기 쉬운 일부 쿠버네티스 인프라에 의해 수행될 것이다. 설정은 쿠버네티스 YAML 파일로 수행되며 쿠버네티스 일부분(예: 서비스)을 지원한다. 그러나 이 예시에는 아파치 웹 서버가 제공하는 일부 정적 웹 페이지를 포함한다. 그래서 아파치 웹 서버는 어쨌든 설정돼야 한다. 따라서 인그레스를 이용한다는 것이 큰 장점이 아닐 수 있다.

17.3 세부 예시

0.4절에서 예시를 시작하기 위해 어떤 소프트웨어가 설치돼야 하는지 설명한다.

예시는 https://github.com/ewolff/microservice-kubernetes에서 확인할 수 있다. https://github.com/ewolff/microservice-kubernetes/blob/master/HOW-TO-RUN.md에서는 예시를 실행하는 데 필요한 소프트웨어를 설치하는 방법을 자세히 설명한다.

예시를 실행하려면 다음 단계가 필요하다.

- 쿠버네티스 최소 설치 버전인 미니큐브(https://github.com/kubernetes/minikube)를 설치해야 한다. 미니큐브 설치에 대한 가이드는 https://github.com/kubernetes/minikube#installation에서 찾을 수 있다.

- kubectl(https://kubernetes.io/docs/user-guide/kubectl-overview/)은 쿠버네티스를 처리하기 위한 커맨드 라인 툴이며 별도로 설치해야 한다. 설치 방법을 설

명한 문서는 https://kubernetes.io/docs/tasks/tools/install-kubectl/을 참고한다.

- docker-build.sh 스크립트는 마이크로서비스를 포함한 도커 이미지를 생성하고 공용 도커 허브^{Docker Hub}에 업로드한다. 도커 허브에서 이미지를 이미 사용할 수 있기에 업로드 단계는 선택 사항이다. 변경 사항이 코드 또는 마이크로서비스 설정에 관련될 때만 해당 스크립트를 실행해야 한다. 해당 스크립트를 시작하기 전에 microservice-kubernetes-demo 디렉터리에서 ./mvnw clean package(맥OS, 리눅스) 또는 mvnw.cmd clean package(윈도우)를 실행해 자바 코드를 컴파일해야 한다. 부록 B에서 메이븐과 메이븐 빌드에서 발생할 수 있는 문제 해결 방법을 설명하니 참고하기를 바란다. 그다음 docker-build.sh 스크립트는 docker build를 실행해 이미지를 생성한다. docker tag를 실행하면 전역적인 고유한 이름을 얻을 수 있고 docker push를 실행하면 도커 허브에 도커 이미지를 업로드한다. 공용 도커 허브를 사용하면 도커 레지스트리^{docker registry}를 설치할 필요가 없으며 예시를 쉽게 처리할 수 있다.

- kubernets-deploy.sh 스크립트는 공용 도커 허브의 이미지를 쿠버네티스 클러스터에 배포해 포드, 디플로이먼트, 레플리카셋, 서비스를 생성한다. 따라서 스크립트에서는 kubectl 툴을 사용한다. kubectl run을 실행하면 이미지를 시작한다. 도커 허브의 지정된 URL에서 해당 이미지를 다운로드한다. 그리고 해당 이미지에는 도커 컨테이너가 제공돼야 하는 포트가 정의된다. 결국 kubectl run은 디플로이먼트를 진행하는데, 레플리카셋이 생성되고 포드가 생성된다. kubectl expose는 레플리카셋에 접근하는 서비스를 생성한다. 따라서 IP 주소, 노드 포트, 로드 밸런서, DNS 항목이 생성된다.

kubernetes-deploy.sh 일부 스크립트에서 카탈로그 마이크로서비스를 사용하는 부분은 다음과 같다.

```
#!/bin/sh
if [ -z "$DOCKER_ACCOUNT" ]; then
  DOCKER_ACCOUNT=ewolff
fi;
...
kubectl run catalog \\
  --image=docker.io/$DOCKER_ACCOUNT/microservice-kubernetes-demo-catalog:latest
    \\
  --port=80
kubectl expose deployment/catalog --type="LoadBalancer" --port 80
...
```

대안은 쿠버네티스 YAML 파일을 사용하는 것이다. YAML 파일은 원하는 디플로이먼트와 서비스 상태를 설명한다. 예를 들어 카탈로그 마이크로서비스용 microservices.yaml은 다음과 같다.

```
...

apiVersion: apps/v1beta1
kind: Deployment
metadata:
  creationTimestamp: null
  labels:
    run: catalog
  name: catalog
spec:
  replicas: 1
  selector:
    matchLabels:
      run: catalog
  strategy: {}
  template:
    metadata:
```

```
      creationTimestamp: null
      labels:
        run: catalog
    spec:
      containers:
      - image: docker.io/ewolff/microservice-kubernetes-demo-catalog:latest
        name: catalog
        ports:
        - containerPort: 8080
        resources: {}
status: {}

---

...

apiVersion: v1
kind: Service
metadata:
  creationTimestamp: null
  labels:
    run: catalog
  name: catalog
spec:
  ports:
  - port: 8080
    protocol: TCP
    targetPort: 8080
  selector:
    run: catalog
  type: LoadBalancer
status:
  loadBalancer: {}

...
```

YAML 파일 정보는 이전 커맨드 매개변수와 매우 유사하다. kubectl apply −f micro services.yaml을 실행하면 모든 서비스와 디플로이먼트가 쿠버네티스 클러스터에 생성될 것이다. 모든 변경 이후 서비스와 디플로이먼트를 업데이트할 때 동일한 커맨드를 사용할 수 있다.

일부 미니큐브 커맨드

미니큐브 대시보드는 쿠버네티스의 디플로이먼트와 추가 요소를 설명하는 웹 브라우저에 대시보드를 표시한다. 따라서 서비스와 디플로이먼트 상태를 쉽게 이해할 수 있다(그림 17-4).

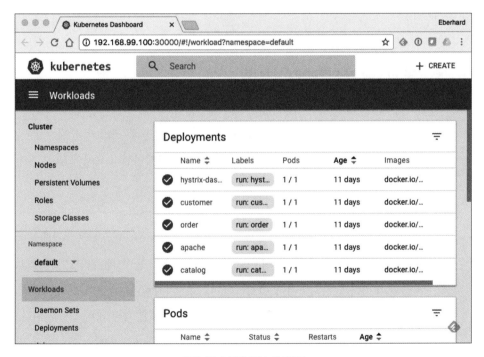

그림 17-4 쿠버네티스 대시보드

`minikube service apache`는 웹 브라우저에서 아파치 httpd 서비스를 열고 쿠버네티스 환경의 마이크로서비스에 대한 접근을 제공한다.

`kubernetes-remove.sh` 스크립트를 실행하면 쿠버네티스 환경을 정리한다. 해당 스크립트에서 `kubectl delete service`를 사용해 서비스를 삭제하고 `kubectl delete deployments`를 사용해 디플로이먼트를 삭제한다.

17.4 쿠버네티스의 추가 기능

쿠버네티스는 많은 기능을 가진 강력한 기술이다. 쿠버네티스의 추가 기능을 다음과 같이 소개한다.

Liveness 및 Readiness Probe 모니터링

- 쿠버네티스는 Liveness Probe(https://kubernetes.io/docs/tasks/configure-pod-container/configure-liveness-readiness-probes/)를 통해 포드의 장애를 파악한다. 사용자 지정 Liveness Probe를 사용해 애플리케이션의 요구에 맞춰 컨테이너가 새로 시작되는 시점을 결정할 수 있다.

- Readiness Probe(https://kubernetes.io/docs/tasks/configure-pod-container/configure-liveness-readiness-probes/#define-readiness-probes)는 컨테이너가 요청을 처리할 수 있는지 여부를 나타낸다. 예를 들어 애플리케이션이 많은 양의 데이터를 처리하거나 아직 완전히 시작되지 않은 경우에 요청이 블록되면 Readiness Probe는 해당 애플리케이션의 상태를 쿠버네티스에 알린다. Liveness Probe와는 달리 Readiness Probe가 실패했다고 해서 컨테이너가 재시작되지 않는다. 쿠버네티스는 일정 시간 후에 포드가 요청을 처리할 수 있는지 여부를 Readiness Probe를 통해 신호를 보낸다고 가정한다.

설정

- 컨피그맵^{ConfigMaps}(https://kubernetes.io/docs/tasks/configure-pod-container/
configure-pod-configmap/)를 사용해 애플리케이션을 설정할 수 있다. 애플리
케이션 설정 데이터를 환경변수로 전달할 수 있다.

쿠버네티스 환경을 네임스페이스로 분리

- 쿠버네티스 환경은 네임스페이스(https://kubernetes.io/docs/concepts/overview
/working-with-objects/namespaces/)로 구분할 수 있다. 네임스페이스는 가상
클러스터이기 때문에 서비스와 디플로이먼트가 완전히 분리돼 있다. 쿠버네
티스는 서로 다른 환경을 공존할 수 있게 한다. 즉 여러 팀이 하나의 클러스터
를 공유한 상황에서 네임스페이스를 사용해 환경을 분리할 수 있다. 또한 데이
터베이스나 모니터링 인프라와 같은 인프라에서 마이크로서비스를 분리할 수
있다. 네임스페이스를 사용해 사용자는 관심 있는 서비스와 디플로이먼트만 바
라볼 수 있다.

상태를 갖는 애플리케이션

- 쿠버네티스는 상태를 갖는 애플리케이션도 처리할 수 있다. 상태가 없는 애플
리케이션은 클러스터의 다른 노드에서 간단히 재시작할 수 있다. 이를 통해 장
애 안정성 및 로드 밸런싱이 용이해진다. 애플리케이션이 상태를 갖는다면 즉,
도커 볼륨에 특정 데이터를 저장해야 한다면 애플리케이션이 실행되는 각 노
드에서 필요한 도커 볼륨을 사용할 수 있어야 한다. 따라서 상태를 갖는 애플
리케이션의 처리가 더욱 복잡해진다. 그래서 쿠버네티스는 영구 볼륨^{persistent}
^{volumes}(https://kubernetes.io/docs/concepts/storage/persistent-volumes/)과 상태
저장 셋^{stateful sets}(https://kubernetes.io/docs/concepts/workloads/controllers/state
fulset/#stable-storage)을 제공한다.

- 상태를 갖는 애플리케이션을 처리할 수 있는 또 다른 방법은 오퍼레이터 (https://coreos.com/operators)이다. 오퍼레이터를 사용하면 상태를 갖는 애플 리케이션을 자동으로 설치할 수 있다. 예를 들어 쿠버네티스 클러스터에 모니 터링 시스템인 프로메테우스(20장 참고)를 설치하는 프로메테우스 오퍼레이터 (https://github.com/coreos/prometheus-operator)가 있다. 또한 `Prometheus`, `ServiceMonitor`, `Altermanager`와 같은 프로메테우스 컴포넌트의 쿠버네티스 자원을 소개하며 프로메테우스 컴포넌트를 포드, 서비스, 디플로이먼트 대신 쿠버네티스 설정으로 사용할 수 있다. 프로메테우스 오퍼레이터는 프로메테우 스가 모니터링 데이터를 저장하는 방법을 결정하는 등 핵심 과제를 해결한다.

헬름으로 확장

- 쿠버네티스는 다양한 확장 기능을 갖춘 복잡한 생태계를 제공한다. 헬름[helm] (https://github.com/kubernetes/helm)은 차트[Chart](https://github.com/kubernetes /charts/)를 확장 기능으로 설치할 수 있는 기능을 제공한다. 따라서 쿠버네티스 의 패키지 관리자 기능을 수행한다. 확장성은 쿠버네티스의 중요한 장점이다.

23.2절은 마이크로서비스의 디플로이먼트를 단순화하기 위해 헬름을 사용할 수 있는 방법을 보여준다. 헬름 차트를 사용할 때 마이크로서비스 이름을 정의해야 한다. 쿠버 네티스 설정은 템플릿과 제공된 이름으로 생성된다. 따라서 마이크로서비스를 설치하 기 훨씬 쉽고 더욱 일관성을 갖는다.

17.5 레시피 변형

쿠버네티스는 도커 컨테이너의 런타임 환경을 제공하기 때문에 매우 유연하다.

쿠버네티스의 MOM

17장의 예시에서는 REST 통신을 사용한다. 물론 쿠버네티스에서 카프카(11장 참고)와 같은 메시지 지향 미들웨어MOM, Message-Oriented Middleware를 운영할 수 있다. 그러나 MOM은 배달을 보장하기 위해 전송 메시지를 저장한다. 카프카는 완벽한 역사를 저장한다. 쿠버네티스 클러스터에서 안정성 있는 데이터 저장이 가능하지만 쉽지 않다. 카프카 이외 다른 MOM을 사용하면 문제가 해결되지 않는다. 모든 MOM은 배달을 보장하기 위해 메시지를 영구 저장한다. 따라서 MOM과 안정적으로 통신하기 위해 쿠버네티스는 데이터를 안정적이고 확장성 있게 저장해야 한다.

쿠버네티스와의 프론트엔드 통합

쿠버네티스는 애플리케이션의 UI에 대해 어떠한 가정도 하지 않기 때문에 프론트엔드 통합과 매우 쉽게 결합될 수 있다(7장 참고). 클라이언트 측 프론트엔드 통합은 백엔드에 어떤 요구도 하지 않는다. 서버 측 통합의 경우 캐싱 서버 또는 웹 서버가 도커 컨테이너에서 실행돼야 한다. 그러나 프론트엔드와 통합된 서버는 데이터를 영구적으로 저장하지 않기 때문에 쿠버네티스에서는 해당 서버를 쉽게 운영할 수 있다.

도커 스웜과 도커 컴포즈

4.7절에서 이미 클러스터에서 도커 컨테이너를 실행하기 위한 쿠버네티스의 여러 대안을 소개했다. 쿠버네티스는 매우 강력한 솔루션을 제공하기에 컨테이너와 관련된 많은 회사에서 개발됐다. 그러나 쿠버네티스는 많은 기능 때문에 매우 복잡하다. 도커 컴포즈Docker Compose와 도커 스웜Docker Swarm 클러스터는 쿠버네티스보다 더 간단하지만 조금 덜 강력한 대안이 될 수 있다. 그러나 도커 컴포즈와 도커 스웜은 최소한의 서비스 탐색과 로드 밸런싱과 같은 기본 기능을 제공한다.

도커와 가상화

쿠버네티스는 클러스터 관리를 담당하기 때문에 가상화 솔루션도 제공하는 기능을 포함한다. 따라서 안정적인 클러스터 운영이 어렵기 때문에 운영상의 문제로 이어질 수 있다. 가상화 솔루션 분야의 다른 기술은 종종 비판적으로 여겨진다. 쿠버네티스에 대해 반대의 결정을 내릴 때 도커는 여전히 스케줄러 없이 사용될 수 있다(4.7절 참고). 그러나 쿠버네티스의 서비스 탐색, 로드 밸런싱, 라우팅 기능은 존재하지 않는다. 해당 기능은 다른 방법으로 구현돼야 한다.

17.6 변형

- 쿠버네티스 시스템에 추가 마이크로서비스를 보완한다.
  - 콜센터 상담원이 통화 메모를 작성하는 데 사용하는 마이크로서비스를 예시로 들 수 있다. 콜센터 상담원이 고객을 선택할 수 있어야 한다.
  - 고객 마이크로서비스를 호출할 때 호스트 이름 고객을 사용해야 한다.
  - 물론 기존 마이크로서비스 중 하나를 복사하고 수정할 수 있다.
  - `docker-build.sh` 스크립트를 사용해 도커 이미지에 마이크로서비스를 패키징하고 도커 이미지를 도커 레지스트리에 업로드한다.
  - `kubernetes-deploy.sh` 스크립트는 마이크로서비스를 배포한다.
  - `kubernetes-remove.sh` 스크립트는 마이크로서비스를 삭제한다.
- https://kubernetes.io/docs/getting-started-guides/는 쿠버네티스 사용법을 보여주는 대화식 튜토리얼 문서로써 17장을 보완한다. 해당 튜토리얼을 통해 쿠버네티스 기능을 살펴보기를 바란다.
- 쿠버네티스는 롤링 업데이트를 지원한다. 새 버전의 포드를 서비스 중단 없이 디플로이먼트한다. 쿠버네티스의 롤링 업데이트에 대한 내용은 https://kubernetes.io/docs/tasks/run-application/rolling-update-replication-

controller/를 참고한다. 롤링 업데이트[1]를 진행하려면 새로운 도커 이미지를 생성해야 한다. 도커 이미지를 컴파일하고 도커 허브로 전달하는 스크립트는 예시에 있다.

- 구글 또는 마이크로소프트와 같은 클라우드 공급자는 쿠버네티스 인프라를 제공한다. 관련 내용은 https://kubernetes.io/docs/getting-started-guides/#hosted-solutions를 참고한다. 예시는 클라우드 공급자의 쿠버네티스 환경에서 동작할 것이다. kubectl이 호환 기술을 지원하기 때문에 스크립트를 변경하지 않고 사용할 수 있다.

- 예시에서 로드 밸런싱을 테스팅한다.

  ○ kubectl scale은 레플리카셋의 포드 개수를 변경한다. kubectl scale -h 는 어떤 옵션이 있는지 나타낸다. 예를 들어 catalog 레플리카셋의 크기를 조정한다.

  ○ kubectl get deployments는 각 디플로이먼트에서 실행 중인 포드 개수를 표시한다.

  ○ 서비스를 사용하라. 예를 들어 minikube service apache는 모든 마이크로서비스에 대한 링크가 있는 웹 페이지를 연다. 주문 마이크로서비스를 선택하고 주문을 표시한다.

  ○ kubectl describe pods -l run=catalog는 실행 중인 포드를 표시한다. 또한 IP로 시작하는 라인에서 포드의 IP 주소를 찾을 수 있다.

  ○ minikube ssh로 쿠버네티스 노드에 접근한다. curl 172.17.0.8:8080/metrics와 같은 커맨드를 사용한다. IP 주소를 변경해야 한다. 따라서 스프링 부트가 생성하는 카탈로그 포드의 메트릭을 표시할 수 있다. 예를 들어 메트릭에는 HTTP 200(OK)으로 응답한 요청 개수를 포함한다. 웹 페이지

---

1 롤링 업데이트(rolling update)는 서비스 중단 없이 애플리케이션을 업데이트하는 방식으로서, 전체 포드를 일시에 중단/업데이트하는 것이 아니라 한 번에 한 개 또는 몇 대의 포드를 순차적으로 업데이트하는 것을 말한다. – 옮긴이

에서 카탈로그 마이크로서비스를 사용한다면 각 포드는 일부 요청을 처리하고 모든 포드의 메트릭이 수집될 것이다.

   ○ 또한 minikube dashboard를 실행해 대시보드의 정보를 확인한다.

- 예시에서는 공용 도커 허브를 사용한다. 자체 도커 레지스트리(https://docs.docker.com/registry/)를 설치해 사용할 수도 있다. 예시의 도커 이미지를 자체 도커 레지스트리에 저장할 수 있고 해당 레지스트리에서 예시의 도커 이미지를 다운로드하고 배포할 수 있다.

- https://github.com/GoogleCloudPlatform/kubernetes-workshops에서 쿠버네티스 워크숍 자료를 살펴본다면 쿠버네티스에 대해 잘 이해할 수 있을 것이다.

- 카프카 예시(11장 참고) 또는 Atom 예시(12장 참고)도 쿠버네티스 환경에 구축할 수 있다. 쿠버네티스 클러스터에서 비동기 마이크로서비스를 실행할 수 있다. 카프카는 쿠버네티스 시스템에서 어려울 수 있는 데이터를 저장한다. 상용 쿠버네티스 시스템 환경에서 카프카 클러스터를 실행하는 방법을 살펴보기를 바란다.

- kubectl logs -help를 사용하면 쿠버네티스의 로그 관리에 익숙해질 것이다. 최소 두 개의 마이크로서비스 로그를 살펴보기를 바란다.

- 일부 포드의 로그를 출력하려면 kail(https://github.com/boz/kail)을 사용한다.

17.7 결론

쿠버네티스는 다음과 같이 동기 마이크로서비스의 문제점을 해결한다.

- DNS는 서비스 탐색service discovery 기능을 제공한다. DNS 덕분에 마이크로서비스를 모든 프로그래밍 언어를 사용해 투명하게 개발할 수 있다. 그러나 DNS는 IP 주소만 제공하기에 따로 포트 번호를 알아야 한다.

- 쿠버네티스는 각 포드의 IP 레벨에서 각 포드에 유입된 쿠버네티스 서비스의 IP 주소 트래픽을 분산시킴으로써 로드 밸런싱을 보장한다. 쿠버네티스의 로드 밸런싱은 마이크로서비스에서 투명하다.
- 쿠버네티스는 서비스의 로드 밸런서 또는 노드 포트를 통해 라우팅을 처리한다. 또한 쿠버네티스의 라우팅은 마이크로서비스에서 투명하다.
- 쿠버네티스는 컨테이너 재시작과 로드 밸런싱을 통해 복원력을 얻는다. 또한 히스트릭스와 같은 라이브러리를 사용하면 타임아웃 또는 서킷 브레이커를 구현하는 데 유용할 수 있다. 엔보이^{Envoy}(https://github.com/lyft/envoy)와 같은 프록시는 히스트릭스의 대안일 수 있다. 엔보이는 이스티오의 일부분(23.3절 참고)이기에 이스티오는 복원력을 지닌다.

하나의 패키지 내에서 쿠버네티스는 클러스터의 서비스 탐색, 로드 밸런싱, 복원력, 확장성을 포함한 마이크로서비스 환경을 완벽하게 지원한다. 따라서 쿠버네티스는 마이크로서비스 환경을 운영하는 중에 발생할 수 있는 많은 문제를 해결한다. 마이크로서비스의 코드는 운영 중에 문제가 발생할지 모른다는 우려에서 자유롭다. 또한 코드에 쿠버네티스에 대한 의존성이 발생하지 않는다.

코드에 쿠버네티스 의존성이 없다는 것이 매력적이지만 또한 근본적인 변화를 의미한다. 컨설 또는 넷플릭스 스택도 가상 시스템 또는 베어 메탈에서 실행되지만 쿠버네티스는 도커 컨테이너에 모든 솔루션을 패키징해야 한다. 따라서 기존 운영 모드에 비해 근본적인 변화일 수 있으며 이 기존 환경에서의 마이그레이션이 어려울 수 있다.

장점

- 쿠버네티스는 마이크로서비스의 가장 일반적인 문제(로드 밸런싱, 라우팅, 서비스 검색)를 해결한다.
- 마이크로서비스 코드에서 쿠버네티스를 의존하지 않는다.

- 쿠버네티스는 운영과 배포를 포함한다.
- 쿠버네티스 플랫폼은 표준을 준수함으로써 매크로 아키텍처를 정의한다.

도전 과제

- 다른 로그 저장 기술 또는 배포 기술 대신 쿠버네티스를 사용하려면 운영 환경을 완전히 변경해야 한다.
- 쿠버네티스는 매우 강력하지만 매우 복잡하다.

18

레시피: 클라우드 파운드리의 PaaS

18장에서는 마이크로서비스를 실행할 수 있는 런타임 환경으로 PaaS를 소개한다.

18장은 다음 질문에 답한다.

- PaaS란 무엇이며 다른 런타임 환경과 어떻게 다른가?
- PaaS가 마이크로서비스에 적합한 이유는 무엇인가?

18장에서 PaaS의 구체적인 예시로서 클라우드 파운드리를 소개한다.

18.1 PaaS: 정의

클라우드는 기본적으로 여러 서비스를 제공한다.

IaaS

IaaS^{Infrastructure as a Service}는 소프트웨어를 설치할 수 있는 가상 컴퓨터를 제공한다. IaaS는 기본적으로 고전적인 가상화에 해당하는 간단한 솔루션이다. 결정적인 차이점은 청구^{billing} 모델이다. IaaS는 시간당 또는 분당 실제로 사용되는 자원에 대해 청구한다.

SaaS

SaaS^{Software as a Service}는 소프트웨어를 대여할 수 있는 클라우드 제공 서비스를 나타낸다. 워드프로세싱 또는 재무 회계 소프트웨어를 예로 들 수 있다. 또한 소프트웨어 개발의 경우 버전 제어 또는 지속적 통합 서버를 SaaS에서 구입할 수 있다.

PaaS

PaaS는 Platform as a Service의 약자다. PaaS는 사용자 정의 소프트웨어를 설치하고 실행할 수 있는 플랫폼을 제공한다. 개발자는 PaaS에 애플리케이션만 제공한다. PaaS 는 애플리케이션을 실행할 수 있게 한다.

도커(5장 참고)나 쿠버네티스(17장 참고)와 달리 개발자는 PaaS 운영체제와 PaaS 운영체제에 설치된 소프트웨어를 제어할 수 없다. 일반적인 마이크로서비스 예시를 보면 도커 파일에 알파인 리눅스 배포와 사용될 자바 가상 머신^{JVM, Java Virtual Machine}의 특정 버전을 설정한다. 그러나 PaaS에서는 더 이상 요청하지 않아도 된다. JAR 파일에는 실행 가능한 자바 애플리케이션이 포함돼 있기에 PaaS에서는 JAR 파일만 있으면 된다.

런타임 환경에서 애플리케이션을 시작할 때 PaaS가 도커 컨테이너를 생성할 수 있다. 그러나 어느 JVM과 리눅스 배포판을 결정할지 PaaS에 달려 있다. PaaS는 다양한 타입의 애플리케이션을 실행할 준비가 돼 있어야 한다. 닷넷(.NET) 애플리케이션과 자바 애플리케이션은 각각 자체 가상 머신이 필요하지만 Go 언어로 개발된 애플리케이션은 가상 머신이 필요치 않다. PaaS는 적절한 환경을 생성할 수 있어야 한다. 최신 PaaS는 다양한 환경을 지원하고 심지어 자체 환경을 구축할 수 있을 만큼 충분히 유연하다. 또한 어느 JDK 버전을 사용해야 하는지 정의할 수 있다.

PaaS는 유연성과 제어를 제한한다

개발자는 도커 이미지에 대한 제어 권한이 많지 않다. 그러나 이슈는 개발자가 도커를 처음 사용할 때 JVM과 리눅스 배포판을 선택하는 데 시간이 필요하다는 것이다. 어쨌든 해당 이슈는 종종 운영과 관련돼 있다. 일부 PaaS는 리눅스 배포판 또는 JVM을 구성할 수 있는 기회를 제공한다. 종종 완전한 런타임 환경조차도 사용자가 정의할 수 있다. 그럼에도 유연성은 제한적이다.

기존 애플리케이션을 실행할 때 PaaS의 유연성이 충분치 않을 수 있다. 예를 들어 기존 애플리케이션이 PaaS에서 지원하지 않는 특정 JVM 버전을 사용해야 할 수 있다. 그러나 마이크로서비스는 보통 새로 개발되기 때문에 JVM 버전과 관련된 단점이 크지 않다.

라우팅과 확장

PaaS는 사용자의 요청을 애플리케이션으로 전달해야 한다. 따라서 라우팅은 PaaS의 기능이다. 마찬가지로 PaaS는 일반적으로 애플리케이션을 개별적으로 확장함으로써 확장성을 보장한다.

추가적인 서비스

많은 PaaS는 애플리케이션에 데이터베이스와 같은 추가 서비스를 제공할 수 있다. 로그 데이터를 분석하거나 모니터링하는 것과 같은 작업의 일반적인 기능은 종종 PaaS의 일부다.

퍼블릭 클라우드

퍼블릭 클라우드에서 PaaS를 제공한다. 개발자는 애플리케이션을 PaaS에 배포한 다음 애플리케이션을 인터넷에서 실행해야 한다. 이는 인터넷 애플리케이션을 제공하는 아주 간단한 방법이다. 퍼블릭 클라우드에는 더 많은 장점이 있다. 애플리케이션이 높은 부하를 받고 있다면 자동으로 확장할 수 있다. 애플리케이션의 퍼블릭 클라우드 환경이 많은 자원을 제공할 수 있기에 확장성은 사실상 무제한이다.

자체 데이터 센터의 PaaS

애플리케이션이 자체 데이터 센터에서 실행될 때 상황은 다소 다르다. 개발자들에게 PaaS의 사용은 여전히 쉽다. 그러나 PaaS는 설치돼 있어야 한다. PaaS 설치는 매우 복잡한 과정이기 때문에 장점을 상쇄할 수 있다. 그러나 PaaS는 한 번만 설치하면 된다. 그 후에 개발자는 PaaS를 사용해 다양한 애플리케이션을 설치하고 상용 환경으로 운영할 수 있다. PaaS가 신뢰성 있게 운영할 수 있는지 확인해야 한다.

특히 많은 수작업을 해야 하고 운영에 많은 시간이 소요되는 운영 부서의 경우 PaaS는 조직이나 프로세스를 많이 변경하지 않고 애플리케이션을 빨리 출시할 수 있다.

매크로 아키텍처

16장에서 이미 살펴본 것처럼 마이크로서비스 플랫폼은 매크로 아키텍처에 영향을 미친다. 쿠버네티스(17장 참고)와 같은 시스템은 모든 도커 컨테이너를 실행할 수 있지만 PaaS는 애플리케이션 레벨에서 동작한다. 따라서 PaaS는 더 제한적이다. 모든 자바 애플리케이션은 하나 이상의 자바 버전과 리눅스 배포판으로 표준화될 것이다. PaaS에서 지원하지 않는 프로그래밍 언어는 마이크로서비스를 구현하는 데 사용할 수 없다. 모니터링과 배포는 PaaS의 선택에 의해 결정된다. 따라서 PaaS는 쿠버네티스 환경보다 더 큰 매크로 아키텍처 표준을 생성한다.

최신 PaaS는 개인화를 지원하며 상당히 유연하다. 이 경우 PaaS의 개인화를 지원하는 방법과 지원하는 기술을 선택하는 것이 매크로 아키텍처를 정의하는 방법이 될 수 있다. 그래서 매크로 아키텍처는 PaaS 공급자에 의해 정의되는 것이 아니라 PaaS를 자체 정의하는 사용자에 의해 정의된다.

18.2 클라우드 파운드리

클라우드 파운드리(https://www.cloudfoundry.org/)는 이 책의 PaaS 예시 기술로 사용된다. 다음과 같은 이유가 있다.

- 클라우드 파운드리는 여러 회사가 참여하는 오픈소스 프로젝트다. 클라우드 파운드리는 Pivotal, SAP, IBM, Swisscom과 같은 클라우드 파운드리 제공업체에 속한 재단에 의해 관리된다. 따라서 광범위한 지원을 보장할 뿐만 아니라 클라우드 파운드리 기반의 PaaS가 이미 많이 존재한다.
- 클라우드 파운드리는 개발자가 마이크로서비스 시스템을 테스트할 수 있는 로컬 PaaS를 설치할 수 있도록 노트북에서 피보탈 클라우드 파운드리Pivotal Cloud Foundry로 로컬 개발 환경을 쉽게 설치할 수 있다.
- 클라우드 파운드리 기반의 기능을 제공하는 많은 퍼블릭 클라우드 제공업체가 있다. https://www.cloudfoundry.org/how-can-i-try-out-cloud-foundry-2016/에서 확인할 수 있다.
- 마지막으로 클라우드 파운드리를 자체 데이터 센터에 설치할 수 있다. 예로 피보탈 클라우드 파운드리(https://pivotal.io/platform)가 있다.

유연성

클라우드 파운드리는 매우 유연한 PaaS이다.

- 클라우드 파운드리는 다양한 프로그래밍 언어로 애플리케이션을 지원한다. 빌드 팩buildpack은 선택한 프로그래밍 언어에 사용될 수 있어야 한다. 빌드 팩은 애플리케이션에서 도커 이미지를 생성한 다음 클라우드 파운드리에서 실행된다. 빌드 팩 목록에는 인터넷에서 다운로드할 수 있는 빌드 팩(https://docs.cloudfoundry.org/buildpacks/)을 표시한다.

- 클라우드 파운드리 시스템에서 수정되거나 자체 작성된 빌드 팩을 설치할 수 있다. 이를 통해 추가 프로그래밍 언어를 지원하거나 기존 지원을 자신의 필요에 맞게 적용할 수 있다.
- 빌드 팩의 설정은 메모리 설정을 변경하거나 다른 값을 조정을 할 수 있다. 따라서 기존 또는 자체적으로 작성된 빌드 팩을 마이크로서비스의 요구에 맞게 조정할 수 있다.
- 도커 컨테이너를 클라우드 파운드리 환경(https://docs.cloudfoundry.org/adminguide/docker.html)에 배포하는 것도 가능한다. 그러나 클라우드 파운드리의 도커의 특수 기능에 주의를 기울이는 것이 중요하다. 결국 클라우드 파운드리를 사용하면 거의 모든 소프트웨어를 실행할 수 있다.

18.3 클라우드 파운드리 예시

예시는 14장의 예시와 동일하다(14.1절 참고).

- 카탈로그 마이크로서비스는 상품에 관한 정보를 관리한다.
- 고객 마이크로서비스는 고객 데이터를 저장한다.
- 주문 마이크로서비스는 새로운 주문을 받을 수 있다. 카탈로그 마이크로서비스와 고객 마이크로서비스는 REST를 통해 사용된다.
- 또한 히스트릭스 서킷 브레이커의 모니터링을 시각화하는 자바 애플리케이션인 히스트릭스 대시보드가 있다.
- 마지막으로 마이크로서비스에 대한 링크를 포함한 웹 페이지 마이크로서비스가 있기에 시스템에 쉽게 접근할 수 있다.

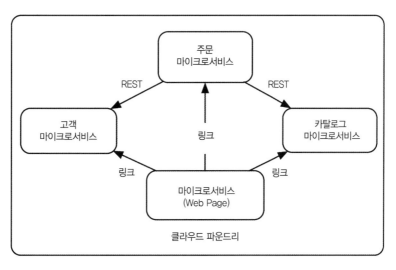

그림 18-1 클라우드 파운드리의 마이크로서비스 시스템

클라우드 파운드리 시작하기

0.4절에서는 예시를 시작하려면 어떤 소프트웨어가 설치돼야 하는지 설명한다.

https://github.com/ewolff/microservice-cloudfoundry/blob/master/HOW-TO-RUN.md에서 예시를 작성하고 시작하는 방법에 대해 자세히 설명한다.

클라우드 파운드리 예시 프로젝트는 https://github.com/ewolff/microservice-cloudfoundry이다. 먼저 git clone https://github.com/ewolff/microservice-cloudfoundry.git을 실행해 코드를 다운로드한다.

시스템을 시작하기 위해 먼저 메이븐으로 애플리케이션을 컴파일한다. microservice-cloudfoundry-demo 하위 디렉터리에서 ./mvnw clean package(맥OS, 리눅스) 또는 mvnw.cmd clean package(윈도우)를 실행해 컴파일한다. 부록 B에서 메이븐과 메이븐 빌드에서 발생할 수 있는 문제 해결 방법을 설명하니 참고하기를 바란다.

예시에서는 로컬 클라우드 파운드리 설치를 먼저 시작한다. https://pivotal.io/pcfdev에 필수 설치를 설명한다. 클라우드 파운드리 환경이 시작될 때 PaaS에 충분한 메모리가 할당돼야 한다(예: cf dev start -m 8086). cf login -a api.local.pcfdev.io --skip-ssl-validation을 실행해 로그인한 후 클라우드 파운드리 환경을 사용한다.

마이크로서비스 배포하기

이제 마이크로서비스를 배포할 수 있다. 배포하려면 microservice-cloudfoundry-demo 하위 디렉터리에서 cf push만 실행하면 된다. cf push 커맨드는 클라우드 파운드리의 마이크로서비스를 설정한 manifest.yml 파일을 읽는다. cf push catalog는 카탈로그 마이크로서비스의 애플리케이션과 같은 단일 애플리케이션을 배포한다.

```
1   ---
2   memory: 750M
3   env:
4     JBP_CONFIG_OPEN_JDK_JRE: >
5       [memory_calculator:
6         {memory_heuristics:
7           {metaspace: 128}}]
8   applications:
9   - name: catalog
10    path: .../microservice-cloudfoundry-demo-catalog-0.0.1-SNAPSHOT.jar
11  - name: customer
12    path: .../microservice-cloudfoundry-demo-customer-0.0.1-SNAPSHOT.jar
13  - name: hystrix-dashboard
14    path: .../microservice-cloudfoundry-demo-hystrix-dashboard-0.0.1-
      SNAPSHOT.jar
15  - name: order
16    path: .../microservice-cloudfoundry-demo-order-0.0.1-SNAPSHOT.jar
17  - name: microservices
18    memory: 128M
19    path: microservices
```

설정 내용을 다음과 같이 상세하게 설명한다.

- 2라인은 각 애플리케이션에 750MB의 램을 할당한다.
- 3~7라인은 JVM의 메타 공간에서 자바 바이트 코드와 관련된 충분한 메모리를 사용할 수 있도록 메모리를 설정한다.
- 8~16라인은 개별 마이크로서비스를 설정한다. 동시에 JAR 파일을 지정한다. 각 마이크로서비스에 대해 2~7라인의 공통 설정이 적용된다. JAR 경로는 축약했다.
- 마지막으로 17~19라인은 애플리케이션을 마이크로서비스에 배포한다. 애플리케이션은 마이크로서비스에 대한 링크를 포함하는 정적 HTML 페이지를 표시한다. microservices 디렉터리에 HTML 파일인 index.html과 정적 웹 애플리케이션으로 디렉터리 내용을 표시하는 빈 파일 Staticfile이 존재한다.

클라우드 파운드리는 자바 빌드 팩을 사용해 도커 컨테이너를 생성하고 시작한다. http://microservices.local.pcfdev.io/로 접근하면 사용자가 개별 마이크로서비스를 사용할 수 있는 정적 웹 페이지가 제공된다.

클라우드 파운드리에서 마이크로서비스를 실행하는 설정은 매우 간단하다.

라우팅 또는 서비스 탐색에서 사용할 수 있는 DNS

마이크로서비스 자체에는 클라우드 파운드리에 대한 코드 종속성이 없다. 서비스 탐색에 DNS가 사용된다. 주문 마이크로서비스는 카탈로그 마이크로서비스와 고객 마이크로서비스를 호출한다. 따라서 서비스 이름에서 파생된 호스트 이름 catalog.local.pcfdev.io와 customer.local.pcfdev.io를 사용한다. local.pcfdev.io 도메인은 기본 값이지만 클라우드 파운드리 설정에서 사용자 정의할 수 있다. catalog.local.pcfdev.io, order.local.pcfdev.io, customer.local.pcfdev.io는 마이크로 브라우저의 HTML UI에 있는 링크에 대해 웹 브라우저에서 사용되는 호스트 이름이기도 하다. 그

뒤에는 클라우드 파운드리의 라우팅 개념이 있다. 클라우드 파운드리에는 외부에서 접근할 수 있는 마이크로서비스를 생성하고 로드 밸런싱을 구현한다.

cf logs를 사용하면 마이크로서비스 로그를 볼 수 있다. cf 이벤트는 마지막 항목을 리턴한다. https://local.pcfdev.io/에서 마이크로서비스에 대한 기본 정보와 로그 개요를 볼 수 있는 대시보드를 사용할 수 있다(그림 18-2 참고).

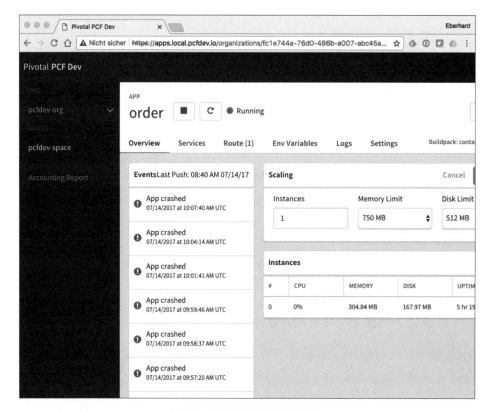

그림 18-2 클라우드 파운드리 대시보드

cf ssh catalog를 사용하면 사용자는 카탈로그 마이크로서비스가 실행되는 도커 컨테이너에 로그인할 수 있다. 따라서 사용자는 도커 환경을 좀 더 면밀히 살펴볼 수 있다.

데이터베이스와 기타 서비스 사용

마이크로서비스에 데이터베이스와 같은 추가 서비스를 제공할 수 있다. cf marketplace 는 마켓 플레이스의 서비스를 보여준다. 해당 목록은 클라우드 파운드리 환경에 설치할 수 있는 모든 서비스다. 해당 서비스에서 인스턴스를 생성해 애플리케이션에서 사용할 수 있다.

마켓 플레이스 서비스의 예

p-mysql은 예시를 실행하는 데 사용할 수 있는 로컬 클라우드 파운드리 설치에서 제공 하는 MySQL 서비스의 이름이다. cf marketplace -s p-mysql을 사용하면 p-mysql 서 비스에 대한 다양한 기능의 개요를 살펴볼 수 있다. cf cs p-mysql 512mb my-mysql은 512MB의 구성으로 my-mysql이라는 서비스 인스턴스를 생성한다. cf bind-service 커 맨드를 사용하면 애플리케이션에서 서비스를 사용할 수 있다.

cf ds my-mysql을 사용하면 서비스를 다시 삭제할 수 있다.

애플리케이션에서 서비스 사용

애플리케이션은 서비스에 접근할 수 있는 정보를 설정해야 한다. 따라서 클라우드 파운 드리는 서버 주소, 사용자 계정, 암호가 포함된 환경변수를 설정하고 애플리케이션은 해당 정보를 읽는다. 개별 프로그래밍 언어에서 이와 관련해 다른 가능성이 있다. 빌드 팩(https://docs.run.pivotal.io/buildpacks/) 문서에 자세한 정보를 설명한다.

마이크로서비스를 설치하는 동안 환경변수를 설정할 수 있다. 배포된 애플리케이션에 서 설정을 읽을 수 있도록 manifest.yml에 변수를 설정할 수 있다.

비동기 통신 서비스

일부 서비스는 클라우드 파운드리에 비동기 통신을 추가한다. 예를 들어 클라우드 파운드리 로컬 설치는 RabbitMQ와 레디스^{Redis}를 서비스로 제공한다. RabbitMQ와 레디스는 마이크로서비스 간에 비동기로 메시지를 보낼 수 있는 기술이다. 다른 클라우드 파운드리 기능은 추가 MOM을 서비스로 제공할 수 있다.

18.4 레시피 변형

18장에서는 PaaS 개념에 대해 설명한다. 클라우드 파운드리만 PaaS로 유일하게 사용할 수 있는 것은 아니다.

- OpenShift(https://www.openshit.com/)는 쿠버네티스를 보완하고 여러 프로그래밍 언어를 지원한다. 그리고 도커 컨테이너 생성을 자동화한다.

- Amazon Elastic Beanstalk(https://aws.amazon.com/elasticbeanstalk/)는 아마존 클라우드^{Amazon Cloud}에서만 사용할 수 있다. Beanstalk는 가상 시스템에 애플리케이션을 설치하고 해당 가상 시스템을 확장할 수 있다. 따라서 Beanstalk를 IaaS 접근 방법과 비교하면 Beanstalk는 단순하다. 그러나 Beanstalk는 IaaS와 일부 추가 기능을 기반으로 하기 때문에 매우 안정적이다. Beanstalk 애플리케이션은 아마존 서비스의 추가 서비스를 사용할 수 있다. 데이터베이스뿐만 아니라 MOM도 사용할 수 있다. 따라서 Beanstalk는 아마존 클라우드에서 사용할 수 있는 수많은 컴포넌트를 사용할 수 있다는 장점을 누린다.

- Heroku(https://www.heroku.com/)는 퍼블릭 클라우드에서만 사용할 수 있다. 클라우드 파운드리와 마찬가지로 여러 프로그래밍 언어를 지원하는 빌드 팩과 추가 서비스를 사용할 수 있는 마켓 플레이스가 있다.

18.5 실험

- 쿠버네티스 시스템에 추가 마이크로서비스로 보완한다.
  - 예를 들어 콜센터 상담원이 대화에 대한 메모를 작성하는 데 사용할 수 있는 마이크로서비스를 이용할 수 있다. 콜센터 상담원이 고객을 선택할 수 있어야 한다.
  - 고객 마이크로서비스를 호출하면 `customer.local.pcfdev.io`라는 호스트 이름을 사용해야 한다.
  - 물론 기존 마이크로서비스 중 하나를 복사하고 수정할 수 있다.
  - manifest.yml 파일에 마이크로서비스를 입력한다.
  - manifest.mf 파일을 사용하면 자바 애플리케이션을 매우 쉽게 배포할 수 있다. 다른 언어로 개발된 애플리케이션이라면 빌드 팩 문서(https://docs.cloudfoundry.org/buildpacks/)가 도움이 될 것이다.
- 클라우드 파운드리 실행 가능성을 알아보자. 예시를 시작하고 `cf logs`로 로그를 살펴본다. `cf ssh`를 사용해 애플리케이션의 도커 컨테이너에 로그인하고 `cf events`를 사용해 마이크로서비스의 최신 이벤트를 확인한다.

클라우드 파운드리 인프라를 애플리케이션의 다른 영역에서도 사용할 수 있다. 그러나 이 실험은 수행하기 어렵다.

- 마이크로서비스의 통합 데이터베이스를 MySQL로 변경한다. 클라우드 파운드리를 사용해 MySQL을 시작하는 방법은 18.3절을 참고한다. 그러나 애플리케이션이 MySQL을 사용하려면 마이크로서비스의 코드와 설정을 변경해야 한다. 관련 문서는 https://spring.io/guides/gs/accessing-data-mysql/을 참고한다.
- 또한 클라우드 파운드리는 마켓 플레이스에서 RabbitMQ(https://www.rabbitmq.com/)를 제공한다. RabbitMQ는 마이크로서비스 간의 비동기 통신에 사용

할 수 있다. RabbitMQ를 스프링과 사용하는 방법은 https://spring.io/guides/gs/messaging-rabbitmq/를 참고한다. 따라서 11장의 예시를 RabbitMQ 연동 코드로 마이그레이션한 후, 클라우드 파운드리에서 생성한 RabbitMQ 인스턴스로 실행할 수 있다.

- 대안은 사용자에게 제공되는 서비스 인스턴스(https://docs.cloudfoundry.org/devguide/services/user-provided.html)이다. 해당 접근 방법을 통해 마이크로서비스는 클라우드 파운드리 메커니즘을 사용해 카프카 인스턴스에 대한 정보를 얻을 수 있다. 카프카 인스턴스는 클라우드 파운드리의 통제하에 실행되지 않는다. 11장에서 카프카 예시를 변경해 사용자에게 제공되는 카프카 인스턴스를 사용하도록 한다. 이는 카프카 서버의 포트와 호스트 설정과 관련이 있다.

- 마이크로서비스 중 하나에 변경 사항을 배포하기 위해 블루/그린 배포(https://docs.cloudfoundry.org/devguide/deploy-apps/blue-green.html)를 사용해 배포 중에 마이크로서비스가 실패되지 않도록 한다. 블루/그린 배포는 먼저 새로운 환경을 생성한 다음 새 버전으로 전환하므로 가동 중지 시간이 발생하지 않는다.

18.6 서버리스

PaaS는 애플리케이션을 배포한다. 서버가 없으면 개별 기능을 배포할 수 있다. 따라서 서버리스^{Serverless}는 PaaS보다 작은 규모의 배포를 허용한다. REST 서비스는 HTTP 메소드와 자원별로 여러 기능으로 나눌 수 있다.

서버리스 기술로는 AWS 람다^{AWS Lambda}(https://aws.amazon.com/lambda/), 구글 클라우드 펑션^{Google Cloud Functions}(https://cloud.google.com/functions/), 애저 펑션^{Azure Functions}(https://azure.microsoft.com/services/functions/), Apache OpenWhisk가 있다. OpenWhisk(https://developer.ibm.com/code/open/apache-openwhisk/)를 사용하면 자

체 데이터 센터에 서버리스 환경을 설치할 수 있다.

서버리스의 장점은 PaaS의 장점과 유사하다. 높은 레벨의 추상화와 비교적 간단한 배포이다. 또한 서버리스 기능은 요청이 처리될 때만 활성화되므로 요청이 처리되지 않으면 비용이 발생하지 않는다. 또한 매우 유연하게 확장할 수 있다.

PaaS의 경우와 마찬가지로 서버리스는 운영 기능도 포함한다. 클라우드 제공업체는 메트릭과 로그 관리를 제공한다.

AWS 람다와 API 게이트웨이를 포함한 REST

AWS 람다를 사용하면 REST 서비스를 구현할 수 있다. AWS 클라우드의 API 게이트웨이는 람다 함수를 호출할 수 있다. 각 HTTP 메소드마다 별도의 기능을 구현할 수 있다. AWS 람다에는 단일 PaaS 애플리케이션 대신 많은 람다 함수를 포함한다.

아마존 SAM(http://docs.aws.amazon.com/lambda/latest/dg/deploying-lambda-apps.html)과 같은 기술을 사용하면 여러 람다 함수를 사용하기가 매우 쉽다. 따라서 배포할 함수가 많더라도 개발자가 클래스에 REST 메소드를 구현하는 것보다 더 많은 노력을 기울일 정도는 아니다. 종종 람다 함수는 솔루션 실행 비용을 크게 절감할 수 있다.

글루 코드

다른 영역에서는 람다 함수도 매우 유용하다. 아마존 클라우드의 이벤트에 응답하는 람다 함수를 호출할 수 있다. S3$^{Simple Storage Service}$는 아마존 클라우드에서 대용량 파일을 저장할 수 있는 스토리지를 제공한다. 새로운 파일이 업로드되면 람다 함수는 해당 파일을 다른 형식으로 변환할 수 있다. 그러나 해당 람다 함수는 실제 마이크로서비스가 아니라 아마존 서비스의 기능을 보완하기 위한 글루 코드$^{glue code}$다.

18.7 결론

동기식 마이크로서비스의 경우 클라우드 파운드리의 솔루션은 쿠버네티스의 솔루션과 매우 유사하다.

- 서비스 탐색은 DNS를 통해 동작한다. 따라서 클라이언트와 서버는 투명하다. 또한 서비스 등록을 위해 코드를 작성할 필요가 없다.
- 로드 밸런싱은 클라우드 파운드리에서 투명하게 구현된다. 마이크로서비스의 여러 인스턴스가 배포되면 요청은 인스턴스에 자동으로 분산된다.
- 외부 요청 라우팅의 경우 클라우드 파운드리는 DNS에 의존하고 요청을 다양한 마이크로서비스 인스턴스로 분산한다.
- 복원력을 얻기 위해 클라우드 파운드리 예시는 히스트릭스 라이브러리를 사용한다. 클라우드 파운드리 자체는 이 분야의 솔루션을 제공하지 않는다.

게다가 PaaS는 마이크로서비스의 표준화된 런타임 환경을 제공하므로 마이크로서비스가 제공하는 높은 레벨의 운영 복잡성에 대한 중요한 해결책이 될 수 있다. 따라서 PaaS는 매크로 아키텍처와 관련해 종종 바람직한 표준화를 시행한다(2장 참고).

도커(5장 참고) 또는 쿠버네티스(17장 참고)에 비해 PaaS는 유연성이 떨어진다. 또한 표준화로 인해 유연성이 줄어드는데 이 부분이 오히려 장점이 될 수 있다. 또한 최신 PaaS는 빌드 팩이나 임의의 애플리케이션으로 도커 컨테이너를 실행하는 방법을 사용해 환경에 유연하게 대처할 수 있다.

장점

- PaaS는 마이크로서비스(로드 밸런싱, 라우팅, 서비스 탐색)의 일반적인 문제를 해결한다.
- 클라우드 파운드리에는 코드 의존성이 없다.
- PaaS는 운영과 배포도 포함한다.

- PaaS는 표준화를 수행함으로써 매크로 아키텍처를 정의한다.
- 개발자는 애플리케이션만 제공하면 된다. 도커는 숨겨져 있다.

도전 과제

- 클라우드 파운드리를 사용하려면 기존의 운영 방식을 완벽하게 전환해야 한다.
- 클라우드 파운드리는 매우 강력하지만 매우 복잡하다.
- 클라우드 파운드리는 높은 유연성을 제공하지만 도커 컨테이너에 비하면 유연성은 여전히 한계가 있다.

운영

3부에서는 마이크로서비스의 운영을 설명한다. 마이크로서비스 환경에서 시스템은 많은 마이크로서비스로 구성된다. 마이크로서비스를 운영할 필요가 있다. 배포 모놀리스의 경우 단일 시스템만 운영해야 한다. 따라서 운영은 마이크로서비스 환경에서 매우 중요한 주제다.

운영: 기본 사항

먼저 19장에서는 마이크로서비스를 운영하는 기반 지식을 소개한다.

프로메테우스를 사용한 모니터링

20장에서는 마이크로서비스의 모니터링을 다루고 프로메테우스^{Prometheus}를 구체적인 모니터링 툴로 설명한다.

일래스틱 스택을 사용한 로그 데이터 분석

21장의 주제는 로그 데이터의 분석이다. 일래스틱 스택^{Elastic Stack}을 로그 데이터 분석을 위한 구체적인 기술적 접근 방법으로 소개한다.

집킨으로 추적하기

22장에서 집킨^{Zipkin}을 사용해 여러 마이크로서비스 간의 요청을 추적하는 방법을 설명한다.

서비스 메시-이시티오

이스티오^{Istio}와 같은 서비스는 마이크로서비스 시스템에서 네트워크 트래픽에 프록시를 추가한다. 따라서 코드에 영향을 주지 않고 모니터링, 추적, 복원력을 지원할 수 있다. 23장에서 서비스 메시의 예로서 이스티오를 살펴본다.

이 책의 결론

24장에서 마이크로서비스의 전망을 설명하고 마무리한다.

19

개념: 운영

19장에서는 다음과 같은 마이크로서비스의 운영에 대해 설명한다.

- 운영은 소프트웨어 변경에 대한 비즈니스 결과를 평가하는 데 도움이 될 수 있다.
- 운영 개선으로 문제에 대한 대응 시간을 단축할 수 있기 때문에 애플리케이션의 가용성과 품질이 향상된다.
- 운영은 마이크로 아키텍처와 매크로 아키텍처에 영향을 준다.

19.1 운영이 중요한 이유

마이크로서비스는 운영의 중요성을 변경한다. 여러 가지 이유가 있다.

많은 마이크로서비스

마이크로서비스 아키텍처에서 시스템은 단일 배포 모놀리스가 아니다. 대신 시스템의 각 모듈은 별도로 설치, 운영, 모니터링해야 하는 별도의 마이크로서비스다. 따라서 배포돼야 하고 모니터링해야 할 애플리케이션이 훨씬 많다.

마이크로서비스 프로젝트가 오랜 기간 동작할 수 있도록 코드는 더욱 더 많아지고 마이크로서비스의 크기를 증가시킬 수 있다. 하여 마이크로서비스의 장점이 사라질 수 있기 때문에 문제가 된다. 따라서 마이크로서비스의 크기가 일정하게 유지되고 마이크로서비스 개수가 증가할 수 있도록 새로운 마이크로서비스를 구축해야 한다. 이에 마이크로서비스 개수가 증가함에 따라 운영의 어려움이 시간이 지나면서 커진다.

물론 운영 비용이 몇 배로 증가하는 것은 허용하지 않는다. 그러므로 합리적인 범위 내에서 지출을 유지하기 위한 조치가 취해져야 한다. 표준화와 자동화는 이런 목적에 적합한 방법이다.

시스템에 새로운 마이크로서비스가 생성되더라도 운영 환경에 마이크로서비스를 통합하기 위해 매번 수작업을 진행할 필요가 없다. 이는 운영을 단순화할 뿐만 아니라 마이크로서비스의 크기를 일정하게 유지하기 위해 새로운 마이크로서비스를 쉽게 생성할 수 있게 한다. 그래서 효율적으로 운영할 수 있도록 필요한 모든 기술을 이미 포함하는 새로운 마이크로서비스 템플릿이 도움이 될 수 있다.

실험 평가

마이크로서비스 시스템을 변경할 때마다 비즈니스 목표를 달성해야 한다. 그 예로 사용자 등록을 최적화하는 작업은 등록하는 고객의 수를 늘리는 데 목적이 있다.

변화는 과학 실험과 유사하다. 실험에서는 가설을 세운 다음 실험을 수행하고 결과를 측정해 가설을 확인한다. 가설은 다음과 같다. "새로운 등록은 액티브 사용자 수를 늘린다." 그래서 변경 작업을 수행하고 해당 변경 작업 결과를 측정해야 한다.

애플리케이션에서 데이터를 수집하고 측정하는 것은 운영의 고전적인 작업이다. 일반적으로 운영은 시스템 메트릭 모니터링에 한정된다. 그러나 원칙적으로 실험 결과는 운영 접근 방법으로 평가할 수도 있다.

분산 시스템

마이크로서비스는 시스템을 분산 시스템으로 변경한다. 마이크로서비스는 로컬 메소드 호출 대신 네트워크를 통해 통신한다. 따라서 발생할 수 있는 에러 건수가 증가한다. 네트워크와 서버 하드웨어 장애가 발생할 수 있다. 그래서 모든 컴포넌트의 신뢰성을 담당하는 운영에 대한 요구가 증가된다.

또한 분산 시스템의 문제 해결은 도전 과제이다. 마이크로서비스가 서로 호출하는 상황에서 특정 마이크로서비스가 장애가 발생하면 호출된 마이크로서비스 중 하나가 발생할 수 있다. 따라서 장애의 근본적인 원인을 식별하기 위해 마이크로서비스 간 통신을 추적하는 방법이 있어야 한다. 해당 추적은 마이크로서비스 환경에서만 필요하며 운영 중에 추가적인 문제를 야기한다. 22장에서 집킨Zipkin을 추적을 해결하는 기술적 솔루션으로 제시한다.

마이크로서비스를 분석하려면 추가 조치가 필요하다. 배포 모놀리스의 경우 운영체제 툴을 사용해 서버의 프로세스와 자원 소비를 검사하는 것으로 충분하다. 로그 파일은 좋은 정보의 근본이 될 수도 있다. 분산 시스템에서는 서버 개수가 너무 많아 해당 방법으로는 성공하지 못할 수 있다. 모든 서버에 로그인할 수 없으며 장애의 원인을 찾을 수 없다. 따라서 모든 마이크로서비스의 정보를 중앙 위치에서 수집하는 중앙 집중식 인프라가 있어야 한다. 21장에서는 로그 파일을 관리하기 위한 일래스틱 스택을 설명하고, 22장에서는 모든 마이크로서비스에 대한 메트릭을 수집하는 프로메테우스를 설명한다.

성능 보장

각 시스템은 어느 정도의 성능을 제공해야 한다. 용량 테스트capacity test는 성능 문제를 피하기 위해 사용된다. 따라서 테스트에서 실제 사용되는 데이터 양을 사용해 사용자 동작을 시뮬레이션하고 실제 사용 중인 하드웨어에서 테스트를 실행해야 한다. 그러나 이런 용량 테스트는 거의 불가능하다.

- 상용 데이터 볼륨이 너무 커서 테스트 환경에서 처리할 수 없는 경우가 많다.
- 사용자 동작을 시뮬레이션하기 어려울 수도 있다. 결국 사용자가 다음 작업을 수행하거나 프로세스의 특정 과정을 선택하는 빈도까지 기다리는 시간과 사용자가 생각하는 시간이 어느 정도인지는 분명하지 않다.
- 상용 환경과 동일하게 설정하기란 사실상 어렵다. 그래서 타사 시스템의 통합뿐 아니라 크기도 마찬가지다. 상용 환경과 유사하게 강력한 테스트를 위한 추가 환경을 구축하는 것은 종종 불가능하다.
- 새로운 기능의 경우 사용자의 동작, 기능이 잘 동작하는 것, 부하를 예측하는 것은 불가능하다. 용량 테스트만으로는 테스팅 시나리오가 순수한 가정을 기반으로 하기 때문에 현실적인 결과를 산출할 수 없어서 상용 환경에서 애플리케이션의 성능을 보장하기 위한 적절한 방법이 아니다.

테스팅 보완

용량 테스트 이외에도 다른 측정 방법이 유용할 수 있다.

- 효과적인 모니터링은 초기 단계에서 상용의 성능 문제를 감지할 수 있다. 모니터링을 사용하면 문제를 해결할 수 있기에 문제 해결에 걸리는 시간이 줄어든다. 마이크로서비스가 개별적으로 확장 가능하기 때문에 부하가 늘어나면 더 많은 마이크로서비스 인스턴스를 시작할 수 있다. 문제는 사용자가 아무것도 알지 못해도 해결된다.
- 문제가 더 복잡한 경우 수정 프로그램을 제공해야 한다. 신속하고 고도로 자동화된 배포가 유용하며, 마이크로서비스에서는 일반적으로 해당 배포 툴을 제공한다.

비슷하게 고려할 사항으로 성능 문제뿐만 아니라 구현된 로직 문제도 적용된다. 모니터링과 빠른 배포는 문제에 대한 대응 속도를 높일 수 있다. 등록 번호 또는 판매량이 갑

자기 떨어지면 구현된 로직에 문제가 있음을 나타낼 수 있다. 그렇다면 어떤 사람도 에러가 발생할까 싶어 더 이상 운영하지 못할 것이다. 따라서 모니터링은 로직 테스트를 보완할 수 있다.

동적 확장

마이크로서비스의 장점 중 하나는 독립적으로 확장될 수 있다는 점이다. 현재 부하를 처리할 수 있도록 각 마이크로서비스의 인스턴스를 더 많이 또는 적게 실행할 수 있다. 그래서 새로운 인스턴스를 시작할 수 있는 기술을 사용해야 한다. 예를 들어 쿠버네티스(17장 참고)는 동적 확장을 수행할 수 있고 마이크로서비스의 운영을 위해 전체 클러스터의 자원을 사용한다.

그러나 동적 확장 기술을 사용하더라도 클러스터에서 사용할 수 있는 서버 개수는 제한적이다. 인프라가 더 유연해지더라도 확장성을 보장하려면 용량 계획이 필요하다.

따라서 마이크로서비스 시스템의 동적 확장을 가능하게 하기 위한 필요한 전제 조건을 생성해야 한다.

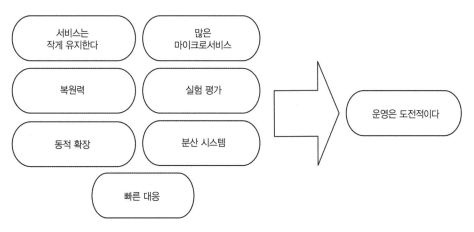

그림 19-1 마이크로서비스 운영에 영향을 미치는 요소

19.2 마이크로서비스 운영을 위한 접근 방법

마이크로서비스의 운영은 다음과 같다.

- 배포는 도커(15장 참고) 또는 쿠버네티스(17장 참고)와 같은 마이크로서비스 플랫폼 또는 PaaS(클라우드 파운드리)와 같은 기술로 해결된다(18장 참고).
- 모니터링은 20장에서 다룬다.
- 로그 파일 분석은 21장에서 설명한다.
- 추적은 22장에서 마이크로서비스 간의 호출 추적 방법을 보여준다.

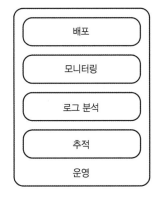

그림 19-2 마이크로서비스의 운영 과제

독립 배포

또한 마이크로서비스는 운영 측면에서 장점이 있다.

마이크로서비스는 배포 모놀리스보다 훨씬 작기에 배포하기가 더 쉽다. 마이크로서비스가 배포 중에 중단되더라도 다른 마이크로서비스는 계속 실행 중이기 때문에 복원력으로 인해 심각한 결과가 일어나지 않아야 한다.

따라서 마이크로서비스를 독립적으로 배포할 수 있어야 한다. 특정 기능이 여러 마이크로서비스의 변경을 필요로 한다면 배포는 항상 독립성을 지닌다는 것을 보장해야 한다.

인터페이스의 클라이언트와 서버를 동시에 배포해야 하는 경우 배포는 더 이상 독립성을 갖지 않는다. 대신 마이크로서비스는 이전 인터페이스와 새로운 인터페이스를 병렬로 제공해 인터페이스 클라이언트와 서버의 배포를 분리할 수 있다. 이렇게 함으로써 새로운 서버를 배포할 수 있다. 클라이언트는 여전히 이전 인터페이스를 사용할 수 있기에 특정 시점에 새로운 인터페이스를 사용해 배포할 수 있다. 마지막으로 다른 배포를 적용해 이전 인터페이스를 제거할 것이다. 개별 마이크로서비스의 배포는 더 쉽지만 클라이언트와 서버를 모두 한 번에 업데이트하려면 더 많은 배포가 필요하다.

배포가 분리되지 않으면 여러 마이크로서비스 또는 심지어 모든 마이크로서비스까지 조정된 방법을 사용해 배포돼야 한다. 모든 배포는 원활하게 실행돼야 하고 배포가 실패할 경우 모든 배포를 롤백해야 하기 때문에 작업이 어렵다.

독립 배포는 높은 레벨의 독립성으로 이어지기 때문에 마이크로서비스의 가장 중요한 장점 중 하나다. 따라서 독립 배포를 위해 항상 노력해야 한다.

마이크로서비스의 단계별 운영 소개

이전에 살펴본 것처럼 마이크로서비스의 운영은 매우 중요하다. 운영 외에도 마이크로서비스에는 다른 많은 근본적인 변화가 필요하다. 새로운 기술, 프레임워크, 아키텍처를 구현해야 한다. 또한 조직의 변화가 필요할 수도 있다. 독립적이고 자체 조직된 팀은 마이크로서비스 아키텍처의 최대 장점을 얻기 위해 독립적인 마이크로서비스를 개발해야 한다. 많은 변화로 인해 문제의 위험이 증가한다.

첫 번째 마이크로서비스가 상용에 들어갈 예정일 때 많은 수의 마이크로서비스를 실행하는 데 필요한 자동화와 정교함 레벨이 아직 필요하지 않다. 따라서 점차적으로 필요한 운영 기술을 축적하는 것이 고려될 수 있다. 그러나 이것은 환경 설정이 마이크로서비스의 수에 부합하지 못하면 마이크로서비스 시스템이 신뢰할 수 없고 동작하는 데 비용이 많이 든다는 것을 의미한다. 특정 순간에 수작업으로 진행할 작업은 많은 마이크로서비스를 지원하기에는 너무 큰 비용이다.

19.3 살펴본 기술의 효과

지금까지 살펴본 기술은 운영에 영향을 미친다.

- 도커(5장 참고)를 사용하면 소프트웨어를 매우 쉽게 설치할 수 있다. 도커 이미지에 리눅스 배포판을 포함한 완벽한 환경이 포함돼 있다. 마이크로서비스를 설치하려면 도커 이미지를 도커 레지스트리에서 가져와야 한다. 또한 도커는 매우 효율적이므로 추가 하드웨어가 필요하지 않다.

- 링크와 클라이언트 측 통합(8장 참고)은 여러 웹 애플리케이션을 실행해야 한다는 것을 의미한다. 대부분의 회사는 이미 웹 애플리케이션을 실행하므로 동일한 유형의 환경만 실행하면 된다.

- ESI(9장 참고)처럼 서버에 UI를 통합하려면 추가 서버를 운영해야 한다. ESI의 경우 바니시 캐싱 서버일 수 있다. SSI를 사용한다면 웹 서버로 충분하다. 어쨌든 시스템에 이미 사용될 수 있으며 적절히 설정돼야 한다.

- 카프카(11장 참고) 또는 기타 MOM은 강력하며 비동기 통신을 지원하는 복잡한 소프트웨어이다. 따라서 운영 또한 복잡하다. MOM 장애 또는 문제는 전체 마이크로서비스 시스템에 영향을 미친다. 따라서 MOM의 대안을 찾는 것은 운영에 대한 과제이다.

- 반대로 Atom(12장 참고) 비동기 통신은 HTTP와 REST를 사용한다. 즉 동기 REST 시스템과 비교해 다른 인프라는 필요하지 않다. 따라서 운영은 REST 또는 웹 애플리케이션의 작업과 동일하다.

- 넷플릭스 스택(14장 참고)은 자바로 개발돼 있고 필요한 모든 인프라를 구현한다. 스프링 클라우드는 넷플릭스 스택의 마이크로서비스와 인프라 서비스를 기반으로 일관성 있게 구성할 수 있다. 특히 자바 마이크로서비스 시스템을 사용할 때 전체 시스템의 운영을 넷플릭스 스택을 사용해 단순화할 수 있다. 반면 넷플릭스 스택은 이미 운영했던 웹 서버 대신 라우팅용으로 자체 사용자 지정 솔루션을 사용한다.

- 컨설 스택(15장 참고)은 Go 언어로 개발된 컨설을 소개한다. 컨설은 자바를 사용하는 시스템에 비해 운영에 더 많은 노력을 기울인다. 반대로 컨설은 매우 유연해서 아파치 httpd와 같은 웹 서버를 문제없이 설정할 수 있다. 라우팅을 아파치 httpd 서버로 사용할 수 있지만 마이크로서비스 간의 로드 밸런서에도 아파치 httpd 서버가 사용 가능하다. 따라서 회사에서 일반적으로 알고 있는 기술을 사용해 위험을 최소화할 수 있다.
- 쿠버네티스, 클라우드 파운드리와 같은 PaaS는 마이크로서비스의 운영을 위한 완벽한 솔루션을 제공하는가 하면 복잡하고 가상화 소프트웨어와 같은 기존 시스템의 기능을 대신한다. 따라서 상용에 투입하는 것은 중요한 단계이다. 쿠버네티스와 클라우드 파운드리는 많은 장점을 제공한다.

19.4 결론

'운영'이라는 주제를 이 책 후반부에서 다루기는 하지만 운영은 매우 중요한 주제다. 운영을 잘하지 못한다면 많은 마이크로서비스를 상용 환경에 투입할 수 없다. 마이크로서비스 솔루션의 안정성과 성능은 운영에 크게 의존한다. 따라서 운영은 매우 중요하다.

20

레시피: 프로메테우스를 이용한
모니터링

20장에서는 다음과 같은 마이크로서비스 모니터링에 대해 설명한다.

- 모니터링의 기본 사항을 설명하고 모니터링 및 유용한 메트릭을 살펴본다.
- 마이크로서비스 모니터링은 모니터링 툴에 대한 새로운 요구 사항을 제시한다.
- 프로메테우스에는 마이크로서비스 모니터링에 유용한 기능이 있다.
- 프로메테우스 외 다른 툴을 사용해 마이크로서비스 모니터링을 수행할 수 있다.

20.1 기본 내용

모니터링은 시스템의 상태를 설명하는 메트릭을 시각화하고 분석한다.

여러 종류의 메트릭 항목이 존재한다.

- 카운터는 증가될 수 있고 이벤트를 집계할 수 있다. 예를 들어 등록된 사용자 인원 수 또는 처리된 작업 개수를 계산할 수 있다.
- 게이지^{Gauge}는 시간이 지남에 따라 변하는 값을 표시한다. 이를테면 메모리 사용량 또는 네트워크 트래픽을 게이지로 측정할 수 있다.

- 히스토그램^{histogram}은 특정 이벤트 개수를 측정한다. 처리된 요청 개수를 계산할 수 있고 추가로 성공적으로 처리한 요청 개수와 다양한 에러로 발생한 실패한 요청 개수를 구별할 수 있다.

메트릭 처리

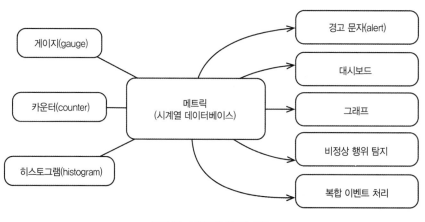

그림 20-1 메트릭 종류와 처리

종종 메트릭은 시계열 데이터베이스에 저장된다. 시계열 데이터베이스는 시간을 기준으로 인덱싱되는 데이터에 특화돼 있다.

메트릭을 여러 방법으로 처리할 수 있다.

- 메트릭이 특정 값에 도달하면 경고 문자를 운영 팀원에게 보낸다. 그래서 운영 팀원이 문제를 분석하고 해결할 수 있다.
- 메트릭을 그래프로 시각화할 수 있으므로 변경 사항을 쉽게 인식할 수 있다. 따라서 시스템을 분석할 수 있다.
- 대시보드에서 여러 메트릭을 간단히 표시한다. 대시보드는 매우 빠르게 시스템 상태 정보를 전달한다. 예를 들어 대시보드는 직원들이 커피를 마시면서 시스템의 현재 상태를 알 수 있도록 커피 머신과 가까운 화면으로 표시할 수 있다.

- 복합 이벤트 처리CEP, Complex Event Processing는 메트릭 처리 및 분석에 대한 구현이다. 메트릭은 특정 간격 동안의 평균값으로 요약될 수 있다.
- 비정상 행위 탐지는 메트릭이 예상 범위를 벗어나는지 자동으로 인식해 초기에 문제를 나타낸다.

다양한 이해관계자가 보는 다양한 메트릭

다양한 이해관계자는 서로 다른 메트릭에 관심을 가질 수 있다. 예를 들어 시스템 메트릭은 운영체제 또는 하드웨어 레벨에 중점을 둔다. 네트워크 처리량 또는 하드 디스크 처리량이 해당 메트릭 범주에 속한다. 운영 전문가는 대개 해당 메트릭에 관심이 있다.

애플리케이션 메트릭은 여러 종류의 요청 개수 또는 특정 메소드에 대한 메소드 호출 개수를 설명한다. 해당 메트릭은 개발자가 자신의 작업을 수행하는 데 도움을 준다.

마지막으로 판매 개수 또는 등록된 사용자 인원과 같은 비즈니스 메트릭이 있다. 비즈니스 메트릭은 종종 상품 소유자 또는 사용자에게 흥미롭다.

기술적으로 단일 시스템은 모든 메트릭을 저장할 수 있다. 그러나 이해관계자는 종종 다른 툴을 사용하려 한다. 특수화된 툴은 더 나은 분석 옵션을 제공하거나 이해관계자에게 이미 친숙하다. 구글 애널리틱스(https://analytics.google.com/)와 같은 웹 애널리틱스 툴로 충분할 수 있다. 따라서 이해관계자가 서로 다른 툴을 사용하려 할 때 다른 시스템에 다른 메트릭을 저장하는 것이 좋다.

메트릭을 사용해 다양한 결론을 도출할 수 있다. 상품 소유자는 비즈니스 성공을 평가할 수 있고 운영 조직은 용량을 계획할 수 있으며 개발자는 에러를 분석할 수 있다.

20.2 마이크로서비스의 메트릭

메트릭 처리와 관련해 마이크로서비스는 몇 가지 중요한 점에서 기존 시스템과 다르다.

서비스가 많을수록 메트릭은 많아진다.

배포 모놀리스의 인스턴스보다 마이크로서비스의 인스턴스가 훨씬 많다. 따라서 많은 메트릭도 존재한다. 결과적으로 메트릭을 처리하는 시스템은 적절히 확장돼야 한다. 또한 대시보드를 유지하려면 모든 마이크로서비스의 모든 메트릭을 하나의 시스템에 저장해야 한다.

인스턴스 대신 서비스

대부분의 마이크로서비스 환경에서는 여러 인스턴스가 실행 중일 것이다. 여러 인스턴스를 실행하는 것이 장애 안전성을 보장하고 부하를 처리할 수 있는 유일한 방법이다. 메트릭 관점에서 개별 인스턴스는 흥미롭지 않지만 마이크로서비스 환경의 모든 인스턴스 결과와 사용자에게 제공되는 서비스 품질 결과는 중요하다. 따라서 특정 마이크로서비스의 모든 인스턴스에 대한 평균 메트릭은 중요하지만 각각의 특정 인스턴스에 대한 메트릭은 중요하지 않다.

시스템 메트릭

또한 메트릭 처리는 변경될 수 있다. 기존 시스템에서는 일반적으로 서버에 실패가 발생하면 경고 문자를 보내거나 심지어는 잠을 자고 있는 운영 담당자에게 전화로 알리기도 한다. 마이크로서비스 시스템에서는 메트릭이 필요하지 않을 수도 있다. 각 마이크로서비스는 일반적으로 각 마이크로서비스의 여러 인스턴스를 독립적으로 확장할 수 있다. 서버에 장애가 발생하면 새로운 인스턴스는 다른 서버에서 자동으로 시작될 수 있다.

마이크로서비스에 견고성과 탄력성을 줘 다른 마이크로서비스의 장애를 보완한다. 따라서 서버의 장애 또는 마이크로서비스 인스턴스의 장애는 일반 시스템보다 문제가 적다.

또한 시스템은 새로운 서버에서 새로운 인스턴스를 시작해 과부하를 해결할 수 있다. 따라서 직접 작업을 하지 않은 채 높은 부하를 처리할 수 있다.

애플리케이션 메트릭

전체 시스템 관점에서 메트릭은 기존 시스템에 비해 마이크로서비스에서 그다지 중요하지 않다. 그러나 사용자의 관점에서 마이크로서비스 시스템을 분석하는 것이 중요할 수 있다. 예를 들어 요청이 너무 길면 사용자 행동에 영향을 줄 수 있다. 시스템 메트릭이 모두 정상임에도 해당 이슈가 발생할 수 있다. 소프트웨어에 에러가 있거나 데이터 때문에 문제가 발생할 수 있는 것 말이다. 추가 대기 시간이 수익에 부정적인 영향을 주는 경우 시스템 메트릭이 정상임에도 대기 시간이 증가하면 즉시 경고 문자를 보낼 수 있다. 따라서 우선순위는 시스템 메트릭에서 애플리케이션 메트릭과 비즈니스 메트릭으로 이동한다. 서비스 레벨 계약SLA, Service Level Agreement은 좋은 메트릭일 수 있다. SLA는 응답 시간 관점으로 고객이 시스템에서 기대하는 내용을 정의한다.

도메인 로직을 기반한 경고 문자

애플리케이션 메트릭이 비정상적인 값을 보여주는지 여부와 해당 메트릭을 보여주는 애플리케이션에 반응해야 할지 여부는 도메인 전문가가 결정해야 한다. 일반적으로 개발자는 구현된 도메인 기능에 대해 잘 알고 있기에 개발자와 긴밀하게 협력하고 경고 문자를 정의할 수 있다. 그러나 일반적으로 운영만으로는 경고 문자에 대한 정의 작업을 수행할 수 없다.

20.3 프로메테우스 메트릭

프로메테우스(http://prometheus.io/)는 비교적 새로운 모니터링 툴이다. 흥미로운 기능이 많이 존재한다.

- 프로메테우스는 다차원 데이터 모델을 지원한다. 그 예로 URL과 HTTP 메소드 당 HTTP 요청 지속 시간(예: GET, POST, DELETE)을 저장할 수 있다. 각 URL에는 4개의 HTTP 메소드 각각에 대한 값이 존재한다. 프로메테우스는 특정 URL에 대한 모든 HTTP 메소드의 요청 지속 시간과 모든 URL의 HTTP 메소드의 요청 지속 기간을 요약할 수 있다. 해당 방식은 분석의 유연성을 더 얻게 된다. 쿼리 언어를 통해 분석을 수행한다. 결과는 계산할 수 있을 뿐만 아니라 그래픽으로도 표시된다.
- 많은 모니터링 솔루션은 모니터링될 시스템 메트릭을 모니터링 시스템에 저장할 것을 요구한다(푸시^{push} 모델). 프로메테우스는 풀^{pull} 모델을 가지고 있어서 지정된 간격으로 모니터링되는 시스템의 HTTP 엔드포인트에 데이터를 수집한다. 12장에서 설명한 HTTP를 통한 비동기 통신 절차에 해당한다. 푸시 모델을 사용하는 애플리케이션과 통신하는 경우 Push Gateway(https://github.com/prometheus/pushgateway)가 있다.
- Alert Manager(https://prometheus.io/docs/alerting/alertmanager)는 쿼리를 기반으로 경고 문자를 보내고 이메일 또는 PagerDuty(https://www.pagerduty.com/)별로 경고 메시지를 보낼 수 있다.
- 대시보드를 통해 사용자는 쿼리를 실행할 수 있고 결과를 시각적으로 표시할 수 있다. 아울러 그라파나(https://prometheus.io/docs/visualization/grafana/)와 같은 시각화 툴에 통합할 수 있다.

프로메테우스는 다차원 시계열 데이터베이스로서 경고 문자와 그래프 계산을 지원한다. 다차원 데이터베이스를 사용하면 모든 마이크로서비스의 모든 인스턴스에 대한 메트릭을 캡처한 다음 특정 타입의 마이크로서비스에 대해 합산할 수 있다.

다차원 메트릭의 예시

프로메테우스는 HTTP 요청 개수를 계산할 수 있다. 이를 기반으로 내장함수(https://
prometheus.io/docs/querying/functions/)를 사용해 초당 HTTP 요청 개수를 계산하고 처
리할 수 있다. 예를 들어 각 핸들러[handler]의 평균을 계산할 수 있다(그림 20-2 참고). 이
목적으로 핸들러별로 avg(rate(http_requests_total[5m]))가 사용된다.

그림 20-2 계산된 메트릭을 포함하는 프로메테우스 대시보드

또한 프로메테우스는 HTTP 코드를 기반으로 평균을 계산할 수 있다. 모든 작업을 완료
하려면 이전 공식을 코드별 avg(rate(http_requests_total[5m])) 공식으로 변경해야
한다. 그림 20-3은 결과를 보여준다.

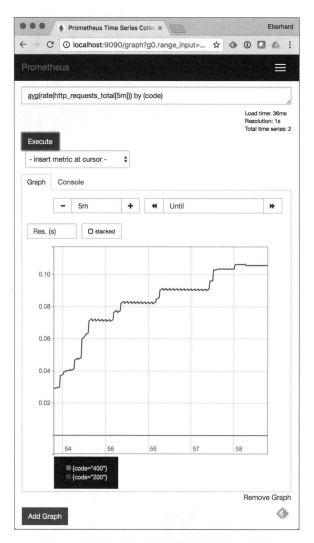

그림 20-3 계산된 메트릭을 포함하는 다른 프로메테우스 대시보드

프로메테우스는 사용자가 관심을 갖는 모든 마이크로서비스의 메트릭에서 정보를 추출할 수 있다. 마이크로서비스의 모든 인스턴스에 영향을 주는 일반적인 문제보다 매우 느린 마이크로서비스의 인스턴스가 더 문제다. 프로메테우스로 분석한다면 정확히 결과를 내릴 수 있을 것이다.

20.4 프로메테우스 예시

컨설(15장 참고)을 포함한 마이크로서비스를 프로메테우스로 모니터링하는 예시가 있다. 일부 추가 컨테이너를 포함하는 도커 컴포즈 설정만 하면 된다.

환경 시작

0.4절에서는 예시를 시작하려면 어떤 소프트웨어가 설치돼야 하는지 설명한다.

https://github.com/ewolff/microservice-consul에서 예시 프로젝트를 찾을 수 있다. 먼저 git clone https://github.com/ewolff/microservice-consul.git을 실행해 로컬 컴퓨터에 코드를 다운로드해야 한다.

예시를 시작하는 방법과 필요한 소프트웨어를 설치하는 방법에 대해서는 https://github.com/ewolff/microservice-consul/blob/master/HOW-TO-RUN.md에서 자세히 설명한다. 프로메테우스로 모니터링하는 방법은 https://github.com/ewolff/microservice-consul/blob/master/HOW-TO-RUN.md#run-the-prometheus-example에서 자세히 설명한다.

마이크로서비스 시스템을 시작하려면 애플리케이션을 먼저 microservice-consul-demo 하위 디렉터리에서 ./mvnw clean package(맥OS, 리눅스) 또는 mvnw.cmd clean package(윈도우)로 컴파일해야 한다. 부록 B에서 메이븐과 메이븐 빌드에서 발생할 수 있는 문제 해결 방법을 설명하니 참고하기를 바란다.

docker 하위 디렉터리에서 `docker-compose -f docker-compose-prometheus.yml build`를 실행해 도커 컨테이너를 생성한다. 부록 C에서 도커, 도커 컴포즈, 도커 및 도커 컴포즈에서 발생할 수 있는 문제 해결 방법을 설명하니 참고하기를 바란다. 컨설 예시의 일반적인 시스템 설정에 프로메테우스 도커 컨테이너는 없다. 따라서 docker-compose-prometheus.yml 파일의 설정을 사용한다. `docker-compose -f docker-compose-prometheus.yml up -d`를 실행하면 애플리케이션을 시작할 수 있다.

컨설 데모와 마찬가지로 애플리케이션을 8080포트에서 사용할 수 있다(예: http://localhost:8080/). 도커 호스트 프로메테우스는 9090포트로 접속할 수 있다. 따라서 도커 컨테이너가 로컬에서 실행 중이라면 프로메테우스 UI를 http://localhost:9090/에서 사용할 수 있다. 디버깅을 수행하려면 http://localhost:9090/targets가 유용하다. 해당 URL에는 여러 마이크로서비스에서 메트릭을 수집하기 위해 사용하는 모든 프로메테우스 작업의 상태를 표시한다.

스프링 부트 코드

예시 프로젝트에서 주문 마이크로서비스의 데이터를 모니터링할 수 있는 프로메테우스 인터페이스가 포함돼 있다. 다른 마이크로서비스에서는 해당 인터페이스를 제공하지 않는다.

6.3절에서 설명한 것처럼 스프링 부트에 마이크로서비스에 대한 메트릭을 수집할 수 있는 스프링 부트 액추에이터^{Spring Boot Actuator}를 제공한다. 해당 메트릭은 HTTP 요청 개수와 지속 기간을 포함한다. 프로메테우스를 지원하려면 프로메테우스가 해당 메트릭을 가져올 수 있는 방법으로 제공하기만 하면 된다.

프로젝트에서는 다음 변경 사항이 필요하다.

- 프로메테우스 클라이언트 의존 라이브러리를 pom.xml에 추가해야 한다.
- 불행히도 프로메테우스는 메트릭을 표시하는 일반적인 스프링 부트 액추에이

터의 REST 엔드포인트를 사용할 수 없다. 따라서 프로메테우스는 서블릿을 통합해야 한다. 또한 `SpringBootMetricsCollector`를 사용해 프로메테우스에 스프링 부트 액추에이터 메트릭을 제공해야 한다. 해당 클래스는 프로메테우스 클라이언트 라이브러리에 속한다. `PrometheusConfiguration` 클래스에서 클래스의 인스턴스는 프로메테우스에서 메트릭을 사용할 수 있도록 스프링 빈[Spring Bean]으로 작성된다.

프로메테우스 설정

메트릭을 제공하는 것만으로는 충분치 않다. 또한 프로메테우스는 주문 마이크로서비스의 메트릭을 선택해야 한다. 예시 프로젝트의 docker/prometheus 하위 디렉터리에는 도커 이미지의 프로메테우스 설치를 생성하는 도커파일이 포함된다. 프로메테우스 개발 팀의 프로메테우스 도커 이미지를 기반으로 하며 사용자 지정 설정만 추가한다. 프로메테우스 설정 문서(https://prometheus.io/docs/operating/configuration/)에서 설정 포맷을 자세히 설명한다.

예시 설정

prometheus.yml 파일의 설정은 다음과 같다.

```
1  global:
2    scrape_interval: 15s
3
4  scrape_configs:
5    - job_name: 'prometheus'
6      scrape_interval: 5s
7      static_configs:
8        - targets: ['localhost:9090']
9
```

```
10    - job_name: 'order'
11      scrape_interval: 10s
12      metrics_path: '/prometheus'
13      static_configs:
14      - targets: ['order:8380']
```

global 부분(1번째 라인)은 전체 프로메테우스 시스템에 영향을 주는 설정을 포함한다. scrape_interval(2번째 라인)은 모니터링될 마이크로서비스("scraping")의 메트릭 수집 주기를 설정한다.

scrape_configs(4번째 라인) 부분은 작업을 정의한다. 작업은 프로메테우스가 저장 및 처리에 대한 메트릭을 수집하는 설정이다.

'prometheus' 작업(5~8번째 라인)은 프로메테우스 자체를 모니터링한다. 프로메테우스는 localhost의 9090포트에서 메트릭을 수집한다. 9090포트는 프로메테우스가 수신하는 포트이며 메트릭도 제공한다. 그리고 프로메테우스는 기본값인 매 15초가 아닌 매 5초마다 메트릭을 빈번하게 읽는다.

다른 작업의 이름은 order(10~14번째 라인)이며 주문 마이크로서비스를 모니터링하는 데 사용된다. 프로메테우스는 order 서버의 8380포트에서 매 10초마다 메트릭을 수집한다. 도커 컴포즈 설정에서 도커 컴포즈 링크가 생성돼 order 호스트 이름이 주문 마이크로서비스로 해석되게 한다. 그리고 기본값이 /metrics인 metrics_path도 정의한다. 그러나 스프링 부트 애플리케이션의 경우 JSON 포맷의 스프링 부트 액추에이터 메트릭을 /metrics 경로에서 사용할 수 있다. 프로메테우스는 스프링 부트 애플리케이션에서 /prometheus 경로 아래에 있는 사용자 정의 텍스트 기반 포맷을 필요로 한다.

20.5 레시피 변형

서비스 메시 툴인 이스티오는 프로메테우스를 모니터링 툴로 사용한다. 이스티오는 마이크로서비스 간의 트래픽을 측정하기 위해 프록시를 사용한다. 그래서 마이크로서비스에 어떠한 변경 없이 요청 수, 전송된 데이터의 크기, 실패한 요청 개수 등의 통신 정보를 제공할 수 있다(23.4절 참고).

기타 툴

모니터링 영역에서 사용할 수 있는 많은 툴이 있다.

- StatsD(https://github.com/etsy/statsd)는 네트워크를 통해 더 적은 데이터를 전송하기 위해 수집된 메트릭을 통합할 수 있다. StatsD exporter(https://github.com/prometheus/statsd_exporter)는 메트릭을 프로메테우스로 내보낼 수 있다.
- Collectd(https://collectd.org/)는 시스템 메트릭을 측정한다. 프로메테우스는 Collectd exporter(https://github.com/prometheus/collectd_exporter)를 사용해 데이터를 사용할 수 있다.
- 또한 프로메테우스를 교체하는 대안, 예를 들어 TICK 스택(https://www.influxdata.com/time-series-platform/)이 있다.
  - Telegraf는 데이터를 수집해 전달한다.
  - InfluxDB는 시계열 데이터베이스다.
  - Chronograf는 시각화와 분석을 제공한다.
  - Kapacitor는 경고 문자와 비정상 행위 탐지를 처리한다.
- 그라파나(https://grafana.com/)는 메트릭에 대한 그래픽 분석을 제공한다. 그라파나는 프로메테우스에 저장된 데이터를 보여준다. 이스티오 마이크로서비스 대시보드를 제공하기 위해 그라파나를 사용한다(23.4절 참조).

20.6 실험

실험: 메트릭 선택

마이크로서비스와 관련된 메트릭은 각 마이크로서비스마다 다르며 프로젝트마다 다르다. 모니터링은 다음과 같이 요구 사항에 맞게 변경할 수 있다.

- 독자가 알고 있는 프로젝트를 생각해보자. 어떤 메트릭을 현재 측정하고 있는가? 운영 중에 발생하는 기술 메트릭은 친숙한 모니터링 애플리케이션에서 처리되기 때문에 해당 메트릭을 쉽게 찾을 수 있다. 비즈니스 관점에서 웹 분석, 보고서용 툴로 사용할 수 있다. 궁극적으로 기술 메트릭이 다른 툴에서 처리된다 해도 메트릭이다.
- 이해관계자가 있는가? 명백한 이해관계자는 개발과 운영이다. 그러나 비즈니스 측면도 관련성이 있다. 비즈니스 측면에서 많은 이해관계자가 있을 수 있다. 여러 비즈니스 부서가 애플리케이션에 관심이 있다면 많은 이해관계자가 있을 것이다. 아마도 QA와 같은 조직에서도 관심을 가질 것이다.
- 이해관계자와 함께 어떤 메트릭이 더 적합한지 파악할 수 있다. 마이크로서비스는 빠른 출시 주기를 허용한다. 어떤 메트릭을 변경해야 할지, 상용에 어떤 메트릭을 저장해야 할지 잘 이해하기 위해서는 더 많은 메트릭, 특히 비즈니스 메트릭이 있어야 한다.
- 마이크로서비스를 사용하면 무엇이 변경되는가? 더 많은 서버가 존재하고 네트워크를 통한 마이크로서비스 간에 더 많은 통신이 발생하고 도메인을 기반으로 더 명확한 분할이 일어난다. 이 부분이 메트릭에 어떤 영향을 미치는가?
- 추가 메트릭과 배포 가능한 아티팩트가 많아지면 현재 모니터링 기술로 처리할 수 없는 데이터 볼륨이 생성되는가?

실험: 프로메테우스 확장

프로메테우스의 설치 방법은 여러 방법으로 확장될 수 있다.

- 각 마이크로서비스를 프로메테우스 설정에 추가하는 정적 설정 대신 컨설을 사용해 서비스 탐색을 사용할 수 있다. 그러면 모니터링에 새로운 서비스가 자동으로 포함된다. 이를 위해서는 다음 단계가 필요하다.

  - docker-compose-prometheus.yml 파일에서 prometheus 도커 컨테이너에서 order 도커 컨테이너까지의 링크를 삭제한다. 이제 컨설로 접근할 수 있기에 마이크로서비스에 대한 도커 컴포즈 링크가 더 이상 필요치 않다.

  - prometheus 도커 컨테이너부터 consul 도커 컨테이너까지의 링크를 docker-compose-prometheus.yml 파일에 추가해 프로메테우스가 컨설의 서비스 정보를 읽을 수 있도록 한다.

  - 프로메테우스의 prometheus.yml 설정에서 order 작업을 삭제한다.

  - 프로메테우스의 prometheus.yml 설정에서 새로운 작업인 consul을 생성한다. 컨설 문서(https://github.com/prometheus/docs/blob/master/content/docs/operating/configuration.md#consul_sd_config)에서는 scrape_configs 대신 consul_sd_configs라는 엘리먼트를 생성하고 서버를 정의해야 한다고 설명한다. 도커 컴포즈 링크 때문에 컨설 서버의 호스트 이름은 consul이다. 포트도 함께 표시돼야 한다. 따라서 'consul:8500'이 올바르다.

  - docker-compose -f docker-compose-prometheus.yml build를 실행해 도커 이미지를 빌드하고 docker-compose -f docker-compose-prometheus.yml up -d를 실행해 다시 시작한다.

- 주문 마이크로서비스의 메트릭만 현재 프로메테우스로 제공한다. 연습으로 카탈로그 마이크로서비스와 고객 마이크로서비스의 메트릭을 프로메테우스에 제공할 수 있다. 이를 위해 다음을 수행해야 한다.

- ○ pom.xml에 그룹 id가 io.prometheus인 의존 라이브러리를 추가하면 프로메테우스 클라이언트 코드를 사용할 수 있다. 주문 마이크로서비스의 pom.xml을 템플릿으로 사용한다.

- ○ com.ewolff.microservice.order.prometheus 패키지를 다른 프로젝트에 복사하고 com.ewolff.microservice.catalog.prometheus와 같이 패키지 이름을 변경한다.

- ○ 이전 실험에서 컨설 서비스 탐색을 사용하면 프로메테우스는 새로운 서비스를 자동으로 찾는다. 컨설이 없으면 prometheus.yml의 scrape_configs 부분에 새로운 작업을 생성해야 한다. 주문 작업은 이를 위한 좋은 템플릿이 될 수 있다.

- ○ 이전에 설명한 것처럼 microservice-consul-demo 디렉터리에서 ./mvnw clean package(맥OS, 리눅스) 또는 mvnw.cmd clean package(윈도우)로 애플리케이션을 다시 컴파일한다. 그 뒤 docker-compose -f docker-compose-prometheus.yml build를 실행해 도커 컨테이너를 새로 빌드하고 docker-compose -f docker-compose-prometheus.yml up -d를 사용해 다시 시작한다. 이제 마이크로서비스의 메트릭이 대시보드에 표시되는 것을 볼 수 있다. http://localhost:9090/targets에서 확인하자.

- 프로메테우스에서 호스트의 메트릭을 표시하려면 node exporter(https://github.com/prometheus/node_exporter)를 사용한다. 해당 메트릭은 디스크 I/O와 같은 시스템의 메트릭이다.

- 도커 컨테이너의 메트릭을 읽기 위해 cAdvisor(https://github.com/google/cadvisor)를 사용할 수 있다. 또한 cAdvisor는 프로메테우스에 메트릭을 제공할 수 있다(https://github.com/google/cadvisor/blob/master/docs/storage/prometheus.md).

- 프로메테우스로 도커 런타임 환경을 모니터링한다. 도커 문서(https://docs.

docker.com/engine/admin/prometheus/)는 모니터링을 구현하는 방법을 보여
준다.

- 프로메테우스의 교체 그래픽 프론트엔드로 그라파나(https://prometheus.io/docs/visualization/grafana/)를 설치한다.

- 그다음 Alert Manager를 설치한다. microservices-consul/docker/prometheus 디렉터리의 프로메테우스 이미지처럼 Alert Manager 공식 도커 이미지를 기반으로 자체 Alert Manager 도커 이미지(https://hub.docker.com/r/prom/alertmanager/tags/)를 만들고 설정을 추가할 수 있다. Alert Manager 설정 문서(https://prometheus.io/docs/alerting/configuration/)와 경고 문자 예시(https://prometheus.io/docs/alerting/notification_examples/)는 자체 설정 생성에 도움을 줄 것이다.

20.7 결론

모니터링은 모든 마이크로서비스의 필수 요소이지만 많은 서비스들을 모니터링한다는 것은 까다롭다. 모든 서비스를 중앙에서 모니터링할 때 매우 많은 장점들이 있다. 그래서 각 마이크로서비스 시스템에서 중앙 모니터링을 고려해야 한다.

마이크로서비스 환경에서 모니터링 툴로 사용되는 프로메테우스는 다차원 모델을 통해 원시 메트릭을 특정 마이크로서비스의 모든 인스턴스의 동작을 나타내는 메트릭과 결합해 사용자의 관점에서 메트릭을 사용할 수 있다는 장점이 있다. 사용자는 단 하나의 마이크로서비스의 인스턴스만 사용하지 않고 시스템 전체를 사용하기 때문에 메트릭은 시스템에서 발생하는 상황을 전달하기에 사용자에게 좋은 인상을 준다. 대안으로 서비스 시스템의 모니터링을 지원하는 솔루션을 쓰거나 프로메테우스 대신 다른 기술을 사용할 수 있다.

장점

- 프로메테우스는 데이터를 폴링하는 방식을 사용해 과부하로부터 보호한다.
- 프로메테우스의 다차원 데이터는 다른 방법으로 평가될 수 있다. 예를 들어 마이크로서비스의 모든 인스턴스를 요약할 수 있다.
- 프로메테우스를 다른 솔루션과 통합할 수 있다.

도전 과제

- 프로메테우스는 대부분의 회사에서 이미 사용 중인 모니터링 솔루션 영역을 포함한다. 그래서 재교육은 항상 필요하다.

21

레시피: 일래스틱 스택을 활용한 로그 분석

21장에서 로그 데이터 분석에 대해 설명한다.

- 먼저 로그가 널리 사용되는 이유와 시스템 운영을 쉽게 하는 방법을 설명한다.
- 마이크로서비스 시스템의 로그는 기존 시스템의 로그보다 다른 요구 사항을 갖고 있다. 큰 마이크로서비스 시스템에서 로그 분석에 적합한 시스템을 제공할 수 있는 방법을 설명한다.
- 로그 데이터를 분석하는 구체적인 솔루션으로 일래스틱 스택을 소개한다.

따라서 마이크로서비스 시스템의 로그를 효율적이고 효과적으로 처리할 수 있는 방법을 알 것이다.

21.1 기본 내용

로그는 메트릭과 다르다. 메트릭은 시스템의 현재 상태를 나타낸다. 로그는 이벤트를 저장한다. 에러 또는 사용자 등록과 같은 비즈니스 이벤트를 포함할 수 있다. 메트릭은 처리량에 대한 측정 값이다. 경험에 따르면 두 데이터 타입, 로그와 메트릭 모두 특수한 툴이 필요하다. 메트릭을 로그로 작성하는 것이 기술적으로 가능하지만 나쁜 접근 방법인 것으로 입증됐다. 상당히 큰 로그에는 더 많은 데이터를 저장하고 로그에서 메트릭을 계산하는 데는 추가 시간과 처리 능력이 필요하다.

로그

로그는 매우 간단하다. 발생한 이벤트에 대한 정보가 들어 있는 텍스트 파일이다. 이 방법은 몇 가지 장점이 있다.

- 모든 프로그래밍 언어 및 인프라는 로그 파일을 지원한다. 따라서 사용되는 기술에 관해서는 어떠한 제약이 없다.
- 데이터는 영구적으로 저장되기에 오랜 시간 동안 이벤트를 추적하고 분석할 수 있다.
- 파일 선형 저장$^{\text{linear writing}}$ 방식이 매우 빠르다. 따라서 로그 저장이 머신 성능에 거의 영향을 미치지 않는다.
- 로그 파일은 분석하기 쉽다. 사람이 데이터를 읽을 수 있다. grep이나 tail과 같은 간단한 툴조차도 신속하게 파일 개요를 얻을 수 있고 데이터 분석이 쉽다.

단순성이 로그의 장점이다.

마이크로서비스의 로그

마이크로서비스의 로그는 기존 시스템에 비해 크게 다르다.

- 마이크로서비스 인스턴스는 생성됐다가 삭제될 수 있다. 따라서 인스턴스에 로그 데이터를 저장하는 것으로는 충분치 않다. 해당 인스턴스와 데이터는 언제든지 손실될 수 있다.
- 마이크로서비스 기반 아키텍처에는 많은 시스템이 존재한다. 어느 누구도 모든 시스템에 로그인할 수 없으며 로그 파일을 분석할 수 없다. 로그 분석은 많은 노력을 필요로 한다. 따라서 grep이나 tail 같은 간단한 툴을 사용하는 것만으

로는 충분치 않다.

- 로그를 분석해야 하는 새로운 마이크로서비스가 존재할 수 있다.
- 즉, 로그가 중앙 집중식으로 저장돼 분석에 사용됨을 의미한다. 모든 마이크로서비스의 로그를 수집해야 한다.
- 마이크로서비스 시스템의 많은 로그 데이터를 분석해야 하기 때문에 일반적인 커맨드 라인 툴로 로그 분석이 어려울 수 있다. 대용량 데이터 분석을 위한 효율적인 툴이 필요하다.
- 로그가 툴을 통해 중앙 로그 서버에 저장되고 분석되는 경우 로그는 중앙 서버의 로그 포맷에 최적화돼야 하며 따라서 기계가 읽을 수 있는 포맷이어야 한다. 꼭 사람이 반드시 읽을 수 있는 포맷으로 정의해야 하는 것은 아니다.

로그 정보

로그 분석을 단순화하려면 로그에 대해 통일된 포맷을 정의해야 한다.

로그 포맷의 중요한 부분은 로그 레벨이다. error는 사용자에게 부정적인 영향을 미치는 이벤트로 나타낼 수 있다. error는 운영이 완전히 실패할 때 발생하는 로그 포맷이다. warning은 사용자에게 부정적인 영향을 미칠 수 있는 이벤트를 나타낼 수 있다. 예를 들어 시스템을 사용할 수 없지만 실패는 기본값으로 보정될 수 있다. info는 새로운 등록과 같은 비즈니스 의미로 정보로 나타낼 수 있다. debug에는 개발자에게만 관련된 세부 정보가 포함된다.

로그 메시지는 표준화된 추가 정보를 저장할 수도 있다. 예를 들어 유입된 요청에는 각 로그 메시지에 출력되는 ID가 있을 수 있다. ID를 사용하면 로그 항목 간의 관계를 더욱 이해할 수 있다. 또 다른 마이크로서비스가 호출되면 다른 마이크로서비스의 요청으로 인해 발생한 로그 메시지를 로그에서 추적할 수 있도록 ID를 전송할 수도 있다. 22장은 마이크로서비스 간의 호출 추적에 중점을 둔다.

또한 추가 문맥 정보를 출력할 수 있다. 예를 들어 사용자 또는 사용자가 사용 중인 웹 브라우저를 포함할 수 있다.

로그를 저장하지 않고 보내기

로그는 일반적으로 파일에 저장된다. 마이크로서비스 시스템에서 모든 마이크로서비스의 개관이 필요하다. 모든 로그 정보는 로컬 파일에 저장돼야 할 뿐만 아니라 중앙 서버에 수집되도록 해야 한다. 따라서 로그 수집 프로세스는 로컬 로그 파일을 읽고 이를 중앙 서버로 보낼 수 있다.

대안으로는 비동기 통신이 있다. 로그 데이터는 더 이상 파일에 저장되지 않고 중앙 서버로 직접 전송된다. 신뢰성, 속도 등의 요구 사항이 다르다면 로그 데이터의 전송을 비즈니스 데이터의 전송과 분리할 수 있다.

툴: 맵/리듀스

구글과 같은 큰 회사는 로그 데이터를 분석하기 위해 맵/리듀스map/reduce를 사용했다. 맵 단계에서는 각 로그 라인에 특정 함수가 적용된다. 함수형 프로그래밍의 맵은 특정 함수가 항목 목록에 적용된다는 것을 의미한다. 맵 함수는 로그 라인에서 관련 데이터를 필터링할 수 있다. 그 예로 사용자 등록 로그를 다른 이벤트와 구분할 수 있다. 리듀스 단계에서는 개별 데이터 레코드를 결합할 수 있다. 집계count가 리듀스의 예시가 될 수 있다. 맵/리듀스의 결과는 사용자 등록에 대한 통계일 수 있다.

맵/리듀스는 많은 서버에서 많은 양의 데이터를 처리하고 작업을 잘 분배할 수 있다. 그러나 처리 시간이 오래 지나야 결과를 얻을 수 있다. 종종 허용될 수 없는 작업들이 있을 수 있다.

툴: 검색엔진

그동안 로그 데이터를 처리할 수 있는 여러 툴을 다뤘다. 검색엔진은 매우 빠르며 텍스트 데이터를 효율적으로 처리할 수 있다. 또한 대용량 데이터 분석에도 적합하다.

검색엔진은 특히 데이터 추가가 잘 처리될 수 있도록 최적화돼 있다. 그러나 데이터 업데이트는 추가에 비해 최적화돼 있지 않다. 로그 데이터는 추가만 되고 업데이트되지 않기에 검색엔진이 로그 데이터와 잘 어울린다.

일래스틱서치

요즘 일래스틱서치^{Elasticserach}(https://www.elastic.co/products/elasticsearch)와 같은 검색엔진은 텍스트 검색 이외에도 많은 작업을 수행할 수 있다. 또한 숫자 또는 지형 데이터와 같은 다른 데이터도 처리할 수 있다. 그리고 JSON 문서와 같은 구조화된 데이터를 처리한다.

로그 항목은 구조를 갖는다. 로그 항목은 타임스탬프^{timestamp}, 로그 레벨, 프로세스, 스레드에 대한 정보, 실제 로그 메시지로 구성된다. 로그 항목 구조를 더 효율적으로 검색하기 위해 검색엔진을 사용할 수 있어야 한다. 로그스태시^{Logstash}(https://www.elastic.co/products/logstash)와 같은 툴은 로그 데이터를 파싱해 검색 서버에 JSON을 전달할 수 있다.

그러나 로그 파일을 파싱한 후에 파싱 결과물을 JSON으로 검색엔진에 전달하는 작업은 터무니없다. 마이크로서비스에서 데이터를 특정 로그 항목으로 저장한 후 다시 JSON 파싱하는 대신 마이크로 서비스가 로그 항목을 JSON 포맷으로 일래스틱서치에 저장한다면 훨씬 쉬울 것이다. GELF 포맷(http://docs.graylog.org/en/2.3/pages/gelf.html)을 네트워크로 바로 JSON 로그를 전송하는 데 사용될 수 있다. GELF 플러그인이 포함된 로그 프레임워크를 사용하면 로그스태시 또는 파일비트^{Filebeat}를 사용할 필요가 없다.

데이터가 서버에 전달되고 로컬에 저장되지 않으면 로그 메시지는 실제로 이벤트 이상의 데이터가 아니다. 로그만 기술 이벤트와 관련이 있고 10장에서는 도메인 이벤트를 다루고 있다. 경계는 유동적이다. 고객의 등록은 로그 시스템과 도메인 이벤트(예: 특수 보고서 작성)로 처리할 수 있다.

21.2 일래스틱 스택을 사용해 로그 저장하기

마이크로서비스 시스템에서 로그를 처리하는 예시로 로그 툴이 설치된(15장 참고) 컨설 프로젝트를 살펴본다. 그림 21-1은 구조를 보여준다.

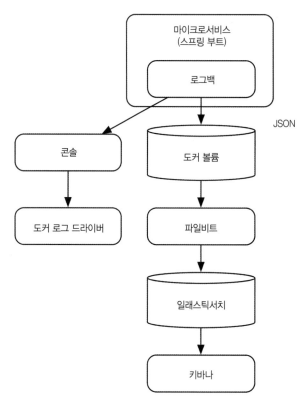

그림 21-1 로그 데이터 처리

- 예시에서 로그를 저장하는 마이크로서비스는 스프링 부트로 구현되며 로그백 Logback(https://logback.qos.ch/)을 로그 저장 라이브러리로 사용한다. 로그백 라이브러리를 사용해 JSON 데이터 로그를 저장할 수 있다. 마이크로서비스 아키텍처에서는 일관된 접근 방식을 사용해 분석할 수 있도록 JSON 데이터의 형식을 표준화하는 것이 좋다. 그러나 데이터 포맷만 관련되기 때문에 라이브러리를 표준화할 필요는 없다. 라이브러리를 표준화하는 것은 불필요하게 기술의 자유를 제한할 것이다.

- 로그백은 콘솔에 로그 데이터를 출력한다. 따라서 개발자는 로컬에서 테스트할 때 애플리케이션이 수행하는 작업이 무엇인지 알 수 있다. 콘솔 출력은 도커에서도 처리된다. 도커의 로그 처리는 다른 마이크로서비스에 대한 공통 로그 저장에 대한 기반이 될 수도 있다.

- 콘솔에서 도커 로그 드라이버 Docker Log Driver(https://docs.docker.com/engine/admin/logging/overview/#configure-the-default-logging-driver)는 로그를 처리하고 제공한다(예: docker log 커맨드). 도커 로그 드라이버의 설정을 변경해 다른 형태의 로그를 처리할 수 있다.

- 로그백은 로그 데이터를 JSON으로 도커 볼륨에 저장한다. 해당 도커 볼륨은 모든 마이크로서비스 간에 공유된다. 해당 볼륨에서 데이터가 처리될 수 있다. 실제로 해당 볼륨은 분석의 기반이 되는 검색엔진이 주로 데이터를 저장해야 하기 때문에 필요치 않다. 그러나 이런 방법으로 데이터를 백업하기도 한다. 다른 대안은 데이터를 네트워크를 통해 직접 일래스틱서치에 보내는 것이다.

- 파일비트 Filebeat(https://www.elastic.co/products/beats/filebeat)는 도커 볼륨에서 JSON 데이터를 읽고 일래스틱서치로 전송한다. 예시에서는 모든 로그에 대한 단일 파일비트 인스턴스가 존재한다. 마이크로서비스 시스템에 새로운 마이크로서비스가 추가되면 기존과 다른 이름을 갖는 파일에 로그로 저장하면 된다. 파일비트는 해당 파일을 자동으로 읽기 때문에 추가 설정이 필요 없다. 상용 시스템에서 각 마이크로서비스에 대한 파일비트의 별도 인스턴스가 많은 양의 데

이터를 처리하는 더 나은 방법이다. 쿠버네티스의 포드와 같은 개념이 포드에서 컨테이너가 쉽게 볼륨을 공유할 수 있기 때문에 도움이 될 수 있다. 예를 들어 포드는 로그를 볼륨에 저장하는 마이크로서비스를 호스팅할 수 있다. 그다음 동일한 포드의 파일비트 프로세스가 해당 볼륨에서 데이터를 읽고 일래스틱서치로 데이터를 보낼 수 있다. 또한 파일비트는 일부 메타데이터를 로그 항목에 추가한다.

- 마지막으로 일래스틱서치(https://www.elastic.co/products/elasticsearch)는 로그 데이터를 저장한다.

- 키바나(https://www.elastic.co/de/products/kibana)는 데이터 시각화, 검색, 분석을 위한 사용자 인터페이스를 제공한다.

21.3 예시

0.4절에서 예시를 시작하기 위해 어떤 소프트웨어를 설치해야 할지 설명한다.

https://github.com/ewolff/microservice-consul의 예시 프로젝트에는 일래스틱 스택을 포함한다. git clone https://github.com/ewolff/microservice-consul.git을 사용해 예시 프로젝트를 다운로드할 수 있다.

https://github.com/ewolff/microservice-consul/blob/master/HOW-TO-RUN.md에서 예시를 설치하고 사용하는 방법에 대해 자세히 설명한다. https://github.com/ewolff/microservice-consul/blob/master/HOW-TO-RUN.md#run-the-elastic-example에서 일래스틱 스택을 사용해 예시 구조에 대한 자세한 설명을 볼 수 있다.

로그 분석 시스템을 시작하려면 먼저 ./mvnw clean package(맥OS, 리눅스) 또는 mvnw.cmd clean package(윈도우)를 사용해 microservice-consul-demo 하위 디렉터리에서

메이븐으로 애플리케이션을 컴파일해야 한다. 부록 B에서 메이븐과 메이븐 빌드에서 발생할 수 있는 문제 해결 방법을 설명하니 참고하기를 바란다. 각 마이크로서비스 프로젝트의 로그백 설정 파일은 logback-spring.xml이다.

그리고 docker 하위 디렉터리에 `docker-compose -f docker-compose-elastic.yml build`를 실행해 도커 컨테이너를 생성할 수 있다. 예시의 표준 도커 설정, docker-compose.yml에는 키바나, 일래스틱서치, 파일비트 도커 컨테이너가 없다. 키바나, 일래스틱서치, 파일비트 도커 컨테이너를 생성하려면 docker-compose-elastic.yml 파일 설정을 사용해야 한다. `docker-compose -f docker-compose-elastic.yml up -d`를 실행해 해당 애플리케이션을 실행할 수 있다. 부록 C에서 도커, 도커 컴포즈, 도커 및 도커 컴포즈에서 발생할 수 있는 문제 해결 방법을 설명하니 참고하기를 바란다.

docker-compose-elastic.yml 파일에는 마이크로서비스용 도커 컨테이너 외에도 파일비트, 일래스티서치, 키바나 도커 컨테이너가 포함돼 있다(그림 21-1 참고). 또한 docker-compose-elastic.yml 파일에 파일비트가 파일을 일래스틱서치로 임포트하는 로그 파일을 저장하는 데 필요한 도커 볼륨이 포함돼 있다.

애플리케이션은 도커 호스트의 8080포트에서 사용 가능하다. 도커 컨테이너가 로컬에서 실행될 때 접근 가능한 URL은 http://localhost:8080/이다. 5601포트에서 키바나를 사용할 수 있다(http://localhost:5601/). 키바나를 시작할 때 관련 인덱스의 이름을 지정해야 한다. 인덱스 이름은 `filebeat-*`이다.

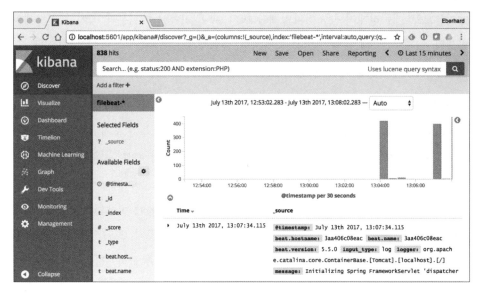

그림 21-2 키바나 분석

그리고 키바나(그림 21-2 참고)에서 로그 데이터를 사용하거나 분석할 수 있다. 그림 21-2에서는 사용자가 검색하거나 필터링할 수 있는 별도의 필드로 표시되는 타임스탬프와 심각도와 같은 기타 데이터를 보여준다.

21.4 레시피 변형

로그 데이터를 중앙에서 분석하지 않고 마이크로서비스 시스템을 운영하는 것은 거의 의미가 없다. 로그 데이터를 수동으로 분석하기에는 너무 많은 마이크로서비스와 마이크로서비스 인스턴스가 존재한다.

일래스틱 스택이 매우 널리 사용되지만 다른 대안 솔루션도 있다.

- Graylog(https://www.graylog.org/)는 로그 데이터를 저장하기 위해 일래스틱 서치를 사용한다. 또한 MongoDB를 설정과 메타데이터로 사용한다. 분석 웹

인터페이스가 통합됐다.

- 아파치 플룸(https://flume.apache.org/)을 사용하면 하나의 소스에서 데이터를 읽고 처리한 후 싱크sink[1]에 저장할 수 있다. 아파치 플룸은 파일을 읽고 일래스틱서치에 저장할 수 있어서 로그스태시Logstash의 대안이 될 수 있다. 파일비트를 플룸 또는 로그스태시와 비교할 때, 파일비트에는 데이터를 파싱할 수 있는 옵션을 많이 제공하지 않는다.

- Fluentd(http://www.fluentd.org/)는 로그 데이터를 읽고 처리한 후 보내고 저장할 수 있다.

- Loggly(https://www.loggly.com/) 또는 Papertrail(https://papertrailapp.com/)과 같은 클라우드 서비스는 대량의 로그 데이터를 처리할 수 있는 인프라를 설정할 필요가 없다.

- 마지막으로 Splunk(https://www.splunk.com/)는 클라우드뿐만 아니라 자체 데이터 센터에 설치용 상용 솔루션을 제공한다.

- 마이크로서비스 플랫폼은 로그 분석을 제공할 수도 있다(16장 참고). PaaS(18장 참고), 쿠버네티스(17장 참고)와 같은 클라우드 파운드리는 로그 데이터를 지원한다.

- 이스티오(23장 참조)와 같은 서비스 메시는 마이크로서비스 사이의 네트워크 트래픽에 프록시를 추가한다. 프록시는 트래픽 정보를 저장할 수 있다.

- 또한 23장의 예시에서 일래스틱서치와 키바나를 사용한다. 그러나 JSON을 일래스틱서치에 보낸다면 로그 정보를 구문 분석할 필요가 없다.

---

1   이벤트를 외부로 출력하는 인터페이스다. - 옮긴이

21.5 실험

일래스틱 스택은 흥미로운 여러 선택 사항을 제공한다.

- 키바나 참고 문서는 분석 능력을 익히는 데 좋은 기초 자료다. 탐색(https://www.elastic.co/guide/en/kibana/current/discover.html)과 시각화(https://www.elastic.co/guide/en/kibana/current/visualize.html)에 대한 설명이 있다.

- 로그스태시(https://www.elastic.co/guide/en/logstash/current/getting-started-with-logstash.html)를 설정에 통합한다. 로그스태시는 파일비트가 파일을 읽고 파싱할 수 있는 설정 파일이 필요하다. 링크 문서가 통합을 위한 시작이 될 수 있다.

- 개별 일래스틱서치 인스턴스를 클러스터로 교체한다. 일래스틱서치로 시작하는 문서(https://www.elastic.co/guide/en/elasticsearch/reference/current/docker.html)가 도움이 될 것이다.

- 마지막으로 마이크로서비스가 로그 데이터를 미리 저장하지 않고 JSON 포맷으로 일래스틱서치로 직접 전송하는 방법으로 변경될 수 있다. 로그백 일래스틱서치 어펜더Logback Elasticsearch Appender(https://github.com/internetitem/logback-elasticsearch-appender)가 유용할 수 있다.

- 그리고 도커 로그 드라이버Docker Log Driver(https://docs.docker.com/config/containers/logging/configure/)를 사용하면 도커에서 직접 로그를 전달할 수 있다. 일래스틱 스택으로 통합을 구현하는 방법을 인터넷에서 찾을 수 있다. 로그스태시는 MOM과 같은 소스에서 로그를 수집하고 일래스틱서치로 보낼 수 있다.

21.6 결론

많은 마이크로서비스가 있기 때문에 로그 데이터 관리는 마이크로서비스 시스템에서 매우 중요하다. 데이터는 중앙에서 수집하고 분석해야 한다. 사람이 읽을 수 있는 로그가 있는 단순한 솔루션 대신 마이크로서비스 시스템에는 대용량 데이터를 처리할 수 있는 솔루션이 있어야 하고 장비 분석에 사용할 수 있어야 한다. 일래스틱 스택은 로그 분석을 위한 환경을 생성하는 데 사용할 수 있다.

장점

- 일래스틱서치는 대량의 데이터를 신속하게 분석하고 확장할 수 있다.
- 일래스틱 스택은 널리 사용되고 있어서 일래스틱 스택에 대한 자료가 인터넷에 있다.

도전 과제

- 대용량 로그 데이터를 분석할 때 간단한 커맨드 라인 툴로 분석하기 어렵지만 일래스틱 스택을 사용하면 분석할 수 있다.
- 대용량 데이터에 대해 안정적이고 확장 가능한 로그 처리 작업에 대한 설정은 복잡하다.

22

레시피: 집킨으로 추적하기

분산 시스템에서 마이크로서비스 간의 요청 경로를 파악할 수 있어야 한다. 요청 경로 파악은 추적[tracing]으로 해결될 수 있다.

22장의 주제는 다음과 같다.

- 추적의 정의와 추적이 유용한 상황에 대해 설명한다.
- 집킨을 사용해 마이크로서비스 시스템을 추적하는 구체적인 예를 보여준다.
- 마이크로서비스 간의 요청 경로를 파악할 수 있는 집킨을 설명한다.

22.1 기본 사항

마이크로서비스는 분산 시스템이다. 마이크로서비스는 서로 호출한다. 특정 마이크로 서비스에서 호출한 마이크로서비스 중 하나가 동작하지 않거나 요청을 응답하는 데 너무 오래 걸리면 문제가 발생한다는 점이다.

추적은 마이크로서비스가 서로 호출하는 상황에서 매우 유용하다. 그러나 데이터베이스 또는 외부 시스템에 대한 호출은 추적하는 데 유용한 정보로 추가할 수 있다.

추적이 필요할까?

마이크로서비스 시스템에서 마이크로서비스 간의 호출은 예외가 발생할 수 있다. 마이크로서비스 간 호출이 너무 많으면 네트워크 통신으로 인해 오버헤드가 발생해 성능이 저하될 수 있다. 또한 마이크로서비스 간에 호출이 이뤄지면 잠재적 문제는 네트워크 또는 호출된 서버의 문제로 인해 호출이 실패할 수 있고 마이크로서비스는 해당 호출 실패를 처리할 수 있어야 한다. 따라서 이런 마이크로서비스 시스템은 운영하기 어렵다.

마이크로서비스 시스템에서는 호출이 마이크로서비스 간의 의존성을 나타내기 때문에 유지 관리와 관련한 이슈가 발생한다. 특정 마이크로서비스를 변경해야 할 경우 의존성으로 인해 다른 마이크로서비스를 변경해야 할 수 있다. 따라서 여러 마이크로서비스를 함께 배포하는 통합 배포가 필요하다.

결국 이런 마이크로서비스 시스템은 높은 응집도cohesion와 낮은 결합도coupling를 가져야한다는 규칙을 위반한다. 통신 대상이 많다는 것은 높은 결합도를 의미한다.

특히 추적은 동기 통신에서 중요하다. 동기 통신의 정의는 요청이 다른 요청을 생성한다는 것이다. 따라서 실제 호출 트리가 있다. 비동기 통신에서 요청은 응답을 기다리지 않는 경우에만 다른 요청을 생성한다. HTTP 서버는 항상 응답을 보내기 때문에 기본적으로 다른 요청을 발생시키는 것은 기본적으로 불가능하다. 그래서 HTTP 서버는 추적이 필요한 연속적인 사건이 실제로 발생하지 않는다.

22.2 집킨으로 추적하기

집킨Zipkin(http://zipkin.io/)은 추적 툴이다. 추적 데이터를 보낼 수 있는 서버가 있다. 또한 데이터를 UI로 표시할 수도 있다.

집킨: 구조

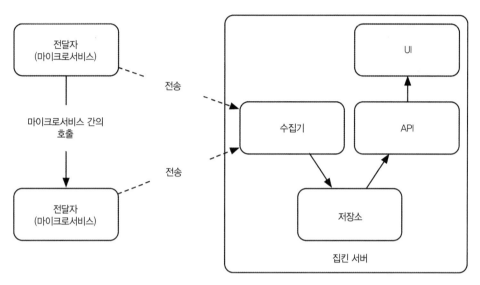

그림 22-1 추적 구조

그림 22-1은 집킨의 구조를 보여준다. 전달자인 마이크로서비스는 전송의 도움을 받아 집킨에 데이터를 전송한다. 전송은 HTTP 서버 또는 카프카일 수 있다. 시스템 성능에 영향을 주지 않기 위해 전달자는 데이터를 집킨 서버에 비동기로 전송한다.

특정 마이크로서비스 호출이 다른 마이크로서비스를 호출하면 호출된 마이크로서비스는 응답 데이터를 호출한 마이크로서비스로 전송한다. 집킨 서버는 연속적인 요청 데이터를 저장할 수 있다.

집킨 서버에서 수집기는 데이터를 수신하고 저장소에 저장한다. 저장소는 카산드라, 일래스틱서치, MySQL과 같은 시스템일 수 있다. API는 데이터에 대한 접근 기능을 제공하며 데이터에 쿼리를 실행할 수 있다. 사용자는 UI로 데이터를 분석할 수 있다.

추적과 범위 ID

마이크로서비스에서 호출 경로를 추적하려면 각 호출마다 고유한 추적 ID가 지정돼야 한다. 추적 ID는 후속 호출과 함께 전송돼야 한다. 각 호출과 다른 측정된 시간 범위마다 또 다른 고유 식별자인 범위span ID가 있다.

범위 ID 개념은 REST에만 국한되지 않고 다른 통신 프로토콜에도 사용할 수 있다.

추적 예시

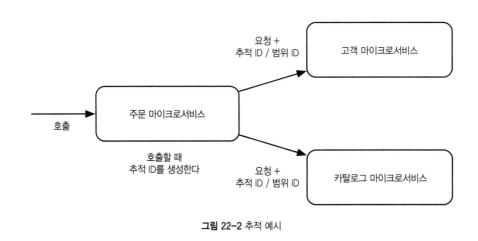

그림 22-2 추적 예시

그림 22-2는 예시의 추적 동작 방법을 보여준다.

주문 마이크로서비스에서 요청을 수신하면 추적 ID가 생성된다. 동일한 주문 요청으로 생성된 고객 마이크로서비스와 카탈로그 마이크로서비스에 유입된 모든 호출에는 동일한 추적 ID가 있다. 고객 마이크로서비스 또는 카탈로그 마이크로서비스에 대한 각 호출에는 고유한 범위 ID가 있다.

22-3 추적 데이터 처리하기

그림 22-3은 데이터에 무슨 일이 발생하는지 보여준다. 추적 ID와 범위 ID는 집킨 서버로 전송된다. 추적 ID와 범위 ID를 로그 서버에 저장해 로그 항목에서 추적 ID를 검색해 마이크로서비스 시스템에서 특정 호출에 대한 모든 로그를 찾을 수 있게 한다.

스프링 클라우드 슬러스Sleuth(https://cloud.spring.io/spring-cloud-sleuth/)는 스프링 부트 애플리케이션과 집킨을 통합하는 매우 쉬운 방법을 제공한다. 스프링 클라우드 슬러스는 추적 ID와 범위 ID가 생성되고 통신 중에 전달되도록 한다. 그리고 추적 데이터를 집킨 서버로 전송한다.

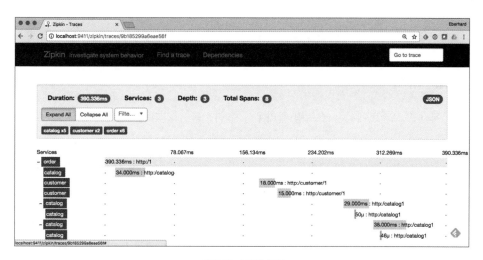

그림 22-4 집킨 예시

그림 22-4는 주문 마이크로서비스가 카탈로그 마이크로서비스와 고객 마이크로서비스를 호출하는 추적을 보여준다. 추적은 개별 서비스에 소요된 시간을 표시한다.

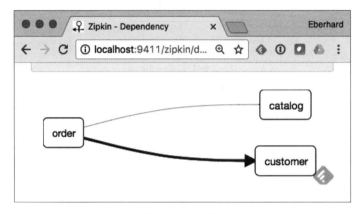

그림 22-5 집킨 의존성

또한 집킨은 시스템의 의존성을 시각화할 수 있다(그림 22-5). 집킨은 복잡한 시스템에서 마이크로서비스의 상호작용에 대한 개요를 파악하는 데 도움이 될 수 있다.

22.3 예시

컨설 예시 프로젝트에서는 스프링 클라우드 슬러스를 집킨과 함께 예시 프로젝트에 통합하는 확장 기능(15장 참고)을 갖는다. 자바 프로젝트에서는 spring-cloud-starter-zipkin 의존성만 추가하면 된다. 그리고 환경변수 SPRING_ZIPKIN_ENABLED를 사용해 집킨에 대한 지원을 활성화하고 SPRING_ZIPKIN_BASE_URL을 사용해 집킨 서버의 URL을 설정할 수 있다. docker-compose-zipkin.yml 파일에 관련 설정을 생성해 도커 컴포즈가 해당 설정을 마이크로서비스에 전달하게 한다. 부록 C에서 도커, 도커 컴포즈, 도커 및 도커 컴포즈에서 발생할 수 있는 문제 해결 방법을 설명하니 참고하기를 바란다.

마이크로서비스 프로젝트의 application.properties 파일의 spring.sleuth.sampler.

percentage 속성은 1.0으로 설정하면 각 범위 값이 집킨 서버로 전달된다. 상용 환경에서 이전 설정을 적용하면 너무 많은 데이터가 생성될 수 있다. 따라서 많은 호출을 식별할 수 있도록 `spring.sleuth.sampler.percentage` 속성 값을 더 낮은 값으로 설정하기를 추천한다. `spring.sleuth.sampler.percentage` 속성의 기본값은 0.1로서 모든 범위의 10%가 서버에 저장된다는 것을 의미한다. ID는 설정 값과 관계없이 로그에 표시된다. 따라서 특정 요청에 속하는 모든 마이크로서비스의 모든 로그 데이터를 찾을 수 있다.

예시 실행 방법

0.4절에서는 예시를 시작하려면 어떤 소프트웨어를 설치해야 하는지 설명한다.

먼저 git clone https://github.com/ewolff/microservice-consul.git을 실행해 프로젝트를 다운로드한다. 그리고 메이븐으로 애플리케이션을 컴파일해야 한다. microservice-consul-demo 하위 디렉터리에서 `./mvnw clean package`(맥OS, 리눅스) 또는 `mvnw.cmd clean package`(윈도우)로 코드를 컴파일해야 한다. 부록 B에서 메이븐과 메이븐 빌드에서 발생할 수 있는 문제 해결 방법을 설명하니 참고하기를 바란다.

그리고 `docker-compose -f docker-compose-zipkin.yml build`를 실행해 `docker` 하위 디렉터리에서 도커 컨테이너를 생성할 수 있다. docker-compose-zipkin.yml 파일 설정에는 일반적인 시스템 설정 외에도 집킨 서버의 도커 컨테이너와 집킨 설정이 포함돼 있다. `docker-compose -f docker-compose-zipkin.yml up -d`를 실행해 집킨 애플리케이션을 시작할 수 있다.

그다음에 주문 마이크로서비스를 사용할 수 있으며 집킨을 사용해 여러 시스템에서 호출을 추적할 수 있다.

따라서 집킨 도커 컨테이너는 도커 컴포즈에서 설정된다. 도커 컨테이너가 로컬 컴퓨터에서 실행 중이라면 도커 호스트의 9411포트(예: http://localhost:9411)에서 사용할 수 있다.

https://github.com/ewolff/microservice-consul/blob/master/HOW-TO-RUN.
md에서 예시를 빌드하고 시작에 대한 자세한 설명을 볼 수 있다. https://github.
com/ewolff/microservice-consul/blob/master/HOW-TO-RUN.md#run-the-
zipkin-example에서는 집킨을 예시에 추가하는 방법을 설명한다.

22.4 레시피 변형

UI 레벨의 통합에서는 추적이 필요치 않다. UI 통합에서는 UI의 어느 부분이 어느 마이
크로서비스에 속하는지 투명하게 보여준다. 따라서 문제 해결이 비교적 쉽다.

집킨은 이기종 시스템에서도 추적이 가능하도록 많은 추가 라이브러리와 프레임워크
(http://zipkin.io/pages/existing_instrumentations.html)를 지원한다.

스프링 클라우드 슬러스를 사용해 오직 추적 ID만 전송할 수 있다(http://cloud.spring.
io/spring-cloud-static/spring-cloud-sleuth/1.2.5.RELEASE/single/spring-cloud-sleuth.
html#_only_sleuth_log_correlation). 로그에 추적 ID를 저장하고 있다면 요청에 대한 모
든 로그 정보를 로그 분석에서 사용할 수 있다.

집킨의 대안으로 재거Jaeger(https://www.jaegertracing.io/)가 있다. 재거는 추적 데이터
포맷과 추적 정보를 표준화하는 OpenTracing(http://opentracing.io/)을 지원한다. 이스
티오는 서비스 메시이며 마이크로서비스를 운영하는 데 유용한 많은 기술을 통합한다.
23.5절에서 이스티오에 재거를 통합하는 예를 다룰 것이다.

Dynatrace(https://www.dynatrace.com/platform/offerings/dynatrace/), New Relic
(https://newrelic.com/) 또는 AppDynamics(https://www.appdynamics.com/)와 같은 모
니터링 상용 시스템은 분산 시스템을 모니터링할 수 있다.

22.5 결론

추적을 통해 마이크로서비스의 호출 경로를 파악할 수 있다. 동기식 마이크로서비스 (13장 참고)의 경우 추적은 마이크로서비스 간에 많이 통신이 발생하는 경우 매우 유용하다. 그러나 마이크로서비스 아키텍처에서 너무 많은 통신이 일어나지 않도록 해야한다. 의존성이 너무 많기 때문에 변경 가능성과 성능에 안 좋은 영향을 미칠 수 있다. 추적이 마이크로서비스의 운영과 관련된 높은 요구 사항임에도 대부분의 요청을 충분히 처리할 수 있는 마이크로서비스 아키텍처에서는 추적을 필요로 하지 않는다.

집킨의 대안은 각 요청마다 추적 ID가 있는 통합된 로그 저장 기능(21장 참고)을 적용하는 것이다. 이 경우 추적을 위한 특별한 서버가 필요치 않다. 대신 각 요청에서 추적 ID만 전송하면 된다.

장점

- 스프링 클라우드 집킨Spring Cloud Zipkin을 사용해 집킨을 인프라에 쉽게 통합할 수 있다.
- 집킨은 광범위하게 분석할 수 있다.
- 로그 항목 간의 상관관계를 통해 로그를 더욱 쉽게 분석할 수 있다.

도전 과제

- 추적은 컴포넌트 간의 의존성이 복잡한 경우에만 필요하다.
- 추적 인프라를 설정하고 운영해야 한다.

23

레시피: 서비스 메시, 이스티오

서비스 메시^{Service Mesh}는 마이크로서비스의 전형적인 도전 과제를 지원하는 인프라 중 하나다.

23장에서 다음 내용을 살펴본다.

- 서비스 메시는 무엇인가?
- 서비스 메시가 코드에 영향을 미치지 않고 마이크로서비스의 대부분의 문제를 해결할 수 있는 방법은 무엇인가?
- 가장 인기 있는 서비스 메시로서 이스티오가 제공하는 기능과 이스티오 사용 방법을 살펴본다.

23.1 서비스 메시란?

마지막 여러 장에서 마이크로서비스와 관련된 기술적 과제를 보여줬다. 4장에서 도커가 마이크로서비스의 패키징과 배포를 단순화한다고 설명했다. 17장에서 쿠버네티스가 마이크로서비스에 대한 서비스 탐색, 로드 밸런싱, 라우팅을 제공한다는 것을 설명했다. 쿠버네티스는 어떤 종류의 마이크로서비스에서도 동작하며 코드에 영향을 미치지 않는다. 그러나 복원력과 관련된 기능은 제한적이다.

또한 쿠버네티스는 마이크로서비스, 모니터링 인프라(20장), 로그 분석(21장), 추적(22장)을 완벽히 지원한다. 쿠버네티스와 같은 플랫폼은 많은 기능을 제공하고 있지만 여전히 일부 기능은 지원하고 있지 않다.

이스티오

이스티오는 마이크로서비스 운영 중 다음 기능을 지원한다.

- 운영 관점에서 이스티오는 모니터링, 로그 분석, 추적 기술을 통합한다. 이스티오는 모니터링, 로그 분석, 추적 기능과 관련된 데이터를 수집하고 분석한다. 따라서 마이크로서비스에 관련 코드를 추가할 필요가 없다. 이런 방식으로 이스티오는 마이크로서비스 시스템의 운영에 관한 주요 이슈들을 투명하게 해결한다.

- 상호 TLS[Transport Layer Security]는 마이크로서비스 간의 통신에 암호화를 추가한다. 또한 상호 TLS는 마이크로서비스에 인증서를 배포한다. 따라서 각 마이크로서비스는 인증될 수 있다. 따라서 공격자가 마이크로서비스와 통신할 수 있다고 해도 인증서를 가지고 있지 않기에 공격을 쉽게 방어할 수 있다. 또한 이스티오는 승인[authorization] 같은 보안 기능을 지원한다.

- 이스티오는 쿠버네티스에 라우팅과 같은 고급 기능(예: A/B 테스트)을 추가한다. 라우팅 기술을 사용해 어떤 사용자의 요청을 시스템의 한 버전으로 전달하는 반면, 다른 사용자의 요청을 다른 버전으로 전달할 수 있다. 어떤 버전이 사용자의 마음을 더 끄는 건지 또는 더 많은 수익을 창출할 수 있게 해주는지 알 수 있게 해준다. 또한 새 버전이 이전 버전과 같이 동작(미러링)하도록 확인하는 동시에 트래픽을 새 버전과 이전 버전으로 전달할 수 있다.

- 복원력을 지원한다. 요청에 타임아웃을 추가할 수 있고 요청을 재시도할 수 있다. 또한 마이크로서비스를 과부하에서 보호하기 위해 서킷 브레이커를 사용할 수 있다.

이스티오는 마이크로서비스의 모든 도전 과제를 해결하지 못한다. 쿠버네티스와 비슷한 다른 인프라에서는 배포와 서비스 탐색과 같은 기본적인 기능을 제공해야 한다.

이스티오는 자유로운 아파치 라이선스 기반의 오픈소스다. 사용자는 자유롭게 코드를 수정하고 배포할 수 있다. 구글과 IBM은 리프트^{Lyft}에서 만든 엔보이 프록시 팀과 협력해 이스티오 프로젝트를 시작했다.

23.2 예시

23장의 예시는 Atom 장의 예시와 동일한 마이크로서비스를 포함한다(12.2절 참고).

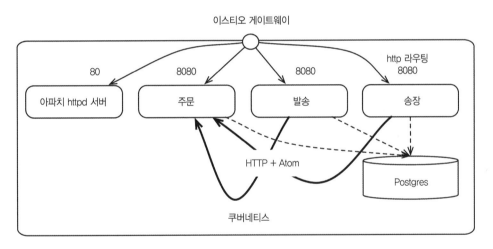

그림 23-1 서비스 메시 예시에 대한 개요

그림 23-1은 예시의 구조를 보여준다.

- 이스티오는 인그레스 게이트웨이^{Ingress Gateway}를 제공한다. 인그레스 게이트웨이는 마이크로서비스에 HTTP 요청을 전달한다. 쿠버네티스 인그레스와 유사하다(17.2절 참고). 그러나 이스티오 게이트웨이는 모니터링이나 고급 라우팅과

같은 이스티오 기능을 지원한다.

- 예시에서 아파치 httpd 서버는 홈페이지 역할을 하는 정적 HTML 페이지를 제공한다. 해당 정적 페이지에 각 마이크로서비스에 대한 링크를 갖고 있다. 쿠버네티스 디플로이먼트에서 아파치 httpd 서버를 설정한다. 쿠버네티스 디플로이먼트는 특정 쿠버네티스 포드로 쿠버네티스 복제 집합을 생성한다. 쿠버네티스 서비스와 인그레스 게이트웨이 라우팅은 아파치 httpd 서버에 대한 접근을 보장한다.

- 그림에서 주문, 발송, 송장은 마이크로서비스다. 발송과 송장 마이크로서비스에서는 마이크로서비스에서 주문 데이터를 폴링한다. 12장에서 설명한 대로 REST와 Atom을 사용한다. 각 마이크로서비스는 쿠버네티스 디플로이먼트, 쿠버네티스 서비스, 이전에 언급한 아파치 httpd 서버와 같은 인그레스 게이트웨이를 포함한다.

- 세 개의 마이크로서비스 모두 동일한 Postgres 데이터베이스를 사용한다. 그러나 해당 마이크로서비스는 서로 다른 데이터베이스 스키마를 사용한다. 따라서 각 마이크로서비스는 다른 마이크로서비스에 영향을 주지 않고 스키마와 도메인 모델을 변경할 수 있다. 쿠버네티스 디플로이먼트를 사용해 Postgres 데이터베이스를 설치한다. 쿠버네티스 서비스는 Postgres 데이터베이스 접근을 보장한다.

따라서 예시의 로드 밸런싱, 서비스 탐색, 디플로이먼트는 17장에서 설명한 개념을 기반으로 하는 쿠버네티스를 의존한다.

23장에서 이전 그림 예시를 선택하는 이유는 다음과 같다.

- 예시에서는 REST를 사용한다. 이스티오의 일부 기능은 REST가 사용하는 HTTP와 HTTP/2를 지원한다.

- 이스티오는 비동기식 아키텍처를 기반으로 한다. 동기 REST 시스템은 이스티오 기능에 있어 훨씬 더 좋은 예가 될 것이다. 그러나 비동기식 아키텍처는 복

원력을 향상시키고 마이크로서비스의 핵심 과제를 해결한다.

예시 실행

0.4절에서 예시를 시작하기 위해 어떤 소프트웨어가 설치돼야 하는지 설명한다.

예시 코드를 다운로드 하려면 https://github.com/ewolff/microservice-istio에 접근한다. 문서(https://github.com/ewolff/microservice-kubernetes/blob/master/HOW-TO-RUN.md)에서 필요한 소프트웨어를 설치하는 방법과 예시를 실행하는 방법을 자세히 설명한다.

예시를 실행하려면 다음 단계가 필요하다.

- 미니큐브^{Minikube}(https://github.com/kubernetes/minikube)는 작은 쿠버네티스 버전이다. 미니큐브를 설치해야 하며 설치 문서는 https://github.com/kubernetes/minikube#installation에서 참고한다.

- kubectl(https://kubernetes.io/docs/user-guide/kubectl-overview/)은 쿠버네티스를 처리하기 위한 커맨드 라인 툴이다. kubectl도 설치해야 한다. kubectl 설치 문서는 https://kubernetes.io/docs/tasks/tools/install-kubectl/에서 참고한다.

- 이스티오 다운로드 문서(https://istio.io/docs/setup/kubernetes/download-release/)와 설치 문서(https://istio.io/docs/setup/kubernetes/quick-start/)를 참고해서 이스티오를 설치한다. 사이드카 간에는 상호 TLS 인증 없이 이스티오를 설치할 수 있다.

- microservice-istio-demo 디렉터리로 이동해 `./mvnw clean package` 또는 `mvnw.cmd clean package`(윈도우)를 실행해 자바 코드를 컴파일한다. 부록 B에서 메이븐과 메이븐 빌드에서 발생할 수 있는 문제 해결 방법을 설명하니 참고하기를 바란다.

- 쿠버네티스 클러스터를 사용하기 위해 도커를 설정한다. 도커 이미지를 설치하려면 다음과 같은 필요한 절차를 진행한다. `minikube docker-env`(맥OS 또는 리눅스) 또는 `minikube.exe docker-env`(윈도우)를 실행한다.

- microservice—istio—demo 디렉터리에서 `docker-build.sh`를 실행한다. `docker-build.sh`는 도커 이미지를 생성하고 해당 이미를 쿠버네티스 클러스터로 업로드한다. 부록 C에서 도커, 도커 컴포즈, 도커 및 도커 컴포즈에서 발생할 수 있는 문제 해결 방법을 설명하니 참고하기를 바란다. 시스템에 스크립트를 실행할 수 있는 셸이 없다면 스크립트의 커맨드를 수동으로 실행할 수 있다.

- 포드가 시작될 때 이스티오 컨테이너가 자동으로 주입되는지 확인한다. `kubectl label namespace default istio-injection=enabled`

- microservice—kubernetes—demo 디렉터리에서 kubectl apply —f infrastructure.yaml을 실행해 마이크로서비스 인프라를 배포한다. 이후에 아파치 httpd 서버, Postgres 서버, 이스티오 게이트웨이가 생성된다. 또한 경로를 이스티오 게이트웨이에서 아파치 httpd 서버에 저장된 정적 HTML 페이지에 추가한다.

- 그다음 kubectl apply —f microsservices.yaml을 실행해 마이크로서비스를 배포할 수 있다. 설정에는 주문, 송장, 발송 마이크로서비스에 대한 디플로이먼트, 서비스, 경로가 포함된다.

- 데모를 사용하려면 `ingress-url.sh` 셸 스크립트를 이스티오 게이트웨이의 URL을 파악해야 한다.

- 웹 브라우저에서 URL을 연다. 마이크로서비스에 대한 링크를 포함하는 정적 개요 페이지가 표시될 것이다. 주문 마이크로서비스에 주문을 입력할 수 있어야 한다. 잠시 후 발송 및 송장이 다른 서비스에 표시될 것이다. 해당 마이크로서비스는 30초마다 폴링하기에 약간의 지연이 있을 수 있다.

문제가 발생하면 온라인 문서(https://github.com/ewolff/microservice—istio/blob/master/HOW—TO—RUN.md)를 참고한다. 해당 문서에 광범위한 설명과 트러블 슈팅에 대한 전략을 포함한다.

다른 마이크로서비스 추가하기

microservice-istio-bonus 하위 디렉터리에는 또 다른 마이크로서비스가 있다. 해당 마이크로서비스는 완전히 별개의 빌드 구조를 가지고 있다. 다른 마이크로서비스와 공유하는 빌드 방식에 비해 별개의 빌드가 나은 옵션이 될 수 있다. 마이크로서비스는 별도로 배포할 수 있어야 한다. 빌드는 배포 파이프라인의 첫 번째 단계이기 때문에 빌드는 이상적으로 분리돼야 한다.

마이크로서비스를 추가하려면 다음을 수행한다.

- microservice-isitio-demo 디렉터리로 변경하고 `./mvnw clean package` 또는 `mvnw.cmd clean package`(윈도우)를 실행해 자바 코드를 컴파일한다.
- microservice-istio-bonus 디렉터리의 `docker-build.sh`를 실행한다. `docker-build.sh`는 도커 이미지를 빌드하고 쿠버네티스 클러스터로 업로드한다.
- kubectl apply -f bonus.yaml로 마이크로서비스를 배포한다.
- kubectl delete -f bonus.yaml을 실행해 마이크로서비스를 제거할 수 있다.

헬름으로 마이크로서비스 추가하기

bonus.yaml의 마이크로서비스 설정은 다른 마이크로서비스 설정과 매우 비슷하다. 모든 마이크로서비스 설정의 공통 부분을 반복하는 것은 거의 의미가 없다. 헬름[helm] (https://helm.sh/)은 쿠버네티스 설정 템플릿을 지원하는 쿠버네티스의 패키지 매니저다. 헬름은 새로운 마이크로서비스를 더 쉽게 추가할 수 있다.

- 먼저 쿠버네티스에 헬름을 설치(https://docs.helm.sh/using_helm/#installing-helm)해야 한다.
- spring-boot-microservice 디렉터리에는 이 프로젝트의 마이크로서비스에 대한 헬름 차트를 포함한다. 헬름을 사용하면 kubectl apply -f bonthus.yaml을 실행할 필요가 없다. 대신 `helm install --set name=bonus spring-boot-`

microservice/는 마이크로서비스를 배포한다. 다른 마이크로서비스의 경우 다른 이름을 제공해야 한다. 그래서 헬름 차트는 마이크로서비스를 배포하기 위한 일반적인 메커니즘을 제공한다. 또한 헬름 배포는 '릴리스release'라고 부른다.

```
[~/microservice-istio]helm install --set name=bonus spring-boot-
microservice/
NAME: waxen-newt
LAST DEPLOYED: Wed Feb 13 14:25:52 2019
NAMESPACE: default
STATUS: DEPLOYED

RESOURCES:
==> v1/Service
NAME    TYPE      CLUSTER-IP     EXTERNAL-IP   PORT(S)          AGE
bonus   NodePort  10.108.31.211  <none>        8080:30878/TCP   5s


==> v1beta1/Deployment
NAME    DESIRED  CURRENT  UP-TO-DATE  AVAILABLE  AGE
bonus   1        1        1           1          5s


==> v1alpha3/VirtualService
NAME    AGE
bonus   1s


==> v1/Pod(related)
NAME                     READY  STATUS    RESTARTS  AGE
bonus-55d854b9d9-sn4pm   2/2    Running   0         4s
```

- 헬름 릴리스에서 이름을 자동으로 지정한다. 이 예시에서 이름은 waxen-newt이며 헬름 로그가 출력됐다. helm list는 현재 설치된 릴리스 목록을 제공한다.
- helm delete waxen-newt와 같이 할당된 이름을 사용해 헬름 릴리스를 제거할 수 있다.

헬름은 여러 마이크로서비스의 구조에 맞는 매우 쉬운 마이크로서비스 배포 방식을 제공한다. 많은 마이크로서비스를 포함하는 시스템에서 헬름 차트는 마이크로서비스 배포를 단순화하고 더욱 일관성을 갖도록 한다.

마이크로서비스 추가하기

보너스 마이크로서비스는 정적 웹 페이지에 포함되지 않는다. 따라서 보너스 마이크로서비스에 대한 링크가 없다. 그러나 인그레스 게이트웨이를 통해 보너스 마이크로서비스에 접근할 수도 있다. 인그레스 게이트웨이의 URL이 http://192.168.99.127:31380/이면 보너스 마이크로서비스에 접근하기 위해 http://192.168.99.127:31380/bonus에 접근할 수 있다.

보너스 마이크로서비스에서 주문에 대한 어떠한 수익을 표시하지 않고 있음을 유의해야 한다. 그것은 주문 마이크로서비스가 제공하는 데이터에 수익 필드를 필요로 하기 때문이다. 수익 필드는 현재 데이터에 포함되지 않는다. 따라서 새로운 마이크로서비스를 추가할 때 공통 데이터 구조를 변경해야 할 수 있음을 보여준다. 다른 마이크로서비스도 공유 데이터 구조를 사용하기 때문에 이런 변경은 다른 마이크로서비스에도 영향을 미칠 수 있다.

23.3 이스티오의 동작 방식

microserivces.yaml 파일을 자세히 살펴보면 마이크로서비스를 배포할 때 이스티오 특정 정보가 없음을 알 수 있다. 이 부분이 바로 장점이다. 이스티오 사용이 더 쉬워진다.

또한 이스티오는 어떤 프로그래밍 언어 또는 어떤 프레임워크를 사용하든 상관없이 모든 마이크로서비스와 동작한다는 것을 의미한다.

그러나 이스티오는 언급된 것처럼 복원력 또는 모니터링과 같은 기능을 지원한다. 어떻게든 이스티오는 마이크로서비스에 대한 정보를 수집할 필요가 있다.

사이드카

사이드카의 내부 개념은 각 쿠버네티스 포드에 서로 다른 도커 컨테이너를 추가하는 것이다. 이제 kubectl get pods를 실행해 쿠버네티스 포드를 나열하면 각 포드에 대해 2/2라고 적혀 있는 것을 알 수 있다.

```
[~/microservice-istio/microservice-istio-demo] kubectl get pods
NAME READY STATUS RESTARTS AGE
apache-7f7f7f79c6-jbqx8 2/2 Running 0 8m51s
invoicing-77f69ff854-rpcbk 2/2 Running 0 8m43s
order-cc7f8866-9zbnf 2/2 Running 0 8m43s
postgres-5ddddbbf8f-xfng5 2/2 Running 0 8m51s
shipping-5d58798cdd-9jqj8 2/2 Running 0 8m43s
```

따라서 각 쿠버네티스 포드에 설정된 하나의 도커 컨테이너만 설정돼 있지만, 실제로 두 개의 도커 컨테이너가 실행되고 있다. 하나의 컨테이너에는 마이크로서비스를 포함하고 다른 하나의 컨테이너에는 이스티오 인프라로 통합할 수 있게 하는 사이드카를 포함하고 있다.

이스티오는 자동으로 각 포드에 컨테이너를 주입한다. 이전 설치 내용 중에 kubectl label namespace default istio-injection=enabled는 기본 네임스페이스를 가리키게 하는데 이스티오가 기본 네임스페이스의 각 포드에 사이드카를 주입한다. 네임스페이스는 쿠버네티스 자원을 구분하는 쿠버네티스의 개념이다. 이스티오를 사용하면 사용자자에 의해 제공되는 모든 쿠버네티스 자원을 포함하는 기본 네임스페이스가 존재한다. istio-system 네임스페이스는 이스티오 자체에 속하는 모든 쿠버네티스 자원을 포함한다.

프록시

사이드카를 주입하는 것만으로는 충분치 않다. 이스티오 사이드카는 마이크로서비스에 대한 정보와 메트릭을 얻어야 한다. 이스티오는 모든 발신과 수신 트래픽을 프록시를 통해 라우팅한다. 이스티오 프록시(https://github.com/istio/proxy)는 엔보이 프록시(https://www.envoyproxy.io/)의 확장 버전이다. 모든 네트워크 트래픽은 프록시를 통과한다. 그래서 프록시는 모든 트래픽을 수정하고 측정할 수 있다. 프록시는 서비스 메시를 투명하게 하고 서비스의 메시의 기능을 활성화한다.

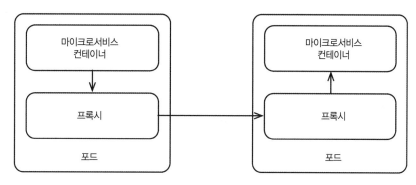

그림 23-2 프록시와 이스티오의 데이터 플레인

그림 23-2은 하나의 마이크로서비스 컨테이너(예: 송장)에서 다른 마이크로서비스 컨테이너(예: 주문)에 두 대의 프록시를 통해 트래픽이 전달됨을 보여준다. 그래서 마이크로서비스가 직접 다른 마이크로서비스에 통신하는 것처럼 보이지만 실제로 프록시가 통신을 가로챈다.

이스티오 프록시는 모든 TCP 기반 프로토콜을 처리할 수 있다. 그리고 HTTP 1.1, HTTP 2, gRPC를 지원한다. 해당 프로토콜의 경우 예를 들어 HTTP 상태 코드와 같은 평가를 통해 오퍼레이션의 성공 여부를 결정할 수 있다.

데이터 플레인

프록시는 데이터 플레인Data Plane이라고 부르는 이스티오의 한 부분이다. 이는 마이크로서비스 간의 데이터 교환을 담당한다.

컨트롤 플레인

가로챈 트래픽으로 의미 있는 일을 하려면 이스티오는 컨트롤 플레인Control Plane을 이용한다. 데이터 플레인에 프록시를 설정하고 프록시에서 데이터를 처리하는 역할을 한다.

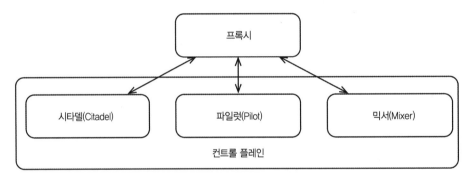

그림 23-3 이스티오의 컨트롤 플레인

그림 23-3은 컨트롤 플레인이 세 개의 컴포넌트로 구성됐음을 나타낸다.

- 파일럿Pilot은 이스티오의 라우팅 정보를 프록시 설정으로 변환한다. 이것은 A/B 테스트와 같은 기능을 가능케 한다. 또한 타임아웃 또는 서킷 브레이커와 같은 복원력을 지원할 뿐만 아니라 기반 플랫폼의 서비스 탐색 메커니즘을 추상화한다. 따라서 이스티오는 쿠버네티스를 제외한 다른 인프라를 지원할 수 있다. 그래서 예를 들어 이스티오는 기본 인프라로 쿠버네티스 대신에 컨설을 지원한다.
- 믹서Mixer는 매 요청마다 정책을 집행한다. 예를 들어 정책은 요청에 대해 측정해야 할 메트릭이 어떤 종류가 있는지, 어느 컴포넌트가 요청을 수신해야 할지

를 결정하는 것과 같다. 그리고 정책은 어느 마이크로서비스가 특정 마이크로 서비스를 호출할 수 있는지 또는 호출 제한도 정의한다.

- 시타델^{Citadel}은 암호화를 사용하기 위해 인증서와 암호 키를 관리한다. 또한 마이크로서비스의 정체성을 기반하는 인증과 최종 사용자에 대한 인증도 지원한다. 토큰으로 최종 사용자를 인증한다. 특정 사용자가 특정 마이크로서비스에 대한 접근을 제한할 수 있다. 컨트롤 플레인에 대한 예시(https://istio.io/docs/tasks/security/authn-policy/)가 있다.

그러므로 마이크로서비스 간의 네트워크 트래픽에 프록시를 주입해 이스티오는 마이크로서비스에서 구현돼야 할 많은 기능들을 투명하게 한다.

23.4 프로메테우스와 그라파나로 모니터링하기

20장에서 다룬 것처럼 마이크로서비스 시스템에 모든 마이크로서비스의 모니터링 정보를 수집하고 해당 정보를 접근할 수 있는 모니터링 인프라를 포함해야 한다. 이는 방대한 수의 분산 마이크로서비스에 대한 메트릭을 추적하기 위해 필요하다. 이런 메트릭을 바탕으로 경보와 분석을 구현할 수 있다.

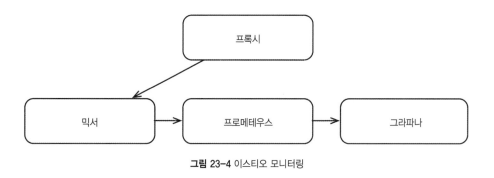

그림 23-4 이스티오 모니터링

그림 23-4는 이스티오가 지원하는 모니터링 방법을 보여준다.

- 프록시는 클라이언트 및 서버 쪽 요청 시간, 상태 코드, 요청 수와 같은 메트릭을 수집한다.
- 모니터링 정보는 믹서에서 수집된다.
- 프로메테우스(https://prometheus.io/)(20장 참고)는 메트릭을 저장한다. 프로메테우스에서 해당 메트릭을 분석할 수 있다.
- 그라파나(https://grafana.com/)는 메트릭을 분석할 수 있는 고급 도구를 제공한다.

기본 이스티오 설치를 사용하면 모든 컴포넌트가 구성 및 설치되며 사용할 준비가 된다. 마이크로서비스 시스템을 모니터링하기 위한 추가 노력은 없다.

물론 이스티오 모니터링은 프록시가 측정할 수 있는 메트릭만 지원한다. 여기에 해당 기간 또는 상태 코드와 같은 요청에 대한 모든 정보를 포함한다. 또한 CPU 이용률과 같은 쿠버네티스 인프라 정보를 측정할 수 있다. 그러나 마이크로서비스의 내부 상태에 대한 데이터를 측정하지 못한다. 따라서 마이크로서비스의 내부 데이터를 얻으려면 마이크로서비스가 내부 데이터를 모니터링 인프라에 알려야 한다.

메트릭은 비동기로 전송된다. 메트릭을 꼭 동시에 보낼 필요는 없다. 만약 메트릭을 받고 나중에 처리하는 방법도 괜찮다. 통신을 더 많이 비동기로 처리해 동기 통신의 추가 지연 시간을 제한할 수 있다.

모니터링 예시

이 예에서는 모니터링을 위해 프록시와 쿠버네티스 인프라에서 제공하는 메트릭만 사용한다. 이는 20장의 예와 다르다. 23장의 예는 마이크로서비스에 의존해 메트릭을 제공한다. 그러나 23장에서 사용된 이스티오의 접근법이 좋은 대안이 될 수 있다.

- 예시의 모니터링은 마이크로서비스 코드에 어떠한 영향을 주지 않는다. 메트릭은 프록시에 의해서만 측정된다. 따라서 어느 프로그래밍 언어로 작성되거나 어느 프레임워크를 사용하든 모든 마이크로서비스는 동일한 메트릭을 전달한다.
- 메트릭은 마이크로서비스 상태에 대해 좋은 인상을 준다. 메트릭은 사용자나 클라이언트가 볼 수 있는 성능과 신뢰성을 보여준다. 이는 서비스 수준 협약서와 서비스 품질을 충족시키기에 충분하다. 쿠버네티스가 또는 이스티오 같은 인프라에서는 실패가 발생 중인 마이크로서비스의 재시작 같은 활동이 자동화된다. 따라서 관리자가 서비스를 재시작하게 하는 일부 메트릭은 더 이상 중요하지 않다.

이스티오가 제공하는 메트릭은 마이크로서비스 시스템을 관리하기에 충분하다. 이 경우 모니터링을 위한 매크로 아키텍처 규칙은 필요치 않다(2.3절 참조). 여전히 시스템을 작동할 수 있다.

프로메테우스 예시

메트릭은 시스템에 부하가 있을 때만 의미가 있다. load.sh 스크립트 로드는 특정 URL을 1,000번 요청하기 위해 curl 툴을 사용한다. 해당 서비스에 대한 부하를 주기 위해 발송 마이크로서비스의 홈페이지 URL에 load.sh 스크립트를 하나 이상의 인스턴스를 실행할 수 있다.

monitoring-prometheus.sh 스크립트는 localhost에 프로메테우스 서버의 프록시를 생성하기 위해 kubectl을 사용한다. 해당 스크립트를 사용하면 http://localhost:9090/ URL에 접속해 프로메테우스에 접근할 수 있다. istio_requests_total 또는 istio_request_bytes_count와 같은 메트릭을 프로메테우스에 보고하는 메트릭 예로 사용할 수 있다. 메트릭은 다차원적이다. 즉 HTTP 상태 코드, 소스, 대상으로 요약할 수 있다.

그림 23-4 이스티오 메트릭을 사용한 프로메테우스

예를 들어 그림 23-4는 요청 바이트 수를 보여준다. 그림 23-4의 그래프에 서로 다른 목적지, 주문 마이크로서비스와 메트릭 데이터를 측정하는 이스티오 컴포넌트가 존재한다. 목적지는 데이터의 일차원이다. 메트릭은 어느 목적지가 얼마나 많은 트래픽을 수신하는지 이해할 수 있도록 목적지와 같은 차원으로 요약될 수 있다.

그라파나 예시

고급 데이터 분석을 위해 이스티오에 그라파나를 설치한다. 그라파나 설치를 사용하는 가장 쉬운 방법은 `monitoring-grafana.sh` 셸 스크립트를 시작하는 것이다. 해당 셸 스크립트에서 그라파나를 설치할 때 로컬 호스트에 프록시를 생성한다. 그러면 그라파나를 설치하려면 http://localhost:3000/ URL을 사용할 수 있다.

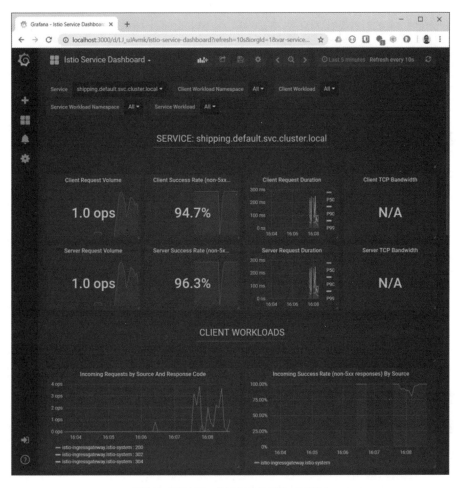

그림 23-5 이스티오 대시보드를 보여주는 그라파나

이스티오에 설치된 그라파나는 미리 정의된 대시보드를 제공한다. 그림 23-5는 이스티오 서비스 대시보드 예시를 보여준다. 그림 23-5의 대시보드는 발송 마이크로서비스 상태를 보여준다. 해당 대시보드는 요청 볼륨, 성공률, 기간과 같은 메트릭을 보여준다. 대시보드는 마이크로서비스 상태에 대한 훌륭한 개요를 제공한다.

해당 그라파나에 마이크로서비스를 위한 대시보드만 있는 것은 아니다. 이스티오 성능 대시보드는 메모리 소비 또는 CPU 사용률과 같은 메트릭을 가진 쿠버네티스 클러스터의 상태에 대한 일반적인 개요를 제공한다. 이스티오 메시 대시보드는 서비스 메시 프로세스의 요청 개수 성공률에 대한 글로벌 메트릭을 보여준다.

23.5 재거로 추적하기

추적을 위해 이스티오는 재거^{Jaeger}(https://www.jaegertracing.io/)를 사용한다. 재거는 집킨(https://zipkin.io/)과 유사하다(22장 참고). 재거는 집킨 포맷뿐만 아니라 OpenTracing 표준의 추적 정보를 수집할 수 있다.

쿠버네티스에 재거 배포를 쉽게 할 수 있다. 쿠버네티스 인프라에 배포할 수 있는 재거 공식 템플릿이 존재한다. 그래서 재거는 쿠버네티스 인프라에서 자연스럽게 선택할 수 있다.

추적은 마이크로서비스 시스템의 일반적인 문제를 해결한다. 마이크로서비스에 대한 요청이 다른 요청으로 이어질 수 있다. 추적은 요청 의존성을 이해하는 데 도움이 된다. 추적은 근본적인 원인 분석을 쉽게 할 수 있다.

재거는 어떤 수신 요청이 어떤 송신 요청을 발생하는지 이해할 수 있도록 HTTP 헤더를 사용한다. 수신 요청의 HTTP 헤더의 발생 요청이 추가돼야 한다.

이는 추적이 마이크로서비스에 투명하지 못함을 의미한다. 마이크로서비스는 수신 요청에서 각 송신 요청으로 추적 헤더를 전달하기 위한 일부 코드를 포함해야 한다. 재거의 경우 헤더는 x-request-id, x-ot-span-context, x-b3-traceid, x-b3-parent-spanid, x-b3-sampled, x-b3-flag이다.

예시 추적하기

예시에서는 스프링 클라우드 슬러스(https://spring.io/projects/spring-cloud-sleuth)를 사용한다. 슬러스는 추적과 관련된 많은 기능들을 지원하는 강력한 라이브러리이다. 22장의 예시는 스프링 클라우드 슬러스를 사용해 추적 정보를 측정하고 집킨에 알린다. 그러나 23장의 예시에서 스프링 클라우드 슬러스는 HTTP 헤더를 전달하면 된다. application.properties에서 spring.sleuth.propagation-keys에 전달돼야 하는 HTTP 헤더가 포함된다. 스프링 클라우드 슬러스는 x-b3-* 헤더를 자동으로 전달하기에 x-request-id와 x-ot-span-context 헤더만 설정해야 한다.

22장의 예시에는 스프링 클라우드 슬러스에 의존해 추적 정보를 집킨에 전달한다. 해당 방법은 23장의 예시에 필요하지 않다. 이스티오는 해당 추적 정보를 전달한다. 다른 언어에서는 HTTP 헤더를 전달할 방법이 필요할 것이다. 그래서 매크로 아키텍처(2.3절 참조) 관점에서 보면 필요한 유일한 규칙은 HTTP 헤더를 전달하는 것이다. 마이크로서비스에서 HTTP 헤더를 전달하는 기능을 구현하는 방법은 마이크로서비스에 달려 있다. 스프링 부트와 스프링 클라우드 슬러스를 사용하는 방법이 가장 쉽게 사용하는 것이다. 그러나 같은 기술을 사용해야 한다는 엄격한 규칙이 필요하지 않다. 따라서 기술의 자유가 유지된다.

추적 정보를 사용하려면 tracing.sh를 실행해 로컬 호스트에서 프록시를 시작한다. 그다음 http://localhost:16686/에 접근해 재거 UI에 접근한다.

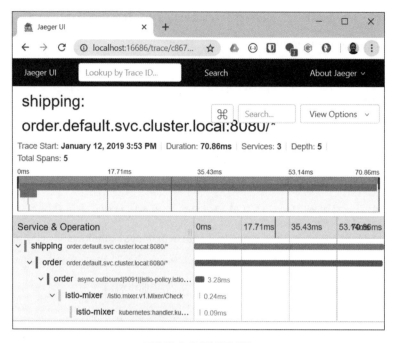

그림 23-6 재거의 추적 화면

그림 23-6은 추적의 예시를 보여준다. 추적은 발송 마이크로서비스에 대한 요청이다. 사용자가 주문 마이크로서비스에 새로운 데이터가 있는지 폴링하기 시작했다. 그리고 서비스는 이스티오 믹서에 연결해 정책이 수행되게 했다.

그림 23-6의 추적은 단지 두 마이크로서비스(발송과 주문)의 상호작용을 보여준다. 추적은 그리 복잡하지 않다.

예시를 보면 대부분의 시간이 주문 마이크로서비스에서 소요된다. 재거 추적에서는 성능을 향상시키기 위한 많은 유용한 정보를 제공하지 않는다. 요청을 더 빨리 생성할 수 있는 유일한 방법은 주문 마이크로서비스를 더 빨리 처리하게 하는 것이다. 그러나 추적에서는 주문 마이크로서비스에서 시간이 소요되는 부분을 자세히 보여주지 않는다.

추적을 기반으로 최적화하는 데 잠재적인 문제는 아키텍처다. 거의 모든 요청은 하나의 마이크로서비스에서 처리된다. 그림 23-6의 추적은 아주 일부 예외 중 하나이지만, 그 예시조차 두 개의 마이크로서비스만 포함한다. 따라서 추적은 의미 있는 정보를 많이 제공하지 못한다. 그러나 추적은 시스템의 분산 특징이 큰 영향을 미치지 않고 여전히 분산 시스템을 다루기 쉬울 수 있음을 의미한다.

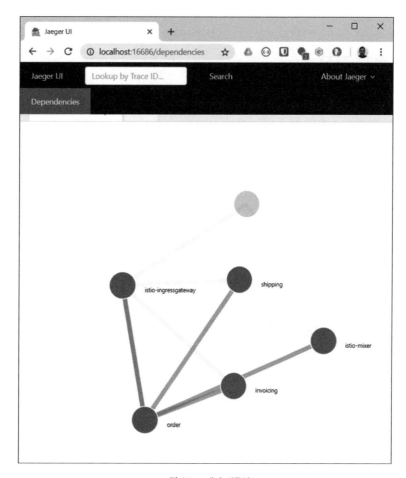

그림 23-7 재거 의존성

그림 23-7은 재거가 제공하는 다른 유형의 정보, 즉 마이크로서비스 간의 의존성을 보여준다. 발송 및 송장 마이크로서비스는 최신 주문 정보를 수신하기 위해 주문 마이크로서비스에 의존한다.

주문 마이크로서비스는 믹서에 메트릭을 알린다. 그리고 마지막으로 외부 요청이 믹서로 전달될 때 주문을 이스티오 게이트웨이에서 접근할 수 있다. 의존성에 관련된 정보는 시스템 구조에 대한 개요를 얻는 데 유용할 수 있다.

23.6 로그 저장

믹서는 각 HTTP 요청에 대한 정보를 로그 저장 인프라에 전달할 수 있다. 해당 정보는 특정 URL에 대한 요청 수와 상태 코드를 분석하는 데 사용될 수 있다. 웹사이트의 많은 통계는 로그 저장 정보에 의존한다.

로그 포맷을 설정할 수 있다. 로그는 믹서가 요청에서 받은 모든 정보를 포함할 수 있다.

그러나 이스티오는 로그를 처리할 수 있는 인프라를 제공하지 않는다. 로그 정보를 활용하려면 일래스틱서치와 같은 로그를 위한 저장소가 필요하다. 또한 키바나와 같은 분석 프론트엔드가 필요하다. 일래스틱서치와 키바나는 표준 이스티오에서 설치되지 않는다.

이스티오가 로그를 어떻게 지원하는지 알려면 예시(https://istio.io/docs/tasks/telemetry/metrics/collecting-metrics/)를 참고하기를 바란다.

예시는 어떻게 로그 정보를 믹서 데이터에서 구성할 수 있는지를 보여준다. 이 예시에서는 로그를 표준 출력으로 출력하고 로그 인프라에 로그를 전달하지 않는다.

또한 Fluentd(https://www.fluentd.org/)을 사용해 이스티오가 제공하는 로그를 모든 마이크로서비스에서 수집하는 방법을 보여주는 예시(https://istio.io/docs/tasks/telemetry/fluentd/)가 있다. 로그는 일래스틱서치에 저장되고 키바나로 볼 수 있다.

예시의 로그

예를 들어 사용자 정의 로그 인프라가 설정됐다. 로그 인프라는 21장의 예시와 같이 로그를 저장하기 위해 일래스틱서치를 사용하며 로그를 분석하기 위해 키바나를 사용한다.

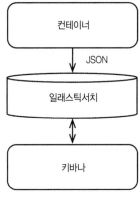

그림 23-8 예시 로그인

그림 23-8은 예시에서 로그 저장 기술이 구현되는 방법을 보여준다. 각 마이크로서비스는 JSON 데이터를 일래스틱서치 서버에 직접 저장해야 한다. 따라서 시스템을 더 쉽게 처리할 수 있는 모든 로그 파일을 로컬에 저장할 필요가 없다. 또한 로그 정보를 구문 분석할 필요도 없다. 일래스틱서치가 로그를 직접 처리한다.

예시에서는 로그백^{Logback}(https://logback.qos.ch/) 자바 라이브러리를 사용한다. 로그백 일래스틱서치 어펜더$^{Logback Elasticsearch Appender}$(https://github.com/internetitem/logback-elasticsearch-appender)는 로그를 일래스틱서치에 전달한다. logback-spring.xml 파일의 설정은 마이크로서비스에서 로그 저장 정보를 정의한다.

그러나 매크로 아키텍처에 관련해서(2.3절 참조) JSON을 일래스틱서치 서버에 로그를 전달하라는 규칙만 있을 것이다. 또한 호스트, 심각도, 메시지와 같은 로그 항목에 어떤 정보를 포함해야 하는지에 대한 규칙이 있을 수 있다.

자바 마이크로서비스뿐만 아니라 다른 언어로 작성되거나 다른 라이브러리를 사용하는 마이크로서비스도 해당 매크로 아키텍처 규칙을 준수할 수 있다.

또한 이스티오 인프라 로그를 동일한 일래스틱서치 인스턴스에 저장할 수 있다.

그러나 일래스틱서치에 로그 저장이 필요하지 않다고 결정했다고 하자. 현재 시스템에서 심각한 에러를 포함하는 로그 항목을 찾을 수 있다면 구현에서 문제를 발견하기 쉬울 것이다.

또한 모든 HTTP 요청 로그를 저장한다는 것은 별로 의미가 없다. HTTP 요청에 대한 정보는 아마도 마이크로서비스 로그에 이미 포함돼 있을 것이다. 이는 아마도 상용 환경의 시스템에서도 마찬가지일 것이다.

일반적으로 말해서 이스티오의 로그 저장 기능은 개발자들이 모든 로그에 관심을 갖지 않아도 된다는 장점이 있다. 또한 로그는 마이크로서비스에서 어떤 기술을 사용하고 어떻게 저장하든 간에 일관성을 가질 수 있다. 공통 로그 저장 접근법과 로그 포맷을 강제하려면 약간의 노력이 필요하다. 특히 다른 기술을 사용하는 마이크로서비스에서는 이런 강제가 있어야 한다. 그래서 이스티오의 로그는 마이크로서비스에서 나온 모든 정보를 포함하지 않을 수도 있지만 해당 로그를 쉽게 얻을 수 있다. 로그가 없는 것보다는 로그가 있는 것이 나을 수 있다.

23.7 복원력

복원력은 다른 마이크로서비스가 실패할 경우 마이크로서비스가 실패하지 않아야 한다는 것을 의미한다. 전체 마이크로서비스 시스템을 다운시킬 수 있는 연쇄 실패를 피하는 것이 중요하다.

이스티오로 복원력 측정하기

호출된 마이크로서비스에서 에러가 발생하면 연쇄 실패가 발생할 수 있다. 호출된 마이크로서비스에서 응답을 성공적으로 수행하지만 매우 오래 걸린다면 그것은 더 심각할 수 있다. 이 경우 응답을 기다리는 동안 스레드 등의 자원이 블로킹될 수 있다. 최악의 경우 모든 스레드가 차단되고 호출하는 마이크로서비스에서 실패가 발생될 것이다.

이런 연쇄 실패 시나리오를 시뮬레이션하기 어렵다. 일반적으로 네트워크를 상당히 신뢰할 수 있다. 에러를 응답하지만 약간의 노력을 들인 스텁 마이크로서비스를 구현하는 것이 가능할 것이다.

그러나 이스티오는 프록시를 통한 네트워크 통신을 제어한다. 따라서 특정 마이크로서비스에 지연과 실패를 추가하는 것이 가능하다. 그리고 다른 마이크로서비스가 지연과 실패에 대해 탄력적인지 확인할 수 있다.

```yaml
apiVersion: networking.istio.io/v1alpha3
kind: VirtualService
metadata:
  name: order-fault
spec:
  hosts:
  - order.default.svc.cluster.local
  http:
  - fault:
      abort:
        percent: 100
        httpStatus: 500
    route:
    - destination:
        host: order.default.svc.cluster.local
```

이전 예는 fault-injection.yaml 파일의 내용을 보여준다. 해당 파일을 적용하면 주문 마이크로서비스에 대한 호출의 100%가 실패하고 HTTP 상태 코드는 500이 된다. 시스템에 적용하려면 kubectl apply -f fault-injection.yaml를 실행하고 제거하려면 kubectl delete -f fault-injection.yaml을 실행한다.

실제로 마이크로서비스는 폴트 인젝션^{fault injection}[1]을 적용한 후에도 계속 동작한다. 시스템에 새로운 주문을 추가하면 발송 및 송장 마이크로서비스에 전파되지 않는다. 발송 및 송장 웹 UI에서 버튼을 클릭해 발송 마이크로서비스와 송장 마이크로서비스가 주문 마이크로서비스를 폴링할 것이다. 해당 버튼을 클릭하면 에러가 보일 것이다.

그래서 마이크로서비스 시스템은 비동기 통신을 사용하기 때문에 이미 상당한 복원력을 가진다. 발송 마이크로서비스와 송장 마이크로서비스는 여전히 동작한다. 유일한 예외는 주문 마이크로서비스의 폴링이다. 발송 마이크로서비스에서 요청을 처리하기 위해 주문 마이크로서비스를 동기로 호출한다면 발송 서비스는 폴트 인젝션 실패에 대한 추가 로직을 구현하지 않았다면 폴트 인젝션 후에 실패하게 될 것이다.

```yaml
apiVersion: networking.istio.io/v1alpha3
kind: VirtualService
metadata:
  name: order-delay
spec:
  hosts:
  - order.default.svc.cluster.local
  http:
  - fault:
      delay:
        fixedDelay: 7s
        percent: 100
    route:
    - destination:
        host: order.default.svc.cluster.local
```

---

1 시스템이 정상적으로 동작할 때 인위적인 폴트(fault: 시스템의 결함)를 강제로 발생시켜 예외가 발생하더라도 시스템이 제대로 동작하게 하는 기술 – 옮긴이

이전 예시를 살펴보면 지연을 주입하는 것도 가능하다. 시스템을 적용하려면 kubectl apply -f delay-injection.yaml을 실행하고 제거하려면 kubectl delete -f delay-injection.yaml를 실행한다. 발송 마이크로서비스에서 주문 마이크로서비스를 폴링하게 하면 시간이 더 소요되겠지만 동작은 할 것이다. 시스템은 정상적으로 작동한다. 그래서 지연의 경우 비동기 통신으로 복원력 문제를 해결한다.

예를 들어 HTTP 헤더를 사용해 지연과 실패를 제한할 수도 있다. 그래서 상용 시스템에서 특정 테스트 요청을 실행할 수 있고 실패를 발생시키거나 지연되게 해서 상용 시스템이 해당 문제를 어떻게 처리하는지 알 수 있다. 정상적인 요청은 영향을 주지 않을 것이다.

이스티오로 복원력 구현하기

14.5절에서 타임아웃 또는 서킷 브레이커와 같은 몇 가지 복원력 패턴을 설명했다. 이 둘은 해당 절에서 설명한 대로 히스트릭스와 같은 라이브러리를 사용해 구현할 수 있다. 그러나 히스티릭스는 코드 변경이 필수이기에 기술의 자유로운 선택을 제한할 수 있다.

이스티오는 마이크로서비스 간의 통신에 프록시를 추가하기 때문에 코드를 변경하지 않고도 서킷 브레이커를 추가할 수 있다.

```
apiVersion: networking.istio.io/v1alpha3
kind: DestinationRule
metadata:
  name: order-circuit-breaker
spec:
  host: order.default.svc.cluster.local
  trafficPolicy:
    connectionPool:
      tcp:
        maxConnections: 1
```

```
    http:
      http1MaxPendingRequests: 1
      http2MaxRequests: 1
      maxRequestsPerConnection: 1
  outlierDetection:
    consecutiveErrors: 1
    interval: 1m
    baseEjectionTime: 10m
    maxEjectionPercent: 100
```

이전 예시는 이스티오의 서킷 브레이커 설정을 보여준다. circuit-breaker.yaml 파일에 존재하며 kubectl apply -f circuit-breaker.yaml을 실행해 시스템에 추가할 수 있다. kubectl delete -f circuit-breaker.yaml를 실행해 시스템에서 제거할 수 있으며, 설정 내용은 다음과 같다.

- maxConnections: 서비스에 최대 1개의 TCP 커넥션이 허용된다.
- maxRequestsPerConnection: 커넥션당 하나의 요청만 있을 수 있다.
- 다 합쳐 하나의 HTTP 1.1(http1MaxPendingRequests)와 하나의 HTTP 2(http2Max Requests) 요청만 보류 중일 수 있다.
- 매분마다 각 마이크로서비스 인스턴스를 확인한다(interval). 인스턴스에서 HTTP 상태 코드 5xx 또는 타임아웃과 같은 에러(consecutiveErrors)를 응답한다면 10분(baseEjectionTime) 동안 트래픽에서 제외된다. 마이크로서비스의 모든 인스턴스는 이러한 방식으로 트래픽에서 제외될 수 있다(maxEdjection Percent).

서킷 브레이커의 목적은 마이크로서비스를 너무 많은 부하에서 보호하는 것이다. 그래서 최대 커넥션 개수를 제한하는 이유다. 또한 보류 중인 요청의 개수도 제한된다. 마이크로서비스가 너무 느려서 모든 트래픽을 처리할 수 없으면 마이크로서비스가 과부하로부터 보호된다. 그리고 하나의 인스턴스가 이미 실패가 발생하면 작업에서 제외된다.

따라서 회복할 수 있는 기회를 얻을 수 있다.

예시의 제한값은 서킷 브레이커가 쉽게 동작할 수 있을 정도로 매우 낮다. 상용 환경에서는 해당 제한값이 더 높아야 한다. 주문 마이크로서비스의 웹 UI에 접근하기 위해 load.sh 스크립트를 사용할 때 서킷 브레이커가 응답하는 5xx 에러 코드를 수신하기 위해 몇 대의 인스턴스를 실행할 필요가 있다.

서킷 브레이커가 정의한 제한값으로 인해 요청을 수락하지 않으면 호출하는 마이크로서비스는 에러를 수신한다. 따라서 호출하는 마이크로서비스는 실패가 발생한 마이크로서비스로부터 보호받지 못한다. 정반대로 호출된 마이크로서비스 인스턴스를 보호하려면 서킷 브레이커가 실패한 요청의 수를 증가시킬 수 있다.

재시도와 타임아웃

호출된 마이크로서비스에서 문제가 발생하더라도 호출하는 마이크로서비스는 문제가 발생되지 말아야 한다. 이스티오는 이를 달성하기 위한 두 가지 방법을 제공한다.

- 실패한 요청을 재시도한다. 실패가 일시적이라면 재시도한 요청은 성공할 수 있다. 그러나 재시도는 마이크로서비스에 부하를 더한다. 따라서 서킷 브레이커는 과부하에서 보호하는 데 유용할 수 있다. HTTP 상태 5xx와 같은 응답이 온다면 요청이 실패한 것으로 간주된다.
- 타임아웃 시 호출하는 마이크로서비스가 너무 오랫동안 차단되지 않도록 해야 한다. 그렇지 않으면 모든 스레드가 차단돼 호출하는 마이크로서비스가 더 이상 요청을 수락하지 못할 수 있다.

```
apiVersion: networking.istio.io/v1alpha3
kind: VirtualService
metadata:
  name: order-retry
spec:
```

```
hosts:
- order.default.svc.cluster.local
http:
- retries:
    attempts: 20
    perTryTimeout: 5s
  timeout: 10s
  route:
  - destination:
      host: order.default.svc.cluster.local
```

이전 예시는 retry.yaml 파일의 일부를 보여준다. 주문 마이크로서비스에 대한 재시도와 타임아웃을 설정한다. 주문 마이크로서비스로의 호출은 최대 20번까지 재시도된다. 각 재시도마다 5초의 타임아웃을 설정한다. 하지만 10초의 타임아웃 설정도 있다. 따라서 재시도의 경우 10초 후에 성공하지 못하면 호출은 실패 처리된다. 이스티오의 기본 타임아웃은 15초다.

이전 예시에 나머지 파일 내용을 표시하지 않았다. 나머지 내용은 매우 유사하며 주문 마이크로서비스의 이스티오 게이트웨이에 재시도한다. 해당 이스티오 게이트웨이는 쿠버네티스 클러스터 외부에서 사용자 요청을 올바른 마이크로서비스로 라우팅한다.

kubectl apply −f failing−order−service.yaml을 실행해 모든 요청의 50%를 주문 마이크로서비스에서 실패하도록 설정할 수 있다. 코드에서 이를 구현하며 인스턴스 변수 FAILRANDOMLY로 실행되게 한다. 쿠버네티스 설정에서 FAILRANDOMLY 변수의 값을 true로 설정한다. 주문 마이크로서비스의 웹 페이지에 접근하거나 여러 마이크로서비스 중 하나에서 최신 주문을 폴링하면 요청의 절반 가량이 작동하지 않는다는 것을 알게 될 것이다.

kubectl apply −f reject.yaml을 실행해 요청을 재시도하도록 이스티오를 설정할 수 있고 시스템은 마이크로서비스가 정상적으로 작동하는 것처럼 동작해야 한다. 해당 재시도는 투명하다. 요청당 재시도 또는 타임아웃(https://istio.io/docs/concepts/traffic−

management/#fine-tuning)에 대한 설정을 변경할 수도 있다.

kubectl delete -f retry.yaml을 실행해 재시도를 제거할 수 있고 실패한 마이크로서비스는 kubectl apply -f microsvices.yaml을 실행해 정상으로 설정할 수 있다.

복원력: 코드에 미치는 영향

이스티오의 서킷 브레이커는 마이크로서비스에 대한 호출 실패 가능성을 높인다. 타임 아웃도 마찬가지다. 재시도하면 실패 횟수가 줄어들 수 있다. 그러나 이스티오의 복원력에도 마이크로서비스에서 실패가 발생하게 하는 호출이 여전히 있을 것이다. 따라서 재시도, 타임아웃, 서킷 브레이커는 코드를 변경할 필요가 없지만 코드에서는 여전히 실패한 요청을 처리할 필요가 있다. 해당 결과는 HTTP 상태 코드 5xx로 응답한다. 실패를 처리하는 방법은 도메인 로직의 한 부분이다.

창고 관리가 중단된다면 특정 상품의 가용성을 결정하는 것이 불가능할 수 있다. 주문 상품의 재고 수량을 알 수 없더라도 주문에 대한 수락 여부는 비즈니스 결정이다. 아마도 주문을 수락하기도, 가용하지 않는 상품을 처리하는 방법도 괜찮을 수 있다. 아마도 이런 상황은 고객들을 실망시키거나 계약을 위반할 수 있어서 선택 사항이 아니다. 따라서 HTTP 상태 코드 5xx를 처리하고 주문을 계속 처리해야 하는지 여부를 결정하는 코드가 있어야 한다.

23.8 도전 사항

이스티오는 많은 장점을 갖고 있지만 일부 도전 사항을 갖고 있다.

복잡한 인프라

이스티오는 거대하고 복잡한 시스템이다. 쿠버네티스에 많은 기능을 추가한다. 이스티오에 모니터링, 추적, 로그 저장, 보안, 기타 많은 기능을 포함한다. 그래서 모든 세부 사항에서 이해하기 어려울 수 있는 많은 기술을 스택에 추가한다. 그러나 이스티오는 마이크로서비스 시스템의 많은 과제에 대한 완벽한 해결책을 제공한다. 따라서 이스티오가 복잡해 보일 것이다. 여기서 이스티오의 많은 기능을 가지고 이스티오보다 더 간단한 대안이 있는지 궁금할 것이다.

만약 쿠버네티스를 운영하고 있고 결국 직접 이스티오 같은 인프라를 구축한다면 훨씬 더 복잡하고 유지해야 하는 솔루션을 구축하고 있을 것이다. 이스티오를 아주 최소화로 설치(https://istio.io/docs/setup/kubernetes/minimal-install/)하거나 필요하지 않을 수 있는 특정 기능을 제외할 수 있다.

믹서와 프록시: 지연 시간 증가

프록시에 대한 호출로 인해 지연 시간이 늘어난다. 호출은 루프백 장치를 통해 전달된다. 그래서 해당 호출은 진정한 네트워크 통화가 아니다. 단지 가상 네트워크 왕복으로 로컬 머신에게 전달한다.

이스티오는 매 호출마다 믹서에도 동기 호출한다. 믹서 호출에 대한 최신 버전 정책 때문에 필요한 부분이다. 믹서에 대한 호출로 인해 지연 시간이 늘어난다. 그러나 예시와 같이 비동기 통신을 수행하는 시스템에서는 믹서에 대한 호출이 큰 문제가 아니다. 비동기 통신에서는 어떠한 컴포넌트도 결과를 기다리지 않기 때문에 바로 처리할 필요가 없다. 동기 시스템의 경우 믹서에 대한 추가 호출이 없어도 지연 시간이 문제가 될 수 있다.

그러나 이스티오를 만든 개발자들은 이 문제를 잘 알고 있다. 따라서 믹서에 대한 통신이 빠르게 수행될 수 있도록 캐싱과 다른 측정 방법들을 구현했다. 예를 들어 동기로 전송되는 메트릭 데이터의 양을 제한하기 위해 메트릭 데이터를 비동기로 전송한다.

그림 23-6의 추적을 보면 믹서까지의 왕복 시간을 포함한다. 예시의 경우는 무시할 만

하다. 그러나 높은 부하가 발생하는 환경에서는 다를 수 있다. 믹서가 세상에 나오게 된 배경은 구글의 경험 결과(https://istio.io/blog/2017/mixer-spof-myth/) 때문이다. 믹서는 믹서가 없는 서비스 메시에 비교해 실제로 대기 시간을 줄이고 가용성을 높여야 한다. 믹서가 높은 가용성과 낮은 대기 시간을 염두에 두고 설계됐기 때문이다. 나머지 서비스 메시를 처리하는 것에서 프록시를 보호한다. 그러나 히스트릭스와 같은 라이브 러리를 기반으로 하는 솔루션은 모든 지연 시간이나 가용성을 추가하지 않는다. 그래서 성능의 관점에서 보면 라이브러리가 더 나을 수도 있다.

REST에 집중하기

이스티오는 대부분의 통신(예: TCP 통신)이 프록시를 통과할 때만 유용하다. 그러나 이스티오는 HTTP, gRPC, 웹소켓WebSockets을 구체적으로 지원한다. 다른 트래픽의 경우 프로토콜을 파싱할 수 없다. 따라서 프록시는 요청이 성공적으로 처리됐는지 여부를 판단할 수 없다. 23장의 예시에서 알 수 있는 것처럼 시스템이 REST를 통해 비동기 통신을 수행하도록 설계됐다면 일부 기능은 매우 유용하다. 예를 들어 추적과 복원력 기능은 비동기식 시스템에 있어서 그리 큰 장점이 아니다. 추적할 수 있는 거대한 콜 트리call tree가 없다. 복원력은 이미 비동기적 통신에서 사용되고 있는 장점이다.

만약 통신이 카프카 같은 메시징 기술에 의존한다면(11장 참조) 많은 통신이 메시징 시스템을 통해 이뤄진다. 그래서 이스티오 프록시는 알 수 없을 뿐 아니라 REST 호출 및 처리도 할 수 없다. 이스티오는 여전히 사용자에게서 웹 트래픽에 몇 가지 장점을 제공할 수 있다. 예를 들어 프로메테우스와 그라파나는 메시징 시스템에서 다른 메트릭을 보여줄 수 있다. 그러나 메시징 시스템을 의존하는 장점은 순수 REST 기반 시스템만큼 크지 않다.

제한된 정보

서비스 메시는 마이크로서비스 사이의 네트워크 트래픽에 대한 정보를 수집하기 위해 프록시를 사용한다.

따라서 서비스 메시가 포드 내부의 기술과 독립적으로 동작할 수 있다. 그러나 서비스 메시에 사용 가능한 정보도 제한된다. 모니터링 관점에서 보면 쿠버네티스 인프라와 요청에 대한 정보로 충분할 수 있다. 추적 관점에서 보면 마이크로서비스는 일부 HTTP 헤더를 전달해야 한다.

따라서 추적은 마이크로서비스에 대해 완전히 투명하지 않다. 로그 관점에서 보면 이스티오는 각 HTTP 요청에 대한 로그 항목을 생성할 수 있다. 복원력 관점에서 보면 서킷 브레이커, 타임아웃, 재시도에 많은 것이 필요하지 않다. 여전히 비즈니스 로직은 서비스를 이용할 수 없을 때 어떤 일이 일어나야 하는지를 결정해야 한다.

물론 마이크로서비스에서 로그를 많이 생성하거나 더 많은 메트릭을 제공할 수 있다.

그러나 이 경우에는 마이크로서비스를 수정해야 한다. 따라서 마이크로서비스를 변경하고 싶지 않다면 이스티오는 모니터링과 같은 일부 영역에서는 충분하지만 로그와 같은 다른 영역에서는 부족할 수 있는 제한된 정보를 제공한다.

23.9 장점

이스티오는 수많은 마이크로서비스 아키텍처의 도전을 해결한다. 또한 복원력, 추적, 모니터링, 보안, 로그 기능을 지원한다. 이러한 모든 도전 과제는 프로그래밍 언어나 프레임워크에서 독립적으로 해결된다. 그리고 이스티오는 기술 자유를 제한하지 않는다. 이스티오는 이 책에서 제시된 다른 대안 솔루션들과 비교해 분명히 더 낫다. 대안 솔루션들은 기술 선택을 제한하거나 사용된 여러 프로그래밍 언어마다 다르게 지원돼야 한다.

또한 이스티오는 배포, 클러스터링, 로드 밸런싱, 서비스 탐색을 해결함으로써 이스티오를 보완하는 쿠버네티스(17장 참고)와 잘 어울린다. 이스티오가 없는 쿠버네티스 클러스터에 비교해 마이크로서비스의 배포와 설정에 관한 한 큰 변화는 없다.

이스티오의 아키텍처와 구현은 거대한 인프라를 운영한 구글의 경험을 바탕으로 하고 있다. 그래서 이스티오가 비교적 새로운 프로젝트지만 개념과 구현이 매우 거대하고 복잡한 환경에서 잘 운영될 수 있다는 것이 입증됐다. 또한 이스티오는 상당히 성숙한 프로메테우스나 그라파나 등의 기술을 사용한다.

서비스 메시가 많은 인기를 얻고 있다. 아마도 이스티오는 가장 인기 있는 서비스 메시 구현이다. 인기 있는 기술은 일반적으로 거의 위험도가 낮은 기술이다. 인기 있는 기술 커뮤니티가 거대한 시장을 갖고 있으며 항상 그 기술을 존속시키고 생존할 수 있도록 하는 것을 목표로 하기 때문이다. 이스티오는 IT 분야의 선두 기업인 구글과 IBM의 지원을 받고 있다.

23.10 변형

쿠버네티스에 이스티오를 연동하는 것에 대안이 있다.

- 이스티오를 도커와 컨설(https://istio.io/docs/setup/consul/)과 함께 실행할 수 있다. 그래서 쿠버네티스를 사용하고 있지 않으면 이스티오의 특징을 그대로 사용할 수 있다. 컨설에 대한 자세한 내용은 15장을 참고한다.
- Linkerd(https://linkerd.io/)은 또 다른 서비스 메시이다. Linkerd는 쿠버네티스에서 실행되며 클라우드 네이티브 컴퓨팅^{Cloud Native Computing Platform}(https://cncf.io/)의 포트폴리오에 포함돼 있다.
- Aspen Mesh(https://aspenmesh.io/)는 이스티오 기반 솔루션이다.
- 클라우드 제공업체도 서비스 메시를 제공한다. 애저^{Azure}는 Service Fabric Mesh (https://docs.microsoft.com/en-us/azure/service-fabric-mesh/service-fabric-mesh-overview)를, 아마존 웹 서비스는 AWS App Mesh(https://aws.amazon.

com/app-mesh/)를 지원한다. 구글은 구글 클라우드(https://cloud.google.com/istio/)에서 이스티오에 대한 지원을 제공한다.

23.11 실험

이스티오는 광범위한 문서를 제공한다. 23장에서 다루지 않는 이스티오의 기능을 파악하는 데 참고할 수 있다.

- 이스티오는 보안을 지원한다. 보안 기능을 직접 따라 해볼 수 있는 보안 태스크(https://istio.io/docs/tasks/security/)를 참고하기를 바란다. 보안 태스크에서 암호화 통신, 인증, 권한을 다룬다.
- 이스티오는 고급 라우팅도 지원한다. 예를 들어 트래픽 이전 태스크(https://istio.io/docs/tasks/traffic-management/traffic-shifting/)에서는 이스티오로 A/B 테스트 수행 방법을 보여준다. 미러링 태스크(https://istio.io/docs/tasks/traffic-management/mirroring/)는 미러링을 보여준다. 미러링을 사용하면 두 버전의 마이크로서비스가 트래픽을 받을 수 있다. 미러링은 새로운 버전과 이전 버전이 동일한 방식으로 동작하는지 확인할 수 있다.
- 또한 이스티오는 마이크로서비스 간의 의존성(https://istio.io/docs/tasks/telemetry/servicegraph/)과 관련된 그래프를 작성할 수 있다.
- 또한 이스티오는 키알리^{Kiali}라는 서비스 메시를 시각화할 수 있는 특정 툴을 제공한다. 자세한 내용은 키알리 태스크(https://istio.io/docs/tasks/telemetry/kiali/)를 참고하기 바란다.

23.12 결론

서비스 메시는 마이크로서비스 시스템의 많은 문제를 해결한다. 또한 모니터링, 추적, 로그, 복원을 지원한다. 서비스 메시가 많은 기능을 제공한다고 마이크로서비스 구현에 대한 자유로운 기술 선택을 제한하지 않는다. 23장의 예시에서 볼 수 있는 것처럼 서비스 메시는 모니터링에 상당히 효과적이다. 마이크로서비스를 추적하기 위해 마이크로서비스를 수정해야 할 수 있다. 이스티오 로그 기능은 거의 사용되지 않는다. 이스티오는 정보 제공 기능 외에 마이크로서비스 시스템 정보를 시각화하고 저장하는 프로메테우스, 그라파나, 재거, 키알리 툴을 포함한다. 그래서 이스티오는 마이크로서비스 운영에 완벽한 솔루션이다.

이스티오의 개념은 구글의 대형 컨테이너 시스템을 운영한 경험을 기반으로 한다. 그래서 서비스 메시에 대한 아이디어는 그 자체로 증명됐다. 이스티오는 대부분의 기술을 통합하고 약간의 통합 계층만 추가했다. 그래서 이스티오는 매우 위험한 기술이 아니다. 이스티오가 사용하는 컴포넌트는 성숙하기에 많은 시스템에서 사용되고 있다.

그러나 이스티오는 강력한 능력을 제공하지만 복잡하다. 이를 해결하기 위해 이스티오는 일부 컴포넌트를 제외할 수 있다. 시스템의 각 부분을 설치에서 제외할 수 있다. 문제는 더 간단한 대안이 있느냐 하는 것이다. 이스티오가 해결하는 도전은 마이크로서비스 시스템에서 다뤄져야 한다.

이스티오의 복잡성은 아마도 이스티오 자체에 대한 문제가 아니라 마이크로서비스로 인한 문제일 것이다.

이스티오는 마이크로서비스 간의 통신에 과부하가 늘어난다. 해당 과부하는 성능에 영향을 미칠 수 있지만 아마 받아들일 만할 것이다. 어쨌든 마이크로서비스는 네트워크를 통해 통신한다. 통신에 비교적 작은 과부하가 추가됐다고 근본적으로 변경해야 하는 것은 아니다.

장점

- 마이크로서비스의 주요 도전 과제에 대한 완벽한 솔루션
- 마이크로서비스에서 사용되는 기술이 영향받지 않는다.
- 마이크로서비스의 코드를 변경할 필요가 없다.
- 구글에서 이스티오 개념이 검증됐다.
- 쿠버네티스와 잘 통합한다.

도전 과제

- 거대하고 복잡하다.
- 마이크로서비스 간 통신에 부하가 늘어난다.

24

정리

이 책은 여러 기술과 여러 개념과 레시피를 다뤘다. 각 장에는 '변형' 절이 있다. 개념, 레시피, 변형을 통해 이제 자체적인 기술을 구축해야 한다.

다음은 구축에 도움될 만한 몇 가지 팁이다.

- 레시피를 수정하고 결합하는 것은 선택 사항이 아니지만 필수 사항이다. 각 프로젝트는 서로 다르기에 자체 기술 솔루션이 필요하다.

- 선택한 기술 스택에서 가장 흥미로운 점은 기술을 선택한 이유다. 그 누구도 프로젝트의 기술 선택에 대한 책임을 덜어줄 수 없다. 따라서 기술을 잘 선택할 수 있도록 심사숙고해야 한다. 기술을 제대로 잘 선택했는지 여부는 결정에 따른 논리에서 알 수 있다.

- 마이크로서비스의 도입은 아키텍처 변화를 의미한다. 종종 조직의 변화와 많은 새로운 기술의 도입이 동시에 발생한다. 한 번에 너무 많은 변경 사항을 처리할 수 있는 프로젝트는 없다. 따라서 가능한 한 신기술이 천천히 동시에 도입돼야 하고 단순한 기술을 사용하는 것이 좋다. 마지막으로 기술 도입은 점진적으로 이뤄질 수 있다. 처음 마이크로서비스를 개발할 때는 완전한 기술 스택이 아직 필요하지 않을 수 있다.

- 마이크로서비스의 아키텍처를 구현할 때 기존 시스템의 마이그레이션은 결정 사항에 많은 영향을 미친다. 이전 시스템에서 이미 사용된 기술과 아키텍처를

사용하면 마이그레이션을 단순히 수행할 수 있다.

- 관련된 팀 구성원의 기술 또한 중요한 영향을 미치는 요인이다. 아무도 기술에 대한 경험이 없다면 위험할 수 있다.

- 이 책의 예시는 기술과 친해지는 데 도움이 될 것이다. 그러나 상용 환경에서는 장애 안전성, 로드 밸런싱, 클러스터와 같은 요인을 고려해야 한다.

레시피에 대한 개요가 여러분이 쉽게 마이크로서비스의 세계를 시작하는 것에 도움이 되면 좋겠다. 어쩌면 즐거웠을 수도 있었을 것 같다. 마이크로서비스를 사용해 항상 성공하기를 기원한다.

부록 A

환경 설치

- 예시의 소스를 깃허브에서 확인할 수 있다. 깃허브에 접근하려면 버전 컨트롤 툴인 git을 설치해야 한다. https://git-scm.com/book/en/v2/Getting-Started-Installing-Git을 참고하기를 바란다. git 설치를 성공했다면 커맨드 프롬프트에서 git를 실행하면 잘 동작할 것이다.

- 예시는 자바로 구현됐다. 따라서 자바를 설치해야 한다. 자바를 확인하려면 https://www.java.com/en/download/help/download_options.xml에서 확인한다. 예시를 컴파일하려면 JDK$^{Java\ Development\ Kit}$를 설치해야 한다. JRE$^{Java\ Runtime\ Environment}$만으로는 충분치 않다. 설치를 완료하면 커맨드 프롬프트에서 java 및 javac를 시작할 수 있다.

- 예시는 도커 컨테이너에서 실행된다. 도커의 Community Edition을 설치하려면 https://www.docker.com/community-edition/을 참고한다. 도커를 docker로 호출할 수 있다. 설치 후 docker를 실행하면 에러 없이 동작해야 한다.

- 예시는 경우에 따라 많은 메모리가 필요하다. 따라서 도커에는 약 4GB의 여유 메모리가 있어야 한다. 메모리가 부족하다면 도커 컨테이너가 종료될 수 있다. 윈도우와 맥OS에서는 도커 애플리케이션의 Preferences/Advanced에서 메모리 설정을 찾을 수 있다. 메모리가 충분하지 않으면 도커 컨테이너가 종료된다. 종료되면 컨테이너 로그에서 삭제된 항목으로 표시된다.

- 도커를 설치한 후 docker-compose를 호출할 수 있어야 한다. 도커 컴포즈를 호출할 수 없다면 별도의 설치가 필요하다(https://docs.docker.com/compose/install/ 참고).

도커에 관한 자세한 내용은 5장에서 설명한다.

메이븐 커맨드

메이븐^{Maven}은 자바 빌드 툴이다. pom.xml 파일에 프로젝트 빌드 설정을 저장한다. 6.3절에서 스프링 부트 프로젝트를 위한 파일 목록을 포함하고 있다. http://start.spring.io/에는 적절한 pom.xml 파일로 새로운 스프링 부트 프로젝트를 생성할 수 있는 간단한 방법을 제공한다. 해당 페이지에서 사용자가 웹 페이지에 몇 가지 설정을 입력하면 된다. 웹 페이지는 pom.xml 기반의 프로젝트를 생성한다.

메이븐은 다중 프로젝트를 다중 모듈 프로젝트(https://maven.apache.org/guides/mini/guide-multiple-modules.html)에 결합할 수 있다. 이 경우 모든 모듈에 적용되는 정의는 하나의 pom.xml에 저장된다. 모든 모듈은 해당 pom.xml을 참고한다.

프로젝트 루트 디렉터리에 pom.xml이 존재한다. 모듈은 하위 디렉터리에 저장된다. 각 하위 디렉터리에는 각 모듈에 대한 정보를 갖는 pom.xml 파일이 존재한다.

한편 pom.xml이 포함된 디렉터리에서 메이븐을 실행해 전체 모듈을 포함한 전체 프로젝트를 빌드할 수 있다. 또한 메이븐은 특정 모듈의 디렉터리에서 시작할 수 있다. 그리고 메이븐 커맨드는 하나의 모듈과 관련된다.

디렉터리

메이븐 모듈은 고정된 파일 구조를 갖는다.

- main 디렉터리에는 모듈의 모든 파일을 포함한다.
- test 디렉터리에는 테스트에 필요한 파일만 포함한다.

main 디렉터리와 test 디렉터리 아래에는 표준화된 디렉터리 구조를 포함한다.

- java 디렉터리에는 자바 코드를 포함한다.
- resources 디렉터리에는 애플리케이션에 채택된 자원을 포함한다.

메이븐 래퍼

설치(https://maven.apache.org/install.html)를 종료하면 mvn을 실행해 메이븐을 실행할 수 있다. 부록의 나머지 부분에서 메이븐이 설치됐다는 것을 가정한다.

메이븐을 설치하는 대신 메이븐 래퍼^{Maven Wrapper}(https://github.com/takari/maven-wrapper)를 실행할 수 있다. 메이븐 래퍼는 메이븐을 다운로드하고 설치하는 스크립트를 생성한다. 그리고 메이븐을 실행하려면 ./mvnw(맥OS, 리눅스) 또는 ./mvnw.cmd(윈도우)를 실행해야 한다. 이 책의 모든 예시에는 메이븐 래퍼가 포함돼 있어서 메이븐 래퍼를 실행하는 방법을 사용할 것이다.

커맨드

메이븐에서 가장 중요한 커맨드는 다음과 같다.

- mvn package는 인터넷에서 모든 의존성을 다운로드한 후 코드를 컴파일하고 테스트를 실행한 다음 실행 가능한 JAR 파일을 생성한다. mvn package 결과는 각 모듈의 target 하위 디렉터리에 존재한다. mvn package -Dmaven.test.skip=true는 테스트를 실행하지 않는다. mvn package -DdownloadSources=true -DdownloadJavadocs=true 커맨드를 실행하면 인터넷에서 의존 라이브러리의 소스 코드와 자바 도큐먼트를 다운로드한다. 자바 도큐먼트에는 API에 대

한 설명이 들어 있다. 개발 환경에서 자바 도큐먼트와 의존 라이브러리의 소스 코드를 표시할 수 있다.

- mvn test는 코드를 컴파일하고 테스트하지만 JAR를 생성하지 않는다.
- mvn install은 JAR 파일을 사용자의 홈 디렉터리의 .m2 디렉터리의 로컬 저장소에 복사해 mvn package에 대한 단계를 추가한다. 따라서 다른 프로젝트와 모듈을 pom.xml의 의존 라이브러리로 선언할 수 있다. 그러나 mvn package로 충분하기 때문에 예시가 필요 없다.
- mvn clean은 이전 빌드의 모든 결과를 삭제한다. 기타 메이븐 커맨드와 결합할 수 있다. mvn clean package는 이전 빌드의 결과를 삭제하기 때문에 모든 코드를 새로 컴파일한다.

메이븐 빌드의 결과는 JAR^{Java Archive}이다. JAR에는 모든 라이브러리를 포함해 애플리케이션의 모든 컴포넌트가 들어 있다. 자바는 JAR 파일 포맷을 직접 지원한다. 따라서 java -jar target/microservice-order-0.0.1-SNAPSHOT.jar를 실행해 마이크로서비스를 시작할 수 있다.

문제 해결

mvn package가 동작하지 않을 때,

- mvn clean package를 실행해 새로운 빌드 이전의 모든 빌드 결과를 삭제한다.
- mvn clean package -Dmaven.test.skip=true를 실행해 테스트를 건너뛴다.
- 로컬 머신에서 8080포트에서 실행 중인 서버가 있다면 테스트를 실패할 것이다. 실행 중인 서버가 있는지 확인한다.

부록 C

도커와 도커 컴포즈 커맨드

도커 컴포즈는 여러 도커 컨테이너를 조정하기 위해 사용된다. 마이크로서비스 시스템은 일반적으로 많은 도커 컨테이너로 구성된다. 따라서 도커 컴포즈로 컨테이너를 시작하고 중지하는 것이 좋다.

도커 컴포즈

도커 컴포즈는 docker-compose.yml 파일을 사용해 컨테이너에 대한 정보를 저장한다. 도커 문서(https://docs.docker.com/compose/compose-file/)에서 docker-compose.yml 파일의 구조를 설명한다. 4.6절에 도커 컴포즈 파일에 대한 예시를 포함한다.

docker-compose를 실행하면 가능한 모든 커맨드를 출력한다. docker-compose의 가장 중요한 커맨드는 다음과 같다.

- docker-compose build는 docker-compose.yml에서 참고하는 도커파일을 사용해 컨테이너에 대한 도커 이미지를 생성한다.
- docker-compose pull은 docker-compose.yml에서 참고된 도커 이미지를 도커 허브에서 다운로드한다.
- docker-compose -d는 백그라운드[background]에서 도커 컨테이너를 시작한다. -d를 지정하지 않으면 컨테이너가 포어그라운드[foreground]에서 시작돼 모든 도커 컨

테이너의 출력이 콘솔에서 발생한다. 따라서 어느 도커 컨테이너가 출력하는지 명확치 않을 수 있다. --scale 옵션은 서비스를 여러 인스턴스로 시작할 수 있다. docker-compose up -d --scale order=2는 주문 서비스를 두 개의 인스턴스로 시작한다. 기본값은 하나의 인스턴스다.

- docker-compose down은 컨테이너를 중지하고 삭제한다. 또한 네트워크와 도커 파일 시스템이 삭제된다.
- docker-compose stop은 컨테이너를 정지한다. 네트워크, 파일 시스템, 컨테이너는 삭제되지 않는다.

도커

docker 커맨드를 매개변수 없이 실행하면 모든 유효한 커맨드를 출력한다.

팁: 탭tab 키를 누르면 컨테이너와 이미지의 이름과 ID를 볼 수 있다.

다음은 가장 중요한 커맨드에 대한 개요다. 예시로 ms_catalog_1 컨테이너를 사용한다.

컨테이너의 상태

- docker ps는 실행 중인 모든 도커 컨테이너를 표시한다. docker ps -a는 중지된 도커 컨테이너도 표시한다. 이미지와 같은 컨테이너는 16진수 ID와 이름이 있다. docker ps는 이 모든 정보를 출력한다. 다른 커맨드의 경우 이름 또는 16진수 ID로 컨테이너를 식별할 수 있다. 예시에서 컨테이너의 이름은 ms_catalog_1이다. 해당 이름은 프로젝트의 접두사를 의미하는 ms, 카탈로그 서비스 이름을 의미하는 catalog, 일련 번호 1로 구성된다. 컨테이너의 이름은 종종 이미지 이름(예: ms_catalog)과 혼동된다.
- docker logs ms_catalog_1은 ms_catalog_1 컨테이너의 이전 출력과 함께 컨테이너가 출력하는 모든 출력을 표시한다.

컨테이너의 수명 주기

- docker run ms_catalog --name = "컨테이너_이름"은 '컨테이너 이름'을 가져오는 ms_catalog 이미지로 새 컨테이너를 시작한다. --name 매개변수는 선택 사항이다. 이전 커맨드를 실행하면 컨테이너는 도커파일의 CMD 항목에 저장된 커맨드를 실행한다. 그러나 docker run <이미지> <커맨드>를 실행하면 해당 컨테이너에서 커맨드를 실행할 수 있다. docker run ewolff/docker-java /bin/ls는 ewolff/docker-java이라는 도커 이미지를 가진 컨테이너에서 /bin/ls 커맨드를 실행한다. 따라서 해당 커맨드는 컨테이너의 루트 디렉터리의 파일을 표시한다. 이미지가 로컬에 없다면 공용 도커 허브에서 이미지를 자동으로 다운로드한다. 이전 커맨드가 실행되면 컨테이너는 자동으로 종료된다.

- docker exec ms_catalog_1 /bin/ls는 ms_catalog_1 컨테이너에서 /bin/ls를 실행한다. 따라서 해당 커맨드를 실행하면 이미 실행 중인 컨테이너에서 이전 커맨드를 시작할 수 있다. docker exec -it ms_catalog_1 /bin/sh는 셸을 시작하고 입출력을 현재 터미널로 리디렉션한다. 따라서 도커 컨테이너에서 셸을 실행할 수 있고 대화형으로 컨테이너로 작업할 수 있다.

- docker stop ms_catalog_1은 컨테이너를 중지한다. 먼저 SIGTERM을 보내 컨테이너를 완전히 종료시킨 다음 SIGKILL을 보내 컨테이너를 종료한다.

- docker kill ms_catalog_1은 SIGKILL로 컨테이너의 실행을 종료한다. 하지만 컨테이너는 여전히 존재한다.

- docker rm ms_catalog_1은 컨테이너를 영구적으로 삭제한다.

- docker start ms_catalog_1는 이전에 중단된 컨테이너를 다시 시작한다. 컨테이너가 중지될 때 데이터가 지워지지 않기 때문에 모든 데이터는 여전히 사용 가능하다.

- docker restart ms_catalog_1는 컨테이너를 다시 시작한다.

도커 이미지

- docker images는 모든 도커 이미지를 표시한다. 도커 이미지는 16진수 ID와 이름을 갖는다. 다른 커맨드를 실행할 때 16진수 ID와 이름을 통해 이미지를 식별할 수 있다.

- docker build -t=<이름> build <경로>는 이름이 name인 이미지를 생성한다. 도커파일이 디렉터리 경로에 이미 있어야 한다. 도커 버전을 명시하지 않으면 최신 버전의 이미지가 적용된다. 대안으로 버전을 명시할 때는 -t=<이름:버전> 포맷으로 표시한다. 4.5절에서 도커파일 포맷을 설명한다.

- docker history <이미지>는 이미지의 계층^{layer}를 보여준다. 각 계층마다 ID, 실행된 커맨드, 계층의 크기가 표시된다. 해당 이름의 이미지 버전이 하나밖에 없다면 표시할 이미지를 이름으로 식별할 수 있다. 그렇지 않으면 이름과 버전을 name: version을 통해 명시해야 한다. 물론 이미지의 16진수 ID를 사용할 수도 있다.

- docker rmi <이미지>는 이미지를 삭제한다. 컨테이너가 여전히 이미지를 사용하는 한 삭제할 수 없다.

- docker push과 docker pull은 도커 이미지를 도커 레지스트리^{registry}에 저장하거나 레지스트리에서 로드한다. 특별히 레지스트리를 따로 설치하지 않았다면 공용 도커 허브가 사용된다.

정리

도커 환경을 정리하는 커맨드는 다음과 같다.

- docker container prune은 중지된 모든 컨테이너를 삭제한다.
- docker image prune은 이름 없는 모든 이미지를 삭제한다.
- docker network prune은 사용되지 않는 도커 네트워크를 모두 삭제한다.

- docker volume prune은 도커 컨테이너에서 사용하지 않는 모든 도커 볼륨을 삭제한다.

- docker system prune -a는 중지된 모든 컨테이너, 사용되지 않은 모든 네트워크, 하나 이상의 컨테이너에서 사용되지 않는 모든 이미지를 삭제한다. 따라서 남아 있는 컨테이너 또는 이미지는 현재 실행 중인 컨테이너에서 필요한 것이다.

문제 해결

예시가 동작하지 않는 경우,

- 모든 컨테이너가 실행 중인가? docker ps는 실행 중인 컨테이너를 표시하고 docker ps -a는 종료된 컨테이너도 표시한다.

- docker logs를 실행해 로그를 표시할 수 있다. docker logs는 종료된 컨테이너에도 사용할 수 있다. 도커 로그에 Killed라는 단어가 나타나면 사용 가능한 메모리가 너무 적다는 것을 나타낸다. 윈도우와 맥OS에서는 도커 애플리케이션의 Preferences/Advanced에서 메모리 설정을 찾을 수 있다. 도커에 약 4GB의 메모리가 할당돼야 한다.

- 도커에 복잡한 문제가 발생한다면 docker exec -it ms_catalog_1 /bin/sh를 실행한다. 해당 커맨드는 컨테이너에서 셸을 시작해 컨테이너를 더욱 자세히 확인할 수 있다.

찾아보기

실무자 관점에서 다룬 마이크로서비스 아키텍처 2/e

마이크로서비스 아키텍처 전략과 기술

발 행 | 2019년 7월 30일

지은이 | 에버하르트 볼프
옮긴이 | 김 용 환

펴낸이 | 권 성 준
편집장 | 황 영 주
편 집 | 조 유 나
디자인 | 박 주 란

에이콘출판주식회사
서울특별시 양천구 국회대로 287 (목동)
전화 02-2653-7600, 팩스 02-2653-0433
www.acornpub.co.kr / editor@acornpub.co.kr

한국어판 ⓒ 에이콘출판주식회사, 2019, Printed in Korea.
ISBN 979-11-6175-333-1
http://www.acornpub.co.kr/book/microservices-guide-2e

이 도서의 국립중앙도서관 출판시도서목록(CIP)은 서지정보유통지원시스템 홈페이지(http://seoji.nl.go.kr)와
국가자료공동목록시스템(http://www.nl.go.kr/kolisnet)에서 이용하실 수 있습니다.(CIP제어번호: CIP2019028622)

책값은 뒤표지에 있습니다.